효과 빠른 약점 처방전

구성과 특징

531 프로젝트 **한국지리** H 는,

▶ 전체 교과 내용을 **10강**으로 분류하여 효율적 학습이 가능하도록 구성하였습니다.
▶ **수능 만점 획득**을 위해 시험에 자주, 어렵게 출제되는 개념과 고난도 문항을 비중 있게 수록하였습니다.

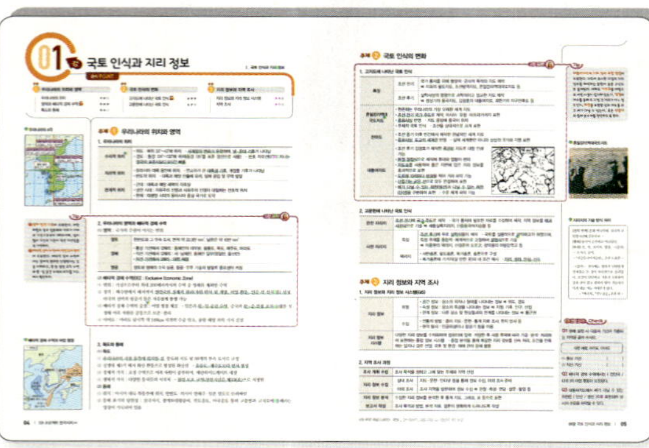

수능에 최적화된 교과 개념

❶ **출제 POINT :** 각 강에서 다루는 핵심 주제와 개념 키워드, 빈출도를 한눈에 파악할 수 있도록 제시하였습니다.

❷ **핵심 개념 정리 :** 교과 내용을 이해하기 쉽도록 구조화, 도표화하여 정리하였습니다.

❸ **[3점] 공략 :** 시험에 어렵게 출제되는 개념이 무엇인지 직관적으로 확인하고, 깊이 있게 공부할 수 있도록 자세히 정리하였습니다. 고난도 문제 풀이로 이어지는 개념 학습 Tip도 함께 제시하였습니다.

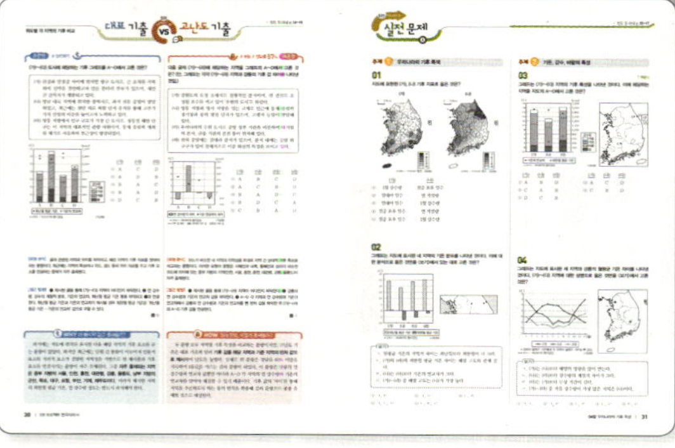

기출 분석 및 예상 문항으로 실전 대비

❶ **대표 기출 VS 고난도 기출 :** 각 강에서 매 시험마다 빠짐없이 출제되는 빈출 유형과 가장 어렵게 출제되었던 고난도 유형을 비교, 분석하여 효율적이고 깊이 있는 기출 학습이 가능하도록 하였습니다.

❷ **실전 문제 :** '기출 1 : 신출 3'의 비율로 수능의 출제 유형과 난이도에 맞추어 학생들에게 실질적인 도움이 될 수 있는 문항들만 엄선하여 수록하였습니다.

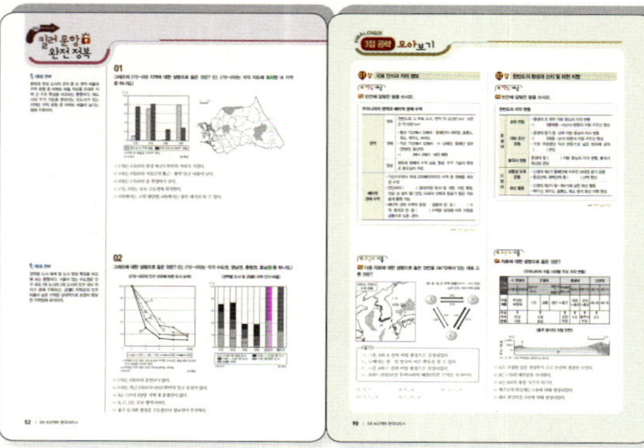

최고난도 킬러 문항까지 완벽 대비

❶ **킬러 문항 완전 정복 :** 각 강에서 어렵게 출제되는 유형 및 주제에 대한 고난도 예상 문항을 수록하고, 1등급 전략을 함께 제시하여 빈틈 없이 수능 만점을 획득할 수 있도록 하였습니다.

❷ **FINAL CHECK _[3점] 공략 모아보기 :** 01강~10강의 [3점] 공략 개념과 고난도 기출만을 모아서 전체 내용을 한 번 더 점검할 수 있도록 하였습니다.

이 책의
차례

01강 국토 인식과 지리 정보

출제 POINT

주제 ① 우리나라의 위치와 영역		주제 ② 국토 인식의 변화		주제 ③ 지리 정보와 지역 조사	
우리나라의 위치	★★☆	고지도에 나타난 국토 인식	★★★	지리 정보와 지리 정보 시스템	★★☆
영역과 배타적 경제 수역	★★★	고문헌에 나타난 국토 인식	★★☆	지역 조사	★☆☆
독도와 동해	★★☆				

우리나라의 4극

주제 ① 우리나라의 위치와 영역

1. 우리나라의 위치

수리적 위치	• 위도 : 북위 33°~43°에 위치 → 사계절의 변화가 뚜렷하며, 냉·온대 기후가 나타남 • 경도 : 동경 124°~132°에 위치(동경 135°를 표준 경선으로 사용) → 본초 자오선(0°)이 지나는 영국의 표준시보다 9시간 빠름
지리적 위치	• 유라시아 대륙 동안에 위치 → 연교차가 큰 대륙성 기후, 계절풍 기후가 나타남 • 반도적 위치 → 대륙과 해양 진출에 유리, 임해 공업 및 무역 발달
관계적 위치	• 근대 : 대륙과 해양 세력의 각축장 • 냉전 시대 : 자유주의 진영과 사회주의 진영이 대립하는 전초적 위치 • 현재 : 태평양 시대의 동아시아 중심 국가로 도약

Tip

❶ 영해 설정 기준에 주목한다. 대한 해협의 경우 일본과의 거리가 가까워 기선으로부터 3해리이며, 섬이 많아 기선의 기준이 직선 기선임을 꼭 기억하자.
❷ 배타적 경제 수역에서 연안국의 권리에 주목한다. 배타적 경제 수역에서는 경제적 권리만 인정된다는 것을 이해하고, 한·중 잠정 조치 수역과 한·일 중간 수역의 위치를 지도에서 확인하자.

3점 공략

2. 우리나라의 영역과 배타적 경제 수역

(1) **영역** : 국가의 주권이 미치는 범위

영토	한반도와 그 부속 도서, 면적 약 22.3만 km², 남한은 약 10만 km²
영해	• 통상 기선에서 12해리 : 동해안의 대부분, 울릉도, 독도, 제주도, 마라도 • 직선 기선에서 12해리 : 서·남해안, 동해안 일부(영일만, 울산만) • 직선 기선에서 3해리 : 대한 해협
영공	영토와 영해의 수직 상공, 항공·우주 기술의 발달로 중요성이 커짐

(2) **배타적 경제 수역**(EEZ : Exclusive Economic Zone)
① 범위 : 기선으로부터 최대 200해리까지의 수역 중 영해를 제외한 수역
② 성격 : 해수면에서 해저까지 연안국의 경제적 권리(자원 탐사 및 개발, 어업 활동, 인공 섬 설치 등) 인정, 타국의 선박과 항공기 등은 자유롭게 통행 가능
③ 배타적 경제 수역의 중첩 : 어업 협정 체결 → 일본과 한·일 중간 수역, 중국과 한·중 잠정 조치 수역을 설정해 어족 자원을 공동으로 보존·관리
④ 이어도 : 마라도 남서쪽 약 149km 지점의 수중 암초, 종합 해양 과학 기지 건설

배타적 경제 수역과 어업 협정

3. 독도와 동해

(1) **독도**
① 우리나라의 가장 동쪽에 위치한 섬, 동도와 서도 및 89개의 부속 도서로 구성
② 신생대 제3기 해저 화산 활동으로 형성된 화산섬 → 울릉도·제주도보다 먼저 형성
③ 경제적 가치 : 조경 수역으로 어족 자원이 풍부하며, 메탄하이드레이트 매장
④ 생태적 가치 : 다양한 동식물의 서식처 → 천연 보호 구역(천연기념물 제336호)으로 지정됨

(2) **동해**
① 위치 : 아시아 대륙 북동부에 위치, 한반도·러시아 연해주·일본 열도로 둘러싸임
② 동해 표기의 당위성 : 삼국사기, 광개토대왕릉비, 팔도총도, 아국총도 등의 고문헌과 고지도에 동해라는 명칭이 기록되어 있음

3점 공략

1. 고지도에 나타난 국토 인식

특징	조선 전기	국가 통치를 위해 행정적·군사적 목적의 지도 제작 예 이회의 팔도지도, 조선방역지도, 혼일강리역대국도지도 등
	조선 후기	실학사상의 영향으로 과학적이고 정교한 지도 제작 예 정상기의 동국지도, 김정호의 대동여지도, 최한기의 지구전후도 등
혼일강리역대국도지도		• 현존하는 우리나라의 가장 오래된 세계 지도 • 조선 전기 국가 주도로 제작, 아시아·유럽·아프리카까지 표현 • 중화사상 반영 → 지도 중앙에 중국이 위치 • 주체적 국토 인식 → 조선을 상대적으로 크게 표현
천하도		• 조선 중기 이후 민간에서 제작된 관념적인 세계 지도 • 중화사상, 도교적 세계관 반영 → 실제 세계뿐만 아니라 상상의 국가와 지명 표현
대동여지도		• 조선 후기 김정호가 제작한 목판본 지도로 대량 인쇄 가능 • 분첩 절첩식으로 제작해 휴대와 열람이 편리 • 지도표를 사용하여 좁은 지면에 많은 지리 정보를 효과적으로 표현 • 도로에 10리마다 방점을 찍어 거리 파악 가능 • 산줄기는 굵은 선으로 모두 연결하여 표현 • 배가 다닐 수 있는 하천(쌍선)과 다닐 수 없는 하천(단선)을 구분하여 표현 → 수운 체계 파악 가능

2. 고문헌에 나타난 국토 인식

관찬 지리지		조선 전기에 국가 주도로 제작 → 국가 통치에 필요한 자료를 수집하여 제작, 지역 정보를 백과사전식으로 기술 예 세종실록지리지, 신증동국여지승람 등
사찬 지리지	특징	조선 후기에 주로 실학자들이 제작 → 국토를 실용적으로 파악하고자 하였으며, 특정 주제를 종합적·체계적으로 고찰하여 설명식으로 기술 예 이중환의 택리지, 신경준의 도로고, 정약용의 아방강역고 등
	택리지	• 사민총론, 팔도총론, 복거총론, 총론으로 구성 • 복거총론에 가거지(살 만한 곳)의 네 조건 제시 → 지리, 생리, 인심, 산수

주제 3 지리 정보와 지역 조사

1. 지리 정보와 지리 정보 시스템(GIS)

지리 정보	유형	• 공간 정보 : 장소의 위치나 형태를 나타내는 정보 예 위도, 경도 • 속성 정보 : 장소의 특성을 나타내는 정보 예 지형, 기후, 인구, 산업 • 관계 정보 : 다른 장소 및 현상들과의 관계를 나타내는 정보 예 통근권
	수집	• 전통적 방법 : 종이 지도·문헌·통계 자료 조사, 현지 답사 등 • 원격 탐사 : 인공위성이나 항공기 등을 이용
지리 정보 시스템		다양한 지리 정보를 수치화하여 컴퓨터에 입력·저장한 후 사용 목적에 따라 가공·분석·처리하여 표현하는 종합 정보 시스템 → 중첩 분석을 통해 복잡한 지리 정보를 신속 처리, 조건을 만족하는 입지나 경로 선정, 국토 및 환경·재해 관리 등에 활용

2. 지역 조사 과정

조사 계획 수립		조사 목적을 정하고 그에 맞는 주제와 지역 선정
지리 정보 수집	실내 조사	지도·문헌·인터넷 등을 통해 정보 수집, 야외 조사 준비
	야외 조사	조사 지역을 방문하여 정보 수집 예 관찰·측정·면담·설문·촬영 등
지리 정보 분석		수집한 지리 정보를 분석한 후 통계 지도, 그래프, 표 등으로 표현
보고서 작성		조사 목적과 방법, 분석 자료, 결론이 명확하게 드러나도록 작성

Tip

대동여지도의 지리 정보 표현 방법에 주목한다. 지도에 표시한 지점의 지리 정보를 해석하는 문항이 종종 고난도로 출제된다. 대체로 지도표를 바탕으로 어떤 시설이 입지해 있는지, 방점의 개수를 통해 두 지점 간 거리가 어느 정도인지, 하천을 표현한 선의 개수를 보고 배가 다닐 수 있는지, 혹은 산줄기와 함께 분수계를 판단하도록 한다.

혼일강리역대국도지도

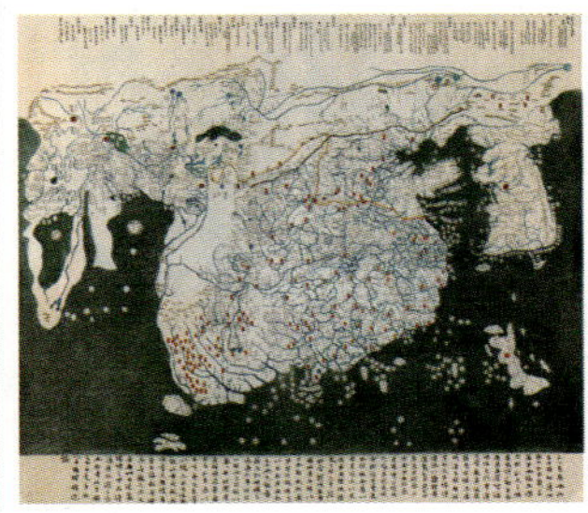

지리지의 기술 방식 차이

[건치 연혁] 본래 맥국인데, 신라의 선덕왕 6년에 우수주로 …
[풍속] 풍속이 순후하고 아름답다.
[토산] 옻, 잣, 오미자, 영양, …(중략)… 쏘가리, 송이.
– 『신증동국여지승람』, 춘천 도호부 –

…(상략)… 산속에는 평야가 널따랗게 펼쳐졌고 두 강이 한복판으로 흘러간다. 토질이 단단하고 기후가 고요하며 강과 산이 맑고 훤하며 땅이 기름져서 여러 대를 사는 사대부가 많다.
– 『택리지』, 『팔도총론』 춘천 편 –

3점 공략 Check

Q1 영해 설정 시 다음의 기선이 적용되는 지역을 골라 쓰시오.

> 대한 해협, 마라도, 이어도

(1) 통상 기선　　　　　（　　　　）
(2) 직선 기선　　　　　（　　　　）

Q2 배타적 경제 수역에서는 (연안국 / 타국)의 어업 활동이 보장된다.

Q3 대동여지도에서 배가 다닐 수 있는 하천은 (단선 / 쌍선)으로 표현되어 당시의 수운을 파악할 수 있다.

대표 기출 VS 고난도 기출

순한맛 # 수능

지도의 A~C 지점에서 이루어질 수 있는 행위로 적절하지 <u>않은</u> 것은? (단, 모든 행위는 국가 간 사전 허가가 없었음을 전제로 함.)

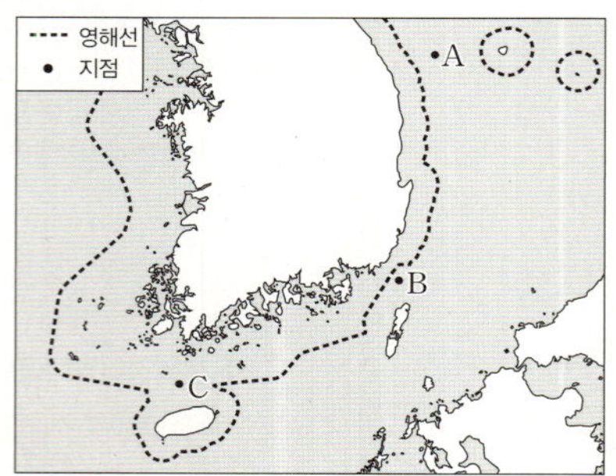

① A : 우리나라 자원 탐사선이 탐사 활동을 함.
② B : 외국 화물선이 항해함.
③ C : 우리나라 해군 함정이 항해함.
④ A, C : 우리나라 어선이 고기잡이를 함.
⑤ B, C : 외국이 인공 섬을 설치함.

[유형 분석] 우리나라의 영해와 배타적 어업 수역에서 우리나라와 다른 나라가 갖는 권리에 대해 묻는 문항이다. 이러한 유형의 문항은 영해, 배타적 경제 수역뿐만 아니라 영해의 수직 상공인 영공에서의 권리 등도 자주 출제된다.

[접근 방법] ❶ 지도에 제시된 수역이 어느 국가의 영해 또는 배타적 경제 수역인지 파악한다. ❷ 영해와 배타적 경제 수역에서 우리나라와 외국이 갖는 권한을 떠올린다. ❸ 각 수역에서 국가 간 사전 허가 없이 이루어질 수 있는 행위를 파악하여 ❷와 연결한다.

답 ⑤

WHY 왜 빠지지 않고 출제될까?

영해와 배타적 경제 수역의 범위를 명확히 파악하고 있는지, 각 수역에서 연안국과 타국에 보장되는 권리를 구분하여 이해하고 있는지 영역 전반의 개념과 함께 평가하기 용이하여 자주 출제된다. 배타적 경제 수역에서 연안국은 자원 탐사 · 개발 · 보존 및 관리, 어업 활동, 환경 보호, 인공 섬 설치 등과 같은 경제적 권리를 배타적으로 갖는다는 점, 그래서 타국 선박과 항공기의 자유로운 통행 및 해저 전선 부설이 가능하다는 점을 알고 있어야 선지의 진위 판단이 가능하다. 또한 영해 설정 시 울릉도 · 독도 · 제주도는 통상 기선이, 동해안의 영일만 · 울산만과 대한 해협은 직선 기선이 적용된다는 점을 함께 알아 두면 함정에 빠지지 않을 수 있다.

모의평가 # 정답률 42% 매운맛

다음 자료에 대한 설명으로 옳은 것만을 〈보기〉에서 있는 대로 고른 것은?

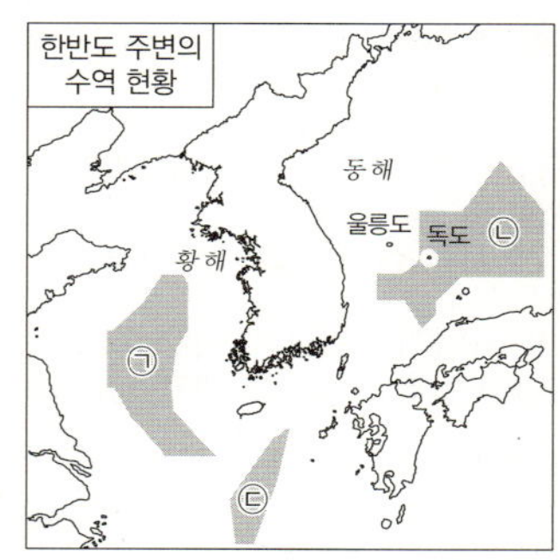

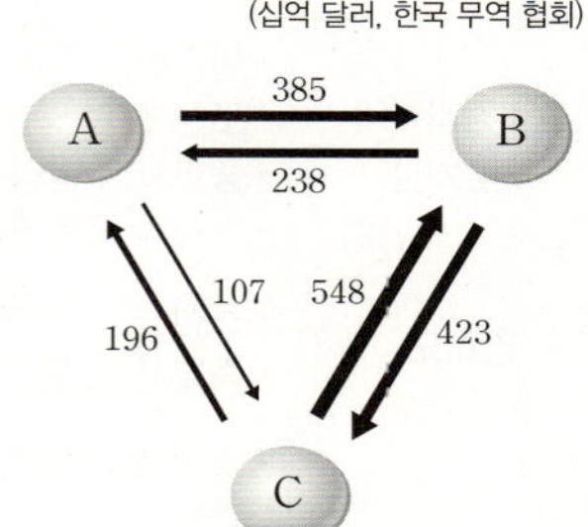

〈보기〉

ㄱ. ⓐ은 A와 B 간의 어업 협정으로 설정되었다.
ㄴ. ⓒ에서는 한 · 일 양국이 어로 활동을 할 수 있다.
ㄷ. ⓔ은 B와 C 간의 어업 협정으로 설정되었다.
ㄹ. 2010~2012년간 우리나라의 대(對)일본 무역은 흑자이다.

① ㄱ, ㄴ   ② ㄷ, ㄹ   ③ ㄱ, ㄴ, ㄷ
④ ㄱ, ㄴ, ㄹ   ⑤ ㄴ, ㄷ, ㄹ

[유형 분석] 우리나라와 일본, 중국이 각각 어업 협정을 통해 설정한 수역에 대해 묻는 문항이다. 〈보기〉에서 해당 국가를 직접 제시하지 않고, 무역 현황 자료를 통해 국가를 판별하도록 하여 난도가 높다. A~C 국가와 ⓒ 수역을 제대로 판별하지 않으면 오답을 고를 확률이 높으므로 이에 대한 주의가 요구된다.

[접근 방법] ❶ 지도에서 ⓐ~ⓔ이 어떤 수역에 해당하는지 파악한다. 이때 한· 일 중간 수역은 두 곳에 설정하였음을 기억하자. ❷ 그림에서 무역액 규모를 토대로 A~C 국가를 추론한다. ❸ ❶, ❷를 선지에 대입하여 각 수역에서 각국이 갖는 권리를 파악한다.

답 ①

HOW 킬러 문항, 어떻게 출제될까?

우리나라 주변 수역을 한 · 중 · 일 무역 현황 자료와 연계하여 출제하였다. 삼국 간의 **무역 수지를 토대로 해당 국가를 추론하도록 하는 등 낯선 자료를 제시해 분석의 난도를 높였으며,** 중국과도 비교적 가까운 제주도 남쪽의 **한 · 일 중간 수역을 한 · 중 잠정 조치 수역으로 착각하게끔 매력적 선지를 배치**하였다. 무역액과 같은 자료는 현(現) 교육과정을 벗어나 다시 출제될 가능성이 낮지만, 우리나라 주변 수역이 낯선 자료와 함께 출제되면 얼마든지 킬러 문항이 될 수 있음을 의미한다. 또한 마라도와 중국 서산다오 사이에 위치한 이어도가 우리나라와 중국 간의 배타적 경제 수역 획정과 관련하여 출제될 수 있으니 해당 내용도 함께 정리해 두자.

실전 문제

주제 ❶ 우리나라의 위치와 영역

01

다음 자료는 '우리나라의 위치'와 관련된 조사 계획서의 일부이다. (가)~(마)에 들어갈 조사 내용으로 가장 적절한 것은?

<table>
<tr><td colspan="3" align="center">〈우리나라의 위치〉</td></tr>
<tr><td>대주제</td><td>소주제</td><td>조사 내용</td></tr>
<tr><td rowspan="2">수리적 위치</td><td>북위 33°~43°</td><td>(가)</td></tr>
<tr><td>동경 124°~132°</td><td>(나)</td></tr>
<tr><td rowspan="2">지리적 위치</td><td>유라시아 대륙 동안</td><td>(다)</td></tr>
<tr><td>반도적 위치</td><td>(라)</td></tr>
<tr><td>관계적 위치</td><td>상대적·가변적 위치</td><td>(마)</td></tr>
</table>

① (가) – 영국보다 9시간 빠른 이유

② (나) – 겨울철 기후가 한랭 건조한 이유

③ (다) – 기온의 연교차가 크게 나타나는 이유

④ (라) – 사계절 변화가 뚜렷한 냉·온대 기후가 나타나는 이유

⑤ (마) – 불교나 한자와 같은 대륙 문화를 일본에 전파할 수 있었던 이유

02

다음 자료에 대한 설명으로 옳은 것은?

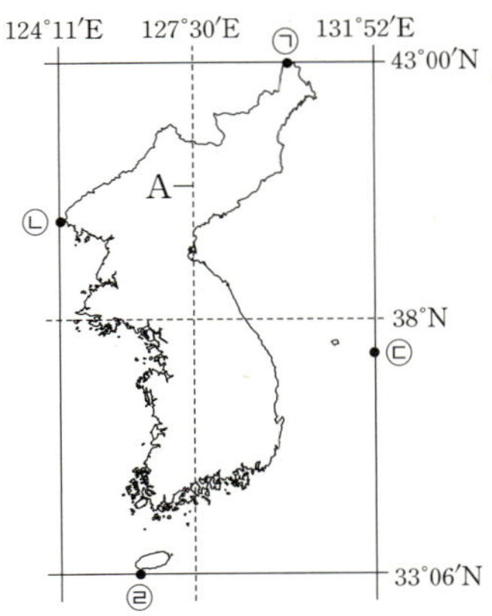

① ㉠은 중국 및 러시아와 경계가 되는 지역이다.

② ㉡은 신생대 화산 활동에 의해 형성된 섬이다.

③ ㉢의 형성 시기는 제주도보다 이르다.

④ ㉣에는 종합 해양 과학 기지가 건설되어 있다.

⑤ A선에 태양이 남중하는 시각은 낮 12시이다.

03

지도의 (가)~(마)에 대한 설명으로 옳은 것만을 〈보기〉에서 고른 것은?

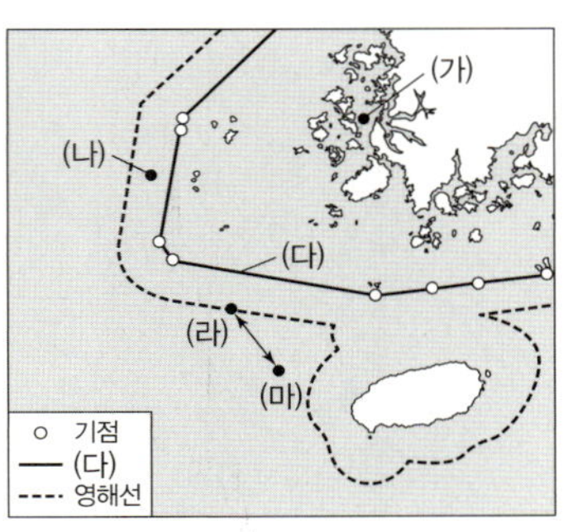

〈보기〉

ㄱ. (가)에서 간척 사업이 이루어지면 영해의 범위가 확대된다.

ㄴ. (나)는 우리나라의 주권이 미치는 수역이다.

ㄷ. (다)는 직선 기선이다.

ㄹ. (라)와 (마)의 최단 경로는 한·일 중간 수역을 지난다.

① ㄱ, ㄴ　② ㄱ, ㄷ　③ ㄴ, ㄷ　④ ㄴ, ㄹ　⑤ ㄷ, ㄹ

04

다음 글의 ㉠~㉥에 대한 설명으로 옳지 <u>않은</u> 것은?

> [헌법]
> 제3조 대한민국의 영토는 ______㉠______(으)로 한다.
> [영해 및 접속 수역법]
> 제1조(㉡ 영해의 범위) 대한민국의 영해는 기선(基線)으로부터 측정하여 그 바깥쪽 12해리의 선까지에 이르는 수역(水域)으로 한다. 다만, 대통령령으로 정하는 바에 따라 일정 수역의 경우에는 ㉢ 12해리 이내에서 영해의 범위를 따로 정할 수 있다.
> 제2조(기선) ① 영해의 폭을 측정하기 위한 ㉣ 통상의 기선은 대한민국이 공식적으로 인정한 대축척 해도(大縮尺海圖)에 표시된 해안의 저조선(低潮線)으로 한다.
> ② ㉤ 지리적 특수 사정이 있는 수역의 경우에는 대통령령으로 정하는 기점을 연결하는 직선을 기선으로 할 수 있다.
> 제3조(내수) 영해의 폭을 측정하기 위한 ㉥ 기선으로부터 육지 쪽에 있는 수역은 내수(內水)로 한다.
> …(후략)…

① ㉠에는 '한반도와 그 부속 도서'가 들어갈 수 있다.

② ㉡은 일반적으로 무해 통항권이 인정된다.

③ ㉢의 사례로 대한 해협을 들 수 있으며, 영해 설정 시 ㉣을 적용한다.

④ ㉤은 육지에 인접한 섬이 많거나 해안선의 굴곡이 심한 경우이다.

⑤ ㉥은 간척 사업으로 그 면적이 축소되었다.

05

지도의 A∼E 지점에 대한 설명으로 옳은 것은?

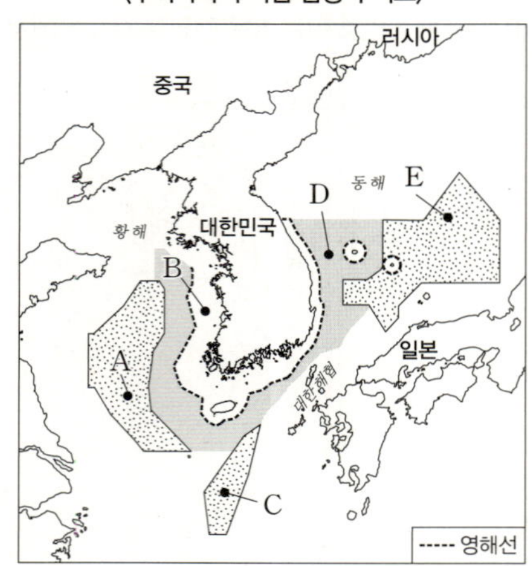

① A에서는 우리나라의 어선만 어로 활동이 가능하다.

② B는 우리나라 배타적 경제 수역(EEZ)에 포함된다.

③ C에서는 한 · 중 · 일 3국이 공동으로 어업 자원을 관리한다.

④ D의 수직 상공은 우리나라의 영공에 해당한다.

⑤ E에서는 러시아 여객선이 우리나라 방향으로 운항할 수 있다.

주제 **2** **국토 인식의 변화**

06

| 수능 |

대동여지도의 일부와 지도표를 보고 알 수 있는 내용으로 옳지 <u>않은</u> 것은?

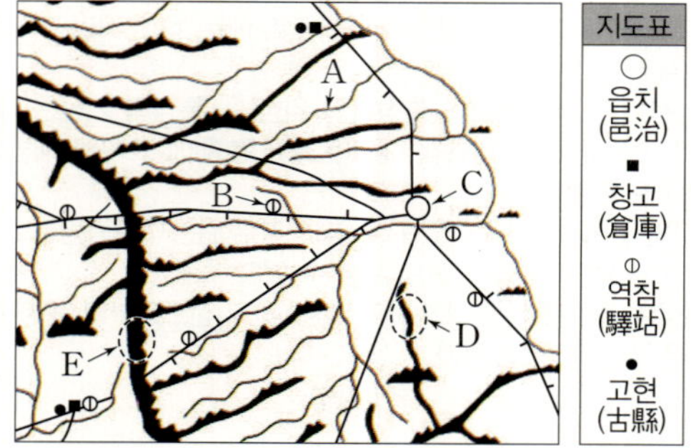

① A는 수운 교통로로 이용되는 하천이다.

② C는 관아가 있는 행정의 중심지이다.

③ C에서 B까지의 거리는 10리 이상이다.

④ E는 하천 유역을 나누는 분수계의 일부이다.

⑤ E는 D보다 규모가 큰 산지이다.

07

지도 (가), (나)에 해당하는 내용을 그림의 A∼D에서 고른 것은?

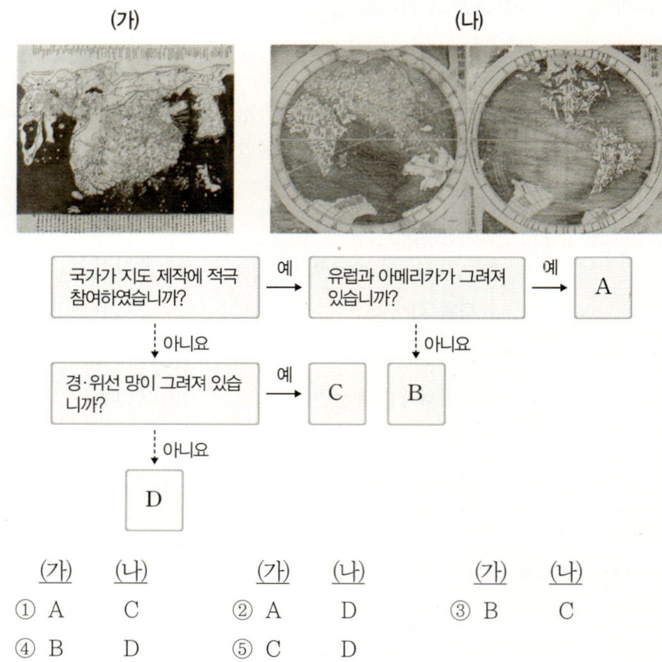

(가)	(나)		(가)	(나)		(가)	(나)
① A	C	② A	D	③ B	C
④ B	D	⑤ C	D		

08

다음은 한국지리 수업 장면의 일부이다. 교사의 질문에 옳은 대답을 한 학생만을 고른 것은? (단, (가), (나)는 각각 동국대지도, 조선방역지도 중 하나임.)

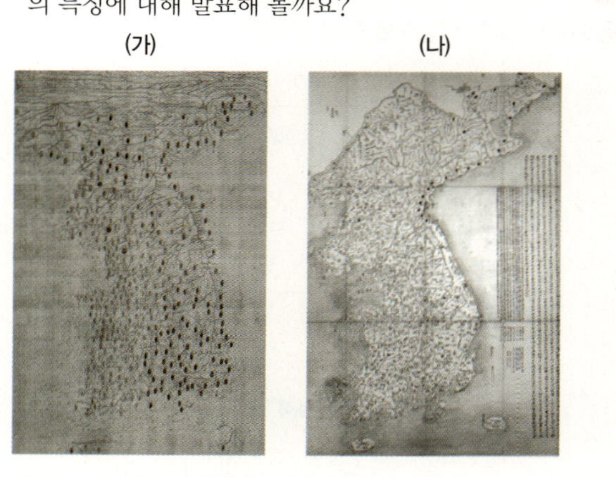

갑 : (가)는 실학사상의 영향을 받았습니다.

을 : (나)는 목판본으로 제작되어 지도의 대량 생산이 가능합니다.

병 : (가)는 (나)보다 제작 당시 국경 부근의 지리적 정보가 부족했습니다.

정 : (나)는 (가)보다 실제 거리를 파악하는 데 유리합니다.

① 갑, 을   ② 갑, 병   ③ 을, 병   ④ 을, 정   ⑤ 병, 정

09

다음 자료는 조선 시대에 편찬된 지리지의 일부이다. 이에 대한 설명으로 옳은 것만을 〈보기〉에서 있는 대로 고른 것은? (단, (가), (나)는 각각 신증동국여지승람, 택리지 중 하나임.)

(가)	㉠ ○○현(縣) 동쪽은 상주의 경계까지 20리, 남쪽은 함창현의 경계까지 54리, 서쪽은 충청도 연풍현의 경계까지 18리, … 【건치 연혁】 본래는 신라의 관문현(冠文縣)이다. … 【토산】 은어, 꿀, 석이버섯, 송이, …
(나)	조령 밑에 ㉠ ○○이/가 있다. 북쪽에는 우뚝하게 솟은 주흘산이 있고, 남쪽에는 대탄(大灘)이 있다. ㉡ 서쪽에는 희양산과 청화산이, 동쪽에는 천주산과 대원산이 있다. …

〔보기〕
ㄱ. ㉠은 오늘날 강원도에 속한다.
ㄴ. (나)의 ㉡은 가거지의 조건 중 '생리(生利)'와 관련 있다.
ㄷ. (가)는 (나)보다 제작 시기가 이르다.
ㄹ. (나)는 (가)보다 저자의 견해가 많이 반영되었다.

① ㄱ, ㄴ ② ㄱ, ㄹ ③ ㄷ, ㄹ
④ ㄱ, ㄴ, ㄷ ⑤ ㄴ, ㄷ, ㄹ

주제 3 지리 정보와 지역 조사

10

| 모의평가 |

다음 〈조건〉을 고려하여 ○○ 시설의 입지를 선정하려고 할 때, 가장 적절한 곳을 후보지 A~E에서 고른 것은?

〔조건〕
1. 도로와의 거리가 100m 이내인 주거 용지
2. 후보지에 접한 8개 면과 후보지와의 해발 고도 차이가 모두 10m 미만인 곳

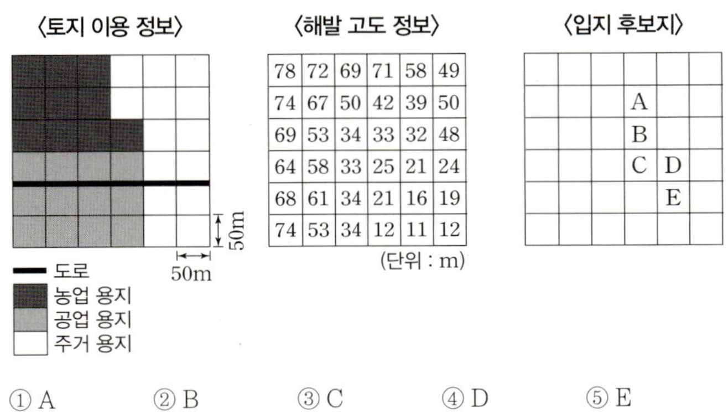

① A ② B ③ C ④ D ⑤ E

11

다음은 지역 조사 과정의 일부를 순서대로 나타낸 것이다. 이에 대한 설명으로 옳은 것은?

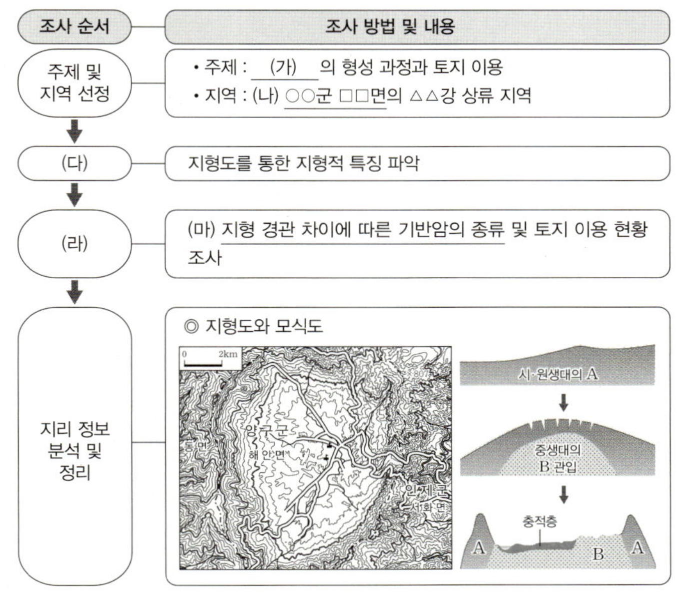

① (가)에 들어갈 내용은 '하안 단구'이다.
② (나)는 지리 정보 중 속성 정보에 해당한다.
③ (다)와 (라)는 지리 정보 수집 과정에 해당한다.
④ (마)는 면담과 설문지를 통하여 파악하는 것이 가장 좋다.
⑤ A는 화성암, B는 변성암에 해당한다.

12

다음 대화의 내용을 보고 A, B에 가장 적절한 통계 지도 표현 방법을 〈보기〉에서 고른 것은?

갑 : 행정 구역별 수도권의 인구 순이동률과 전출자 수를 각각 통계 지도로 표현하면 어떨까?
을 : 인구 순이동률은 시·군별 차이를 알아볼 수 있는 정도로 표현하면 될 것 같아. 구체적 숫자는 외우기 어려워.
병 : 수도권의 전출자 수는 어디로 전출했는지가 중요할 것 같아. 그리고 상대적으로 전출자 수를 비교할 수 있어야 해.
정 : 그럼 인구 순이동률은 A , 전출자 수는 B 와 같은 방식으로 그리는 것이 좋겠어.

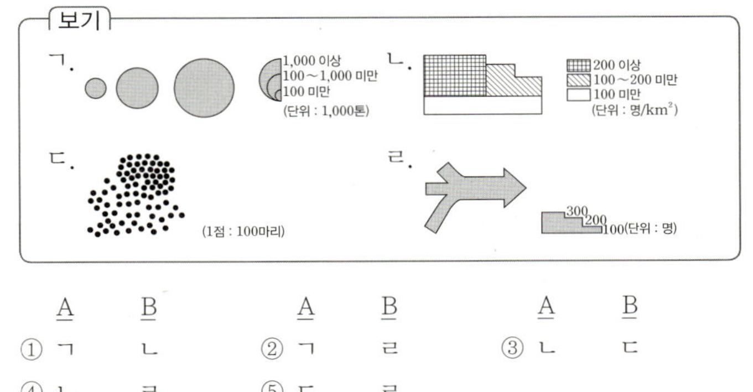

	A	B			A	B			A	B
①	ㄱ	ㄴ		②	ㄱ	ㄹ		③	ㄴ	ㄷ
④	ㄴ	ㄹ		⑤	ㄷ	ㄹ				

01

다음 자료의 (가)~(다) 섬에 대한 설명으로 옳은 것만을 〈보기〉에서 있는 대로 고른 것은?

(가)	124°53′E, 37°52′N에 위치한 섬으로 면적은 45.83km²이다. 심청이 몸을 던졌다는 인당수가 있으며 우리나라에서 유일한 물범 서식지가 있는 곳이기도 하다. 특히 이곳의 사빈은 비행기가 뜨고 내릴 만큼 견고하고 널찍해 세계에서 단 두 곳 밖에 없는 천연 비행장으로 알려져 있다.
(나)	128°35′E, 34°50′N에 위치한 섬으로 면적은 379.5km²이며, 우리나라에서 두 번째로 큰 섬이다. 해안은 크고 작은 곶과 섬으로 구성된 전형적인 리아스 해안이며 섬에서 가장 높은 곳의 해발 고도는 585m이다.
(다)	131°52′E, 37°14′N에 위치한 섬으로 면적은 0.187km²이다. 1982년 천연기념물 제336호로 지정되었으며, 주변 해역에 조경 수역이 형성되어 어족 자원이 풍부할 뿐만 아니라 해저에는 미래의 에너지인 가스 하이드레이트가 풍부하게 매장되어 있다.

〈보기〉
ㄱ. (가)는 우리나라 영토의 최서단(극서)에 위치한다.
ㄴ. (나)는 (다)보다 섬에서 가장 높은 곳의 해발 고도가 높다.
ㄷ. 영해 설정 시 (가), (나)는 직선 기선, (다)는 통상 기선을 적용한다.
ㄹ. (가)~(다) 중 제주도에서 가장 가까운 섬은 (나)이다.

① ㄱ, ㄴ   ② ㄱ, ㄷ   ③ ㄷ, ㄹ
④ ㄱ, ㄴ, ㄹ   ⑤ ㄴ, ㄷ, ㄹ

02

다음은 조선 후기에 제작된 고지도의 일부이다. 이에 대해 옳게 설명한 내용만을 골라 있는 대로 '○' 표시한 학생을 고른 것은?

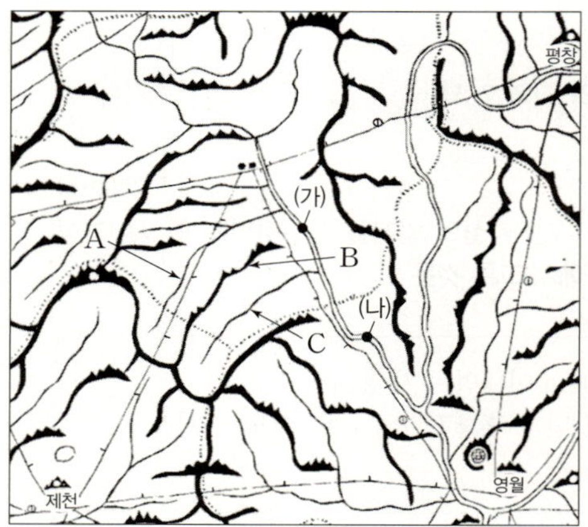

내용＼학생	갑	을	병	정	무
A, C 하천은 북동쪽으로 흐른다.	○			○	○
B 산줄기는 A 하천과 C 하천의 분수계를 이룬다.	○	○		○	○
(가)는 (나)보다 상류에 위치한다.	○		○		○
제천과 영월의 직선거리에는 고개가 3개 이상 있다.		○	○	○	
평창과 영월 간 수운 교통이 가능하다.	○	○	○		

① 갑   ② 을   ③ 병   ④ 정   ⑤ 무

03

다음 자료는 택리지의 일부이다. 이에 대한 설명으로 옳지 <u>않은</u> 것은? (단, (가)~(다)는 각각 나주, 상주, 원주 중 하나임.)

(가)	○○은/는 감사가 다스리는 곳인데 서쪽으로 250리 거리에 한양이 있다. 산골짜기 사이에 고원 분지가 열려서 맑고 깨끗하며 그리 험준하지는 않다. 영동 지방과 경기 지방 사이에 끼어 동해의 수산물, 인삼, 궁궐의 재목들을 모으고 나르고 운반하는 가운데 도회지가 형성되었다.
(나)	□□은/는 노령 아래에 있는 한 도회인데 북쪽에는 금성산이 있고 남쪽으로는 ㉠ 영산강에 닿아 있다 …(중략)… □□의 서쪽은 칠산 바다이다. 옛날에는 깊었으나 근래에 와서는 모래와 앙금이 쌓여 점점 얕아져서 썰물 때가 되면 겨우 무릎이 빠질 정도이다.
(다)	△△는 일명 낙양이라고도 하는데 조령 밑에 큰 도회지를 이루고 있다. 산세는 웅대하고 평야는 넓으며, 북쪽은 조령에 가까워서 충청·경기와 통하고, 동쪽은 ㉡ 낙동강에 임하여 김해·동래와 통한다. 육상을 통한 운송이나 뱃길을 이용한 운반이나 남북으로 통하여 수륙 교통의 요지를 이룬다.

① ㉠, ㉡의 하구에는 염해 방지 시설이 있다.

② (가)와 (나)에는 혁신 도시가 위치해 있다.

③ (나)는 (다)보다 서울과의 직선거리가 가깝다.

④ (다)는 (가)보다 위도가 낮다.

⑤ (가)~(다) 모두 현재 속한 도(道)의 명칭이 유래된 지역이다.

04

다음 〈조건〉만을 고려하여 노인 요양원 입지 지역을 선정하려고 할 때, 가장 적절한 곳을 지도의 A~E에서 고른 것은?

〈조건〉 평가 항목 점수는 표와 같으며, 각 평가 항목 점수의 합이 가장 큰 곳을 선택함.

〈배점 기준〉

인구 천 명당 의사 수(명)	점수	65세 이상 인구 (천 명)	점수	사망자 수 (명)	점수
1.3~1.5	3	12 이상	3	420 이상	3
1.5~1.7	2	10~12	2	410~420	2
1.7 이상	1	9~10	1	400~410	1

〈지역 정보〉

지역 \ 구분	인구 천명 당 의사 수(명)	65세 이상 인구(명)	사망자 수(명)
철원군	1.38	9,464	409
영월군	1.51	10,669	405
정선군	1.33	9,508	401
평창군	1.55	10,675	415
횡성군	1.87	12,445	509

(2018년)　　(통계청)

〈후보 지역〉

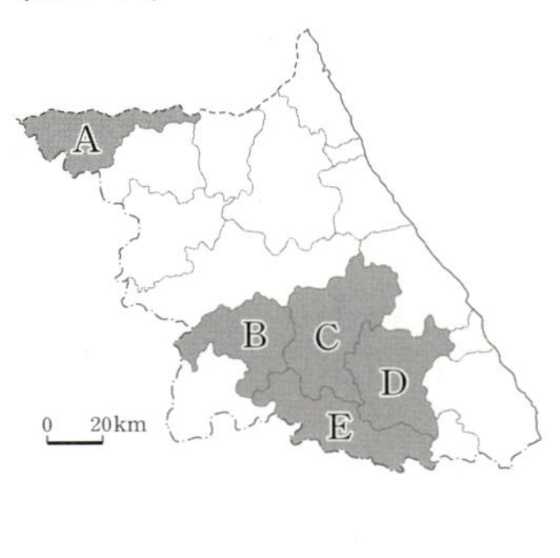

① A　　② B　　③ C　　④ D　　⑤ E

02강 한반도의 형성과 산지 및 하천 지형

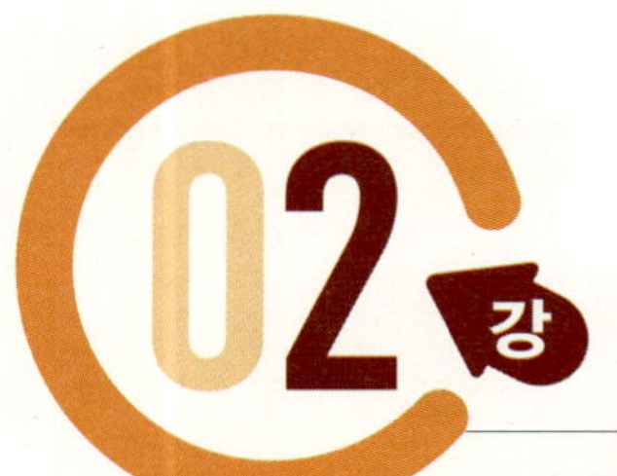

출제 POINT

주제 1 한반도의 지체 구조와 지형 형성 과정

한반도의 지체 구조	★★☆
한반도의 지각 변동 🔒	★★★
기후 변화와 지형 발달 🔒	★★★

주제 2 한반도의 산지 지형

1차 산맥과 2차 산맥	★☆☆
흙산과 돌산	★★☆
고위 평탄면	★★☆

주제 3 우리나라 하천의 특색과 주변 지형

우리나라 하천의 특색	★★☆
하천 유역에 발달하는 지형	★★★

🟢 **한반도의 지체 구조**

주제 1 한반도의 지체 구조와 지형 형성 과정

1. 한반도의 암석 분포

(1) **변성암** : 전 국토의 약 42.6% 차지, 시·원생대의 편마암과 편암이 대표적임

(2) **화성암** : 중생대에 관입한 화강암의 분포 면적이 넓음(전 국토의 약 30% 차지), 신생대 화산 활동으로 형성된 화산암(현무암 등)이 분포

(3) **퇴적암** : 고생대(석회암)와 중생대 퇴적암이 대부분이며, 신생대 퇴적암은 분포 면적이 좁음

2. 한반도의 지체 구조 🟢

지질 시대	지체 구조	특징
시·원생대	평북·개마 지괴, 경기 지괴, 영남 지괴	• 형성 시기가 가장 오래되고 지반이 안정된 지층 • 주로 변성암 분포
고생대	평남 분지, 옥천 습곡대	• 고생대 초 : 조선 누층군(해성층), 석회암 분포 • 고생대 말~중생대 초 : 평안 누층군(육성층), 무연탄 분포
중생대	경상 분지	경상 누층군(육성층), 공룡 발자국 화석 분포
신생대	두만 지괴, 길주·명천 지괴	동해안 일부 지역에 형성, 갈탄 분포

Tip

한반도의 지각 변동에 주목하고, 이를 지체 구조도와 연계하여 지질 시대순으로 특징을 암기해야 한다. 특히 '중생대 대보 조산 운동', '신생대 경동성 요곡 운동'의 출제 비율이 높다. 중생대는 지각 변동별 지질 구조선의 방향과 화강암의 관입, 신생대는 경동성 요곡 운동으로 인해 형성된 1차 산맥과 화산 지형을 반드시 기억하자.

3점 공략 🔒

3. 한반도의 지형 형성 과정

(1) 한반도의 지각 변동

중생대	송림 변동	• 중생대 초 북부 지방 중심의 지각 변동 • 랴오둥(동북동–서남서) 방향의 지질 구조선 형성
	대보 조산 운동	• 중생대 중기 중·남부 지방 중심의 지각 변동, 한반도 전역에 영향을 끼침 • 중국(북동–남서) 방향의 지질 구조선 형성 • 가장 격렬했던 지각 변동으로 넓은 범위에 걸쳐 대보 화강암 관입
	불국사 변동	중생대 말 영남 지방 중심의 지각 변동, 불국사 화강암 관입
신생대	경동성 요곡 운동	• 신생대 제3기 동해안에 치우친 비대칭 융기 운동 • 함경산맥, 태백산맥 등 1차 산맥 형성
	화산 활동	• 신생대 제3기 말~제4기에 걸친 화산 활동 • 백두산, 제주도, 울릉도, 독도 등의 화산 지형 형성

(2) 기후 변화와 지형 발달 🟢

① 신생대 제4기 기후 변화에 따른 빙기와 간빙기 반복 → 해수면 변동으로 지형 변화가 나타남

② 빙기와 간빙기(후빙기)의 상대적 특성 비교

빙기	• 한랭 건조한 기후로 물리적 풍화 작용이 우세함 • 침식 기준면이 낮음 → 하천 상류는 퇴적 작용, 하류는 침식 작용 우세
간빙기 (후빙기)	• 온난 습윤한 기후로 화학적 풍화 작용이 우세함 • 침식 기준면이 높음 → 하천 상류는 침식 작용, 하류는 퇴적 작용 우세

🟢 **기후 변화와 해수면 변동**

1. 산맥의 분류

1차 산맥	경동성 요곡 운동으로 융기하여 형성, 해발 고도가 높고 산줄기의 연속성이 강함 예 함경·낭림·태백산맥 등
2차 산맥	중생대 지질 구조선을 따라 차별적 풍화·침식을 받아 형성, 해발 고도가 낮고 산줄기의 연속성이 약함 예 강남·멸악·차령산맥 등

2. 흙산과 돌산

흙산	산 정상부까지 토양이 덮여 있으며 식생 밀도가 높음, 기반암은 주로 변성암(편마암) 예 지리산, 덕유산, 오대산 등
돌산	기반암의 암체가 많이 노출되어 있고 식생 밀도가 낮음, 기반암은 주로 화강암 예 금강산, 설악산, 북한산 등

3. 고위 평탄면

(1) **형성 과정** : 오랜 풍화와 침식 작용으로 평탄해진 지형이 경동성 요곡 운동으로 인해 해발 고도가 높은 곳에 나타나는 지형

(2) **분포** : 태백산맥과 소백산맥의 일부 해발 고도가 높은 지역 예 대관령, 진안고원 등

(3) **기후 특성** : 해발 고도가 높아 연평균 기온이 낮음, 수분 증발량이 적고 겨울철에 눈이 많이 내림

(4) **주민 생활** : 고랭지 농업과 목축업 발달, 풍력 발전소 건설

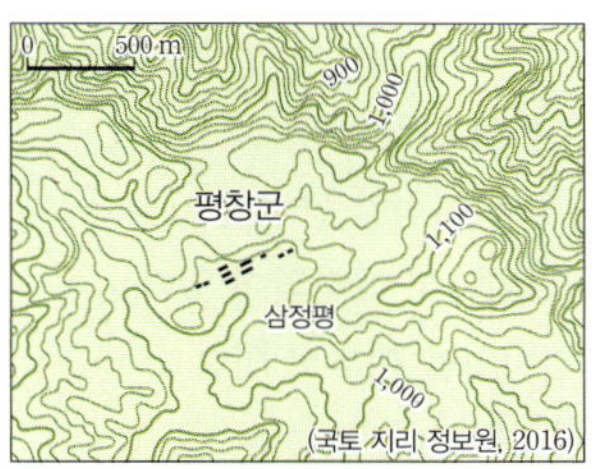

▲ 고위 평탄면의 지형도

주제 3 우리나라 하천의 특색과 주변 지형

1. 우리나라 하천의 특색

(1) 동고서저 경동 지형의 영향으로 두만강을 제외한 대부분의 큰 하천이 황·남해로 유입함

(2) **유량 변화가 큰 하천** : 강수량의 계절 차가 크고 하천의 유역 면적이 좁아 하천의 유량 변동이 심함 → 하상 계수가 큼, 수력 발전과 하천 교통 발달에 불리

(3) **감조 하천** : 하천 하구에서 밀물과 썰물의 영향으로 수위가 주기적으로 오르내리는 하천, 하천 주변 농경지에 염해 유발 → 하굿둑 건설 예 금강, 영산강, 낙동강

2. 하천 유역에 발달하는 지형

하천 중·상류 일대	감입 곡류 하천	산지 사이를 깊게 파고들며 곡류하는 하천 → 신생대 경동성 요곡 운동으로 지반이 융기하면서 하방 침식 작용이 활발하게 이루어져 형성
	하안 단구	지반 융기 또는 해수면 하강에 따른 하천 침식으로 과거 하천의 바닥이나 범람원이 하천보다 높은 곳에 위치하게 된 하천 주변 계단 모양의 지형 → 단구면에 둥근 자갈이나 모래 분포
	선상지	• 산간 계곡 입구에서 유속의 감소로 하천 운반 물질이 쌓여 형성된 부채 모양의 지형 • 선정 : 계곡 물을 얻을 수 있어 취락이 입지함 • 선앙 : 하천이 복류하여 지표수가 부족함 → 밭농사, 과수 농사 • 선단 : 용천 발달 → 논농사, 취락 입지
	침식 분지	• 암석의 차별적인 풍화와 침식 작용으로 형성된 분지 • 일찍부터 내륙 지방의 농업 및 생활 중심지로 발달함
하천 중·하류 일대	자유 곡류 하천	평야 위를 자유롭게 곡류하는 하천 → 측방 침식 작용에 의한 하천의 유로 변경으로 우각호, 구하도 등이 형성됨
	범람원	• 하천 범람에 의해 토사가 하천 주변에 퇴적되어 형성 • 자연 제방 : 상대적으로 고도가 높고 모래 퇴적물이 많아 배수 양호 • 배후 습지 : 상대적으로 고도가 낮고 점토 퇴적물이 많아 배수 불량
	삼각주	하구에서 하천의 유속 감소로 토사가 쌓여 형성 예 낙동강 김해 삼각주

감입 곡류 하천과 하안 단구

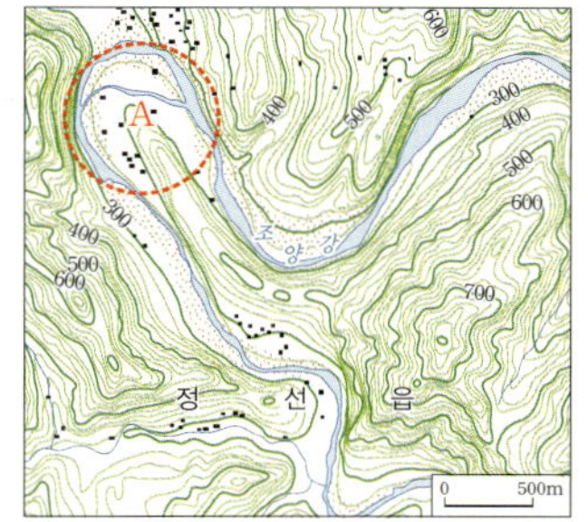

A는 감입 곡류 하천 주변에 발달한 하안 단구이다. 하안 단구는 하천보다 해발 고도가 높아 홍수 시 쉽게 침수되지 않고 지면이 평탄하여 취락이 입지하거나 농경지, 교통로 등으로 이용된다.

침식 분지의 형성 과정

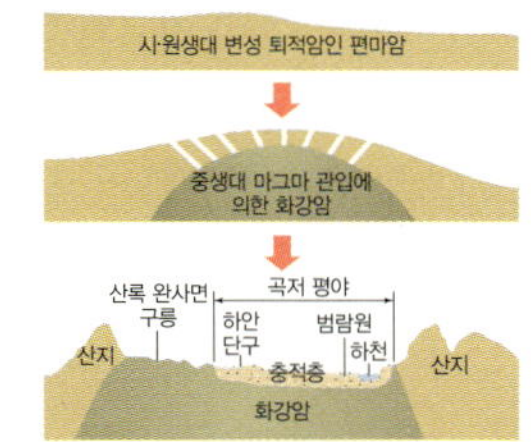

내부의 평지는 중생대에 관입한 화강암, 주변 산지는 변성암이 주로 기반암을 이룬다. 화강암은 변성암보다 풍화·침식에 약해 쉽게 제거되었지만, 상대적으로 풍화·침식에 강한 변성암은 산지로 남아 침식 분지가 형성되었다.

🔒 3점 공략 Check

Q1 고생대 (조선 / 평안) 누층군은 해성층으로 주로 석회암이, (조선 / 평안) 누층군은 육성층으로 주로 무연탄이 분포한다.

Q2 돌산을 이루는 주된 기반암은 (편마암 / 화강암)이다.

Q3 물음에 해당하는 지각 변동을 골라 쓰시오.

> 경동성 요곡 운동, 대보 조산 운동, 불국사 변동, 송림 변동

(1) 중생대 초 북부 중심의 지각 변동

(　　　　　)

(2) 중생대 중기 중·남부 중심의 지각 변동

(　　　　　)

(3) 신생대 제3기 동해안에 치우친 비대칭 융기 운동

(　　　　　)

531 PROJECT H 대표 기출 VS 고난도 기출

순한맛 # 모의평가

다음 자료는 우리나라의 지체 구조와 지질 시대별 지각 변동을 나타낸 것이다. 이에 대한 설명으로 옳은 것은?

지질 시대		지각 변동
신생대	제4기	
신생대	제3기	← 경동성 요곡 운동
(가)	백악기	← 불국사 변동
(가)	쥐라기	← ㉠
(가)	트라이아스기	← ㉡
(나)	페름기	
(나)	⋮	← 조륙 운동
(나)	캄브리아기	
원생대		
시생대		

① A는 대부분 육성층으로 공룡 발자국 화석이 발견된다.
② B는 평북 · 개마 지괴와 함께 (가)에 형성된 퇴적암층이다.
③ C는 (나)에 형성된 해성층으로 다량의 석회암이 매장되어 있다.
④ ㉠으로 인해 관입된 암석은 북한산의 기반암을 이루고 있다.
⑤ ㉡으로 인해 한국 방향의 1차 산맥이 형성되었다.

[유형 분석]
우리나라의 지체 구조와 지질 시대별 지각 변동을 연관지어 한반도의 형성 과정을 이해하고 있는지 묻는 문항이다. 이러한 유형의 문항에서는 각 지체 구조별 주요 지층과 암석, 대보 조산 운동, 경동성 요곡 운동이 한반도 형성에 미친 영향 등이 자주 출제된다.

[접근 방법]
❶ 지도에 제시된 지체 구조의 형성 시기와 주요 기반암을 파악한다. ❷ 표에 제시된 지각 변동이 한반도 형성에 미친 영향을 파악한다. ❸ ❶, ❷를 토대로 각 지체 구조의 특징과 지각 변동이 한반도에 미친 영향을 비교하여 선택지의 옳고 그름을 판단한다.

답 ④

WHY 왜 빠지지 않고 출제될까?

우리나라의 지체 구조와 지질 시대별 지각 변동은 한반도의 형성 과정 속에서 지체 구조의 특징, 주요 기반암과 자원의 분포, 지각 변동이 지형 형성에 미친 영향 등을 복합적으로 묻는 문항을 출제하기 좋다. 기억해야 할 요소들은 많지만 각 시기별 특징을 정확히 이해하고 있으면 혼동하지 않고 풀 수 있는 문항이 주로 출제된다. 그중 **자주 출제되는 지체 구조는 석회암이 분포하는 평남 분지와 옥천 습곡대, 공룡 발자국이 발견되는 경상 누층군이며, 자주 출제되는 지각 변동은 중생대 대보 조산 운동, 신생대 경동성 요곡 운동**이다. 따라서 주요 지층의 위치와 특징, 지각 변동의 특징과 영향 등을 지질 시대별로 정리해 암기해 두어야 한다.

매운맛 # 모의평가 # 정답률 76%

자료에 대한 설명으로 옳은 것은?

〈우리나라의 지질 시대별 주요 지각 변동〉

지질 시대	시·원생대		고생대			중생대			신생대	
	시생대	원생대	캄브리아기	……	석탄기 ~ 페름기	트라이아스기	쥐라기	백악기	제3기	제4기
지질 계통	변성암 복합체		(가)	결층	평안 누층군		대동 누층군	경상 누층군	제3계	제4계
주요 지각 변동	↑ 변성 작용		↑ 조륙 운동			↑ 송림 변동	↑ (나)	↑ 불국사 변동	↑ (다)	

〈충주 분지의 지질 단면〉

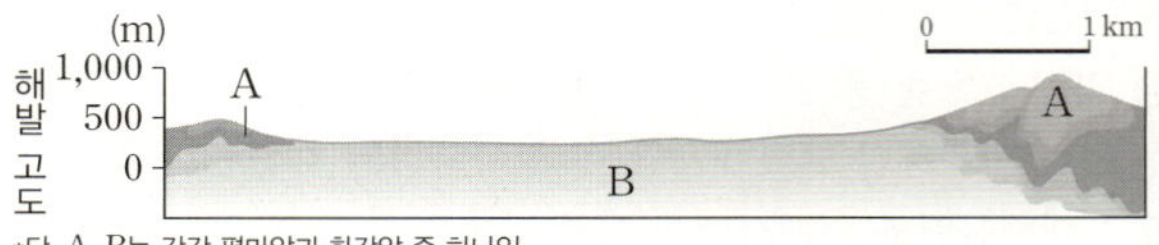

*단. A, B는 각각 편마암과 화강암 중 하나임.

① A로 구성된 산은 정상부가 주로 돌산의 경관을 보인다.
② B는 (가)의 대부분을 차지한다.
③ A는 B보다 형성 시기가 이르다.
④ 제주도의 화산체는 (나)에 의해 형성되었다.
⑤ 대보 화강암은 (다)에 의해 형성되었다.

[유형 분석]
제시된 표에서 지질 시대별 지층과 지각 변동을 구분하고, 각 지층별 주요 기반암의 특징과 지각 변동의 영향을 파악하는 문항이다. 또한 각 지층별 주요 기반암과 현재 나타나는 지형의 주요 기반암을 함께 연결하여 묻고 있다.

[접근 방법]
❶ 표의 (가)~(다)에 해당하는 지층과 지각 변동이 무엇인지 파악한다. 이때 각 지층의 주요 기반암을 함께 떠올려 보자. ❷ 단면도에 제시된 A와 B의 주요 기반암이 무엇인지 파악한다. ❸ ❶, ❷를 토대로 선택지의 옳고 그름을 판단한다.

답 ③

HOW 킬러 문항, 어떻게 출제될까?

두 문항 모두 우리나라의 지체 구조와 지질 시대별 지각 변동을 주제로 출제하였으나, 고난도 기출은 대표 기출과는 달리 **현재 나타나는 지형의 단면도를 함께 제시**하여 난도를 높였다. 이와 같이 우리나라의 지체 구조와 지질 시대별 지각 변동을 현재 나타나는 지형(1·2차 산맥, 흙산과 돌산, 침식 분지, 감입 곡류 하천, 카르스트 지형, 화산 지형 등)과 연결하여 고난도 문항으로 출제할 수 있다. 따라서 한반도의 형성 과정을 지질 시대별로 지층의 위치, 주요 기반암(또는 자원), 지각 변동뿐만 아니라 현재 나타나는 주요 지형까지 연결해서 암기해 두는 것이 중요하다. 현재의 지형을 단면도, 지형도, 사진 등 다양한 자료로 제시할 수 있으니 자료 분석에 대한 대비도 필요하다.

실전 문제

531 PROJECT H

주제 1 한반도의 지체 구조와 지형 형성 과정

01
| 모의평가 |

다음 자료의 A~D에 대한 설명으로 옳은 것만을 〈보기〉에서 고른 것은?

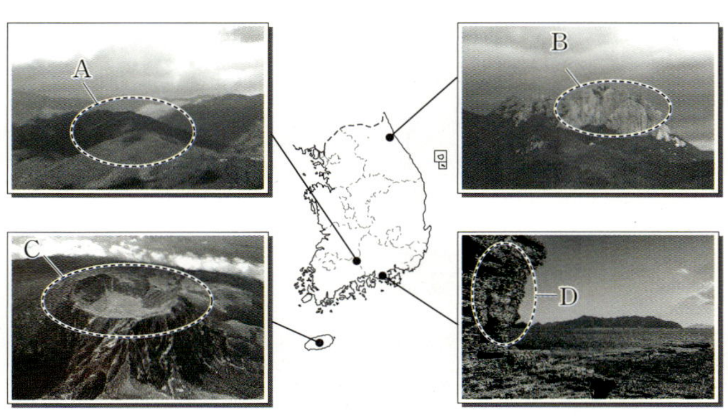

보기
ㄱ. C는 분화구의 함몰로 형성된 칼데라호이다.
ㄴ. D는 고생대에 형성된 퇴적암이다.
ㄷ. A는 B보다 식생 밀도가 높다.
ㄹ. B는 C보다 기반암의 형성 시기가 이르다.

① ㄱ, ㄴ　② ㄱ, ㄷ　③ ㄴ, ㄷ　④ ㄴ, ㄹ　⑤ ㄷ, ㄹ

02

사진은 세 지역의 지형 경관을 나타낸 것이다. (가)~(다) 지형의 주된 기반암을 그래프의 A~E에서 고른 것은?

(가)	(나)	(다)
울산 공룡 발자국 화석	정선 화암동굴	서울 불암산

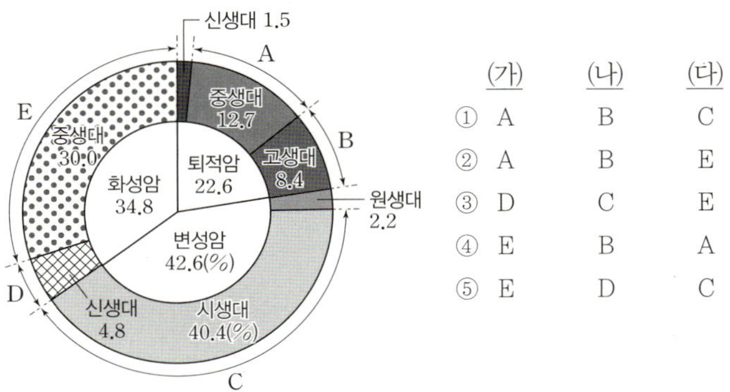

〈한반도 분포 암석의 면적 비율〉

신생대 1.5
A
중생대 12.7
B
고생대 8.4
원생대 2.2
E
중생대 30.0
퇴적암 22.6
화성암 34.8
변성암 42.6(%)
D
신생대 4.8
시생대 40.4(%)
C

	(가)	(나)	(다)
①	A	B	C
②	A	B	E
③	D	C	E
④	E	B	A
⑤	E	D	C

[03~04] 표는 지질 시대별 지질 계통과 주요 지각 변동을 나타낸 것이다. 다음 물음에 답하시오.

지질 시대	선캄브리아대		고생대			중생대			신생대	
	시생대	원생대	캄브리아기	…	석탄기~페름기	트라이아스기	쥐라기	백악기	제3기	제4기
지질 계통	(가)		(나)	결층	(다)		대동 누층군	(라)	제3계	제4계
주요 지각 변동	↑ 변성 작용		↑ 조륙 운동			↑ 송림 변동	↑ A	↑ 불국사 변동	↑ B	↑ C

03

표의 (가)~(라)에 대한 설명으로 옳은 것은?

① (가)의 풍화층이 넓게 분포하는 산지는 주로 돌산이다.
② (나)에는 무연탄이 많이 매장되어 있다.
③ (다)에서는 돌리네, 석회 동굴 등의 지형이 잘 발달한다.
④ (라)에는 삼엽충 등의 바다 생물 화석이 많이 분포한다.
⑤ (나)는 해성층, (다)와 (라)는 주로 육성층에 해당한다.

04

표의 A~C 지각 변동과 관련된 메모 내용을 ㉠~㉢에서 고른 것은?

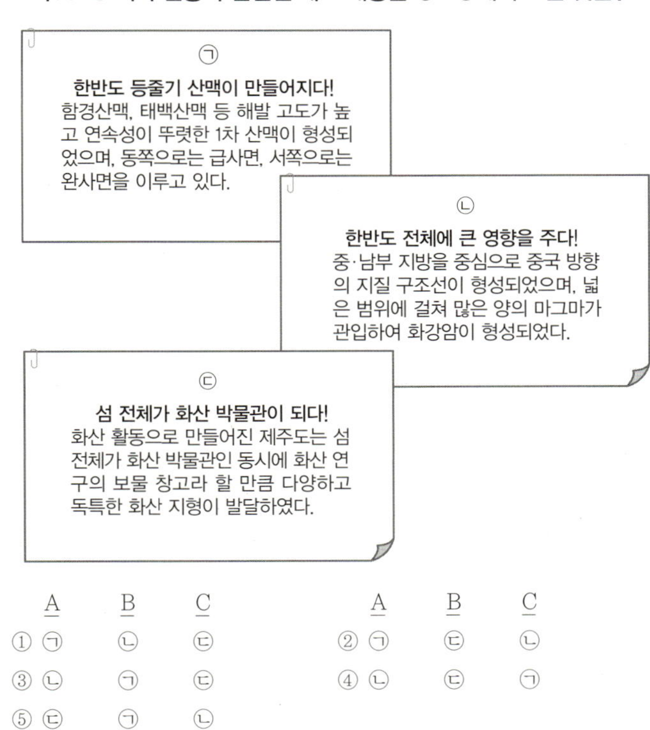

	A	B	C			A	B	C
①	㉠	㉡	㉢		②	㉠	㉢	㉡
③	㉡	㉠	㉢		④	㉡	㉢	㉠
⑤	㉢	㉠	㉡					

05

다음 자료는 한반도의 지체 구조를 학습하기 위한 낱말 퍼즐이다. (가)에 해당하는 지역을 지도의 A~E에서 고른 것은?

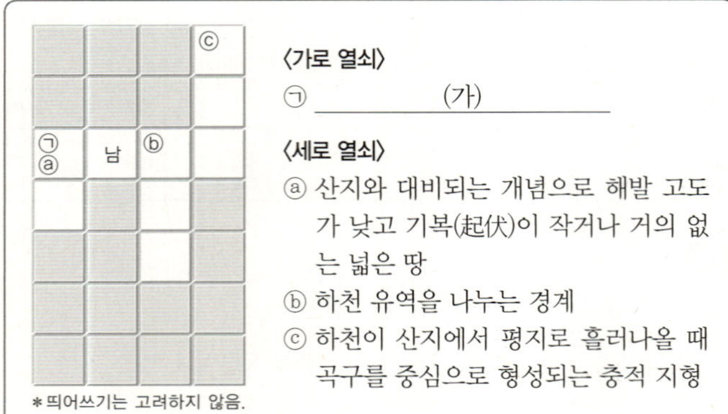

〈가로 열쇠〉

㉠ _______________ (가) _______________

〈세로 열쇠〉

ⓐ 산지와 대비되는 개념으로 해발 고도가 낮고 기복(起伏)이 작거나 거의 없는 넓은 땅

ⓑ 하천 유역을 나누는 경계

ⓒ 하천이 산지에서 평지로 흘러나올 때 곡구를 중심으로 형성되는 충적 지형

* 띄어쓰기는 고려하지 않음.

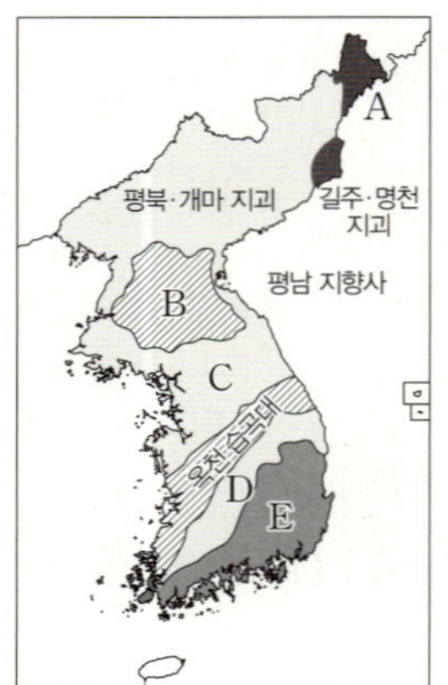

① A
② B
③ C
④ D
⑤ E

07

지도에 표시된 (가)~(다) 산지의 특징을 그림의 A~E에서 고른 것은?

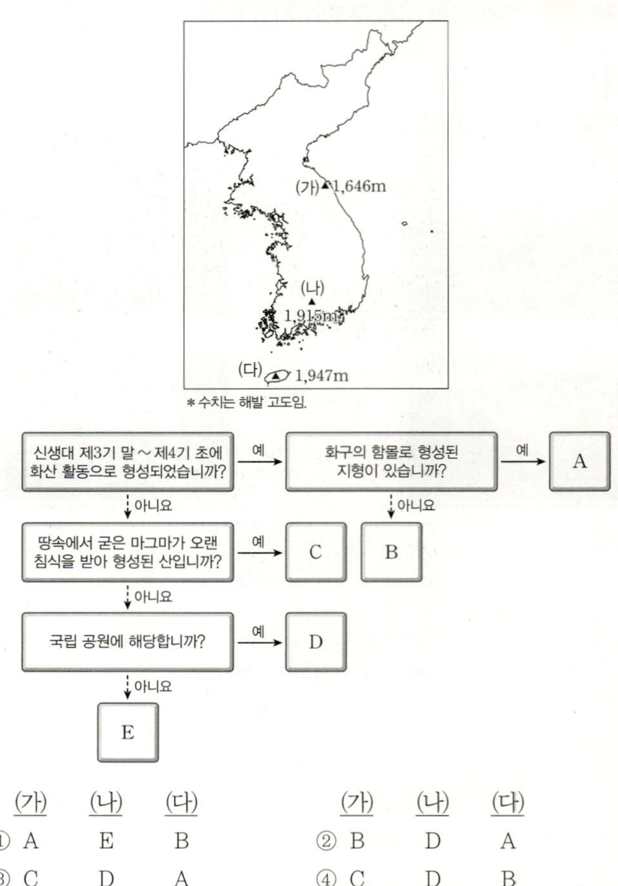

	(가)	(나)	(다)		(가)	(나)	(다)
①	A	E	B	②	B	D	A
③	C	D	A	④	C	D	B
⑤	C	E	B				

주제 ② 한반도의 산지 지형

06

| 모의평가 |

(가), (나) 암석에 대한 설명으로 옳은 것은?

- (가) (으)로 이루어진 산의 정상부는 삼각형 모양으로 뾰족이 솟아 오른 흰색에 가까운 암석이 노출되어 있다. 북한산 인수봉과 설악산 울산 바위는 이 암석으로 이루어져 있다.
- (나) (으)로 이루어진 산의 정상부는 (가) (으)로 만들어진 산의 정상부에 비해 암석의 노출이 적고, 상대적으로 두꺼운 토양층을 이루는 경우가 많다. (나) 은/는 지리산, 덕유산의 기반암이다.

① (가)는 시·원생대에 변성 작용을 받은 암석이다.

② (가)에는 마그마의 급속한 냉각으로 주상 절리가 형성된다.

③ (나)는 경상 분지 지역에 널리 분포한다.

④ (가)와 (나)로 이루어진 침식 분지에서 (나)는 주로 배후 산지를 이룬다.

⑤ (나)는 (가)보다 이른 시기에 형성된 암석으로 조선 누층군의 대부분을 차지한다.

08

지도의 (가) 시기와 비교한 (나) 시기의 상대적 특징을 그림의 A~E에서 고른 것은?

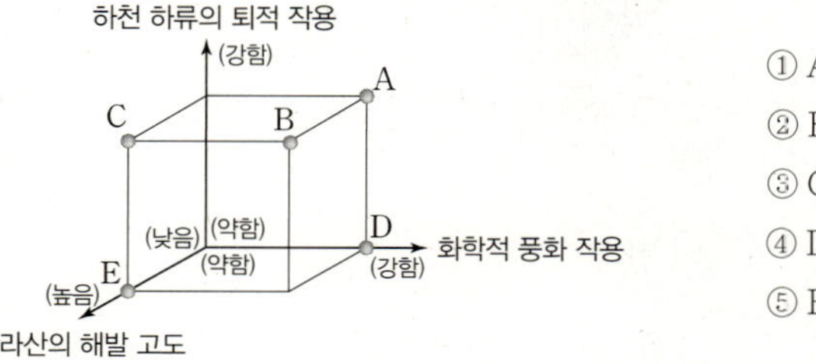

① A
② B
③ C
④ D
⑤ E

주제 ③ 우리나라 하천의 특색과 주변 지형

09

| 모의평가 |

A~D에 대한 설명으로 옳은 것만을 〈보기〉에서 있는 대로 고른 것은?

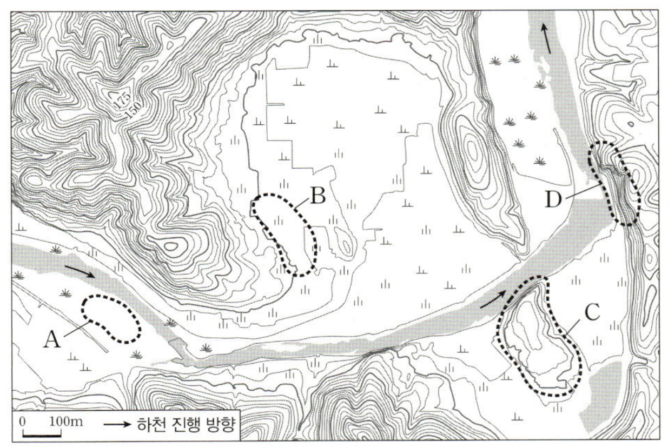

〈보기〉

ㄱ. A는 하천에 의한 퇴적 지형이다.
ㄴ. C는 하천에 의해 절단되고 남은 구릉이다.
ㄷ. D는 하천의 측방 침식으로 형성된 급사면이다.
ㄹ. B는 A보다 범람에 의한 침수 가능성이 높다.

① ㄱ, ㄴ   ② ㄱ, ㄷ   ③ ㄴ, ㄹ
④ ㄱ, ㄴ, ㄷ   ⑤ ㄱ, ㄷ, ㄹ

10

그래프는 (가), (나) 지점의 하천 수위 변화를 나타낸 것이다. 이에 대한 설명으로 옳은 것은? (단, (가), (나)는 동일한 하천의 두 지점임.)

(가)

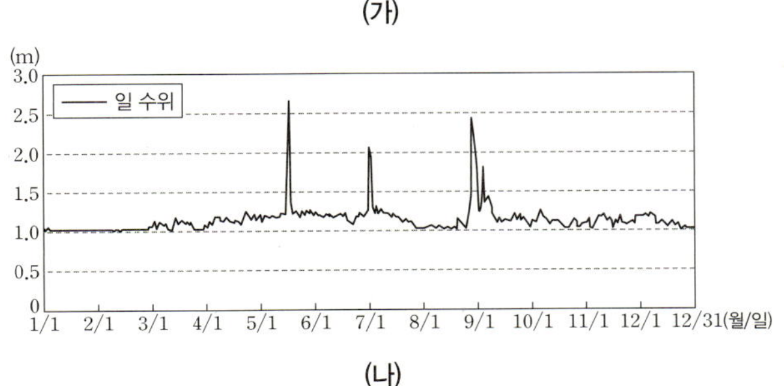

(나)

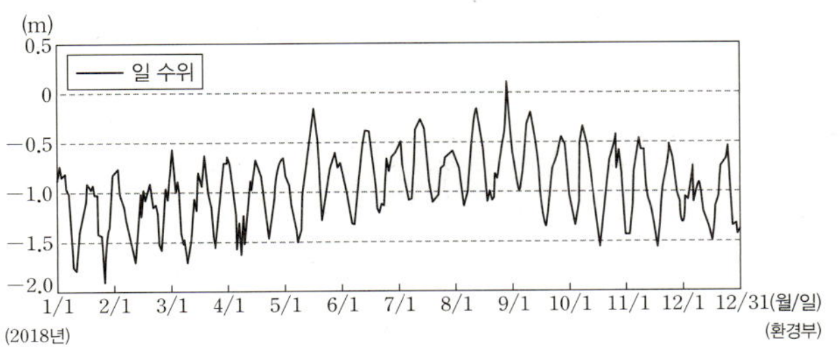

① 동해로 흘러 들어가는 하천이다.
② (가)는 (나)보다 평균 유량이 많다.
③ (가)는 (나)보다 하천수의 염도가 높다.
④ (나)는 (가)보다 하구에서의 거리가 가깝다.
⑤ (나)는 (가)보다 퇴적물의 평균 입자 크기가 크다.

11

다음은 한국지리 수업 장면의 일부이다. 교사의 질문에 옳은 대답을 한 학생만을 있는 대로 고른 것은?

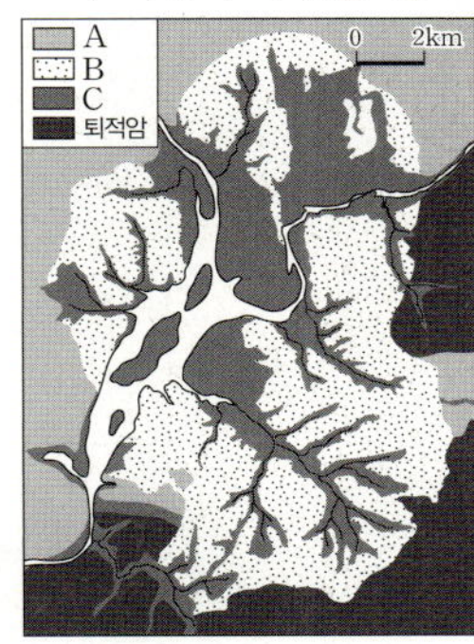

교사 : 자료는 어느 지형의 지질도와 지형도를 나타낸 것입니다. 이 지형의 특징을 발표해 볼까요?

갑 : C가 분포하는 곳에서는 하천의 퇴적 작용으로 형성된 범람원을 볼 수 있습니다.
을 : A는 B보다 침식에 대한 저항력이 높습니다.
병 : B는 A보다 형성 시기가 빠릅니다.
정 : 이러한 지형은 하천 상류 지역보다 하류 지역에서 잘 발달합니다.

① 갑, 을   ② 갑, 병   ③ 을, 정
④ 갑, 을, 병   ⑤ 을, 병, 정

12

다음은 수행 평가 문제와 학생의 답안이다. 답안지의 ㉠~㉤을 중심으로 채점하였을 때 학생의 점수로 옳은 것은?

※ 지도에 나타난 하천 지형과 주민 생활의 특징을 채점 기준을 고려하여 서술하시오.(부분 점수 없음)

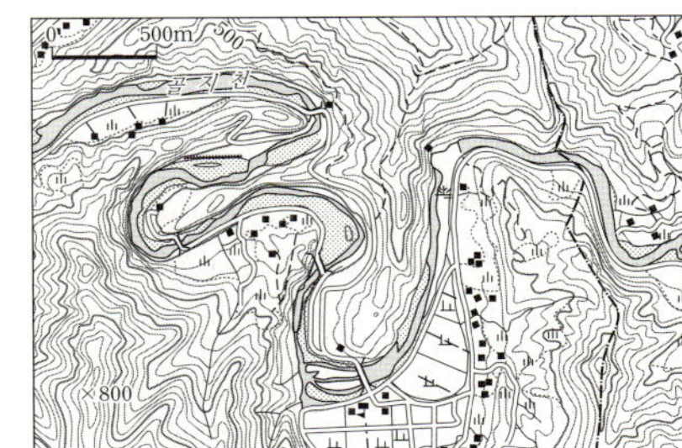

채점 기준	점수
유로 형태	2점
형성 원인	2점
주변 지형	2점
토지 이용	2점
침수 정도	2점

〈답안지〉

3학년 ○○반 ○○번 성명 : ○○○

이 하천은 ㉠ 산지 사이를 굽이쳐 흐르는 감입 곡류 하천이다. ㉡ 지반의 융기로 인해 하방 침식이 진행되면서 하천 바닥을 깎아 깊은 골짜기를 이루며 형성된다. 하천 주변에서는 ㉢ 계단 모양의 하안 단구가 나타나기도 한다. 하안 단구는 지면이 비교적 평탄하여 ㉣ 마을이 형성되거나 농경지, 교통로 등으로 이용된다. 하지만 홍수 시에는 ㉤ 하천이 범람하여 침수의 위험이 높다.

① 2점   ② 4점   ③ 6점   ④ 8점   ⑤ 10점

킬러 문항 완전 정복

지질 시대별 지층과 암석 분포를 통해 우리나라 주요 암석의 특징을 비교하는 문항이다. 지질 시대별 지체 구조를 상세하게 파악해야 하며, 특히 화강암 분포 지역과 변성암 분포 지역을 헷갈리지 말아야 한다. 우선 지층과 암석이 주로 분포하는 지역의 공통점을 파악하여 (가)~(다)가 각각 어느 지질 시대인지 찾아낸 다음에 각 지질 시대별 지층과 암석을 구분해 보자.

01

지도는 (가)~(다) 지질 시대별 지층과 암석 분포를 나타낸 것이다. 이에 대한 설명으로 옳은 것은?

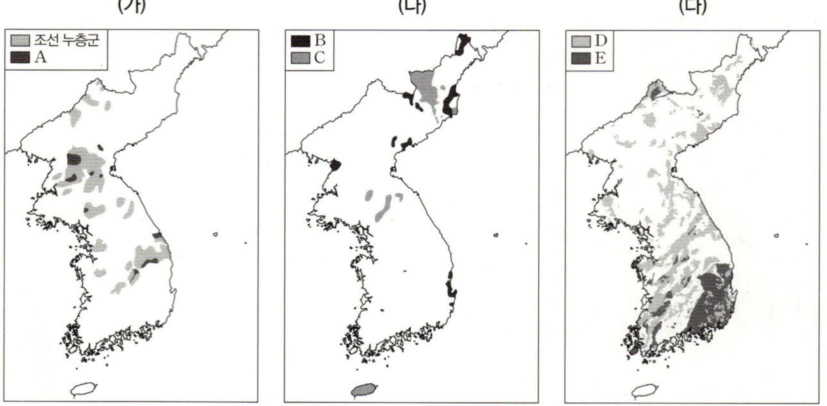

① A에 주로 분포하는 암석은 시멘트의 원료로 많이 이용된다.
② C는 마그마가 땅속에서 굳어져 형성되었다.
③ D는 열과 압력에 의해 성질이 변화한 암석이다.
④ B와 E에는 퇴적암이 많이 분포한다.
⑤ 오래된 순서로 지질 시대를 배열하면 (가) → (나) → (다)이다.

지형 단면도를 통해 우리나라 산맥(산)의 특징을 파악하는 문항이다. 북부, 중부, 남부 지방의 지형 단면을 산맥의 형성 원인과 관련지어 파악해 보자.

02

다음 자료에 대한 설명으로 옳은 것만을 〈보기〉에서 있는 대로 고른 것은? (단, A, B는 각각 지도의 (가), (나) 단면 중 하나이고, 섬을 제외한 부분을 지도상에 같은 거리로 나타낸 것임.)

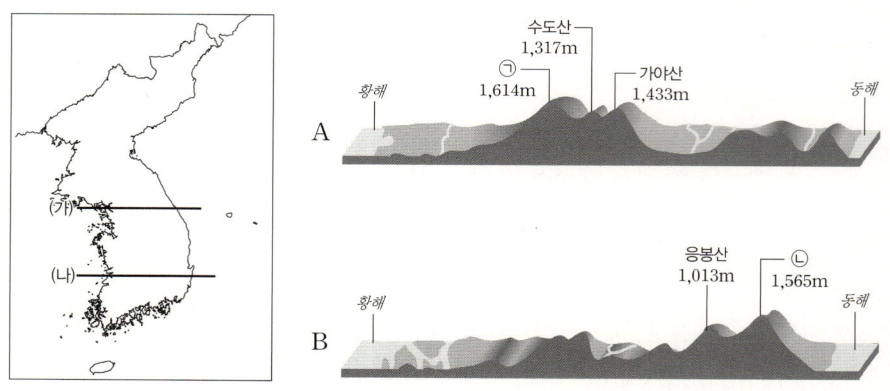

보기

ㄱ. ㉠은 돌산, ㉡은 흙산에 해당한다.
ㄴ. ㉠은 중국 방향, ㉡은 한국 방향 산맥에 속한다.
ㄷ. ㉠, ㉡ 모두 백두대간에 속해있는 산이다.
ㄹ. (가)는 B, (나)는 A이다.

① ㄱ, ㄴ   ② ㄴ, ㄷ   ③ ㄷ, ㄹ
④ ㄱ, ㄷ, ㄹ   ⑤ ㄴ, ㄷ, ㄹ

03

표는 지도에 표시된 하천의 정보를 나타낸 것이다. (가)~(라) 하천에 대한 설명으로 옳은 것은? (단, 지도의 점은 (가)~(라) 하천의 하구 지점임.)

하천	유역 면적(km²)	유로 연장(km)	발원지
(가)	25,937	494	태백시 금태봉
(나)	23,384	510	정선군과 태백시 경계의 은대봉
(다)	9,912	398	장수군 신무산
(라)	4,912	224	진안군 팔공산
영산강	3,468	130	담양군 천자봉

* 하천 유로 연장과 유역 면적은 북한을 제외한 수치임.
** 발원지는 한국하천협회의 현지 답사를 통한 조사 결과임.

(환경부)

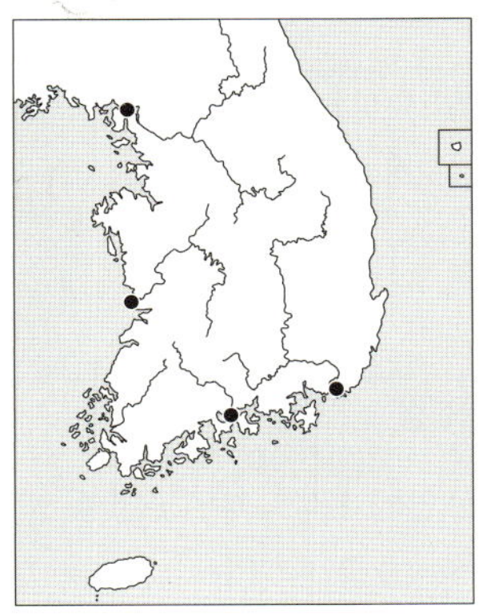

① (가)의 하구에는 삼각주가 발달해 있다.
② (나)의 하구에서는 북한을 볼 수 있다.
③ (라)의 하류 지역은 전라도와 경상도의 경계가 된다.
④ (나), (라)에는 하굿둑이 건설되어 있다.
⑤ (가), (라)는 황해, (나), (다)는 남해로 유입된다.

04

다음 자료의 (가)~(다) 지형에 대한 설명으로 옳은 것은? (단, (가)~(다)는 충적 지형 중 하나임.)

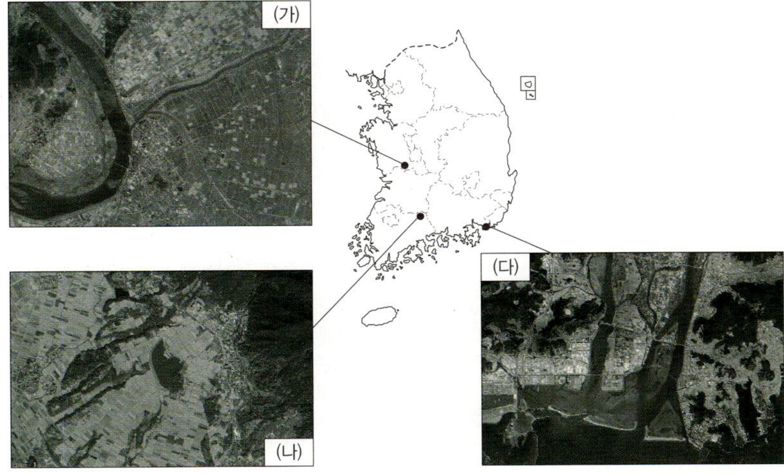

① (가)는 (나)보다 하천의 상류에서 잘 발달한다.
② (나)는 (다)보다 퇴적물의 평균 입자 크기가 작다.
③ (다)는 (가)보다 우리나라에서 흔히 볼 수 있는 지형이다.
④ (가)와 (다)는 모두 형성 과정에서 후빙기 해수면 상승의 영향을 받았다.
⑤ (가)와 (나)는 득수 지역, (다)는 피수 지역에 주로 전통 취락이 형성되었다.

03 강 해안 지형, 화산 및 카르스트 지형

출제 POINT

주제		
1 해안 지형의 형성과 특성		
해안 지형의 형성	★★☆	
우리나라 해안의 특색	★☆☆	
해안 침식 지형과 퇴적 지형	★★★	

주제		
2 화산 지형의 형성과 특성		
화산 지형의 형성과 유형	★★☆	
주요 화산 지형 🔒	★★★	

주제		
3 카르스트 지형의 형성과 특성		
카르스트 지형의 형성과 분포	★★★	
주요 카르스트 지형 🔒	★★☆	
카르스트 지형과 주민 생활	★★☆	

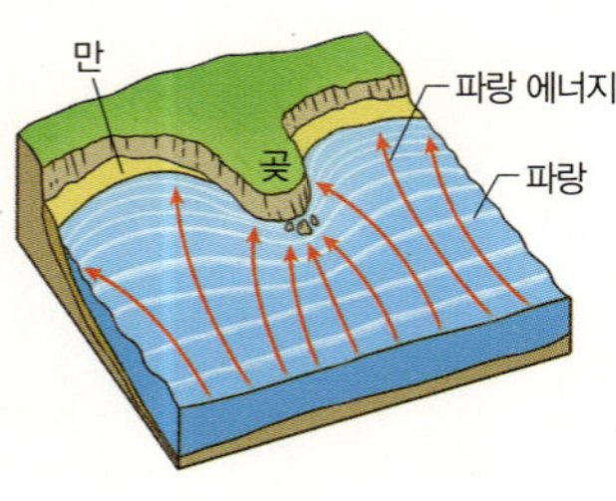

후빙기 해수면 상승으로 형성된 만의 입구에 사주가 발달하여 석호가 형성된다. 사주가 섬의 뒤쪽으로 퇴적되어 육지와 연결되면 육계도가 형성되며, 이때 육계도와 연결된 사주를 육계사주라고 한다.

주제 1 해안 지형의 형성과 특성

1. 해안 지형의 형성

(1) **형성 요인** : 파랑·연안류·조류·바람 등에 의한 침식·퇴적 작용, 지반의 융기, 기후 변화에 따른 해수면 변동 등

(2) **곶과 만에서의 해안 지형 형성**

곶	육지가 바다 쪽으로 돌출되어 파랑 에너지가 집중 → 침식 작용 활발, 암석 해안 발달
만	바다가 육지 쪽으로 들어가 파랑 에너지가 분산 → 퇴적 작용 활발, 모래 해안이나 갯벌 발달

2. 우리나라 해안의 특색

서·남해안	• 산맥과 해안선의 방향이 대체로 교차함 → 섬이 많고 해안선이 복잡함 • 하천의 침식을 받아 형성된 골짜기가 후빙기 해수면 상승으로 침수 → 리아스 해안 발달 • 큰 조차로 조류의 영향이 큼 → 갯벌 형성, 특수 항만 발달 예 갑문(인천), 뜬다리 부두(군산) 등
동해안	• 산맥이 해안선과 나란한 방향으로 뻗어 있음 → 해안선이 비교적 단조로움 • 지반 융기의 영향을 많이 받음, 수심이 깊고 파랑의 작용이 강함 • 석호, 해안 단구 등 발달

3. 해안 침식 지형

해식애	파랑의 침식 작용으로 형성된 해안 절벽
파식대	파랑의 침식 작용으로 해식애가 육지 쪽으로 후퇴하면서 앞쪽에 남은 평탄한 지형
시 스택	파랑의 차별 침식으로 단단한 부분이 남아 형성된 돌기둥 또는 작은 바위섬
해안 단구	• 과거의 파식대나 해안 퇴적 지형이 지반의 융기나 해수면 변동에 의해 현재 해수면보다 높은 곳에 위치하게 된 계단 모양의 지형 • 지반 융기량이 많은 동해안에 주로 발달, 도로·농경지 등으로 이용, 취락 입지

4. 해안 퇴적 지형

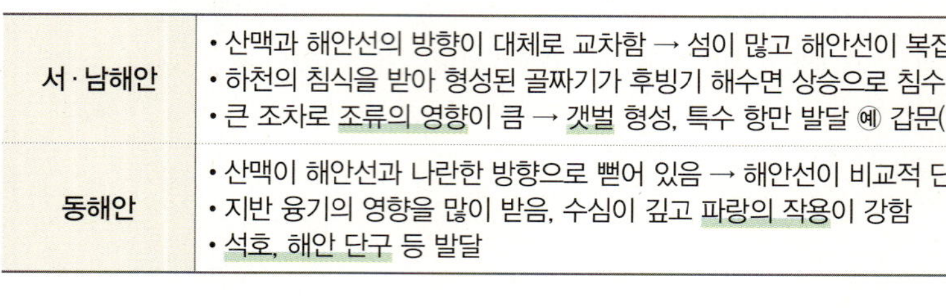

사빈	하천이나 주변 해안으로부터 공급된 모래가 파랑과 연안류에 의해 해안을 따라 퇴적되어 형성, 여름철 해수욕장으로 이용
해안 사구	• 사빈의 모래가 바다로부터 불어오는 바람에 날려 퇴적되어 형성된 모래 언덕 → 퇴적물의 평균 입자 크기가 사빈보다 작은 편임 • 겨울철 북서풍의 영향을 많이 받는 서해안에 규모가 큰 사구 발달 • 배후 농경지와 마을을 보호하기 위해 방풍림을 조성하는 경우가 많음 • 언덕 아래에 지하수층이 있음, 태풍과 해일 피해 완화
사주	파랑이나 연안류에 의해 모래 등이 둑처럼 길게 퇴적된 지형
석호	• 후빙기 해수면 상승으로 형성된 만의 입구를 사주가 막으면서 형성된 호수 • 주로 동해안에 발달, 하천에 의한 토사 유입으로 규모가 축소되기도 함
갯벌	• 조류에 의해 모래나 점토가 퇴적되어 형성된 지형, 조차가 큰 서·남해안에 주로 발달 • 오염 물질 정화, 다양한 생물 종의 서식처, 태풍과 해일 피해 완화

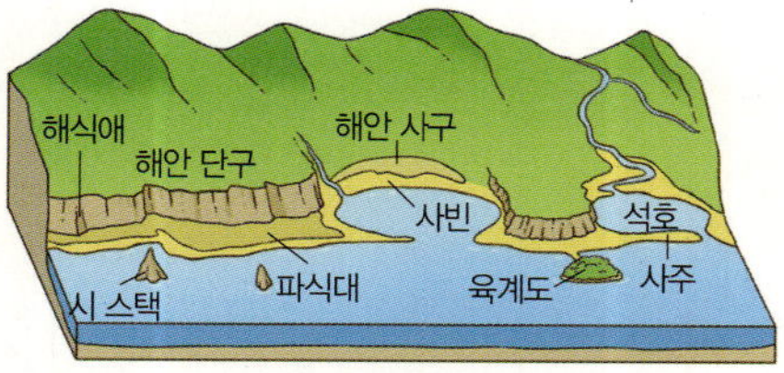

주제 2 화산 지형의 형성과 특성

1. 화산 지형의 형성과 유형
(1) **형성** : 신생대 제3기 말~제4기 지하 깊은 곳의 마그마와 가스가 지각의 틈을 통해 지표로 분출하는 과정에서 형성
(2) **분포** : 백두산, 제주도, 울릉도, 독도, 철원·평강 일대 등
(3) **유형**

종상 화산 (종 모양)	• 유동성이 작고 점성이 큰 용암의 분출로 형성되어 경사가 급함(조면암, 안산암) • 울릉도, 독도, 한라산의 정상부
순상 화산 (방패 모양)	• 유동성이 크고 점성이 작은 용암의 분출로 형성되어 경사가 완만함(현무암) • 백두산·한라산의 산록부
용암 대지	• 유동성이 큰 현무암질 용암의 열하 분출로 형성 • 철원·평강, 개마고원 북부 등

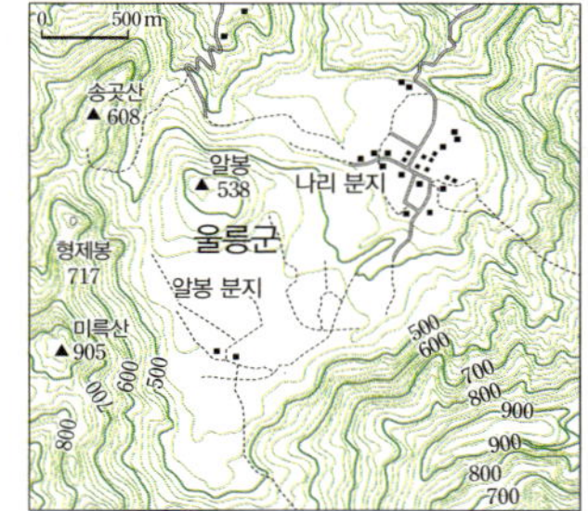

울릉도는 중앙부에 있는 나리 분지가 거의 유일한 평지이다. 나리 분지 형성 이후 분지 안에서 용암이 다시 분출하였는데, 이때 중앙 화구구인 알봉이 형성되면서 이중 화산의 형태를 띠게 되었다.

3점 공략

2. 우리나라의 주요 화산 지형
(1) 백두산
① 경사가 급한 산 정상부를 제외하면 전체적으로 경사가 완만함
② 정상에는 화구가 함몰되어 형성된 칼데라에 물이 고인 칼데라호(천지)가 있음
(2) 제주도
① 한라산 산록부는 순상 화산, 정상부는 종상 화산, 정상에는 분화구에 물이 고인 화구호(백록담)가 있음
② 기생 화산 : 소규모 용암 분출이나 화산 쇄설물에 의해 형성, '오름'이라고 부름
③ 용암 동굴 및 주상 절리(용암이 냉각 과정에서 수축하여 형성) 발달
④ 절리가 잘 생기는 현무암의 특성상 지표수가 지하로 잘 스며들어 밭농사 발달
(3) 울릉도
① 점성이 큰 용암 분출로 종상 화산 형성
② 화구의 함몰로 형성된 칼데라 분지(나리 분지)가 있음
③ 칼데라 분지 내부에서 용암 분출로 화산 쇄설물이 쌓여 중앙 화구구(알봉) 형성 → 이중 화산체
(4) 철원·평강, 연천 일대의 용암 대지
① 열하 분출(틈새 분출)한 현무암질 용암이 골짜기나 분지를 메워 형성
② 한탄강 주변에 주상 절리 발달, 수리 시설을 이용한 벼농사 활발

❶ 화산 지형은 지형도를 바탕으로 각 지형의 특징을 묻는 문항이 주로 출제된다. 특히 천지와 백록담, 기생 화산, 나리 분지와 알봉, 용암 대지와 한탄강 협곡 등의 주요 지형이 지형도에서 어떻게 나타나는지 알아 두자.
❷ 화산 지형은 카르스트 지형과 비교하여 정리하자. 용암 동굴은 석회 동굴과 달리 동굴 내부가 비어 있으며, 지형도상에서 기생 화산의 와지는 돌리네와 달리 화구를 나타낸다.

주제 3 카르스트 지형의 형성과 특성

1. 카르스트 지형의 형성과 분포
(1) **형성** : 석회암의 주성분인 탄산 칼슘이 빗물이나 지하수의 용식 작용을 받아 형성
(2) **분포** : 강원 남부, 충북 북동부, 경북 북부 일대에 분포(고생대 조선 누층군)

2. 주요 카르스트 지형

돌리네	• 석회암 지대에서 빗물이나 지하수의 용식 작용과 지반의 함몰로 형성된 와지 • 두 개 이상의 돌리네가 결합하면 우발레가 됨 • 배수가 양호하여 주로 밭으로 이용
석회 동굴	• 석회암 지대에서 지하수의 용식 작용으로 형성된 동굴 • 동굴 내부에 탄산 칼슘이 침전되어 종유석, 석순, 석주 등 형성
석회암 풍화토	석회암이 용식된 후 남은 철분이 산화되어 형성된 붉은색의 토양

3. 카르스트 지형과 주민 생활
(1) 석회 동굴의 독특한 경관을 관광 자원으로 활용 예 단양의 고수 동굴, 영월의 고씨굴, 삼척의 환선굴 등
(2) 석회석을 원료로 한 시멘트 공업 발달 → 채굴 과정에서 지형 경관이 훼손되거나 분진과 소음 문제 발생

🔒 3점 공략 Check

Q1 석호의 크기는 하천에 의한 토사의 유입으로 시간이 갈수록 (커진다 / 작아진다).

Q2 석회암 지대에서 빗물이나 지하수의 용식 작용으로 형성된 와지를 (   )라고 한다.

Q3 물음에 해당하는 지역을 골라 쓰시오.

> 백두산, 울릉도, 제주도, 철원

(1) 화구가 함몰되어 형성된 칼데라호가 나타나는 지역   (   )
(2) 용암 동굴과 약 200여 개의 기생 화산이 나타나는 지역   (   )
(3) 칼데라 분지와 내부에 형성된 중앙 화구구를 볼 수 있는 지역 (   )
(4) 열하 분출로 형성된 용암 대지와 하천 주변 주상 절리를 볼 수 있는 지역
(   )

대표 기출 ⁵³¹ PROJECT H VS 고난도 기출

순한맛 # 수능

지도의 A~D에 대한 설명으로 옳은 것은?

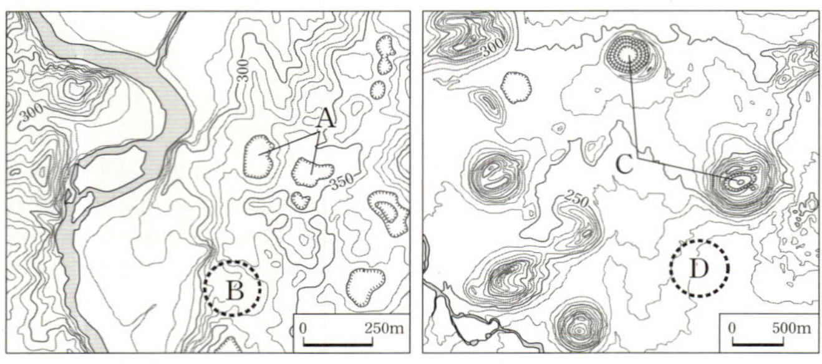

① B는 현무암질 용암이 흘러서 형성되었다.
② D에서는 석회암이 풍화된 붉은색의 토양이 나타난다.
③ C는 A보다 기반암의 형성 시기가 이르다.
④ A와 C 주변에는 기반암이 용식되어 형성된 동굴이 분포한다.
⑤ B와 D는 배수가 양호하여 밭농사에 유리하다.

[유형 분석] 카르스트 지형과 화산 지형의 지형도를 함께 제시하고 두 지역 간 상대적 특성을 비교하는 문항이다. 특히 화산 지형의 경우에는 제주도, 울릉도, 철원·연천 일대 등 우리나라에 나타나는 지역이 한정적이어서 해당 지역들의 지형도가 자주 출제된다.

[접근 방법] ❶ 두 지도에 나타난 지형이 화산 지형인지 카르스트 지형인지 파악한다. ❷ 지형도에 표현된 등고선을 통해 A와 C의 구체적인 지형 명칭을 파악한다. ❸ ❶, ❷를 토대로 각 지형의 공통점과 차이점, 상대적 특성을 묻는 선지의 진위를 파악한다.

답 ⑤

WHY 왜 빠지지 않고 출제될까?

화산 지형과 카르스트 지형은 우리나라의 특정 지역에 분포하며, 지형적 특징이 두드러져 반복적으로 출제되고 있다. 일부 지역에 분포하다 보니 **화산 지형은 제주도, 울릉도, 철원·연천 일대가 주로 출제**되며, **카르스트 지형은 강원 남부, 충북 북동부 일대가 주로 출제**된다. 기출 문제를 통해 다양한 지형도를 접해 봄으로써 화산 지형과 카르스트 지형을 구분하는 연습을 해야 한다. 특히 저하 등고선이 있는 지형이 카르스트 지형의 돌리네인지 제주도의 기생 화산인지 주변 지형을 통해 파악할 수 있어야 한다.

모의평가 # 정답률 59% 매운맛

지도의 A~D에 대한 설명으로 옳은 것은?

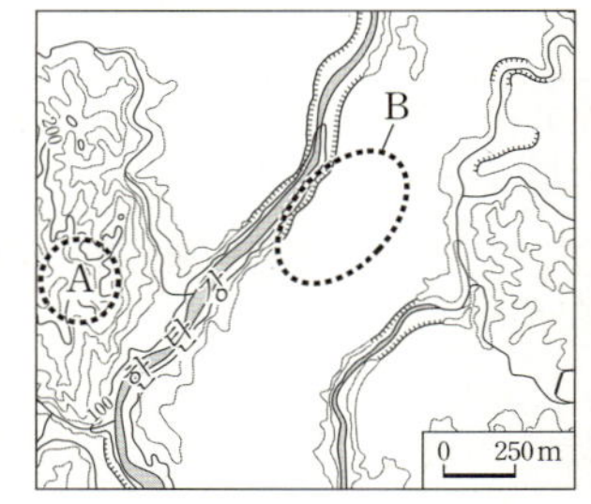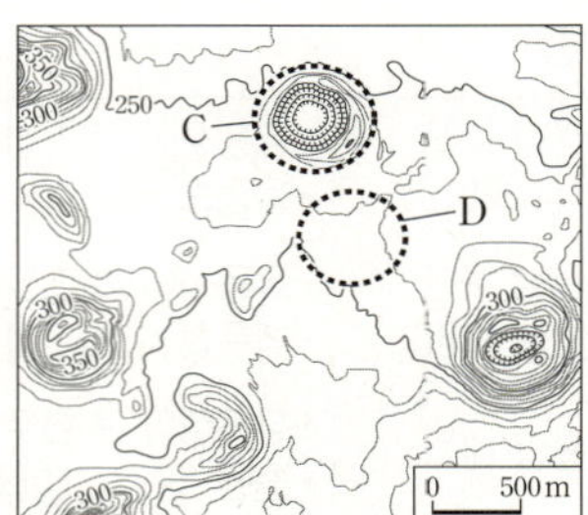

① A는 용암이 분출하여 형성된 종 모양의 화산이다.
② B에는 종유석과 석순이 발달한 동굴이 형성되어 있다.
③ C는 화구의 함몰로 형성된 칼데라이다.
④ D에는 석회암이 풍화된 붉은색의 토양이 널리 분포한다.
⑤ A의 기반암은 B의 기반암보다 형성 시기가 이르다.

[유형 분석] 용암 대지가 나타나는 철원 일대, 기생 화산이 나타나는 제주도 일대의 지형도를 읽고, 지형도 속에 나타난 화산 지형 또는 주변 지역의 특징을 비교하는 문항이다.

[접근 방법] ❶ 두 지도에 나타난 지형이 어떤 지형인지 파악한다. ❷ A~D 지역 또는 지형의 특성을 형성 과정과 함께 파악한다. 이때 C에 표현된 저하 등고선이 돌리네인지 기생 화산의 화구인지 잘 파악하자. ❸ ❶, ❷를 토대로 선지의 진위를 파악한다.

답 ⑤

HOW 킬러 문항, 어떻게 출제될까?

고난도 기출은 대표 기출과 달리 화산 지형이 나타나는 두 지역의 지형도를 제시하고, 선택지에 카르스트 지형의 특징을 묻는 문항을 포함하여 두 번째 지형도를 카르스트 지형으로 판단하도록 혼동을 주었다. **화산 지형과 카르스트 지형**은 절리가 발달한 **기반암(현무암과 석회암)**, **동굴 형성(용암 동굴과 석회 동굴)**, **움푹 파인 와지 형성(기생 화산의 화구와 돌리네)**, **간대 토양 분포(흑갈색의 현무암 풍화토와 붉은색의 석회암 풍화토)** 등의 **공통점과 차이점**이 있다. 위 문항은 이러한 특징을 종합적으로 비교할 수 있도록 문항을 구성하였으며, 실제로 60% 정도의 정답률을 기록한 것으로 보아 지형도를 활용한 문항임에도 비교적 난도가 높았다고 볼 수 있다. 화산 지형과 카르스트 지형의 지형도를 활용하여 두 지형의 특징을 종합적으로 묻는 킬러 문항이 종종 출제될 수 있으니 유의한다.

실전 문제

· 정답 및 해설 p.11~12

주제 ❶ 해안 지형의 형성과 특성

01

| 모의평가 |

그림은 해안 지형의 모식도이다. A~E 지형에 대한 설명으로 옳은 것만을 〈보기〉에서 있는 대로 고른 것은?

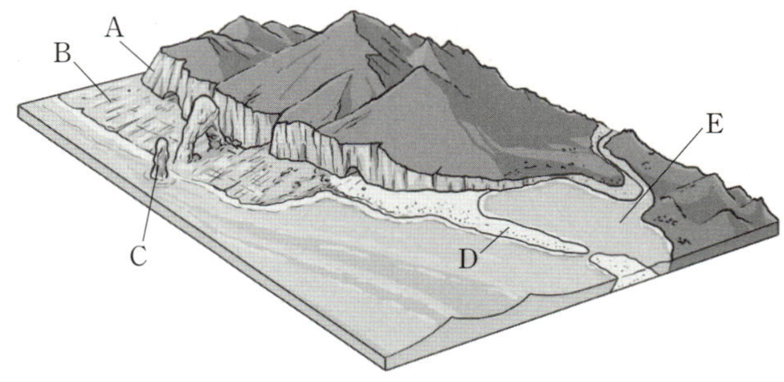

┌ 보기 ┐
ㄱ. A는 침식에 의해 육지 쪽으로 후퇴한다.
ㄴ. B는 연안류의 퇴적 작용으로 형성된다.
ㄷ. C는 D보다 파랑 에너지의 집중도가 높다.
ㄹ. E는 D의 성장으로 형성된 호수이다.

① ㄱ, ㄴ   ② ㄴ, ㄷ   ③ ㄷ, ㄹ
④ ㄱ, ㄴ, ㄹ   ⑤ ㄱ, ㄷ, ㄹ

02

다음 자료에 제시된 과제를 수행한 내용으로 가장 적절한 것은?

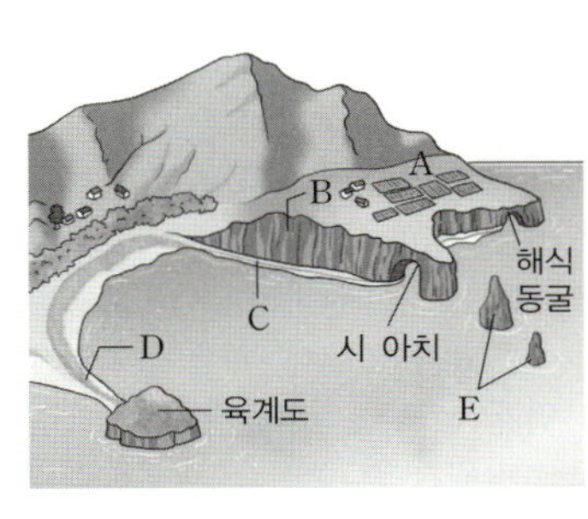

〈수행평가 안내〉

※ 다음의 모식도와 관련하여 주어진 과제를 수행하시오.
· 과제 1 : A~E 지형의 명칭을 서술한다.
· 과제 2 : A~E 지형의 주된 형성 과정을 서술한다.

	지형	명칭	주된 형성 과정
①	A	해안 단구	지반의 침강으로 형성되었다.
②	B	파식대	파랑의 침식 작용으로 형성되었다.
③	C	해식애	연안류의 퇴적 작용으로 형성되었다.
④	D	육계사주	조류의 퇴적 작용으로 형성되었다.
⑤	E	시 스택	파랑의 차별 침식으로 형성되었다.

03

다음 글은 우리나라의 해안 지형 형성에 관한 것이다. ㉠~㉤에 대한 설명으로 옳지 않은 것은?

> ㉠ 동해안은 해안선이 단조롭고 섬이 적은 반면, 서·남해안은 ㉡ 해안선이 복잡하고 섬이 많다. 또한 서·남해안은 동해안에 비해 조수 간만의 차이가 커서 ㉢ 갯벌이 넓게 발달한다.
> 만에서는 파랑과 연안류의 퇴적 작용이 활발해 ㉣ 모래 해안이 발달하며 사빈, 사주, 육계도 등이 형성된다. 사주의 발달로 ㉤ 석호가 형성되기도 한다.

① ㉠ – 산맥과 해안선의 방향이 대체로 평행하기 때문이다.
② ㉡ – 하천 침식을 받은 골짜기가 후빙기 해수면 상승으로 침수되었기 때문이다.
③ ㉢ – 퇴적 물질은 대부분 큰 하천으로부터 공급된다.
④ ㉣ – 파랑 에너지가 분산되는 곳에 잘 발달한다.
⑤ ㉤ – 동해안보다 서해안에서 뚜렷하게 나타난다.

04

다음 자료에 나타난 지형에 대한 설명으로 옳은 것만을 〈보기〉에서 있는 대로 고른 것은?

┌ 보기 ┐
ㄱ. 서해안보다 동해안에 주로 발달한다.
ㄴ. 지반의 융기나 해수면의 변동에 의해 형성된다.
ㄷ. 평탄면은 점성이 작은 용암이 분출되어 형성되었다.
ㄹ. 평탄면은 농경지로 이용되거나 취락이 입지하기도 한다.

① ㄱ, ㄴ   ② ㄱ, ㄹ   ③ ㄴ, ㄷ
④ ㄱ, ㄴ, ㄹ   ⑤ ㄴ, ㄷ, ㄹ

05

지도에 표시된 A~C 지형의 특징을 그림의 ㉠~㉣에서 고른 것은?

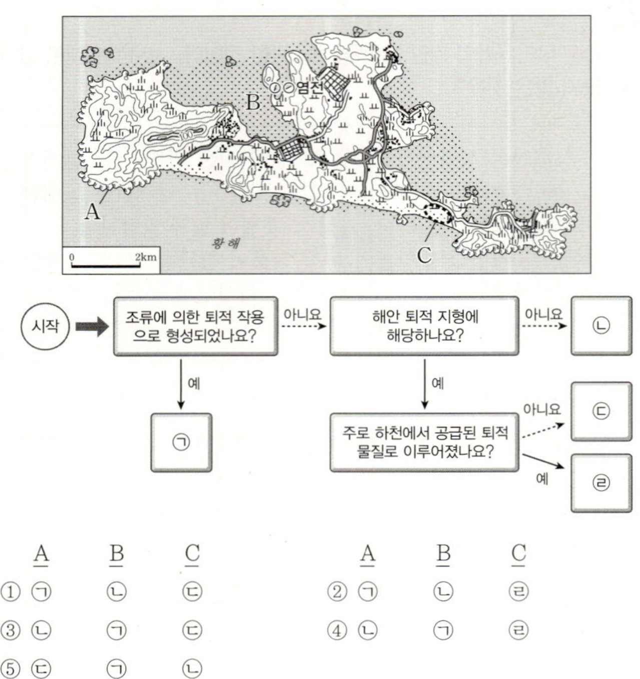

A	B	C		A	B	C
① ㉠	㉡	㉢	② ㉠	㉡	㉣
③ ㉡	㉠	㉢	④ ㉡	㉠	㉣
⑤ ㉢	㉠	㉡			

06

다음은 학생이 지리 답사 과정에서 조사한 내용이다. (가)~(다) 지역을 지도의 A~D에서 고른 것은?

지역	조사 내용
(가)	• 유네스코 생물권 보전 지역으로 지정된 갯벌 • 아시아 최초의 슬로시티이자, 근대 문화유산으로 지정된 국내 최대 규모의 천일염전
(나)	• 해안가의 경사지에 발달한 계단식 농경지인 다랭이 논 • 밀물과 썰물 때문에 발생하는 바닷물의 흐름을 이용한 전통 어업 방식인 죽방렴
(다)	• 우리나라 최초 람사르 등록 연안 습지 • 우리나라 국가 정원 제1호이자, 매년 열리는 갈대 축제

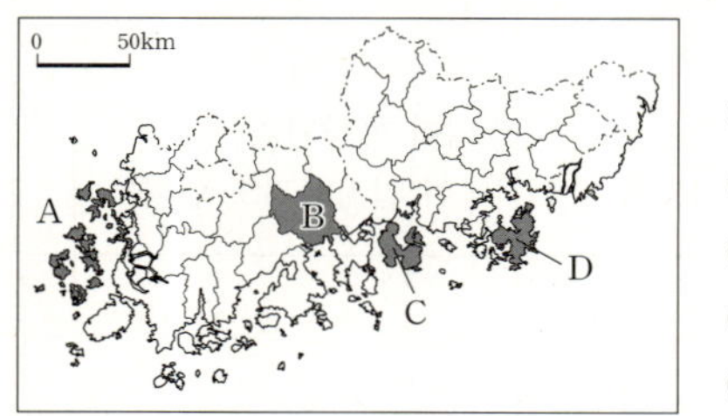

	(가)	(나)	(다)
①	A	B	C
②	A	C	B
③	A	D	B
④	B	C	D
⑤	B	D	C

07

| 수능 |

다음 자료는 (가) 동굴의 위치와 단면이다. 이 동굴의 특성에 대한 설명으로 옳은 것은?

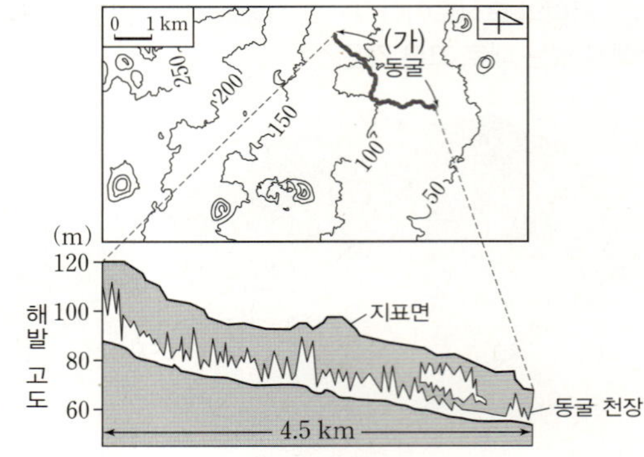

① 용암의 냉각 속도 차이로 인해 형성되었다.
② 바닥에는 과거의 하천 퇴적층이 넓게 나타난다.
③ 화구의 함몰로 형성된 칼데라 분지와 연결된다.
④ 천장에는 기반암의 용해와 침전으로 형성된 종유석이 발달한다.
⑤ 점성이 큰 용암이 굳으면서 만들어진 종상 화산체에 형성되었다.

08

다음 글의 (가) 지역과 비교한 (나) 지역의 상대적 특징을 그림의 A~E에서 고른 것은? (단, (가), (나)는 섬 지역임.)

(가) 숙종 때 삼척 영장(營將) 장한상이 함경도 안변에서 바다에 배를 띄워 동남쪽을 향해 이곳을 찾았는데, 이를 만에 바다 가운데에 큰 산이 솟아 있는 것을 발견했다. …(중략)… 아마도 여기가 바로 옛 우산국일 것이다.

(나) 바다 한복판에 있는 산 또한 기이한 것이 많다. 영주산(瀛洲山)이라고도 하는 이 산 위에는 큰 못이 있는데, 사람들이 시끄럽게 하면 갑자기 구름과 안개가 크게 일어난다. 정상에는 마치 사람이 쫀 것 같은 모난 바위가 있고 …

– 이중환, 『택리지』 –

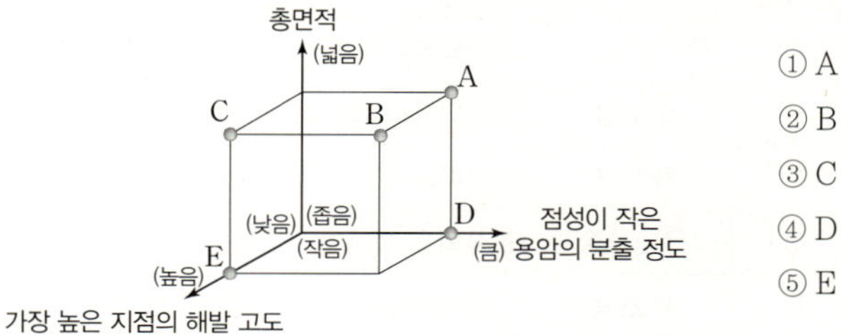

① A
② B
③ C
④ D
⑤ E

09

지도의 A~E에 대한 설명으로 옳은 것만을 〈보기〉에서 있는 대로 고른 것은?

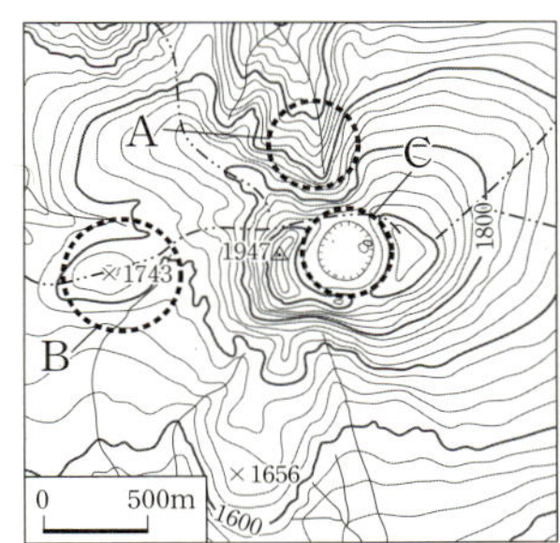
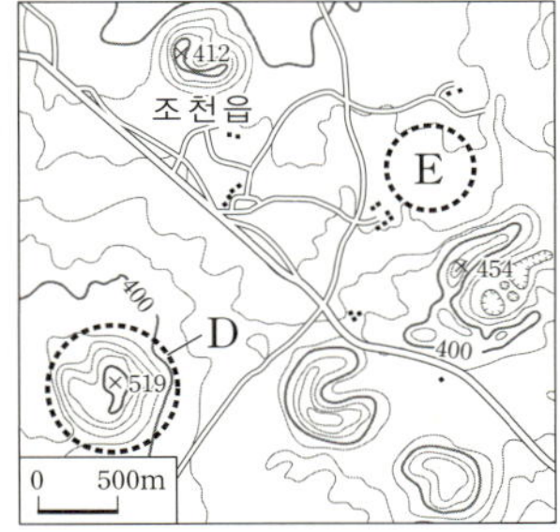

〈보기〉

ㄱ. C의 와지는 기반암의 용식에 의해 형성되었다.
ㄴ. E에는 기반암이 풍화된 흑갈색의 토양이 나타난다.
ㄷ. A는 E보다 유동성이 작은 용암이 분출되었다.
ㄹ. B는 D보다 형성 시기가 이르다.

① ㄱ, ㄴ　　　② ㄱ, ㄹ　　　③ ㄴ, ㄷ
④ ㄱ, ㄷ, ㄹ　　　⑤ ㄴ, ㄷ, ㄹ

주제 ③ 카르스트 지형의 형성과 특성

10

| 모의평가 |

지도의 A~C에 대한 설명으로 옳은 것만을 〈보기〉에서 있는 대로 고른 것은?

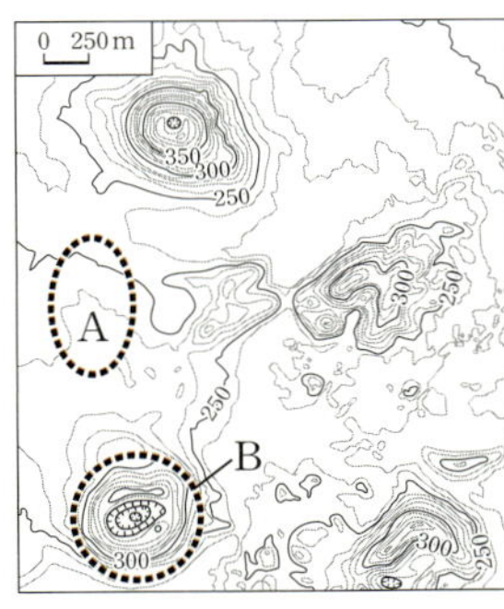
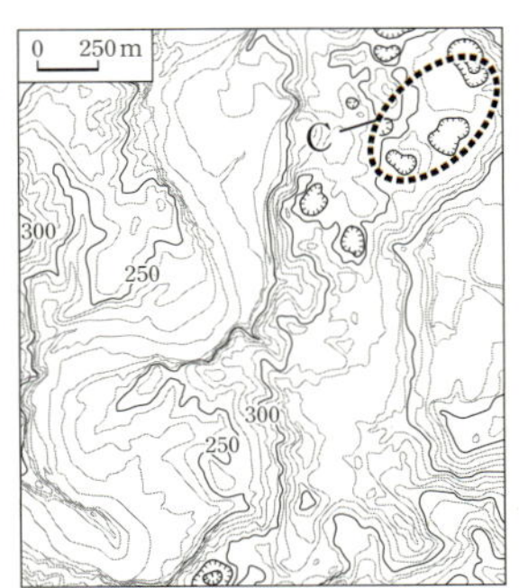

〈보기〉

ㄱ. A는 C보다 붉은색의 간대 토양이 널리 분포한다.
ㄴ. A와 B는 용암의 열하 분출에 의해 형성되었다.
ㄷ. A는 신생대 화성암, C는 고생대 퇴적암이 기반암을 이룬다.
ㄹ. A와 C에서는 논농사보다 밭농사가 주로 이루어진다.

① ㄱ, ㄴ　　　② ㄱ, ㄷ　　　③ ㄷ, ㄹ
④ ㄱ, ㄴ, ㄹ　　　⑤ ㄴ, ㄷ, ㄹ

11

지도의 (가), (나) 동굴에 대한 설명으로 옳은 것만을 〈보기〉에서 고른 것은?

(가)

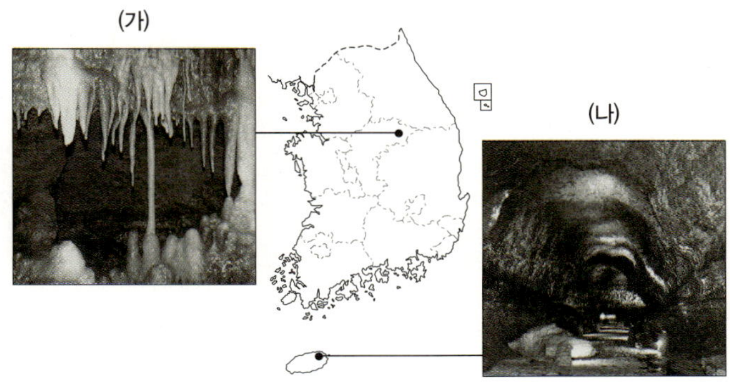

(나)

〈보기〉

ㄱ. (가)는 고생대 평안 누층군에 주로 분포한다.
ㄴ. (가)는 (나)보다 기반암의 형성 시기가 이르다.
ㄷ. (나)는 (가)보다 동굴 바닥면의 기복이 큰 편이다.
ㄹ. (가)와 (나)의 지표에서는 주로 밭농사가 이루어진다.

① ㄱ, ㄴ　② ㄱ, ㄷ　③ ㄴ, ㄷ　④ ㄴ, ㄹ　⑤ ㄷ, ㄹ

12

다음 자료는 어느 학생의 답사 일지를 나타낸 것이다. ㉠~㉤의 내용 중 옳지 **않은** 것은?

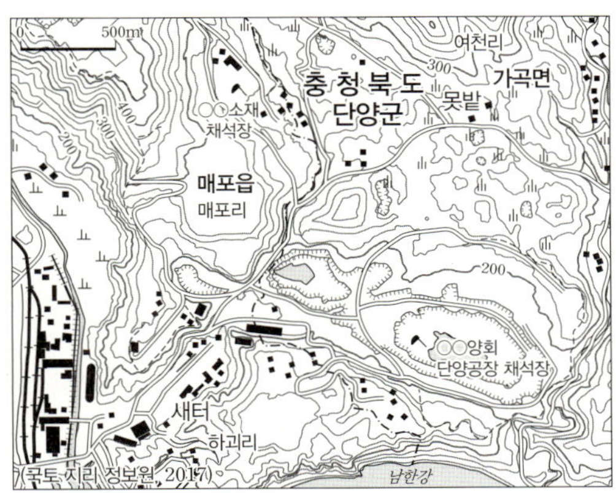

〈답사 일지〉

1. 답사 지역의 위치 : 충청북도 단양군 매포읍 일대
2. 답사 지역의 지형도

3. 답사 내용 정리
　• 논보다는 밭농사를 많이 하고 있었다. ——— ㉠
　• 시멘트 공장은 채석장 가까이에 있었다. ——— ㉡
　• 기반암은 주로 바다에서 형성된 암석이었다. ——— ㉢
　• 주로 철분이 산화된 붉은색 토양을 볼 수 있었다. ——— ㉣
　• 용식 작용으로 형성된 와지는 대체로 습지를 이루고 있었다. ——— ㉤

① ㉠　　② ㉡　　③ ㉢　　④ ㉣　　⑤ ㉤

01

지도는 두 해안 지역을 나타낸 것이다. 이에 대해 옳게 설명한 내용만을 골라 있는 대로 'O' 표시한 학생을 고른 것은?

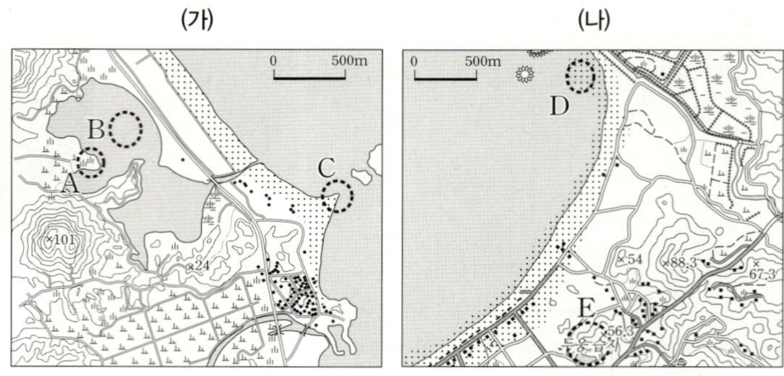

내용 \ 학생	갑	을	병	정	무
A의 성장으로 B는 축소된다.	O		O		O
C는 파랑 에너지가 집중되는 곳이다.		O		O	O
D는 C보다 퇴적물의 평균 입자 크기가 작다.	O		O	O	
E는 밀물과 썰물의 영향으로 수위가 주기적으로 오르내린다.		O		O	O
(가)는 동해안에, (나)는 서해안에 위치해 있다.	O			O	O

① 갑　　　　② 을　　　　③ 병　　　　④ 정　　　　⑤ 무

02

다음은 한국지리 수업 장면의 일부이다. 교사의 질문에 옳은 대답을 한 학생만을 있는 대로 고른 것은?

교사 : (가)~(다)는 우리나라 화산 지형의 일부입니다. 지도의 A~E에 대해 발표해 볼까요?

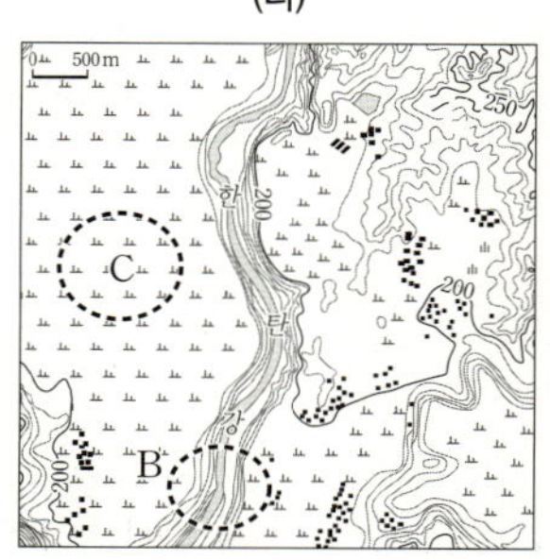

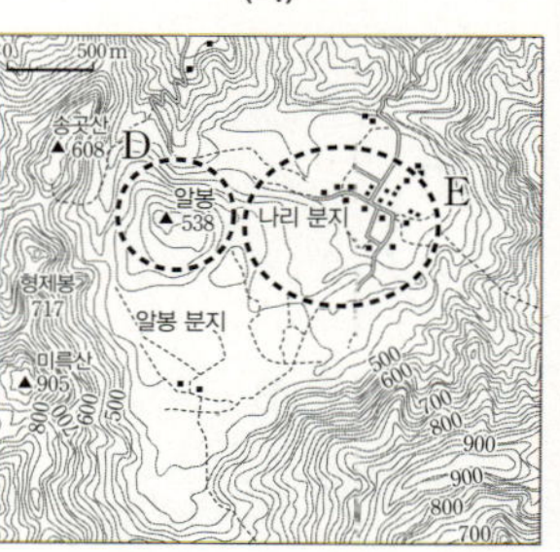

갑 : A 주변에는 우리나라에서 가장 높은 산이 있습니다.
을 : B에서는 용암의 냉각·수축에 의한 주상 절리를 볼 수 있습니다.
병 : A와 E는 분화구가 함몰되어 형성되었습니다.
정 : C는 D보다 분출된 용암의 점성이 큽니다.
무 : D는 E보다 먼저 형성되었습니다.

① 갑, 을　　　　② 갑, 정　　　　③ 갑, 을, 병
④ 을, 병, 무　　　　⑤ 병, 정, 무

03

다음은 학생이 제출한 수행평가 과제물이다. 과제를 수행한 내용으로 옳지 <u>않은</u> 것은?

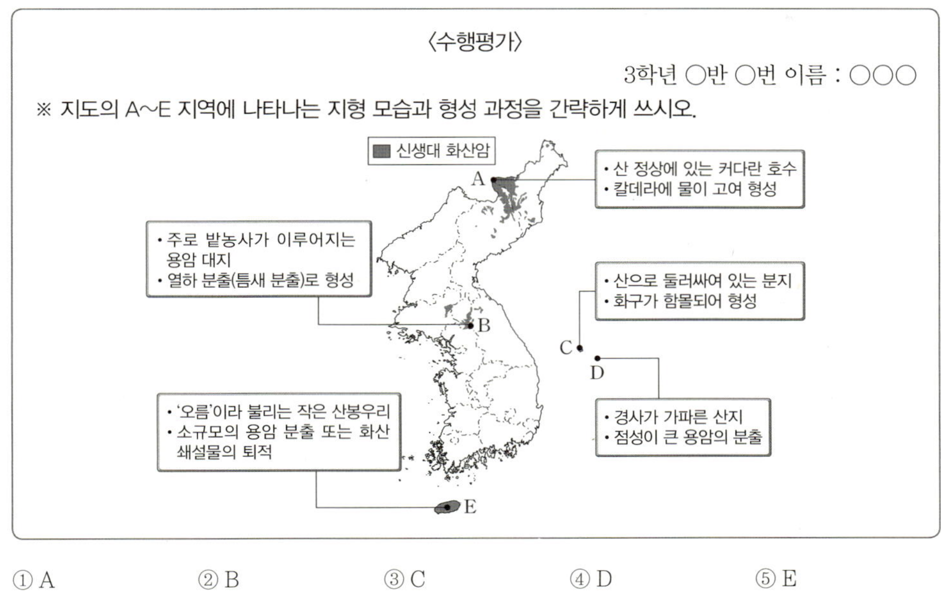

① A　　　② B　　　③ C　　　④ D　　　⑤ E

04

다음은 학생의 지형 관광 기록이다. (가)~(다) 지역을 지도의 A~F에서 고른 것은?

지역	관찰 내용
(가)	단위 면적당 탐방객 수가 가장 많은 국립 공원으로 기네스북에 등재된 대도시 속의 자연공원이다. 화강암으로 이루어진 돌산의 수려한 자연 경관을 만나기 위해 많은 사람들이 찾고 있다.
(나)	우리나라 최대의 해안 사구로 천연기념물 제431호로 지정되어 있다. 이곳은 육지와 해양 생태계의 완충 지역으로서 다양한 사구 식물과 멸종 위기 동식물이 서식하는 생태적으로도 중요한 공간이다.
(다)	반짝거리는 황금색의 화려한 종유석과 석순, 석주 등 신비롭고 아름다운 동굴 생성물들로 가득하여 대금(大金)이라는 이름을 붙였다고 한다. 현재 동굴 보호를 위해 예약된 관광객에 한해서만 모노레일을 통해 관람이 허용되고 있다.

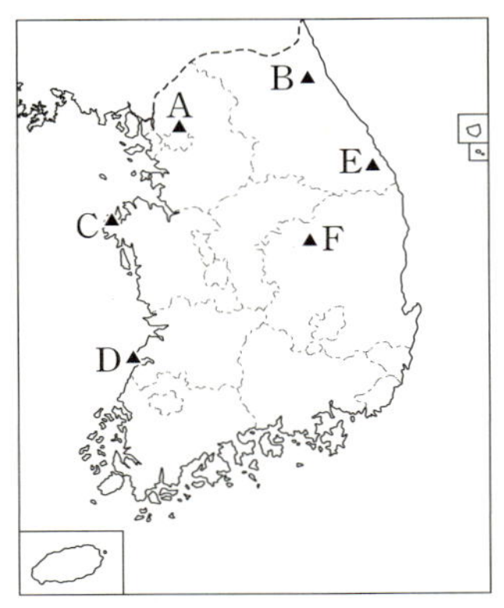

	(가)	(나)	(다)
①	A	C	E
②	A	C	F
③	A	D	E
④	B	C	E
⑤	B	D	F

04강 우리나라의 기후 특성

출제 POINT

주제 1 우리나라의 기후 특색		주제 2 기온, 강수, 바람의 특성		주제 3 계절별 기후 특징과 주민 생활	
기후 요소와 기후 요인	★★☆	기온 분포의 지역 차🔒	★★★	계절별 기후 특징	★★☆
우리나라의 기후 특색	★☆☆	소우지, 다우지, 다설지🔒	★★★	기후 특성과 주민 생활	★☆☆
		계절풍과 높새바람	★★☆		

🌿 주요 지역의 기후 값① : 북한

(단위 : ℃, mm)

구분	1월 평균 기온	기온의 연교차
	겨울 강수량	연 강수량
청진	−5.3	27.2
	43.4	622.2
중강진	−16.1	38.4
	29.9	726.4
희천	−9.1	32.6
	47.8	1,071.2
평양	−6.0	30.6
	39.8	911.3
원산	−2.3	25.9
	87.8	1,347.8

Tip

❶ 지표별 기후 값이 최고 또는 최저 값을 갖는 지역에 주목하자. 기온의 연교차가 큰(작은) 지역, 최한월 평균 기온이 높은 지역, 최난월 평균 기온이 낮은 지역의 위치를 파악하고 기후 값의 구체적 수치를 암기해 두자.

❷ 북한은 '중강진-청진-원산-평양', 중부 지방은 '인천-서울-홍천-대관령-강릉-울릉도', 남부 지방은 '군산-장수-대구-제주' 등의 기온·강수 값을 지도에서의 위치와 함께 비교하여 알아 두자.

🌿 주요 지역의 기후 값② : 남한

(단위 : ℃, mm)

구분	1월 평균 기온	기온의 연교차
	겨울 강수량	연 강수량
홍천	−5.5	29.7
	65.8	1,405
대관령	−7.7	26.8
	157.8	1,898
강릉	0.4	24.2
	146.0	1,464
울릉	1.4	22.2
	307.2	1,383
대구	0.6	25.8
	53.7	1,064
서귀포	6.8	20.3
	182.8	1,923

주제 1 우리나라의 기후 특색

1. 기후 요소와 기후 요인

(1) **기후 요소** : 기후를 구성하는 대기 현상 예 기온, 강수, 바람 등

(2) **기후 요인** : 기후 요소의 지역 차를 가져오는 요인 예 위도, 수륙 분포, 지형 등

2. 우리나라의 기후 특색

냉·온대 기후	북반구 중위도에 위치 → 계절 변화가 뚜렷한 냉·온대 기후가 나타남
대륙성 기후	중위도 대륙 동쪽에 위치 → 대륙의 영향을 크게 받아 비슷한 위도의 대륙 서안에 비해 기온의 연교차가 큼
계절풍 기후	유라시아 대륙 동쪽에 위치 → 계절에 따라 풍향이 달라져 여름에는 고온 다습한 바람, 겨울에는 한랭 건조한 바람의 영향을 받음

주제 2 기온, 강수, 바람의 특성

3점 공략🔒

1. 우리나라의 기온 특성🌿

(1) **연평균 기온** : 남에서 북, 해안에서 내륙으로 갈수록 대체로 낮아짐, 기온의 남북 차＞기온의 동서 차

(2) **기온 분포의 지역 차**

① 여름철보다 겨울철에 기온의 지역 차가 큼

② 비슷한 위도의 겨울철 기온 : 동해안＞서해안＞내륙

③ 해발 고도가 높은 산지는 주변 지역보다 여름철 평균 기온이 낮음 예 대관령, 장수 등

(3) **기온의 연교차** : 북부＞남부, 내륙＞해안, 서해안＞동해안

(4) **기온의 일교차** : 봄·가을철＞장마철

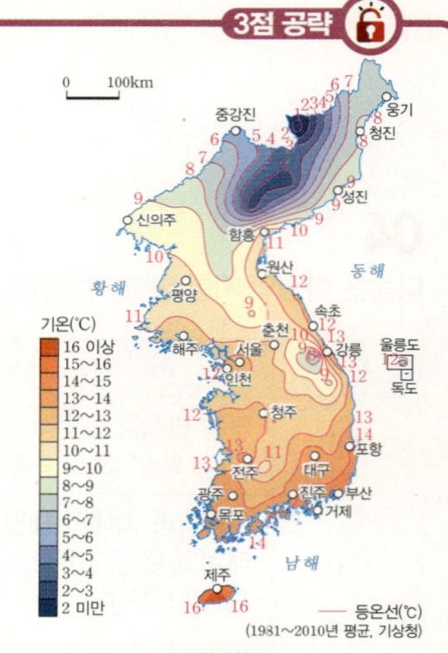

▲ 연평균 기온 분포

(5) **국지적 기온 분포**

기온 역전 현상	• 지면의 복사 냉각으로 지표 부근의 기온이 상공의 기온보다 낮은 현상 • 대기 오염 물질 정체로 스모그 발생, 농작물의 냉해 발생 → 바람개비 설치로 피해 완화
열섬 현상	• 도시 중심부의 기온이 주변의 교외 지역보다 높게 나타나는 현상 • 상대 습도와 평균 풍속 감소, 기온 상승, 강수량 증가 등의 영향을 끼침

2. 우리나라의 강수 특성🌿

(1) **강수의 계절 차** : 장마·태풍의 영향으로 대부분의 지역에서 여름 강수 집중률이 높음, 겨울 강수량이 많은 울릉도는 다른 지역보다 여름 강수 집중률이 상대적으로 낮음

(2) **강수의 연 변동** : 기단 발달, 장마 기간, 태풍 내습 횟수·강도, 집중 호우 발생 정도가 해에 따라 차이가 큼 → 홍수와 가뭄이 자주 발생

(3) **강수의 지역 차** : 지형과 풍향의 영향으로 지역 간 차이가 큼

다우지	습윤한 남서 기류의 바람받이 지역(한강 유역, 청천강 중·상류 일대, 제주도와 남해안 일대 등)
소우지	• 비그늘 지역(대구·안동 등의 영남 내륙, 개마고원 일대) • 상승 기류가 발생하기 어려운 저평한 지역(평양·남포 등의 대동강 하류 일대) • 관북 해안 지역(청진 등)
다설지	울릉도, 영동 지방(강릉·속초 일대), 대관령 일대, 충청·호남 서해안, 소백·노령산맥 서사면 등

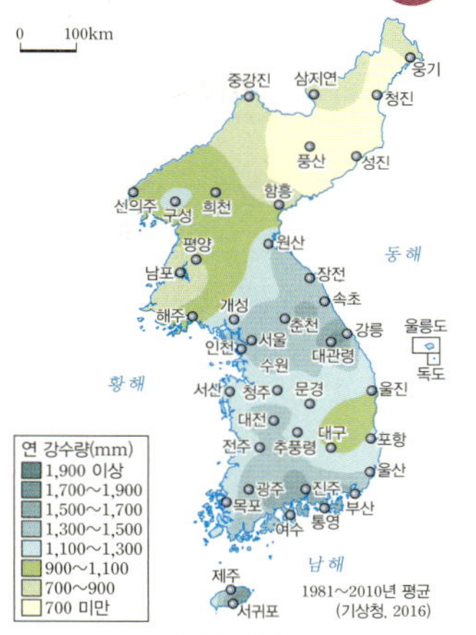

▲ 연 강수량 분포

3. 우리나라의 바람 특성

(1) **계절풍** : 계절에 따라 풍향과 성질이 달라지는 바람

여름	• 북태평양에서 발달한 고기압의 영향으로 고온 다습한 남서 혹은 남동풍이 탁월 • 영향 : 벼농사 활발, 대청마루 발달
겨울	• 시베리아에서 발달한 고기압의 영향으로 한랭 건조한 북서풍이 탁월 • 영향 : 김장 및 온돌 문화 발달

(2) **높새바람** : 늦봄~초여름에 북동풍이 태백산맥을 넘을 때 푄 현상에 의해 고온 건조한 성질로 변하는 바람 → 기온과 습도의 동서 차 유발, 영서·경기 지방에 가뭄 피해 유발

주제 3 계절별 기후 특징과 주민 생활

1. 우리나라의 계절별 기후 특징

봄	• 이동성 고기압과 저기압이 교대로 통과하여 날씨 변화가 심함 • 시베리아 기단의 일시적 확장으로 꽃샘추위가 나타남 • 황사 현상 : 중국 내륙의 흙먼지가 편서풍을 타고 날아옴
장마철	• 장마 전선을 따라 다습한 남서 기류가 유입될 때 집중 호우 발생 • 높은 습도, 높은 불쾌지수, 짧은 일조 시간
한여름	북태평양 기단의 영향으로 무더위와 열대야 발생, 남고북저형 기압 배치로 남서·남동 계절풍의 발생 빈도가 높음, 소나기(대류성 강수), 태풍의 영향
가을	이동성 고기압의 영향으로 쾌청한 날씨가 나타남
겨울	• 시베리아 기단의 영향으로 한랭 건조, 서고동저형 기압 배치로 북서풍의 발생 빈도가 높음 • 시베리아 기단의 주기적 강약으로 삼한 사온 현상 발생

2. 기후 특성과 주민 생활

기온	여름	통풍이 잘되는 의복, 대청마루가 발달한 개방적 가옥 구조, 벼농사, 염장 식품 발달
	겨울	방한복, 온돌이 발달한 폐쇄적 가옥 구조, 관북 지방 정주간, 보리·밀 재배, 김장 문화
강수	다우지	하천 주변의 자연 제방에 거주, 피수대와 터돋움집을 이용한 홍수 대비
	소우지	풍부한 일조량을 바탕으로 천일제염업(서해안), 과수 재배(경북 내륙) 활발
바람		• 제주도의 전통 가옥 : 강한 바람에 대비한 그물망 지붕 • 호남 지방의 까대기 : 바람과 눈이 들어오는 것을 막기 위한 시설

대표적 다우지와 소우지는 연 강수량 (mm)을 암기해 두자.

다우지
거제(2,007) > 서귀포(1,923) > 대관령 (1,898)

소우지
• 북한 : 청진(622) < 중강진(726) < 평양(911) • 남한 : 대구(1,064) < 포항(1,152) < 군산(1,202)

한여름과 겨울철의 기압 배치

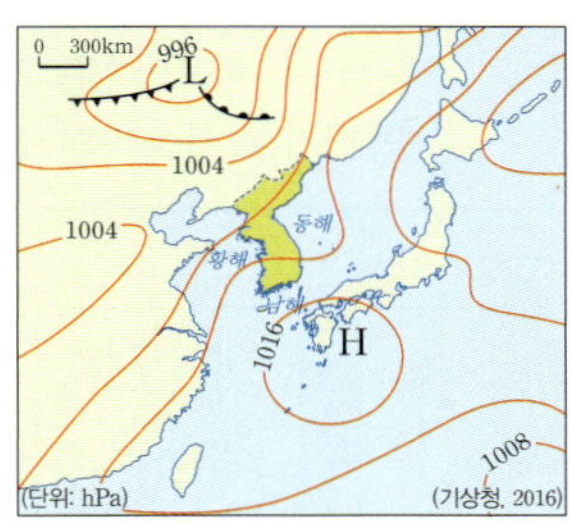

▲ 한여름

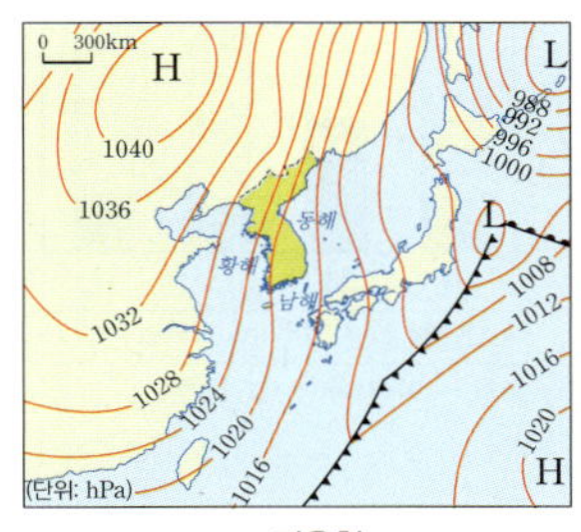

▲ 겨울철

3점 공략 Check

Q1 연평균 기온은 북에서 남으로, 내륙에서 해안으로 갈수록 대체로 (높아진다 / 낮아진다).

Q2 울릉도, 영동 지방, 대관령, 호남 서해안 등은 우리나라의 (　　)에 해당한다.

Q3 물음에 해당하는 지역을 골라 쓰시오. (단, 제시된 여섯 지역만을 고려함.)

> 인천, 서울, 홍천, 대관령, 강릉, 울릉도

(1) 기온의 연교차가 가장 큰 지역
(　　　　)

(2) 겨울 강수 집중률이 가장 높은 지역
(　　　　)

(3) 연 강수량이 가장 많은 지역
(　　　　)

(4) 최난월 평균 기온이 가장 낮은 지역
(　　　　)

(5) 최한월 평균 기온이 가장 높은 지역
(　　　　)

대표 기출 VS 고난도 기출

PROJECT H 531

순한맛 # 모의평가

(가)~(다) 도시에 해당하는 기후 그래프를 A~D에서 고른 것은?

(가) 금강과 만경강 사이에 위치한 항구 도시로, 큰 조차를 극복하여 선박을 접안하고자 만든 뜬다리 부두가 있으며, 새만금 간척지가 개발되고 있다.

(나) 영남 내륙 지역에 위치한 광역시로, 과거 섬유 공업이 발달하였고, 최근에는 첨단 의료 복합 단지 유치를 통해 고부가 가치 산업의 비중을 높이고자 노력하고 있다.

(다) 영동 지방에서 인구 규모가 가장 큰 도시로, 정동진 해안 단구는 이 지역의 대표적인 관광 자원이며, 동계 올림픽 개최를 계기로 서울과의 접근성이 향상되었다.

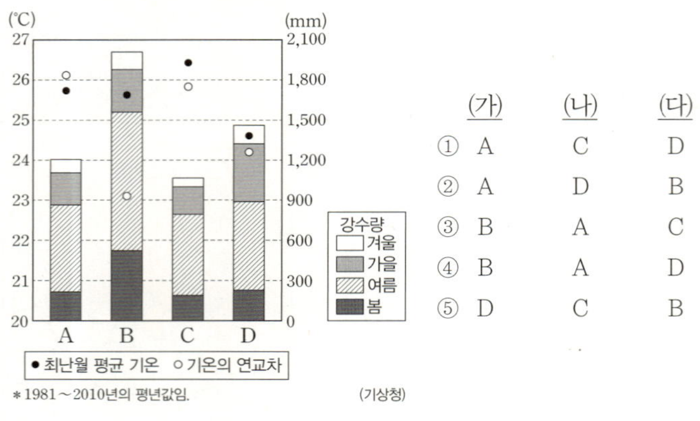

	(가)	(나)	(다)
①	A	C	D
②	A	D	B
③	B	A	C
④	B	A	D
⑤	D	C	B

수능 # 정답률 57% 매운맛

다음 글의 (가)~(라)에 해당하는 지역을 그래프의 A~D에서 고른 것은? (단, 그래프는 각각 (가)~(라) 지역과 강릉의 기후 값 차이를 나타낸 것임.)

(가) 강원도의 도청 소재지로 전형적인 분지이며, 댐 건설로 조성된 호수를 끼고 있어 '호반의 도시'로 불린다.

(나) 영동 지방과 영서 지방을 잇는 고개로 인근에 동계 올림픽 경기장과 풍력 발전 단지가 있으며, 고랭지 농업이 발달해 있다.

(다) 우리나라의 수위 도시로 중앙 정부 기관을 비롯하여 대기업의 본사, 금융 기관의 본점 등이 위치해 있다.

(라) 섬의 중앙에는 칼데라 분지가 있으며, 분지 내에는 중앙 화구구가 있어 전체적으로 이중 화산의 특징을 보이고 있다.

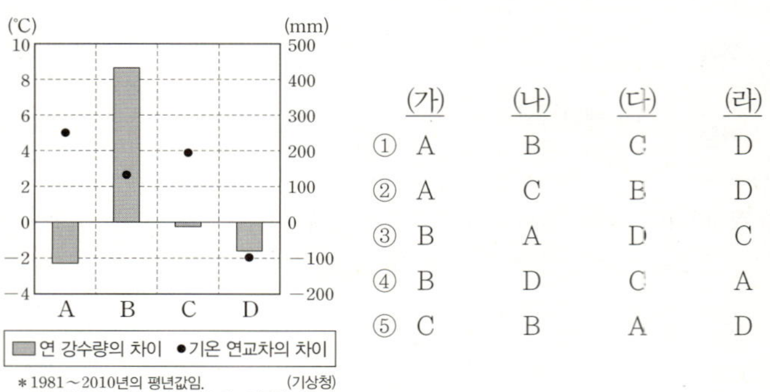

	(가)	(나)	(다)	(라)
①	A	B	C	D
②	A	C	B	D
③	B	A	D	C
④	B	D	C	A
⑤	C	B	A	D

[유형 분석] 글과 관련된 지역과 위치를 파악하고, 해당 지역의 기후 자료를 찾아야 하는 문항이다. 최근에는 지역의 특성이나 위도, 경도 등의 위치 자료를 주고 기후 요소를 연결하는 문제가 자주 출제된다.

[접근 방법] ❶ 제시된 글을 통해 (가)~(다) 지역이 어디인지 파악한다. ❷ 연 강수량, 강수의 계절적 분포, 기온의 연교차, 최난월 평균 기온 등을 파악하고 ❶과 연결한다. 최난월 평균 기온과 기온의 연교차가 제시될 경우 최한월 평균 기온은 '최난월 평균 기온 − 기온의 연교차' 값으로 구할 수 있다.

답 ①

[유형 분석] 위도가 비슷한 네 지역의 지역성을 토대로 지역 간 상대적 기후 특성을 비교하는 문항이다. 이러한 유형의 문항은 서해안과 내륙, 동해안과 섬까지 비슷한 위도에 위치해 있는 중부 지방의 지역(인천, 서울, 홍천, 춘천, 대관령, 강릉, 울릉도)이 자주 출제된다.

[접근 방법] ❶ 제시된 글을 통해 (가)~(라) 지역이 어디인지 파악한다. ❷ 강릉의 연 강수량과 기온의 연교차 값을 파악한다. ❸ A~D 각 지역의 연 강수량과 기온의 연교차에서 강릉의 연 강수량과 기온의 연교차를 뺀 편차 값을 파악한 후 (가)~(라)와 A~D 기후 값을 연결한다.

답 ①

WHY 왜 빠지지 않고 출제될까?

과거에는 지도에 위치를 표시한 다음 해당 지역의 기후 요소를 묻는 문항이 많았다. 하지만 최근에는 단원 간 통합이 이루어져 인문적 요소와 지리적 요소가 결합된 지역성을 기반으로 한 제시문과 기후 요소를 연결시키는 문항이 자주 출제된다. 그중 **자주 출제되는 지역은 중부 지방의 서울, 인천, 홍천, 대관령, 강릉, 울릉도, 남부 지방의 군산, 목포, 대구, 포항, 부산, 거제, 제주도이다.** 따라서 제시한 지역의 최한월 평균 기온, 연 강수량 정도는 반드시 숙지해야 한다.

HOW 킬러 문항, 어떻게 출제될까?

두 문항 모두 지역별 기후 특성을 비교하는 문항이지만, 고난도 기출은 대표 기출과 달리 **기후 값을 해당 지역과 기준 지역의 편차 값으로 제시**하여 난도를 높였다. 실제로 위 문항은 정답률 60% 미만을 기록하며 1등급을 가르는 킬러 문항이 되었다. 이 문항은 강릉의 연 강수량과 연교차 값뿐만 아니라 A~D 각 지역의 연 강수량과 기온의 연교차를 알아야 해결할 수 있기 때문이다. 기후 값의 '차이'를 통해 지역을 추론하도록 하는 등의 변칙을 활용해 킬러 문항으로 종종 출제될 것으로 예상된다.

실전 문제

· 정답 및 해설 p.15~17

주제 ① 우리나라의 기후 특색

01

지도에 표현된 (가), (나) 기후 지표로 옳은 것은?

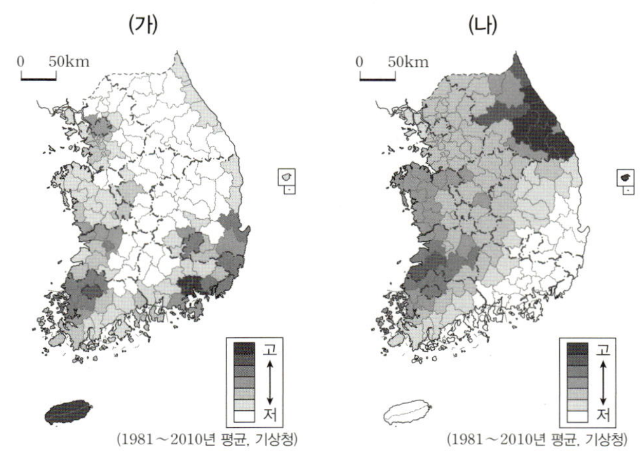

	(가)	(나)
①	1월 강수량	집중 호우 일수
②	열대야 일수	연 적설량
③	열대야 일수	1월 강수량
④	집중 호우 일수	연 적설량
⑤	집중 호우 일수	1월 강수량

02

그래프는 지도에 표시된 네 지역의 기온 분포를 나타낸 것이다. 이에 대한 분석으로 옳은 것만을 〈보기〉에서 있는 대로 고른 것은?

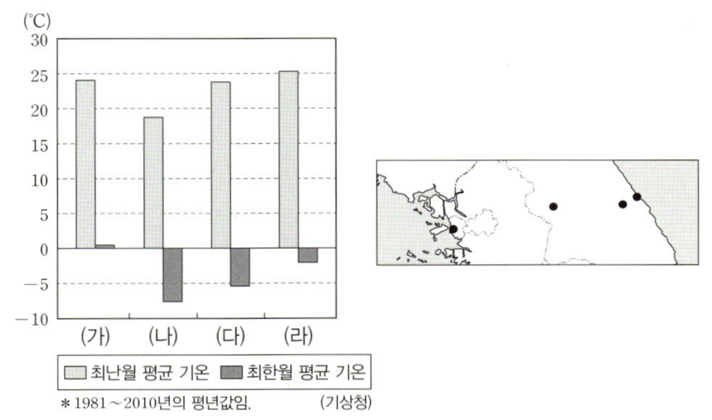

<보기>

ㄱ. 월평균 기온의 지역적 차이는 최난월보다 최한월이 더 크다.
ㄴ. (가)와 (라)의 최한월 평균 기온 차이는 해발 고도와 관계 깊다.
ㄷ. (나)는 (다)보다 기온의 연교차가 크다.
ㄹ. (가)~(라) 중 해발 고도는 (나)가 가장 높다.

① ㄱ, ㄷ   ② ㄱ, ㄹ   ③ ㄴ, ㄷ
④ ㄱ, ㄴ, ㄹ   ⑤ ㄴ, ㄷ, ㄹ

주제 ② 기온, 강수, 바람의 특성

03
| 수능 |

그래프는 (가)~(다) 지역의 기후 특성을 나타낸 것이다. 이에 해당하는 지역을 지도의 A~D에서 고른 것은?

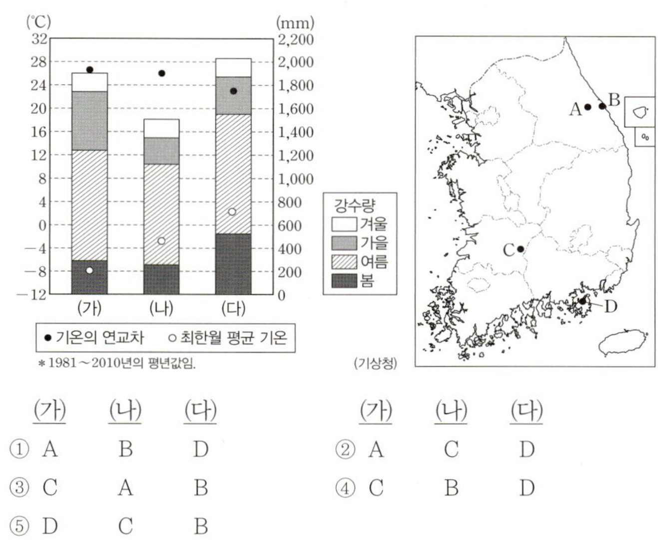

	(가)	(나)	(다)			(가)	(나)	(다)
①	A	B	D		②	A	C	D
③	C	A	B		④	C	B	D
⑤	D	C	B					

04

그래프는 지도에 표시된 세 지역과 강릉의 월평균 기온 차이를 나타낸 것이다. (가)~(다) 지역에 대한 설명으로 옳은 것만을 〈보기〉에서 고른 것은?

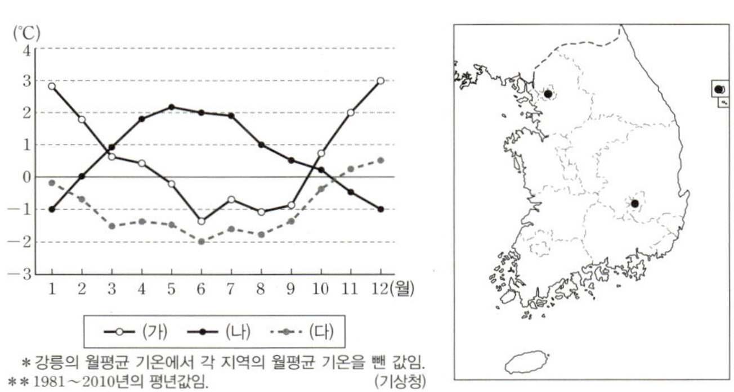

<보기>

ㄱ. (가)는 (나)보다 해양의 영향을 많이 받는다.
ㄴ. (나)는 (다)보다 강수량의 계절적 차이가 크다.
ㄷ. (다)는 (가)보다 무상 기간이 길다.
ㄹ. (가)~(다) 중 겨울 강수량이 가장 많은 지역은 (나)이다.

① ㄱ, ㄴ   ② ㄱ, ㄷ   ③ ㄴ, ㄷ   ④ ㄴ, ㄹ   ⑤ ㄷ, ㄹ

05

그래프는 (가), (나) 시기 서울의 기온 변화를 나타낸 것이다. (가) 시기와 비교한 (나) 시기의 상대적 특징을 그림의 A~E에서 고른 것은? (단, (가), (나)는 각각 7월 또는 10월 중 하나임.)

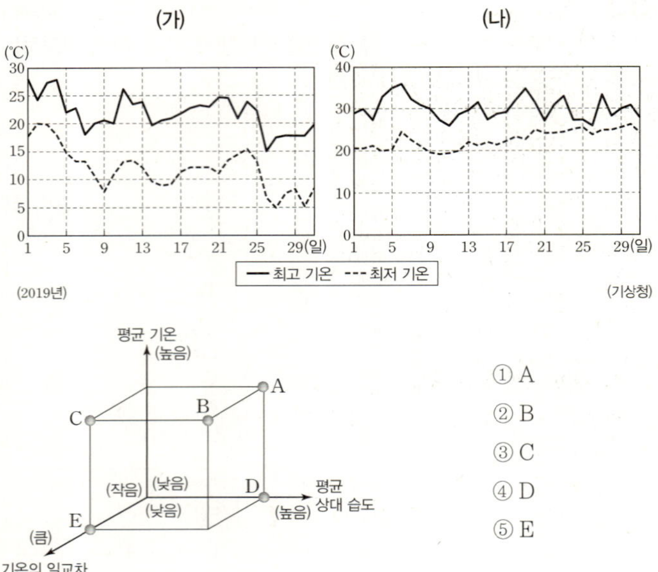

① A
② B
③ C
④ D
⑤ E

07

그래프의 (가)~(라)에 해당하는 지역을 지도의 A~D에서 고른 것은?

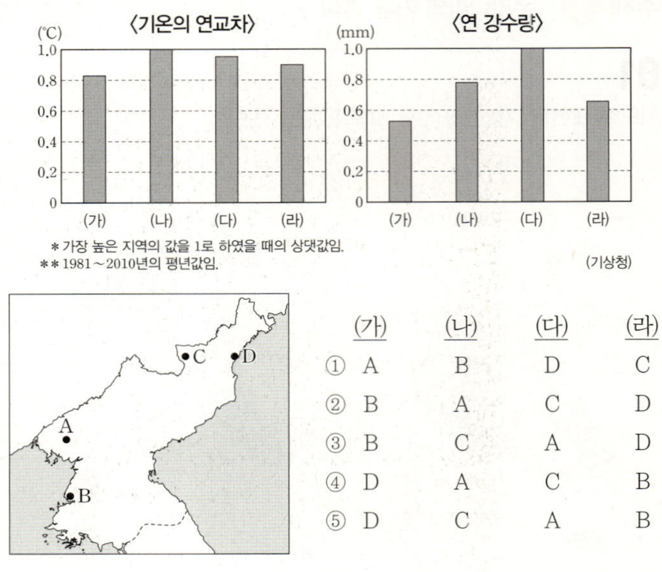

	(가)	(나)	(다)	(라)
①	A	B	D	C
②	B	A	C	D
③	B	C	A	D
④	D	A	C	B
⑤	D	C	A	B

06

| 모의평가 |

그래프는 지도에 표시된 4개 지점의 기후 값 차이를 나타낸 것이다. (가)~(라) 지점을 지도의 A~D에서 고른 것은?

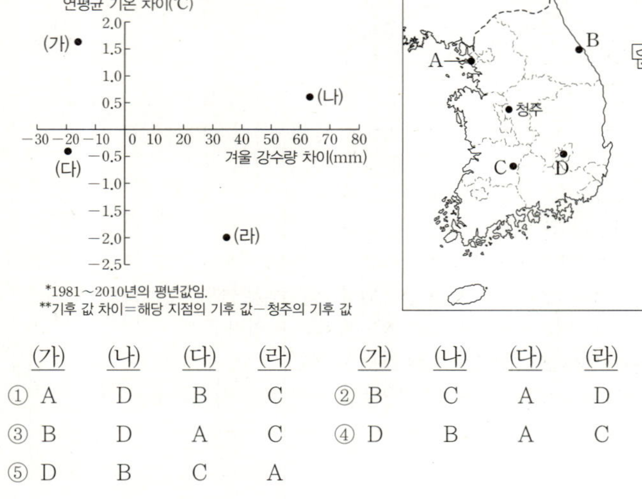

	(가)	(나)	(다)	(라)			(가)	(나)	(다)	(라)
①	A	D	B	C		②	B	C	A	D
③	B	D	A	C		④	D	B	A	C
⑤	D	B	C	A						

08

(가), (나)는 어느 지역의 시기별 바람장미를 나타낸 것이다. 이에 대한 설명으로 옳은 것만을 〈보기〉에서 있는 대로 고른 것은? (단, (가), (나)는 각각 1월 또는 7월임.)

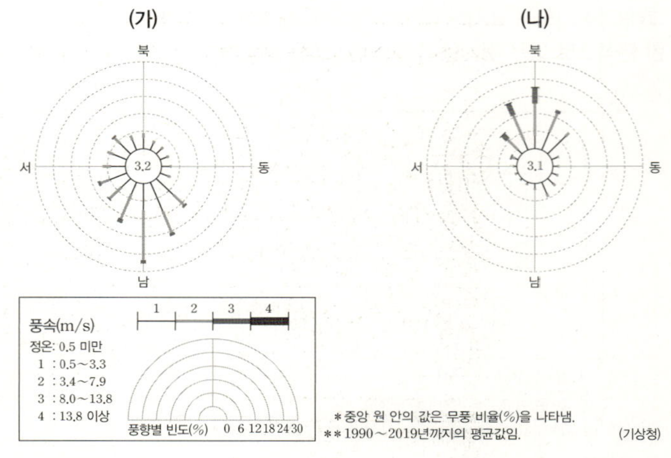

〈보기〉

ㄱ. (가)는 북풍보다 남풍의 관측 횟수가 많다.
ㄴ. (나)는 풍속 8m/s 이상 바람의 빈도가 8m/s 미만 바람의 빈도보다 높다.
ㄷ. (나)는 (가)보다 한대 기단의 영향이 크다.
ㄹ. (나)는 (가)보다 평균 풍속이 빠르다.

① ㄱ, ㄴ   ② ㄱ, ㄷ   ③ ㄴ, ㄹ
④ ㄱ, ㄷ, ㄹ   ⑤ ㄴ, ㄷ, ㄹ

주제 3 계절별 기후 특징과 주민 생활

09

| 모의평가 |

다음은 우리나라의 계절별 기후 특징을 정리한 것이다. ㉠~㉤에 대한 설명으로 옳은 것은?

계절	기후 특징
봄	이동성 고기압과 저기압이 교대로 통과하고, ㉠ 꽃샘추위가 나타난다. 대기가 건조하여 산불 발생 빈도가 높고, ㉡ 높새바람이 분다.
장마철	6월 하순 경 남부 지방부터 장마가 시작되고, ㉢ 장마 전선을 따라 다습한 남서 기류가 유입되면 집중 호우가 발생한다.
한여름	고온 다습한 날씨가 지속되면서 열대야 및 열대일이 나타나고, 강한 햇볕에 의한 상승 기류가 발달할 때 국지적으로 ㉣ 소나기가 내리기도 한다.
겨울	시베리아 고기압의 주기적인 강약으로 기온 하강과 상승이 반복되며, 북서 계절풍이나 ㉤ 북동 기류의 영향으로 일부 지역에 폭설이 발생한다.

① ㉠ – 오호츠크해 기단이 우리나라에 영향을 미칠 때 잘 나타난다.
② ㉡ – 시베리아 기단의 확장으로 영서 지방에 부는 강한 북서풍이다.
③ ㉢ – 한대 기단과 열대 기단이 만나 정체되어 형성된다.
④ ㉣ – 바람받이(풍상) 사면에 부딪혀 발생하는 지형성 강수에 해당한다.
⑤ ㉤ – 주로 충청과 호남 서해안을 중심으로 발생한다.

10

지도는 어떤 기후 현상의 시작일과 종료일을 나타낸 것이다. 이에 대한 설명으로 옳은 것은?

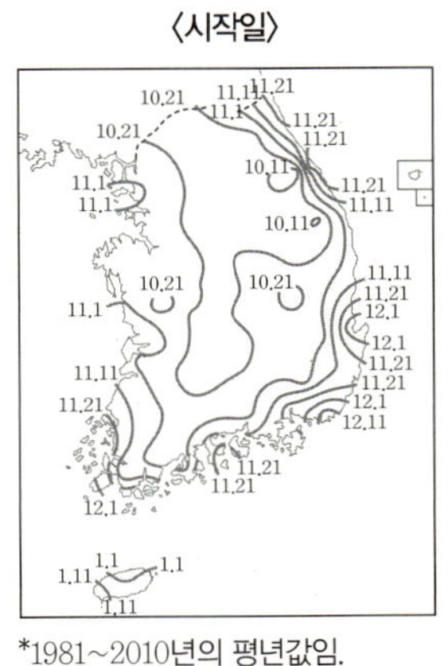

〈시작일〉

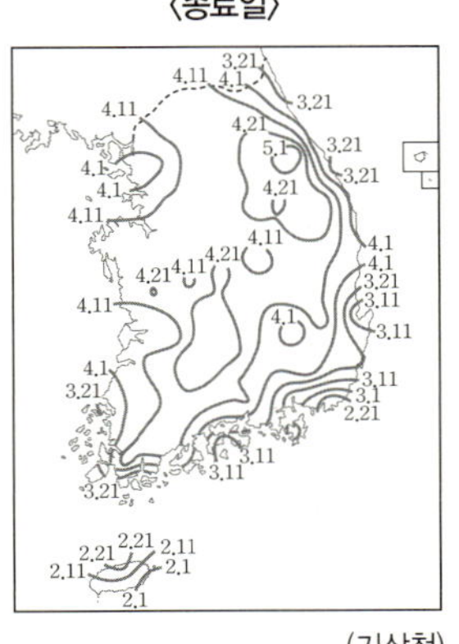

〈종료일〉

*1981~2010년의 평년값임.

(기상청)

① 해발 고도가 높을수록 종료일은 빠르다.
② 시작일~종료일 사이의 기간은 연평균 기온이 상승하면 짧아진다.
③ 종료일~시작일 사이의 기간은 고위도로 갈수록 길어진다.
④ 종료일~시작일 사이의 기간은 비슷한 위도에서 서해안이 동해안보다 길다.
⑤ 시작일~종료일 사이의 기간에는 종료일~시작일 사이의 기간보다 농작물의 노지 재배가 활발하다.

11

다음 자료는 (가)~(다) 지역의 어느 기후 현상을 나타낸 것이다. 이에 대한 설명으로 옳은 것은? (단, (가)~(다)는 각각 남부, 제주, 중부 지방 중 하나임.)

지역	시작일	종료일	기간 (일)	강수일수 (일)	평균 강수량(mm)
(가)	6.24~25.	7.24~25.	32	17.2	366.3
(나)	6.23.	7.23~24.	32	17.1	348.6
(다)	6.19~20.	7.20~21.	32	18.3	398.6

*2001~2019년의 평균값임.

(기상청)

① 주로 적도 기단에 의해 발생한다.
② 일 년 중 기온의 일교차가 매우 큰 편이다.
③ 서고동저형의 기압 배치일 경우 잘 나타난다.
④ 대류성 강수 형태로 비가 내리는 경우가 많다.
⑤ (가)는 중부, (나)는 남부, (다)는 제주 지방이다.

12

다음은 한국지리 수업 장면 중 일부이다. 교사의 질문에 대해 옳게 발표한 학생만을 고른 것은?

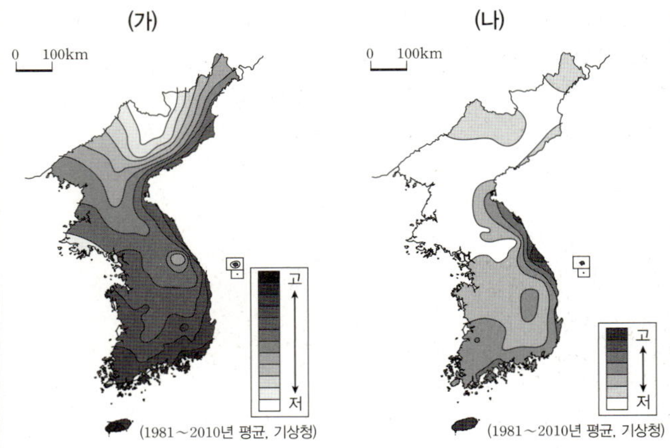

갑 : (가)의 영향으로 관북 지방에서 겹집 구조의 전통 가옥이 나타납니다.
을 : (가)의 영향으로 남부 지방보다 북부 지방이 김장을 담그는 시기가 이릅니다.
병 : (나)의 영향으로 제주도에서 지붕을 그물망처럼 엮어 만듭니다.
정 : (나)의 영향으로 고도가 다소 높은 자연 제방에 터돋움집을 짓습니다.

① 갑, 을   ② 갑, 병   ③ 을, 병   ④ 을, 정   ⑤ 병, 정

킬러 문항 완전 정복

01

(가)~(다) 지역의 상대적 기후 특성을 비교한 것으로 옳은 것만을 있는 대로 고른 것은?

(가) 북위 37°28′, 동경 130°53′에 위치하며, 점성이 큰 용암의 분출로 형성된 화산섬으로 내부에 화구가 함몰되어 형성된 칼데라 분지가 발달해 있다.

(나) 북위 33°30′, 동경 126°31′에 위치하며, 뛰어난 자연 경관을 인정받아 일부 지형이 유네스코 세계 자연 유산 및 세계 지질 공원으로 지정되었다.

(다) 북위 38°08′, 동경 127°18′에 위치하며, 점성이 작은 현무암질 용암이 지각의 갈라진 틈을 따라 분출하여 형성된 용암 대지와 깊은 협곡이 분포한다.

구분 \ 지역	(가)	(나)	(다)
ㄱ. 1월 강수량	1위	2위	
ㄴ. 연평균 기온	2위	1위	
ㄷ. 기온의 연교차	2위	3위	1위
ㄹ. 여름 강수 집중률		2위	1위

1위 / 2위 / 3위

① ㄱ, ㄴ ② ㄱ, ㄹ ③ ㄴ, ㄷ
④ ㄱ, ㄴ, ㄹ ⑤ ㄴ, ㄷ, ㄹ

02

지도는 어느 기후 지표의 상위 20개 지점을 표시한 것이다. (가)~(다)의 지표로 옳은 것은?

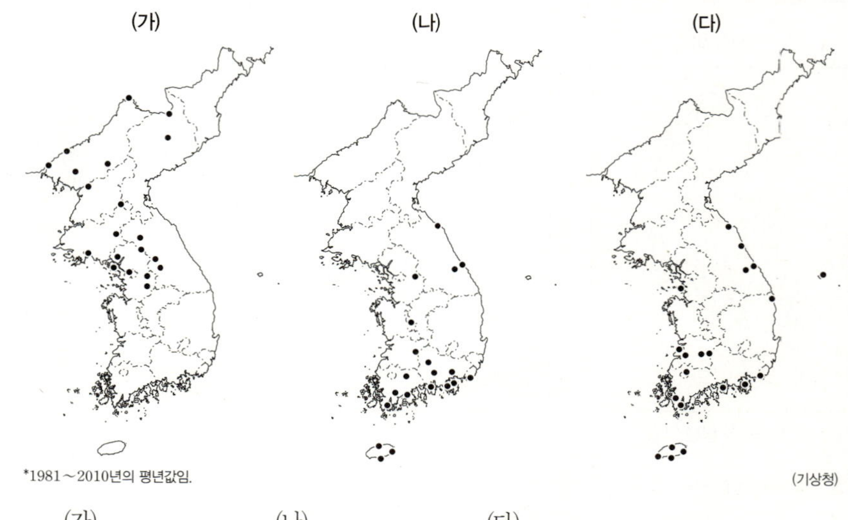

	(가)	(나)	(다)
①	연 강수량	최한월 평균 기온	겨울 강수량
②	여름 강수 집중률	연 강수량	겨울 강수량
③	여름 강수 집중률	연 강수량	최한월 평균 기온
④	여름 강수 집중률	최한월 평균 기온	연 강수량
⑤	최한월 평균 기온	연 강수량	겨울 강수량

03

다음 자료는 (가)~(라) 지역의 위치와 기후 특성을 나타낸 것이다. 이를 통해 추론한 내용으로 옳지 <u>않은</u> 것은?

지역	위도 및 경도
(가)	37°10′N, 128°59′E
(나)	37°29′N, 127°29′E
(다)	37°28′N, 130°53′E
(라)	34°53′N, 128°36′E

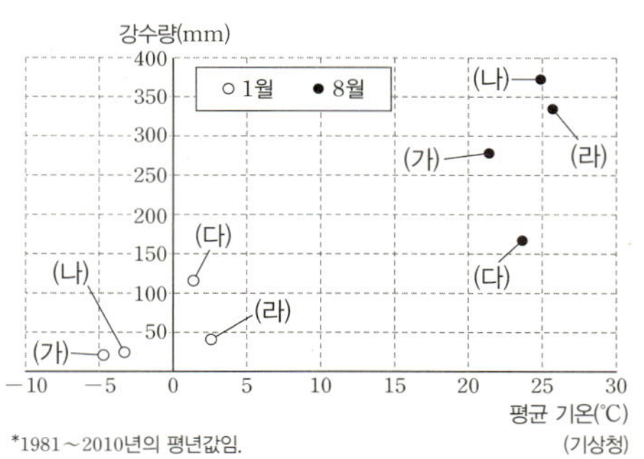

① (가)는 (나)보다 해발 고도가 높을 것이다.
② (나)는 (다)보다 바다의 영향을 적게 받을 것이다.
③ (다)는 (라)보다 겨울 강수 집중률이 높을 것이다.
④ (라)는 (가)보다 봄꽃 개화 시기가 이를 것이다.
⑤ (가), (나)는 해안, (다), (라)는 내륙에 위치할 것이다.

04

그래프는 세 지역의 기온을 나타낸 것이다. (가)~(다)에 해당하는 지역을 A~C에서 고른 것은? (단, (가)~(다)는 서해안에 위치한 항구 도시이며, A~C는 자료에 제시된 시설물이 있는 도시임.)

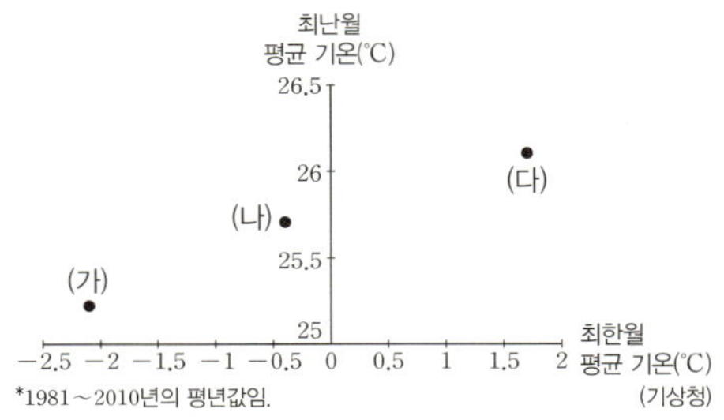

A	B	C

조수 간만의 차가 큰 해안에서 배를 접안하기 위해 설치하는 특수한 부두 시설	염해를 방지하고, 홍수 조절, 용수 확보, 교통로 이용 등을 위해 영산강 하구에 만든 둑	조차가 큰 해안의 항만 입구에 갑문을 설치하여 수위를 일정하게 유지하는 시설

	(가)	(나)	(다)			(가)	(나)	(다)
①	A	B	C		②	B	A	C
③	B	C	A		④	C	A	B
⑤	C	B	A					

05강 자연재해와 기후 변화

주제		
① 자연재해	② 기후 변화	③ 식생과 토양
주요 자연재해별 특징 ★★☆	기후 변화의 양상과 영향 ★★★	우리나라의 식생 분포 ★☆☆
자연재해의 발생 및 피해 분포 ★★★	기후 변화의 대책 ★☆☆	우리나라의 토양 분포 ★☆☆

자연재해의 종류

우리나라는 지형적 요인(지진, 화산 활동 등)에 의한 자연재해보다 기후적 요인에 의한 자연재해의 발생 빈도가 높다. 한파와 폭염은 기온, 가뭄·홍수·대설은 강수, 태풍은 바람과 관련된 자연재해이다.

자연재해의 발생 시기

Tip

① 연간 일수 분포를 토대로 자연재해의 종류를 파악하거나, 피해액 통계를 바탕으로 지역을 추론하는 등 자연재해의 지역적 분포를 묻는 문항이 자주 출제되므로 다음의 내용을 중심으로 정리해 두자.

② 수도권과 강원권은 여름철 강수 집중률이 높은 한강 수계에 위치해 호우로 인한 피해가, 제주권과 영남권·호남권은 저위도에서 발생해 북상하는 태풍의 이동 특성상 중부 지방보다 태풍으로 인한 피해가 크다는 점을 알아 두어야한다.

③ 대설은 태풍과 호우에 비해 총 피해액이 매우 적다는 점을 기억하자. 권역별 피해액 중 대부분의 권역에서 대설 피해액이 태풍과 호우에 비해 훨씬 적다.

우리나라의 지진 발생

우리나라는 판의 경계에서 다소 떨어져 있어 지진 발생 빈도가 낮은 편이다. 그러나 최근 경북 경주(2016년)와 포항(2017년)을 중심으로 규모가 큰 지진이 연속적으로 일어나 많은 피해가 발생했다. 지진은 진동으로 인해 1차적으로 건물 붕괴를 유발하며, 산사태·화재 및 가스 누출 등의 2차 피해도 일으킨다.

주제 ① 자연재해

1. 주요 자연재해별 특징

한파	주로 겨울철에 한랭한 공기가 유입되어 기온이 급격히 내려가는 현상
폭염	매우 심한 더위, 장마가 끝난 후 주로 발생
가뭄	장기간 비가 내리지 않는 현상, 봄철에 주로 발생, 진행 속도가 느리나 피해 범위가 넓음
홍수	장마 기간의 집중 호우나 태풍에 의해 주로 발생, 하천이 범람하여 저지대의 침수 피해 발생
대설(폭설)	짧은 시간 동안 많은 눈이 내리는 현상, 시설물 붕괴, 교통 장애, 산간 마을 고립 등의 피해 발생
태풍	• 강풍과 호우를 동반하는 열대 저기압, 저위도 열대 해상에서 발원해 고위도로 이동 • 풍수해 발생 → 내륙보다 섬과 해안, 위험 반원 지역에 더 큰 피해를 줌
황사	중국과 몽골 내륙의 사막에서 발생한 모래 먼지가 편서풍을 타고 날아오는 현상

3점 공략

2. 주요 자연재해의 연간 일수 분포 : 한파는 경기·강원 북부 및 산간, 폭염은 영남 내륙, 황사는 수도권과 충청·호남 등 서쪽 지역에서 상대적으로 많이 발생

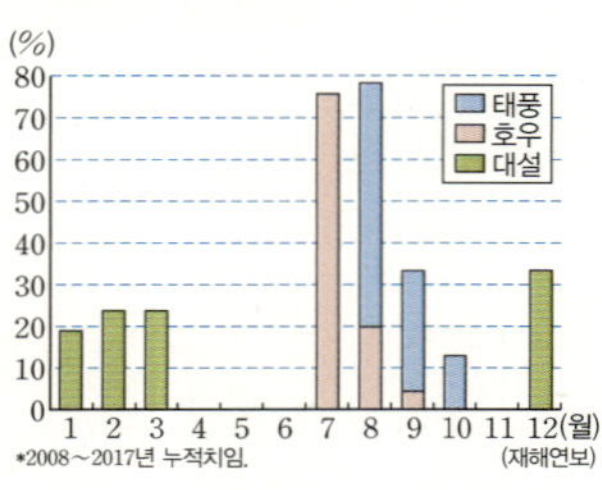

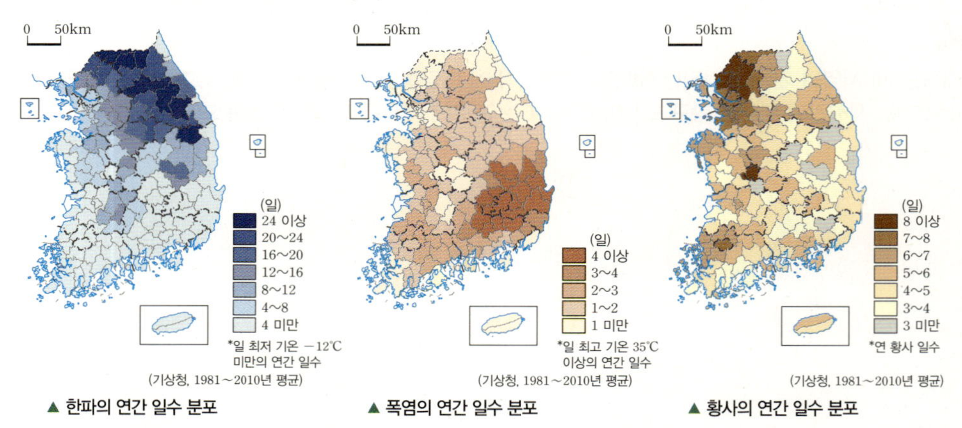

3. 주요 자연재해의 시설별·권역별 피해액 현황(2009~2018년)

(1) 선박은 태풍, 농경지는 호우로 인한 피해액이 가장 많음

(2) 수도권과 강원권은 호우, 영남·호남·제주권은 태풍 피해 복구액이 가장 많음

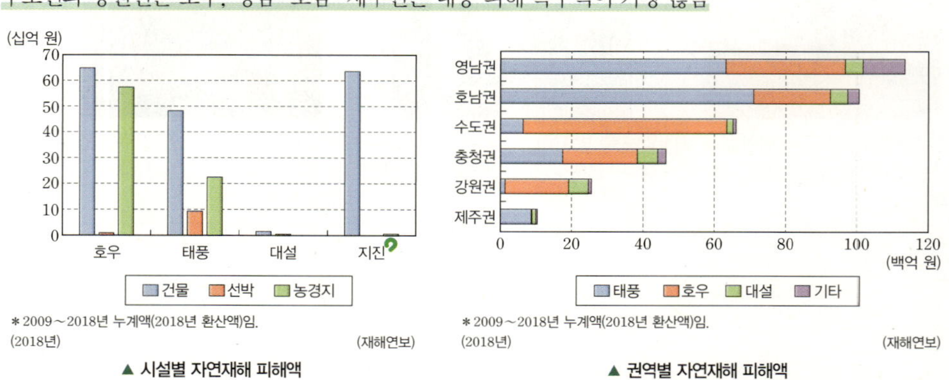

주제 ② 기후 변화

3점 공략 🔒

1. 기후 변화의 양상과 영향

(1) **우리나라의 기후 변화 양상** : 지난 100년간 연평균 기온이 세계 평균(약 0.74℃)의 2배 이상(약 1.7℃) 상승, 연 강수량 증가 및 연 강수 일수 감소 → 호우 일수 증가 추세

(2) **기후 변화의 영향**

지구적 차원	• 평균 기온 상승으로 극지 및 고산 지역의 빙하 감소, 해수면 상승 • 극지 및 고산 식물의 서식지 축소, 열대 및 아열대 식물의 서식지 확대, 동식물의 서식 환경 급변에 따른 생물 종 다양성 감소 등
우리나라	• 여름은 길어지고 겨울은 짧아짐, 농작물의 재배 북한계선 북상 • 냉대림 분포 면적 축소, 난대림 분포 면적 확대 • 노지 작물의 생육 기간이 길어짐, 해수 온도 상승으로 태풍의 세력 강화

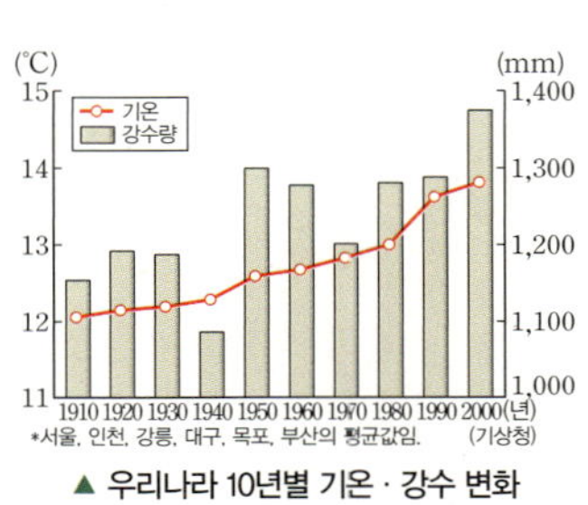

▲ 우리나라 10년별 기온·강수 변화

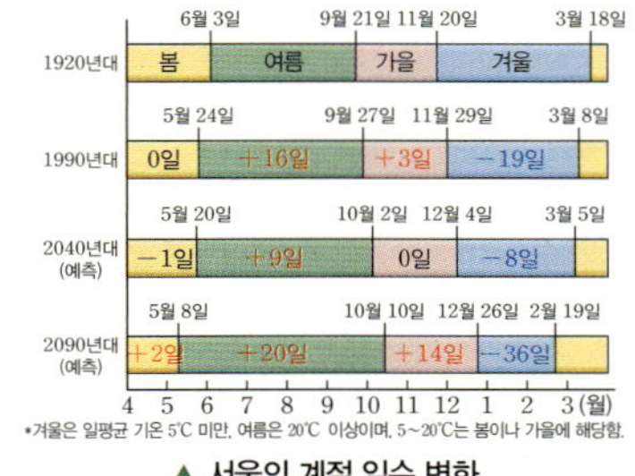

▲ 서울의 계절 일수 변화

2. 지구적 차원의 기후 변화 대책 : 유엔 기후 변화 협약, 교토 의정서, 파리 협정 등 국제 협약 체결

주제 ③ 식생과 토양

1. 식생의 분포

수평적 분포	• 위도에 따른 기온 차이가 반영됨 • 남부 지방에서 북부 지방으로 가면서 난대림 → 온대림 → 냉대림이 나타남 • 냉대림은 고산 지역과 북부 지방의 개마고원 일대, 온대림은 우리나라 대부분의 지역, 난대림은 남해안 일대와 제주도·울릉도 저지대 등에 주로 분포함
수직적 분포	• 해발 고도에 따른 기온 차이가 반영됨 • 남부 지방에서 북부 지방으로 가면서 냉대림이 나타나는 해발 고도가 낮아짐

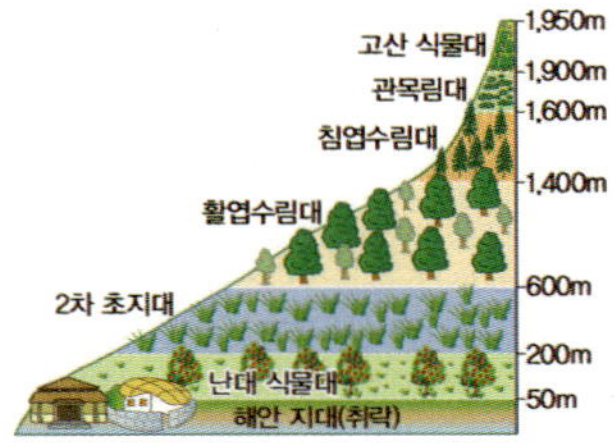

제주도 식생의 수직적 분포

제주도는 저지대의 난대림부터 고산 식물대까지 식생의 수직 분포가 잘 나타난다.

2. 토양의 종류와 특징

구분		특징 및 분포	종류 및 활용
성숙토	성대 토양	기후와 식생의 성질 반영	회백색토, 갈색 삼림토, 적색토 등
	간대 토양	모암(기반암)의 성질 반영	석회암 풍화토, 현무암 풍화토
미성숙토	충적토	하천 주변의 충적지	비옥하여 농경에 활용
	염류토	서·남해안 일대의 간척지	염분을 제거한 후 농경에 이용

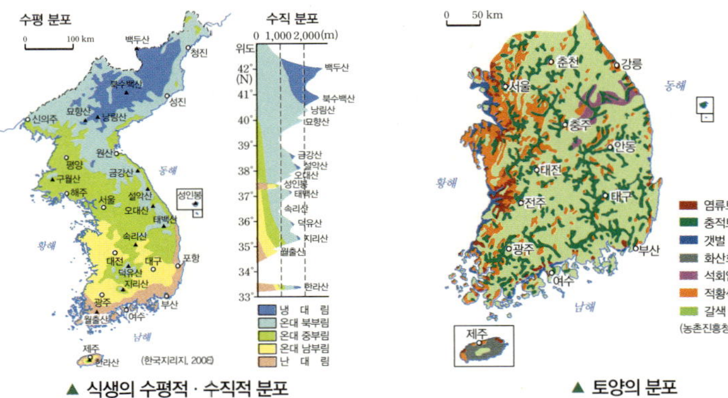

▲ 식생의 수평적·수직적 분포

▲ 토양의 분포

대표 기출 VS 고난도 기출

531 PROJECT H

· 정답 및 해설 p.18~19

순한맛 # 모의평가

그래프에 대한 분석으로 옳은 것은? (단, 그래프에 제시된 도시만을 고려함.)

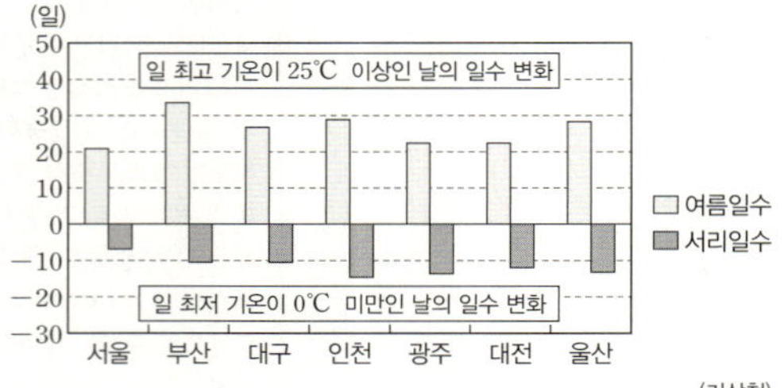

〈도시별 연평균 여름일수와 연평균 서리일수 변화 전망〉

＊일수 변화＝(2041년~2070년 연평균 일수)－(2001년~2010년 연평균 일수)

① 서리일수는 인천보다 부산에서 더 감소한다.
② 여름일수는 대구보다 광주에서 더 증가한다.
③ 여름일수는 해안 도시보다 내륙 도시에서 더 증가한다.
④ 여름일수의 증가 폭은 서리일수의 감소 폭보다 크다.
⑤ 여름일수와 서리일수의 총 변화 폭은 서울에서 가장 크다.

[유형 분석] 제시된 그래프를 분석하는 자료 분석형 문항이다. 그래프가 다소 복잡해 보일 수 있으나 그래프 읽는 방법을 제대로 숙지하고 있다면 충분히 해결할 수 있는 문항이다. 기후 변화와 관련된 문항은 자료 분석을 통해 기후 변화 양상을 파악하고, 자료 분석 내용 자체를 묻거나 기후 변화에 따른 영향을 함께 묻는 유형으로 자주 출제된다.

[접근 방법] ❶ 제시된 자료가 온난화로 인한 변화라는 것을 파악한다. ❷ 도시별 여름일수와 서리일수의 변화 폭을 분석한다. ❸ 도시별 여름일수 증가 폭과 서리일수 감소 폭의 크기를 비교하여 선지의 진위를 파악한다.

目④

WHY 왜 빠지지 않고 출제될까?

지구 온난화 또는 **한반도의 평균 기온 상승을 보여주는 자료를 토대로 우리나라 곳곳에 어떤 변화가 나타날지 묻는 문항이 자주 출제**된다. 이러한 유형은 대체로 난도가 낮아서 **자료 해석 위주로 출제되는** 경우가 많다. 대표 기출처럼 지역 간 기온 상승과 관련된 지표의 크기를 비교하는 등 **자료를 세부적으로 분석하는 과정에서 변별력을 확보할 수 있기 때문**이다. 개정 교육과정에서 이전 교육과정보다 기후 변화를 중요하게 다루고 있는 만큼, 비슷한 유형의 문제를 풀어보며 지구 온난화가 우리나라에 어떤 영향을 끼치는지 지역 또는 분야별로 정리해 둘 필요가 있다.

매운맛 # 수능 # 정답률 78%

다음은 지리 수업의 한 장면이다. 옳지 <u>않은</u> 내용을 발표한 학생은?

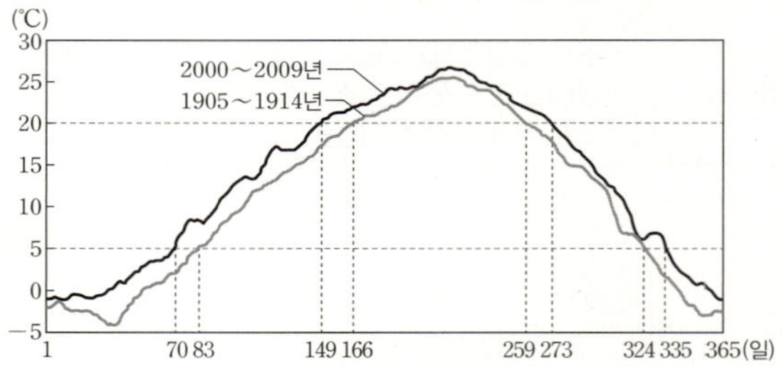

교사 : 그래프는 기상청에서 발표한 ○○ 지역의 일평균 기온 변화 자료입니다. 이를 보고 ○○ 지역의 계절 변화와 이로 인해 나타날 수 있는 현상에 대해 발표해 볼까요?

＊일평균 기온 5℃ 미만은 겨울, 5℃ 이상 ~ 20℃ 미만은 봄 · 가을, 20℃ 이상은 여름으로 계절을 구분함.

갑 : 여름의 시작일이 과거에 비해 빨라졌습니다.
을 : 가을은 겨울보다 계절의 시작일이 더 많이 늦어졌습니다.
병 : 계절 일수의 변화 폭은 겨울이 가장 큽니다.
정 : 봄꽃의 개화 시기가 빨라질 것입니다.
무 : 하천의 결빙 일수가 줄어들 것입니다.

① 갑   ② 을   ③ 병   ④ 정   ⑤ 무

[유형 분석] 특정 지역의 일평균 기온 변화 자료를 분석하여 기후 변화에 따른 영향을 추론하는 문항이다. 그래프 분석을 통해 계절별 일수 변화를 파악할 수 있는지, 그러한 기후 변화로 인한 식생 등의 변화 양상을 유추할 수 있는지를 묻는 문항이다.

[접근 방법] ❶ 과거와 비교하여 최근 ○○ 지역의 일평균 기온이 어떻게 변화하였는지 파악한다. ❷ 계절 일수의 변화 폭을 분석하여 그에 따른 영향을 묻는 선지의 진위를 파악한다. 이때 계절 일수의 변화 폭은 그래프 하단에 주어진 계절 구분 기준을 활용하여 분석해 보자.

目③

HOW 킬러 문항, 어떻게 출제될까?

두 문항 모두 특정 지역을 중심으로 기온 변화를 비교하였지만, 고난도 기출은 대표 기출과 달리 **각 계절의 시작일과 종료일을 바탕으로 계절별 기간 변화를 계산해야 문항을 해결할 수 있도록** 하였다. 자료 분석의 원리를 알면 쉽게 접근할 수 있지만, 일부 선지는 계산 과정이 필요해 분석하는 데 다소 시간이 소요되어 체감 난도가 높았다. 위 문항은 1등급을 가르는 킬러 문항은 아니었지만 출제 의도대로 특정 선지(②)의 오답률이 다른 오답 선지에 비해 상당히 높았다. 이와 같은 자료 해석형 문항이 온난화로 인한 농업, 식생, 어업 등의 변화 내용과 연계하여 킬러 문항으로 출제될 가능성이 있다.

실전 문제

· 정답 및 해설 p.19~21

01

| 수능 |

다음 자료는 (가), (나) 자연재해에 대한 국민 행동 요령을 나타낸 것이다. 이에 대한 설명으로 옳은 것은?

(가)	(나)
• 바람에 날릴 수 있는 입간판 및 위험 시설물 주변에 접근하지 않습니다. • 저지대 및 상습 침수 지역의 주민은 대피합니다. • 농작물을 보호하고 배수로를 점검합니다.	• 집 앞과 골목길에 염화 칼슘과 모래를 살포합니다. • 비닐하우스 위에 쌓인 것을 지속적으로 치워 줍니다. • 붕괴가 우려되는 비닐하우스는 받침대를 보강합니다.

① (가)는 북서 계절풍의 영향으로 서해안에서 자주 발생한다.

② (나)는 주로 장마 전선의 정체에 따라 발생한다.

③ (가)는 (나)보다 해일 피해를 유발하는 경우가 많다.

④ 우데기는 (가)를, 대청마루는 (나)를 대비한 시설이다.

⑤ (가)는 중국 내륙의 건조 지역에서, (나)는 열대 해상에서 발원한다.

02

그래프는 세 자연재해의 월별 발생 비율을 나타낸 것이다. (가)~(다)에 해당하는 자연재해를 그림의 A~D에서 고른 것은? (단, (가)~(다)는 대설, 태풍, 호우 중 하나임.)

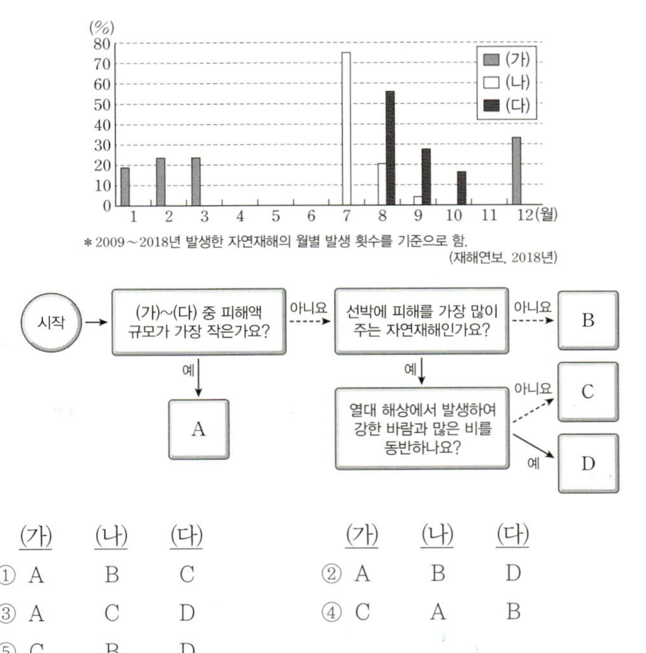

	(가)	(나)	(다)			(가)	(나)	(다)
①	A	B	C		②	A	B	D
③	A	C	D		④	C	A	B
⑤	C	B	D					

03

그래프는 시설별 자연재해 피해액을 나타낸 것이다. (가)~(라)에 대한 설명으로 옳은 것은? (단, (가)~(라)는 각각 대설, 지진, 태풍, 호우 중 하나임.)

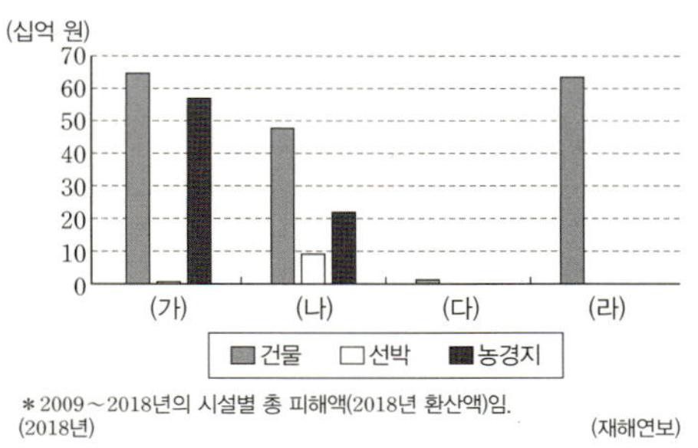

① (나)는 겨울철 북동 기류 유입 시 영동 지방에서 자주 발생한다.

② (라)는 연근해의 적조 현상을 완화한다.

③ (가)는 (나)보다 수도권 지역의 피해액 규모가 크다.

④ (다)는 (라)보다 피해를 일으키는 발생 빈도가 낮다.

⑤ (가)~(라) 중 지형적 요인에 의한 자연재해는 (다)이다.

04

지도는 두 자연재해의 지역별 특성을 나타낸 것이다. (나)와 비교한 (가)의 상대적 특성을 그림의 A~E에서 고른 것은? (단, (가), (나)는 각각 가뭄과 호우 중 하나임.)

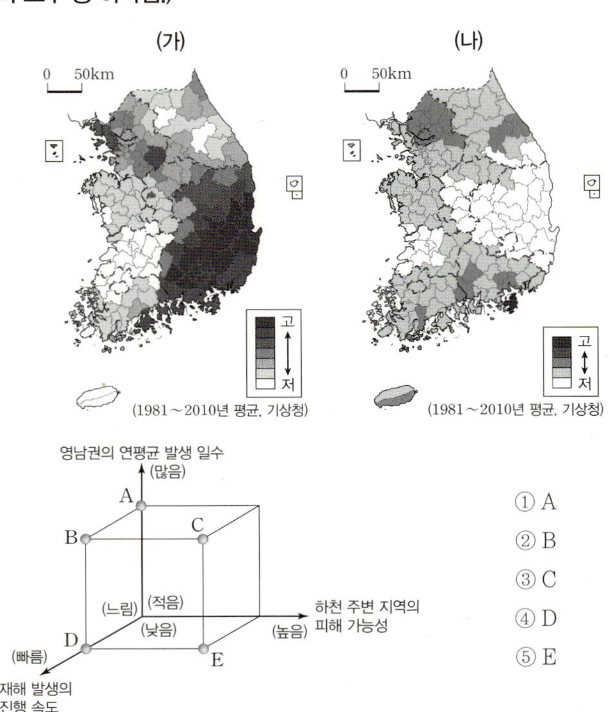

① A

② B

③ C

④ D

⑤ E

05

다음은 기상 캐스터의 일기예보 내용이다. 이에 대한 추론으로 적절한 것만을 〈보기〉에서 고른 것은?

〈보기〉

ㄱ. 냉방용 전력 소비량이 급증하였을 것이다.
ㄴ. 태풍의 진로는 편서풍의 영향을 받았을 것이다.
ㄷ. 적조 현상이 심화되어 양식장에 피해를 주었을 것이다.
ㄹ. 강풍에 의한 피해는 동해안이 서해안보다 컸을 것이다.

① ㄱ, ㄴ ② ㄱ, ㄷ ③ ㄴ, ㄷ ④ ㄴ, ㄹ ⑤ ㄷ, ㄹ

주제 ② 기후 변화

06

| 모의평가 |

자료는 4개 지점의 월평균 기온 변화를 나타낸 것이다. 이에 대한 분석으로 옳은 것은?

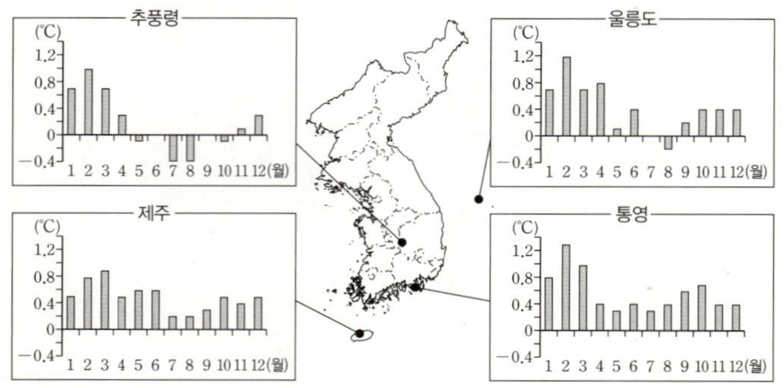

*월평균 기온 변화=(1981~2010년 월평균 기온)−(1961~1990년 월평균 기온)
**단, 통영은 1961~1990년 월평균 기온 대신 1968~1990년 월평균 기온 값을 이용함.

① 울릉도는 모든 달의 평균 기온이 상승하였다.
② 4개 지점은 모두 기온의 연교차가 감소하였다.
③ 통영은 1월보다 8월의 평균 기온 상승 폭이 크다.
④ 울릉도는 제주보다 여름 평균 기온의 상승 폭이 크다.
⑤ 4개 지점 중 추풍령의 겨울 평균 기온 상승 폭이 가장 크다.

07

그래프는 어느 도시의 계절 길이 변화를 나타낸 것이다. 이와 같은 현상이 지속될 경우 우리나라에 끼칠 영향으로 옳지 않은 것은?

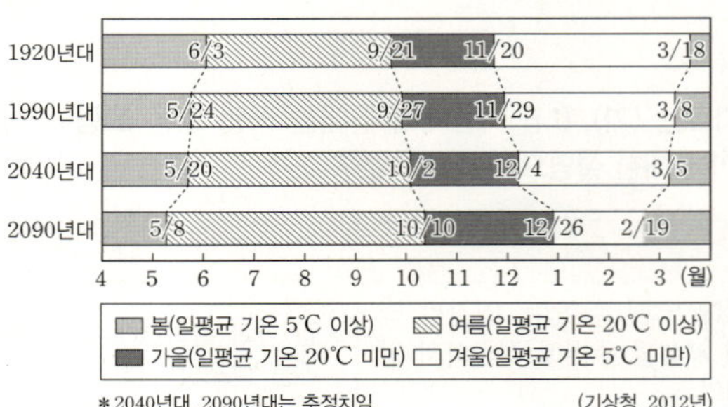

① 첫 서리일이 늦어질 것이다.
② 단풍의 절정 시기가 늦어질 것이다.
③ 봄꽃의 개화 시기가 빨라질 것이다.
④ 난대성 작물의 재배 북한계선이 북상할 것이다.
⑤ 고산 식물 분포의 고도 하한선이 낮아질 것이다.

08

그래프는 우리나라 세 도시의 연평균 기온 변화를 나타낸 것이다. 이에 대한 설명으로 옳은 것만을 〈보기〉에서 있는 대로 고른 것은? (단, (가)~(다)는 각각 대구, 부산, 서울 중 하나임.)

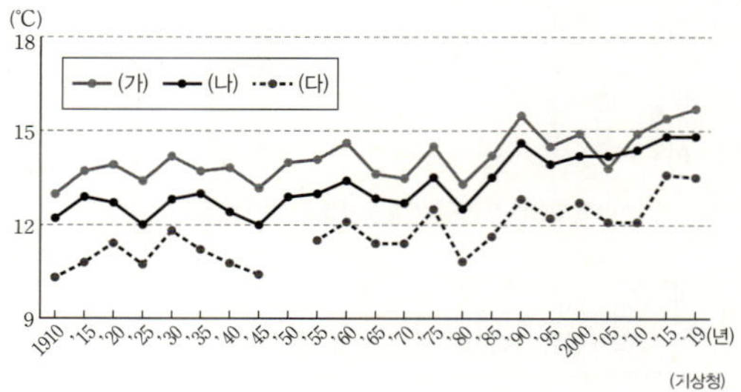

〈보기〉

ㄱ. 2005년 이후 연평균 기온의 증가 폭은 대구가 가장 크다.
ㄴ. (가)는 (나)보다 연평균 강수량이 많다.
ㄷ. (나)는 (다)보다 폭염 일수가 많다.
ㄹ. (다)는 (가)보다 고위도에 위치한다.

① ㄱ, ㄴ   ② ㄱ, ㄹ   ③ ㄴ, ㄹ
④ ㄱ, ㄴ, ㄷ   ⑤ ㄴ, ㄷ, ㄹ

09

| 모의평가 |

다음은 지리 수업 장면의 일부이다. 학생의 발표 내용이 옳은 것은?

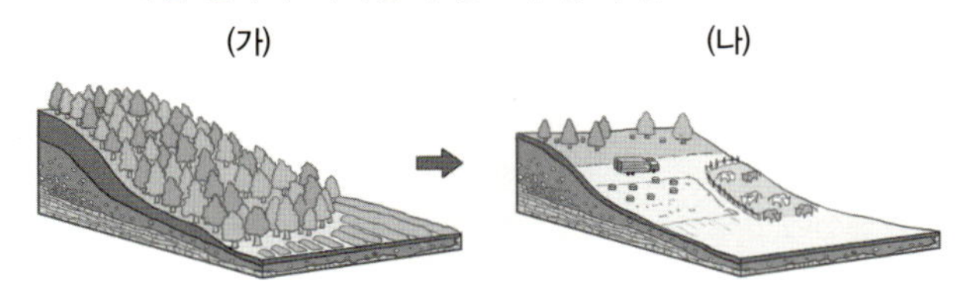

① 갑 : 생물 종의 다양성이 증가합니다.

② 을 : 대기 습도가 대체로 높아집니다.

③ 병 : 지표의 토양 유실이 감소됩니다.

④ 정 : 토양 내 수분 함유량이 증가합니다.

⑤ 무 : 강수 시 빗물의 지표 유출량이 증가합니다.

10

지도는 일부 지역의 세 토양 분포를 나타낸 것이다. (가)~(다) 토양을 그림의 A~D에서 고른 것은? (단, (가)~(다)는 각각 석회암 풍화토, 염류토, 충적토 중 하나임.)

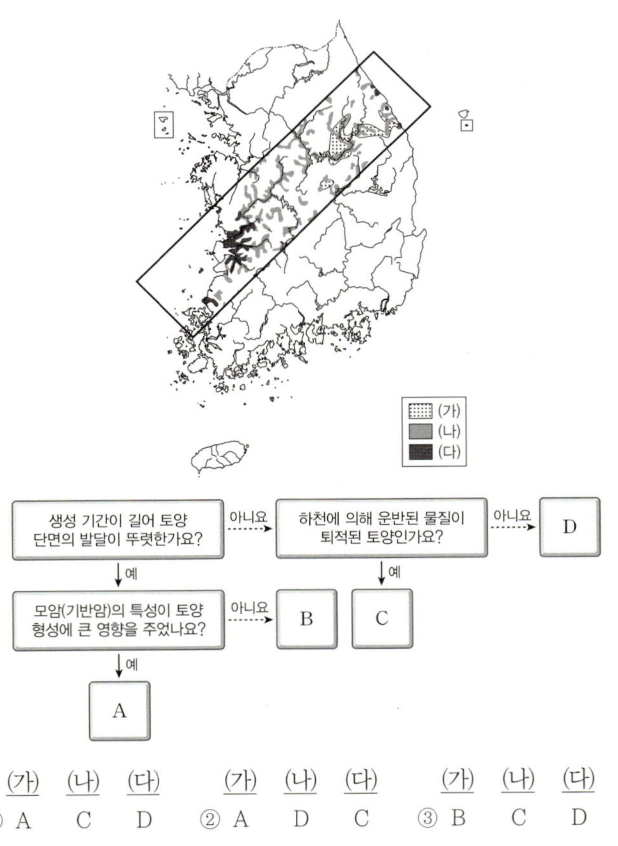

	(가)	(나)	(다)		(가)	(나)	(다)		(가)	(나)	(다)
①	A	C	D	②	A	D	C	③	B	C	D
④	B	D	C	⑤	C	A	B				

11

다음은 학생이 우리나라의 식생 분포에 대해 정리한 내용의 일부이다. ㉠~㉤에 대한 설명으로 옳지 <u>않은</u> 것은?

〈우리나라의 식생 분포〉

1. 식생의 수평적 분포
(1) 위도에 따른 ㉠ 기후 특성 차이가 반영된 식생 분포
(2) 구분
- ㉡ : 개마고원, 고산 지역
- ㉢ : 우리나라 대부분 지역
- ㉣ : 제주도, 남해안, 울릉도 저지대

2. 식생의 수직적 분포
(1) 해발 고도에 따른 기후 특성 차이가 반영된 식생 분포
(2) ㉤ 은/는 우리나라에서 식생의 수직적 분포가 가장 뚜렷하고 다양함

① ㉠에는 강수량보다 기온이 더 크게 작용한다.

② ㉡은 고위도로 갈수록 분포 고도가 높아진다.

③ ㉢은 침엽수와 낙엽 활엽수의 혼합림으로 이루어진다.

④ ㉤은 남한에서 해발 고도가 가장 높은 산이다.

⑤ ㉡과 ㉣은 대체로 상록수에 해당된다.

12

다음은 한국지리 수업 장면이다. 교사의 질문에 옳은 대답을 한 학생만을 있는 대로 고른 것은?

① 갑, 을

② 갑, 병

③ 을, 정

④ 갑, 병, 정

⑤ 을, 병, 정

킬러 문항 완전 정복

우리나라 지역별 겨울 일수 변화를 분석하는 문항이다. 등치선도는 같은 값을 선으로 연결한 통계 지도로, 등치선도를 분석할 때 서로 다른 등치선 사이의 통계 수치를 파악하는 것이 중요하다.

01

지도는 우리나라의 겨울 일수 변화를 나타낸 것이다. 이에 대해 옳게 분석한 내용만을 골라 있는 대로 '○' 표시한 학생을 고른 것은?

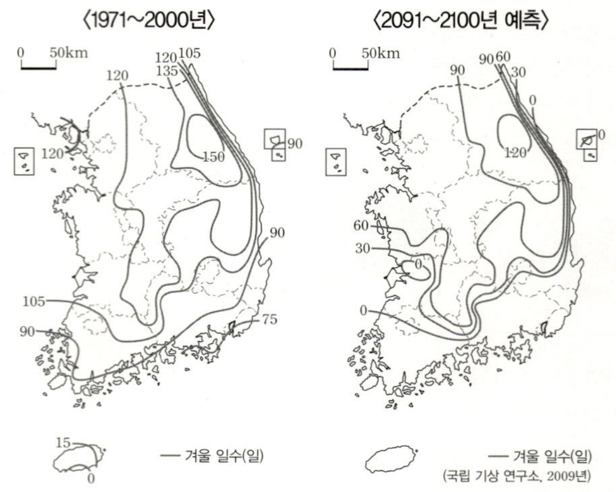

내용 \ 학생	갑	을	병	정	무
울산은 겨울이 없어질 것이다.	○		○		○
모든 지역의 겨울 평균 기온이 상승할 것이다.	○		○	○	○
서울은 겨울 일수가 60일 이상 감소할 것이다.		○			○
강릉은 대관령보다 겨울 일수 감소 폭이 클 것이다.	○	○		○	○

① 갑　　　② 을　　　③ 병　　　④ 정　　　⑤ 무

권역별 자연재해 피해액을 통해 해당 권역이 어디이며, 어떤 피해를 많이 입고 있는지를 파악하는 문항이다. 권역별로 피해를 가장 많이 입는 자연재해가 무엇인지 각 권역의 자연환경을 바탕으로 떠올려 보자.

02

그래프는 우리나라의 권역별 자연재해 피해액을 나타낸 것이다. 이에 대한 설명으로 옳은 것은? (단, A~C는 각각 대설, 태풍, 호우 중 하나임.)

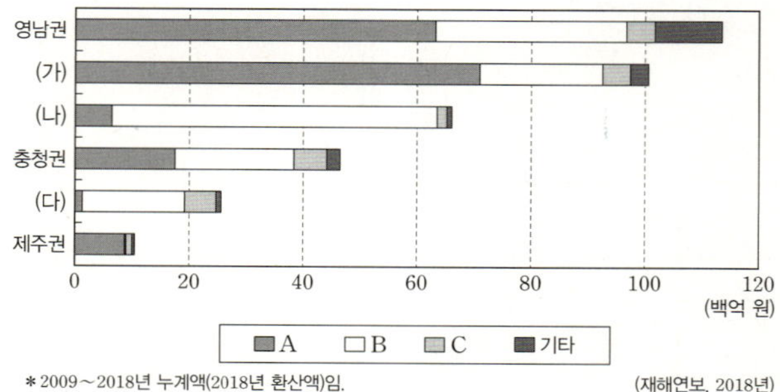

① (가)는 (나)보다 인구가 많다.

② (나)는 (다)보다 대설 피해액이 많다.

③ (가)와 (다)는 행정 구역 경계가 서로 맞닿아 있다.

④ B는 A보다 바람에 의한 피해가 크다.

⑤ A~C 중 농경지에 가장 피해를 많이 주는 것은 B이다.

03

지도는 세 자연재해의 연간 일수를 나타낸 것이다. (가)~(다) 자연재해에 대한 설명으로 옳은 것은?
(단, (가)~(다)는 각각 폭염, 한파, 황사 중 하나임.)

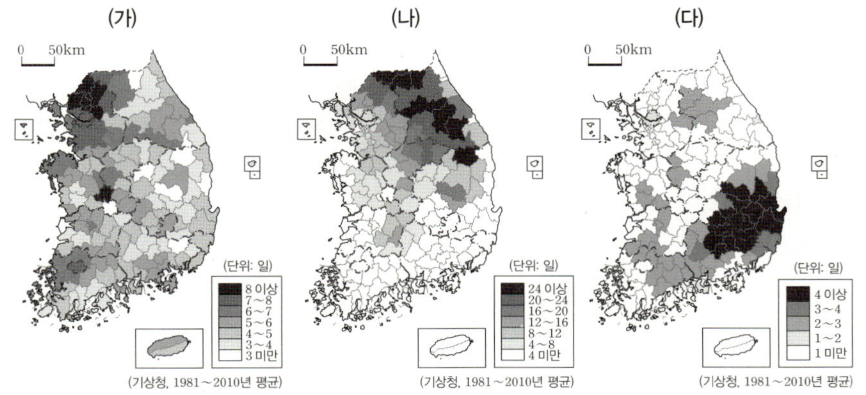

① (가)는 일 년 중 북서 계절풍이 가장 강한 계절에 발생 빈도가 높다.
② (나)로 인해 냉방기기 사용량이 급증하여 전력 생산량이 증가한다.
③ (다) 발생 시기에는 미세 먼지로 인해 공기 청정기 판매량이 급증한다.
④ (가) 발생 시기는 (다) 발생 시기보다 외출 시 마스크 착용이 권고된다.
⑤ (가)~(다) 모두 기후 변화로 인해 최근 발생 횟수가 감소하고 있다.

04

다음은 한국지리 수업 장면이다. 교사의 질문에 옳은 대답을 한 학생만을 있는 대로 고른 것은?

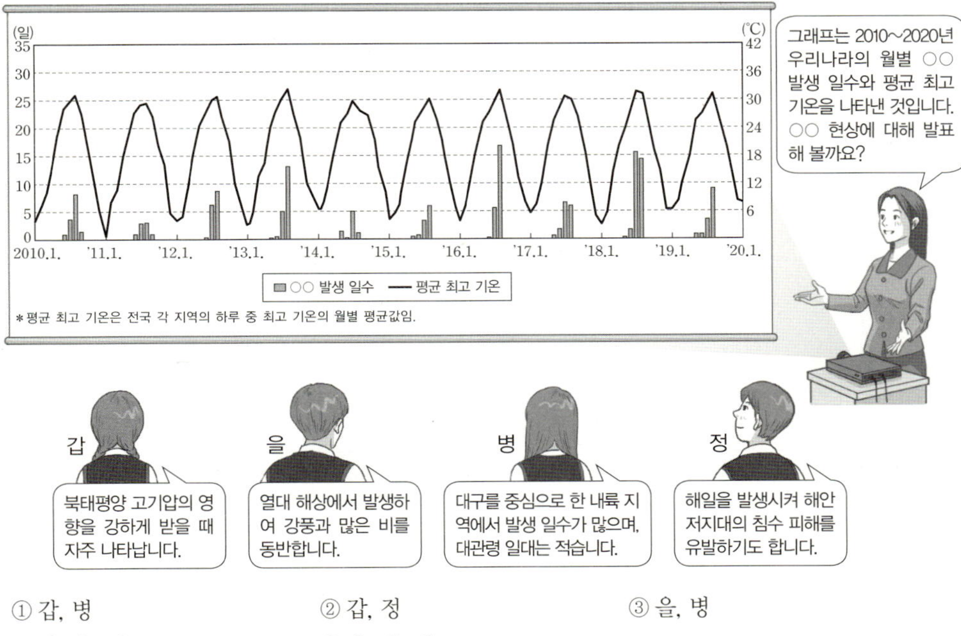

① 갑, 병
② 갑, 정
③ 을, 병
④ 갑, 을, 정
⑤ 을, 병, 정

06강 거주 공간의 변화와 지역 개발

출제 POINT

주제		
1 촌락의 변화와 도시 발달		
촌락의 형성과 변화	★★☆	
우리나라의 도시 발달 과정	★★☆	
우리나라의 도시 체계	★★★	

주제		
2 도시 구조와 대도시권		
도시의 지역 분화와 내부 구조	★★★	
대도시권의 형성과 확대	★★★	

주제		
3 도시 계획과 지역 개발		
도시 계획과 도시 재개발	★☆☆	
지역 개발	★☆☆	
공간 및 환경 불평등	★☆☆	

촌락 지역(구례군)의 인구 변화

2018년은 1970년에 비해 유소년층 인구 비율이 감소하였고, 노년층 인구 비율은 증가하였다. 이는 이촌 향도 현상으로 인한 청장년층의 인구 유출로 나타난 변화이다.

주요 권역의 인구 규모에 따른 도시 수

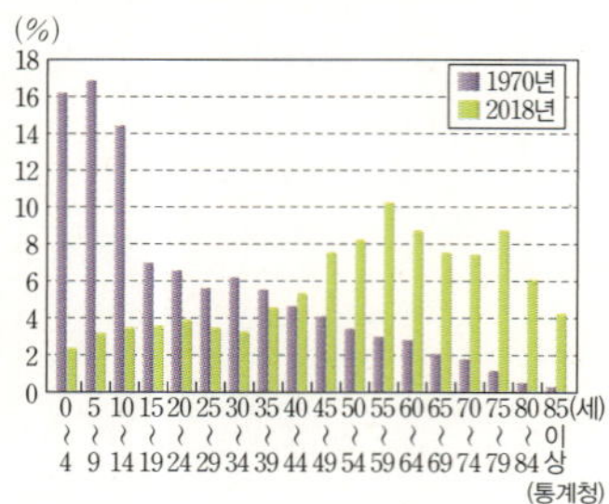

주제 1 촌락의 변화와 도시 발달

1. 촌락의 형성과 변화

(1) 전통 촌락의 입지

구분	입지 요인	입지 장소
자연적 조건	용수 확보	선상지의 선단, 제주도 해안의 용천대
	침수 위험 회피	자연 제방, 하안 단구
사회·경제적 조건	교통	역원(驛院) 취락 예 역삼동, 조치원 등
		나루터 취락 예 노량진, 마포 등
	방어	산성 취락, 병영촌 예 남한산성, 통영 등

(2) 촌락의 변화

도시와의 접근성이 낮은 촌락	이촌 향도 현상으로 청장년층 인구 유출, 노동력 부족, 생활 환경 악화, 폐교 증가, 인구의 고령화, 농가당 경지 면적 증가
도시와의 접근성이 높은 촌락	상업적 농업 확대, 도시적 경관 증가, 겸업농가 비율 증가, 인구 순유입 현상, 3차 산업 종사자 비율 증가

2. 우리나라의 도시 발달 과정

1960년대	경제 개발 정책에 따른 이촌 향도 현상으로 서울, 부산 등 대도시의 인구 급증
1970년대	남동 임해 지역의 포항, 울산, 여수, 창원 등 공업 도시 발달
1980년대 이후	• 교외화 현상 : 서울, 부산, 대구 등 대도시의 기능을 분담하는 위성 도시 및 신도시 성장 • 지방의 중소 도시는 인구가 정체되거나 감소 • 도농 통합시 : 도시와 농촌 간 상호 보완적 관계 형성

Tip

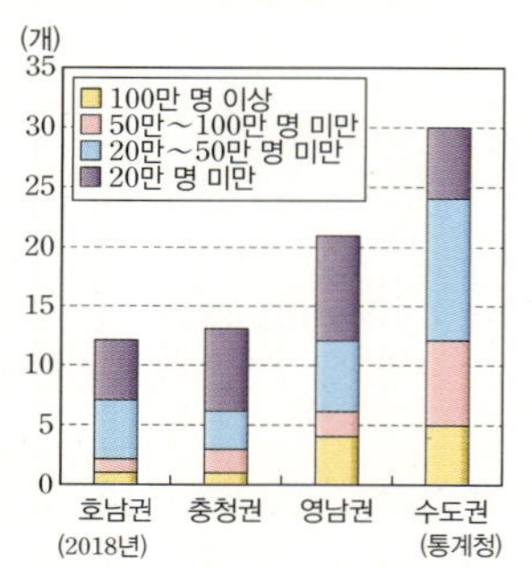

❶ 고차 중심지(대도시, 종합 병원, 백화점 등)가 저차 중심지(소도시, 의원, 편의점 등)보다 중심지 수가 적으며, 중심지 간 거리가 멀고, 중심지 기능이 다양함을 꼭 기억하자.

❷ 도시 간 상호 작용은 인구 규모에 비례하고, 도시 간 거리에 반비례한다는 사실을 알아 두자. 또한 도시 수는 수도권이 가장 많고, 광역시는 영남권(부산, 대구, 울산)에 가장 많이 분포하며, 군(郡) 지역은 호남권에 가장 많음을 알아 두자.

3. 우리나라의 도시 체계

(1) 도시 체계

① 의미 : 도시 간 상호 작용에 의해 나타나는 도시 간의 계층 구조

② 도시(중심지)가 보유한 기능에 따라 계층 구조 형성

중심지	중심지 기능	중심지 수	중심지 간 거리	사례
고차 중심지	많음	적음	멂	대도시
저차 중심지	적음	많음	가까움	소도시

(2) 우리나라의 도시 체계

특징	서울을 중심으로 한 수직적 도시 체계, 서울에 인구와 기능이 집중되어 종주 도시화 현상이 나타남, 최근 신도시 성장에 따른 교외화 현상이 두드러짐
도시 분포	수도권과 남동 임해 지역을 중심으로 경부축의 도시 발달이 두드러짐
발전 방향	균형 있는 도시 체계 형성을 위해 수도권의 공공 기관을 이전하여 혁신 도시를 건설하거나 지방에 중추 도시 생활권 육성

1. 도시의 지역 분화와 내부 구조

(1) 지역 분화 요인

접근성	통행이 발생한 지역으로부터 특정 지역이나 시설로 접근할 수 있는 가능성을 말하며, 중심에 위치하거나 교통이 편리한 도심이 가장 높고 주변(외곽) 지역으로 갈수록 낮아짐
지대	토지 이용을 통해 얻을 수 있는 수익 또는 타인의 토지를 이용하고 지불해야 하는 비용을 말하며, 접근성이 높을수록 지대가 높음

(2) 지역 분화 과정

집심 현상	지대 지불 능력이 높은 상업·업무 기능이 도심으로 집중하는 현상
이심 현상	상대적으로 지대 지불 능력이 낮은 주택, 학교, 공장 등이 도심에서 주변(외곽) 지역으로 분산되는 현상

3점 공략

(3) 도시 내부 구조

도심	• 접근성 및 지대·지가가 높음, 토지 이용이 집약적 • 중추 관리 기능(중앙 관청, 대기업 본사, 금융 기관 본점)과 고급 상가, 전문 서비스업 등 고차 기능 밀집 • 주거 기능의 이심 현상으로 상주인구 밀도가 낮아지는 인구 공동화 현상 발생 • 출근 시간대의 유입 인구가 많아 주간 인구 지수가 높음
부도심	• 도심의 기능을 일부 분담하여 도심의 과밀화를 완화해 줌 • 도심과 주변 지역을 연결하는 교통이 편리한 곳에 주로 형성됨
주변(외곽) 지역	• 도시 변두리에 위치, 상대적으로 지대와 지가가 낮아 주택, 학교, 공장 등이 입지함 • 일부 지역은 도시 경관과 농촌 경관이 혼재되어 나타남
개발 제한 구역	녹지를 보존하고 도시의 무질서한 평면적 팽창을 방지하기 위해 설정함, 개인의 사유 재산권 행사가 제한됨

2. 대도시권의 형성과 확대

(1) 대도시권의 공간 구조

중심 도시		대도시권의 중심 지역으로 도심과 부도심이 발달한 다핵 구조의 도시
통근 가능권	교외 지역	중심 도시와 연속된 지역으로 주거·공업 기능 등이 확대됨
	대도시 영향권	도시 경관은 미약하나 통근 형태 및 토지 이용이 중심 도시의 영향을 받음
	배후 농촌 지역	중심 도시로의 최대 통근 가능 지역으로 상업적 원예 농업이 발달함

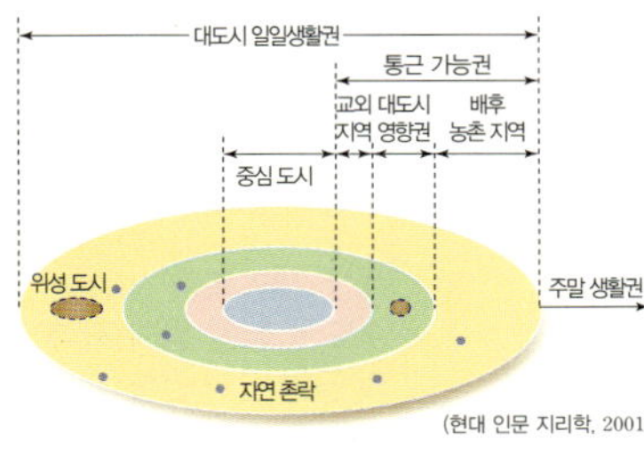

3점 공략

(2) 대도시권의 형성과 확대

대도시권의 형성		대도시로 인구와 기능이 집중되면서 집적 불이익(지가 상승, 교통 혼잡, 환경 문제 등) 발생 → 주거와 공업 기능 등이 도시 주변으로 분산되는 교외화 현상 발생 → 대도시와 주변 도시 및 근교 농촌이 하나의 생활권 형성
대도시권의 확대		교통수단의 발달과 교통망의 확충 → 대도시로의 이동이 편리해져 주변 지역으로 거주지 확대 ⑩ 1980년대 이후 수도권 성장
대도시권의 변화	대도시 근교 지역	인구 유입 증가, 중심 도시로 통근하는 주민 증가, 아파트 단지·물류 및 쇼핑센터 등이 입지하며 도시적 토지 이용 증가
	배후 농촌 지역	상품 작물의 시설 재배 증가, 겸업농가 비율 증가(→ 농업 외 소득 비율 증가, 전통적 생활 공동체 의식 약화), 도시민을 위한 여가 공간 개발

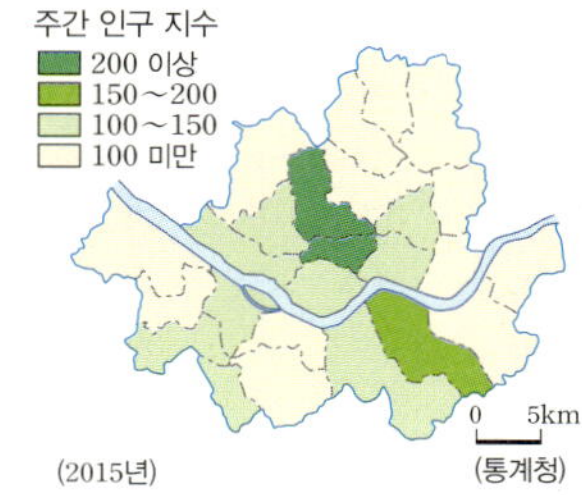

서울의 구(區)별 주간 인구 지수

도심(중구, 종로구 등)은 주변(외곽) 지역보다 통근·통학 순유입 인구가 많아 주간 인구 지수가 높다. 부도심이 있는 강남구도 주간 인구 지수가 높고, 주변(외곽) 지역은 통근·통학 순유출 인구가 많아 주간 인구 지수가 100 미만이다.

Tip

❶ 도심과 주변(외곽) 지역의 특색을 비교해 두어야 한다. 도심은 주변 지역보다 차량 평균 속도가 느리고, 주간 인구 지수가 높으며, 초등학교 학급 수가 적다. 또한 상업 용지의 평균 지가가 높고, 시가지의 형성 시기가 이르며, 거주자의 평균 통근 거리가 가깝다.

❷ 서울을 사례로 많이 출제되는데, 대체로 중구·종로구는 도심, 강남구는 부도심, 금천구는 공업 기능이 발달한 곳으로 출제된다는 점을 지도상의 위치와 함께 알아 두자.

수도권 교통망과 신도시

2기 신도시는 교통망 확충에 따라 1기 신도시보다 서울과 거리가 먼 지역에 주로 건설되었다.

Tip

❶ 서울, 대구, 부산 등을 중심 도시로 한 대도시권의 특징을 묻는 문항이 자주 출제된다. 중심 도시의 주거 기능을 분담하는 위성 도시의 경우 주간 인구 지수가 낮고, 중심 도시로의 통근·통학 인구 비율이 높음을 기억하자.

❷ 대도시권의 배후 농촌 지역은 중심 도시의 주거 기능을 분담하는 위성 도시보다 아파트 거주 가구 비율이 낮으며, 1차 산업 종사자 비율이 상대적으로 높음을 알아 두자.

◐ 시·도별 전력 자립도 및 1인당 지역 내 총생산

구분	전력 자립도 (%)	1인당 지역 내 총생산 (백만 원)
전국	108	37
서울	1	44
부산	181	26
대구	17	23
인천	253	30
광주	6	27
대전	2	27
울산	61	66
세종	120	37
경기	60	36
강원	184	31
충북	6	43
충남	249	54
전북	51	28
전남	176	43
경북	166	41
경남	151	33
제주	64	31

(2018년)　　　　　(통계청)

*전력 자립도 = (전력 생산량 ÷ 전력 소비량) × 100

서울은 전력 소비량 대비 전력 생산량이 적고, 인천과 충남은 전력 생산량이 전력 소비량보다 많으므로 다른 지역으로 전력을 공급하고 있다. 즉, 전력 생산과 전력 소비에 있어서 공간 불평등이 나타나고 있으며, 1인당 지역 내 총생산 또한 공간 불평등 현상이 나타나고 있다.

🔒 3점 공략 Check

Q1 고차 중심지는 저차 중심지보다 중심지 기능이 (많고 / 적고), 중심지 간 거리가 (멀다 / 가깝다).

Q2 주거 기능의 이심 현상으로 도심의 상주인구가 감소하는 현상을 (　　　) (이)라고 한다.

Q3 도심 지역은 주변(외곽) 지역보다 상업 용지의 비율이 (높고 / 낮고), 주간 인구 지수가 (높으며 / 낮으며), 거주자의 평균 통근 거리가 (멀다 / 가깝다).

Q4 대도시권의 위성 도시는 배후 농촌 지역보다 중심 도시로의 통근·통학 인구 비율이 (높고 / 낮고), 아파트 거주 가구 비율이 (높으며 / 낮으며), 1차 산업 종사자 비율이 (높다 / 낮다).

주제 ③ 도시 계획과 지역 개발

1. 도시 계획과 도시 재개발
(1) 도시 계획의 의미와 목적

의미	도시의 바람직한 미래상을 정립하고 이를 시행하기 위해 도시 공간을 효과적으로 만들고 환경을 개선하여 도시의 여러 기능을 합리적으로 배치하기 위한 계획
목적	도시 문제의 완화 및 해소, 도시의 무질서한 개발 방지, 조화로운 환경 조성, 토지의 효율적 이용을 통한 주민의 삶의 질 향상

(2) 도시 재개발 방법

철거 재개발	기존의 시설을 완전히 철거하고 새로운 시설물로 대체하는 방법 → 원거주민의 낮은 재정착률, 자원 낭비 등의 문제점이 있음
보존 재개발	역사·문화적으로 보존할 가치가 있는 지역의 환경 악화를 예방하고 유지·관리하는 방법
수복 재개발	기존 건물을 최대한 유지하는 수준에서 필요한 부분만 수리·개조하여 부족한 점을 보완하는 방법

2. 지역 개발
(1) 지역 개발의 방법

구분	성장 거점 개발(불균형 개발)	균형 개발
추진 방식	주로 하향식 개발	주로 상향식 개발
채택 국가	주로 개발 도상국	주로 선진국
개발 방법	투자 효과가 큰 지역을 선정하여 집중 투자	낙후 지역에 우선적으로 투자
개발 목표	경제 성장의 극대화, 경제적 효율성 추구	지역 간 균형 발전, 경제적 형평성 추구
장점	자원의 효율적 투자 가능	지역 간 균형 성장, 지역 주민의 의사 결정 존중
단점	• 파급 효과보다 역류 효과가 클 경우 지역 격차 심화 • 지역 주민의 참여도가 낮음	• 투자의 효율성이 낮음 • 지역 이기주의가 초래될 수 있음

(2) 우리나라의 국토 개발 과정
① 제1차~제3차 국토 종합 개발 계획

구분	제1차 국토 종합 개발 계획	제2차 국토 종합 개발 계획	제3차 국토 종합 개발 계획
방식	성장 거점 개발	광역 개발	균형 개발
시기	1972~1981년	1982~1991년	1992~1999년
주요 정책	• 수출 주도형 공업화 • 물 자원 종합 개발 • 사회 간접 자본 확충	• 인구의 지방 분산 유도 • 국민 복지 향상 • 자연환경 보전	• 지방 육성과 수도권 집중 억제 • 신산업 지대 조성 • 남북 교류 지역 개발 및 관리
특징	• 생산 기반 확충 • 수도권, 남동 임해 지역에 다수의 공업 단지 건설	• 생활 환경 개선 • 개발 가능성의 전국 확대	• 분산형 개발 • 환경 보전

② 제4차 국토 종합 계획(2000~2020년) : 균형·개방·녹색·통일 국토 → 2차 수정 계획(2011~2020년)에서는 경쟁력 있는 통합 국토, 지속 가능한 친환경 국토, 세계로 향한 열린 국토, 품격 있는 매력 국토를 기본 목표로 함

3. 공간 및 환경 불평등
(1) 공간 불평등

수도권과 비수도권의 격차	수도권은 인구, 산업 등의 집중도가 매우 높음(→ 집값 상승, 교통 혼잡 등 집적 불이익 발생), 비수도권은 경제 침체 및 인구 유출 현상 등의 문제 발생
도시와 농촌의 격차	도시에 인구와 산업이 집중, 농촌은 인구의 고령화, 생활 기반 시설 부족, 교육 여건 불리 등의 문제 발생(→ 촌락의 정주 기반 강화, 새로운 산업 육성 등의 노력 필요)

(2) 환경 불평등 : 환경을 개발하여 이용함으로써 발생하는 경제적 수혜 지역과 환경 오염의 부담 지역이 일치하지 않는 것 → 지역 간 갈등으로 이어져 사회적 갈등 비용 발생

3점 공략 개념 CHECK 정답 _ Q1 많고, 멀다　Q2 인구 공동화 현상　Q3 높고, 높으며, 가깝다　Q4 높고, 높으며, 낮다

531
대표 기출  VS 고난도 기출

• 정답 및 해설 p.22~23

순한맛 # 모의평가

그래프는 지도에 표시된 두 지역의 상주인구와 주간 인구를 나타낸 것이다. (가), (나) 지역에 대한 설명으로 옳은 것만을 〈보기〉에서 고른 것은?

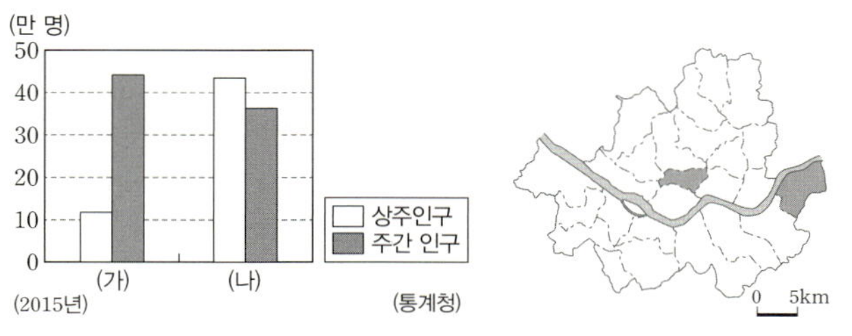

보기
ㄱ. (가)는 통근·통학 유입 인구가 통근·통학 유출 인구보다 많다.
ㄴ. (나)의 주간 인구 지수는 100보다 높다.
ㄷ. (가)는 (나)보다 상업지의 평균 지가가 높다.
ㄹ. (나)는 (가)보다 시가지의 형성 시기가 이르다.

① ㄱ, ㄴ   ② ㄱ, ㄷ   ③ ㄴ, ㄷ   ④ ㄴ, ㄹ   ⑤ ㄷ, ㄹ

모의평가 # 정답률 68% 매운맛

그래프는 지도에 표시된 세 지역의 인구 변화와 총 사업체 수를 나타낸 것이다. 2015년의 (가)~(다) 지역에 대한 설명으로 옳은 것만을 〈보기〉에서 있는 대로 고른 것은?

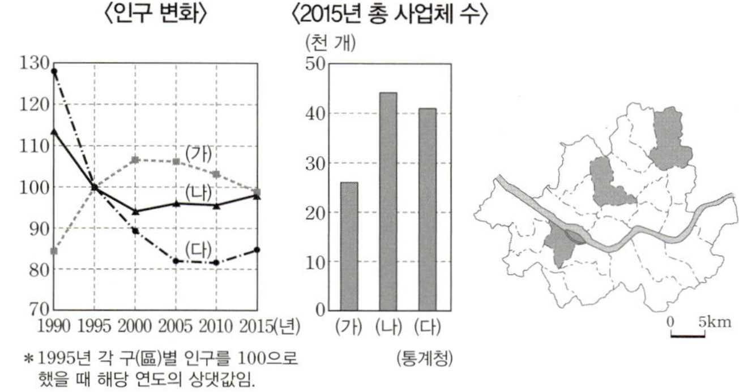

*1995년 각 구(區)별 인구를 100으로 했을 때 해당 연도의 상댓값임.

보기
ㄱ. (가)는 (나)보다 생산자 서비스업체 수가 많다.
ㄴ. (가)는 (다)보다 주간 인구 지수가 높다.
ㄷ. (나)는 (다)보다 대형 마트 수가 많다.
ㄹ. 상주인구는 (가), (나), (다) 순으로 많다.

① ㄱ, ㄴ   　　② ㄱ, ㄹ   　　③ ㄷ, ㄹ
④ ㄱ, ㄴ, ㄷ   ⑤ ㄴ, ㄷ, ㄹ

[유형 분석] 서울의 중구와 강동구를 사례로 도심과 주변(외곽) 지역의 특징을 비교하는 문항이다. 이러한 유형의 문항은 서울, 부산, 대구 등의 구(區)별 주요 지표를 분석해 도심과 주변(외곽) 지역, 부도심 등의 특징을 파악할 수 있는지 평가하기 위해 자주 출제된다.

[접근 방법] ❶ 지도에 제시된 지역을 도심과 주변(외곽) 지역으로 구분한다. ❷ (가), (나)에서 상주인구 대비 주간 인구의 비율이 높은 지역과 낮은 지역이 어디인지 파악한다. ❸ 도심과 주변(외곽) 지역의 특색을 떠올려 답지의 진위를 파악한다.

답 ②

[유형 분석] 서울의 구(區)별 주요 특성을 비교하는 문항이다. 도심과 부도심, 주변(외곽) 지역의 특성을 인구 변화와 총 사업체 수를 토대로 구분해, 해당 지역의 특징을 비교할 수 있는지를 묻는 문항이다.

[접근 방법] ❶ 1990년 대비 2015년 인구가 가장 많이 감소한 지역과 가장 많이 증가한 지역이 어디인지 파악한다. 이때 인구가 가장 많이 감소한 곳이 인구 공동화 현상이 나타나는 도심이고, 인구가 증가한 지역은 주거 기능이 밀집한 주변(외곽) 지역임에 유의한다. ❷ 두 지역의 중간적 성격이 나타나는 곳이 부도심이다. ❸ ❶, ❷를 토대로 (가)~(다) 지역을 확인하고, 해당 지역의 특징을 비교한다.

답 ③

WHY 왜 빠지지 않고 출제될까?

　도시 내부 구조는 출제 빈도가 매우 높은 내용 요소이다. 이는 **도심과 주변(외곽) 지역의 특징을 다양한 지표를 활용해 출제할 수 있기** 때문이며, 부도심과 공업 지역도 함께 다루어 고난도 문항으로 출제되기도 한다. 그중 자주 출제되는 지표로는 **상주인구, 주간 인구, 주간 인구 지수, 초등학교 학생 수, 통근·통학 소요 시간별 인구 비율, 통근·통학 유입 및 유출 인구, 제조업 사업체 수** 등이 있다. 문제의 핵심 요소인 접근성, 지대, 지가가 높은 도심과 상주인구가 많은 주변(외곽) 지역의 특징을 비교하여 정리해 두어야 한다.

HOW 킬러 문항, 어떻게 출제될까?

　고난도 기출은 대표 기출과 달리 **시기별 인구 변화와 총 사업체 수를 통해 도시 내부 지역을 구분할 수 있는지**를 묻고 있으며, **다른 단원과 관련된 내용인 생산자 서비스업과 대형 마트를 활용하여 매력적 오답을 배치**하였다. 또한, 그동안 출제된 적이 없는 영등포구라는 **새로운 지역을 추가**해 학생들에게 혼란을 주었다. 이밖에 서울의 경우 제조업이 발달한 금천구를 추가하여 주변(외곽) 지역 중 주간 인구 지수가 높고, 지역 내로의 통근·통학 인구 비율이 높은 지역의 특성을 판단할 수 있는지 묻는 킬러 문항을 출제하기도 한다.

실전 문제

01

그래프는 세 지역의 토지 이용을 나타낸 것이다. (가)~(다) 지역에 대한 설명으로 옳은 것은? (단, (가)~(다)는 각각 지도에 표시된 세 지역 중 하나임.)

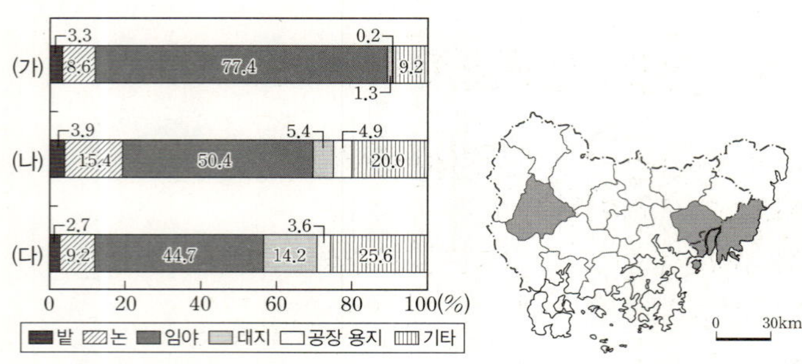

① (가)는 (나)보다 아파트 거주 가구 비율이 높다.
② (나)는 (가)보다 1차 산업 종사자 비율이 높다.
③ (나)는 (다)보다 지역 내 통근·통학 인구 비율이 높다.
④ (다)는 (나)보다 다양한 중심지 기능을 갖고 있다.
⑤ 총인구는 (나)>(다)>(가) 순으로 많다.

02

그래프는 세 도시의 인구 지수 변화를 나타낸 것이다. (가)~(다)를 지도의 A~C에서 고른 것은?

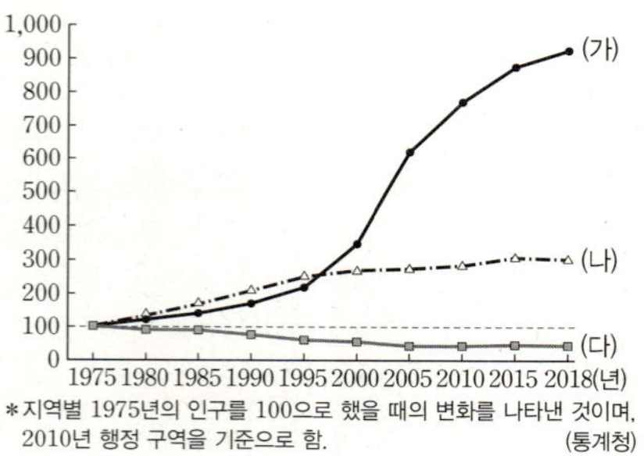

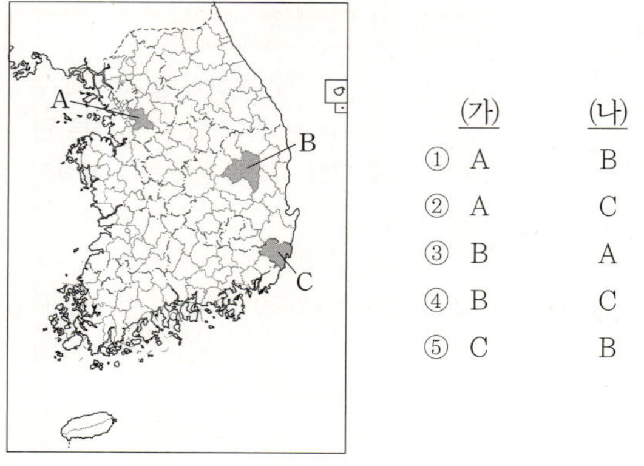

	(가)	(나)	(다)
①	A	B	C
②	A	C	B
③	B	A	C
④	B	C	A
⑤	C	B	A

03

표는 지도에 표시된 (가)~(다) 지역의 의료 기관별 현황을 나타낸 것이다. 이에 대한 설명으로 옳은 것은? (단, A~C는 각각 지도에 표시된 (가)~(다) 중 하나이고, ㉠, ㉡은 의원, 종합 병원 중 하나임.)

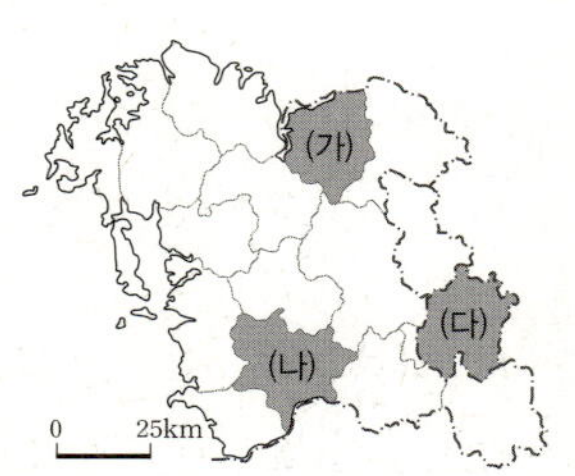

지역 의료 기관	A	B	C
㉠	1	0	10
병원	9	2	39
㉡	131	31	1,037

① (가)는 (나)보다 병원 수가 적다.
② (다)는 (가)보다 인구 밀도가 낮다.
③ A는 B보다 정주 체계에서 상위 계층에 속할 것이다.
④ ㉠은 ㉡보다 1일 평균 방문 환자 수가 적을 것이다.
⑤ C에서는 ㉠보다 ㉡이 의료 기관 간 평균 거리가 멀 것이다.

04

그래프는 인구 규모에 따른 권역별 도시 분포에 관한 것이다. 이에 대한 설명으로 옳은 것만을 〈보기〉에서 고른 것은? (단, (가)~(라)는 각각 수도권, 영남권, 충청권, 호남권 중 하나임.)

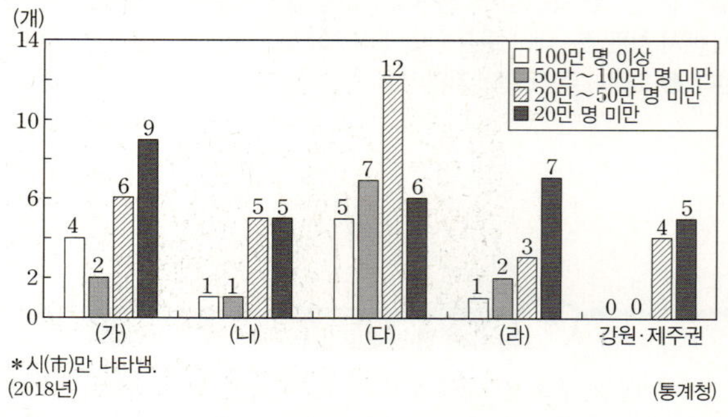

> **보기**
>
> ㄱ. (가)의 100만 명 이상의 도시들은 모두 광역시이다.
> ㄴ. (다)는 (가)보다 지역 내 총생산이 많다.
> ㄷ. (다)는 (라)보다 도시 거주 인구 비율이 높다.
> ㄹ. (가)는 수도권, (나)는 충청권, (다)는 영남권, (라)는 호남권이다.

① ㄱ, ㄴ ② ㄱ, ㄷ ③ ㄴ, ㄷ ④ ㄴ, ㄹ ⑤ ㄷ, ㄹ

주제 2 도시 구조와 대도시권

05

그래프는 대구의 구(區)별 행정동과 법정동 수를 나타낸 것이다. (가), (나) 지역에 대한 설명으로 옳은 것만을 〈보기〉에서 고른 것은?

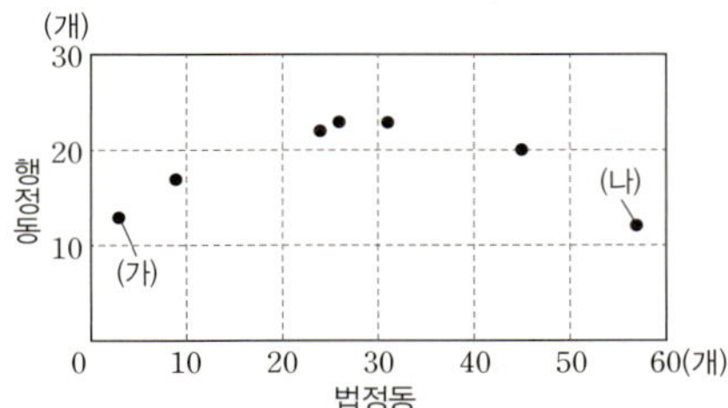

* 법정동은 법률로 지정된 행정 구역 단위이고, 행정동은 행정 편의를 위해 법정동을 나누거나 합쳐서 설치하는 행정 구역 단위임.

(2018년)   (통계청)

〈보기〉

ㄱ. (가)는 (나)보다 초등학교 학급 수가 많다.
ㄴ. (가)는 (나)보다 거주자의 평균 통근 거리가 멀다.
ㄷ. (나)는 (가)보다 출근 시간대 순유출 인구가 많다.
ㄹ. (나)는 (가)보다 최근 연간 전입 인구 규모가 크다.

① ㄱ, ㄴ   ② ㄱ, ㄷ   ③ ㄴ, ㄷ   ④ ㄴ, ㄹ   ⑤ ㄷ, ㄹ

06

그래프의 (가)~(라) 지역에 대한 설명으로 옳은 것은? (단, (가)~(라)는 각각 지도에 표시된 네 지역 중 하나임.)

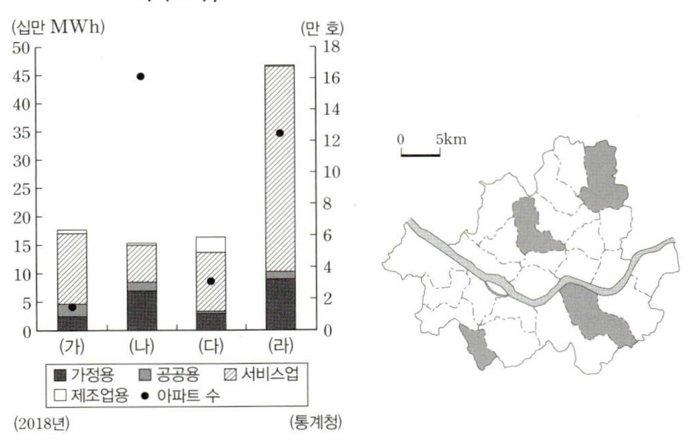

〈(가)~(라)의 용도별 판매 전력량과 아파트 수〉

(2018년)   (통계청)

① (가)는 (나)보다 차량의 평균 운행 속도가 빠르다.
② (나)는 (라)보다 상업 용지의 평균 지가가 높다.
③ (다)는 (가)보다 제조업 사업체당 종사자 수가 적다.
④ (라)는 (가)보다 시가지화된 시기가 이르다.
⑤ (가), (나)는 한강을 기준으로 북쪽에 위치한다.

07

(가)~(다) 지역에 대한 설명으로 옳은 것은? (단, (가)~(다)는 각각 지도에 표시된 세 지역 중 하나임.)

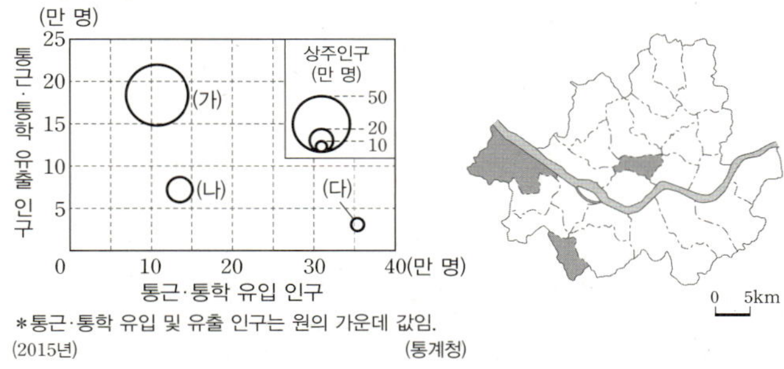

〈통근 · 통학 유입 및 유출 인구〉

* 통근·통학 유입 및 유출 인구는 원의 가운데 값임.

(2015년)   (통계청)

① (가)는 (나)보다 주간 인구 지수가 높다.
② (나)는 (다)보다 제조업체 수가 많다.
③ (나)는 (다)보다 시가지 형성 시기가 이르다.
④ (다)는 (가)보다 대형 마트 수가 많다.
⑤ (다)는 (나)보다 거주자의 평균 통근 거리가 멀다.

08

그래프의 (가)와 비교한 (나) 지역의 상대적 특성을 그림의 A~E에서 고른 것은? (단, (가), (나)는 각각 부산의 도심, 주변(외곽) 지역에 위치한 구(區) 중 하나임.)

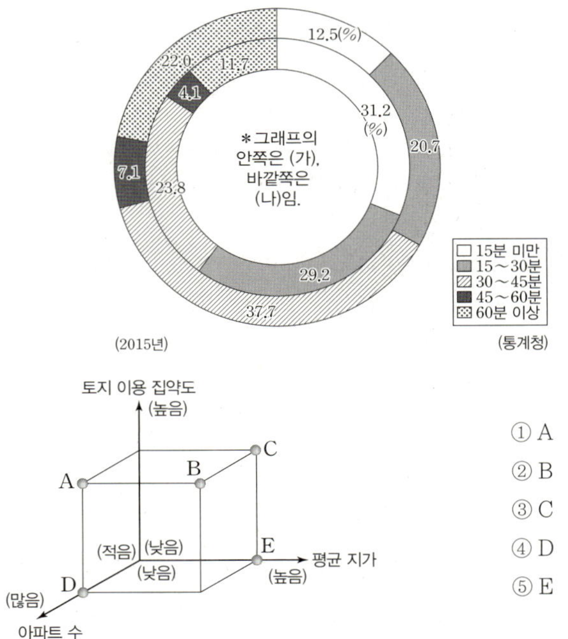

〈통근 소요 시간별 인구 비율〉

* 그래프의 안쪽은 (가), 바깥쪽은 (나)임.

□ 15분 미만
▨ 15~30분
▧ 30~45분
■ 45~60분
▨ 60분 이상

(2015년)   (통계청)

① A
② B
③ C
④ D
⑤ E

09

| 수능 |

그래프는 지도에 표시된 네 지역의 인구 변화를 나타낸 것이다. (가)~(라) 지역에 대한 설명으로 옳은 것만을 <보기>에서 있는 대로 고른 것은?

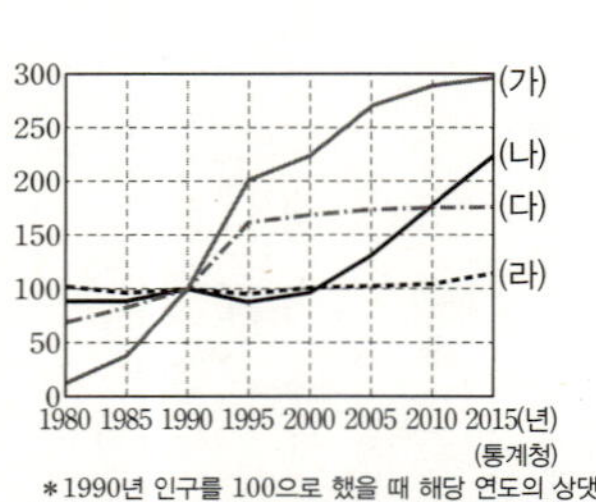

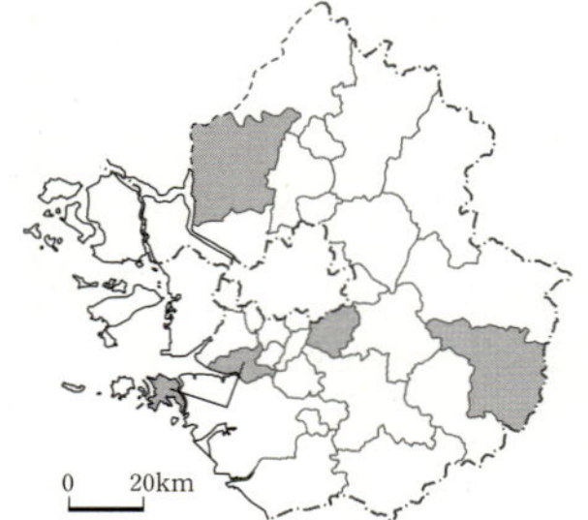

> 보기
>
> ㄱ. (가)는 (라)보다 거주 외국인 수가 많다.
> ㄴ. (나)는 (다)보다 지역 내 제조업 종사자 비율이 높다.
> ㄷ. (나)는 (라)보다 주택 중 아파트 비율이 높다.
> ㄹ. (가)와 (다)에는 수도권 1기 신도시가 위치해 있다.

① ㄱ, ㄷ   ② ㄴ, ㄷ   ③ ㄴ, ㄹ
④ ㄱ, ㄴ, ㄷ   ⑤ ㄱ, ㄴ, ㄹ

10

그래프의 (가)~(다) 지역에 대한 설명으로 옳은 것은? (단, (가)~(다)는 각각 지도에 표시된 세 지역 중 하나임.)

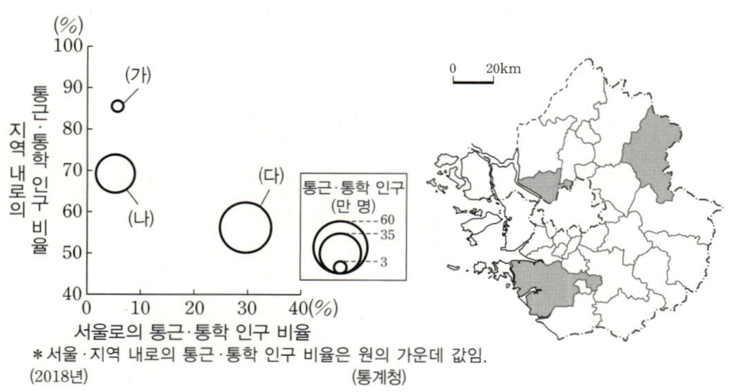

① (가)는 (나)보다 지역 내로의 통근·통학 인구가 많다.
② (나)는 (가)보다 주택 유형 중 아파트 비율이 낮다.
③ (나)는 (다)보다 청장년층 인구의 성비가 높다.
④ (다)는 (가)보다 중위 연령이 높다.
⑤ (다)는 (나)보다 외국인 근로자 수가 많다.

11

그래프의 (가)~(다) 권역에 대한 설명으로 옳은 것만을 <보기>에서 있는 대로 고른 것은? (단, (가)~(다)는 각각 수도권, 영남권, 호남권 중 하나임.)

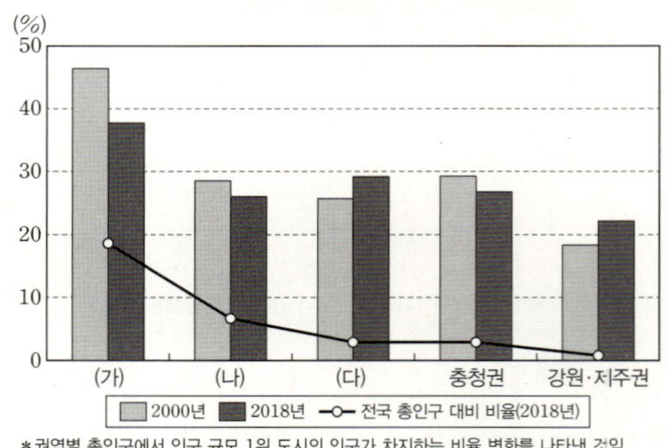

> 보기
>
> ㄱ. (가)의 인구 규모 1위 도시는 광역시이다.
> ㄴ. (가)는 (나)보다 지역 내 총생산이 많다.
> ㄷ. (나)는 (다)보다 인구 규모 1위 도시의 교외화 현상이 뚜렷하다.
> ㄹ. (다)는 (가)보다 도시 거주 인구 비율이 높다.

① ㄱ, ㄴ   ② ㄱ, ㄹ   ③ ㄴ, ㄷ
④ ㄱ, ㄷ, ㄹ   ⑤ ㄴ, ㄷ, ㄹ

12

그래프는 지도에 표시한 지역의 연령층별 인구 변화를 나타낸 것이다. 2000년과 2018년의 상대적 특징을 옳게 표현한 것은?

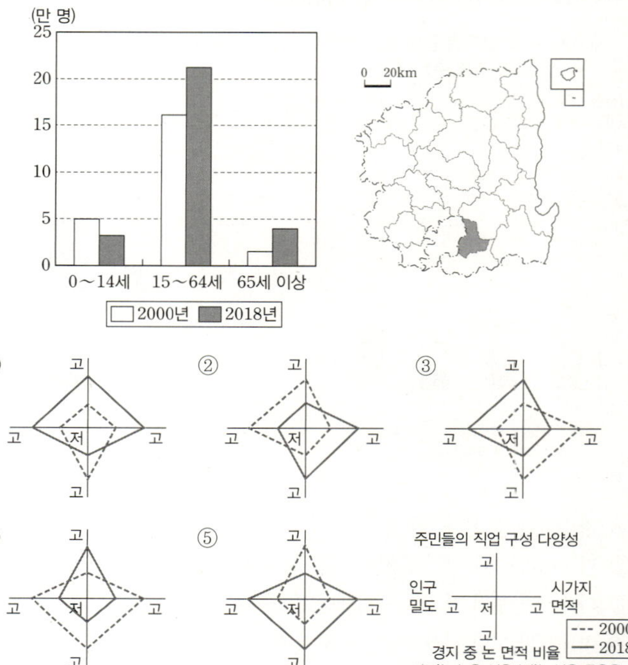

주제 ③ 도시 계획과 지역 개발

13

| 모의평가 |

다음 글은 도시 재개발의 사례이다. (가)와 비교한 (나) 방식의 상대적 특징으로 옳은 것은?

> (가) 인천시 ○○동의 달동네는 피난민들이 모여 만든 곳으로, 이후 저소득층이 유입되면서 확대되었다. 그러나 이곳은 1990년대 후반 '주거 환경 개선 사업'으로 대규모 아파트 단지가 조성되고 공원, 박물관 등이 들어서면서 과거의 모습이 사라지게 되었다.
>
> (나) 부산시 ○○동은 피난민들이 정착하면서 만들어진 달동네로 산자락에는 아직도 과거의 모습을 간직한 집들이 많이 남아 있다. 2009년 빈집과 골목길을 문화 공간으로 바꾸는 사업이 추진되어, 예술가와 주민들이 마을 담벼락에 그림을 그리고 조형물을 설치하면서 동네의 모습이 변화되었다.

① 인구 증가율이 높다.
② 건물의 평균 층수가 많다.
③ 기존 건물의 활용도가 낮다.
④ 원거주민 정착 비율이 낮다.
⑤ 개발 과정에서의 자본 투입 규모가 작다.

14

다음 글의 ㉠~㉿에 대한 설명으로 옳은 것만을 〈보기〉에서 고른 것은?

> 도시를 아름답게 가꾸며 잘 살 수 있는 곳으로 계획하는 것을 ㉠ (이)라고 한다. ㉡ 은/는 환경이 열악한 지역을 개선하는 사업으로, 시행 방법에 따라 ㉢ 철거 재개발, 보존 재개발, ㉣ 수복 재개발로 구분할 수 있다.
>
> 지역 개발은 지역의 잠재력을 살려 지역 주민의 삶의 질을 높이기 위한 다양한 활동으로, ㉤ 거점 개발 방식과 ㉥ 균형 개발 방식으로 구분된다.

〔보기〕
ㄱ. ㉠은 도시 재개발, ㉡은 도시 계획이다.
ㄴ. ㉢은 ㉣보다 사업 이후 상주인구 증가율이 높다.
ㄷ. ㉤은 주로 하향식, ㉥은 주로 상향식 개발 방식으로 추진된다.
ㄹ. ㉥은 ㉤보다 경제적 효율성을 강조한다.

① ㄱ, ㄴ　　② ㄱ, ㄷ　　③ ㄴ, ㄷ　　④ ㄴ, ㄹ　　⑤ ㄷ, ㄹ

15

표는 우리나라의 시기별 국토 종합 개발을 나타낸 것이다. 이에 대한 설명으로 옳지 않은 것은? (단, (가)~(다)는 각각 제1차~제3차 국토 종합 개발 계획 중 하나임.)

구분	(가)	(나)	(다)
방식	㉠	㉡	광역 개발
개발 전략	• ㉢ <u>수출 주도형 공업화</u> • 사회 간접 자본 확충 ⋮	• 신산업 지대 조성 • 지방 육성과 수도권 집중 억제 ⋮	• ㉣ <u>인구의 지방 분산 유도</u> • 국민 복지 향상 • 자연환경 보전 ⋮

① (가) → (다) → (나) 순으로 지역 개발이 추진되었다.
② ㉠은 투자 효과가 큰 지역을 선정하여 집중 투자하는 방식이다.
③ ㉡은 ㉠보다 경제적 형평성을 중시한다.
④ ㉢으로 남동 임해 공업 지역이 형성되었다.
⑤ ㉣을 위해 (다) 시기에 혁신 도시가 건설되었다.

16

그래프는 시·도별 전력 자립도와 1인당 지역 내 총생산을 나타낸 것이다. 이에 대한 설명으로 옳지 않은 것은? (단, A~D는 각각 경기, 서울, 울산, 충남 중 하나임.)

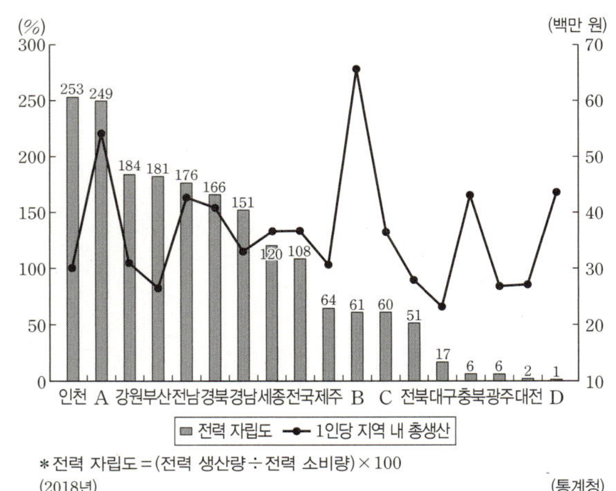

① 전력 생산과 소비가 공간적으로 불균등하게 이루어지고 있다.
② A는 C보다 지역 내 총생산이 적다.
③ B는 D보다 전력 소비량 대비 전력 생산량이 많다.
④ C는 B보다 2차 산업 종사자 수가 많다.
⑤ D는 A보다 2010년 이후 인구의 사회적 증가가 많다.

킬러 문항 완전 정복

촌락과 위성 도시의 경지 중 논 면적 비율과 주택 유형 중 아파트 비율 자료를 토대로 지역 간 주요 특성을 비교하는 문항이다. 대도시의 주거 기능을 분담하는 신도시가 있는 지역은 주택 유형 중 아파트 비율이 높다는 점에 주목하자.

01

그래프의 (가)~(라) 지역에 대한 설명으로 옳은 것은? (단, (가)~(라)는 각각 지도에 표시된 네 지역 중 하나임.)

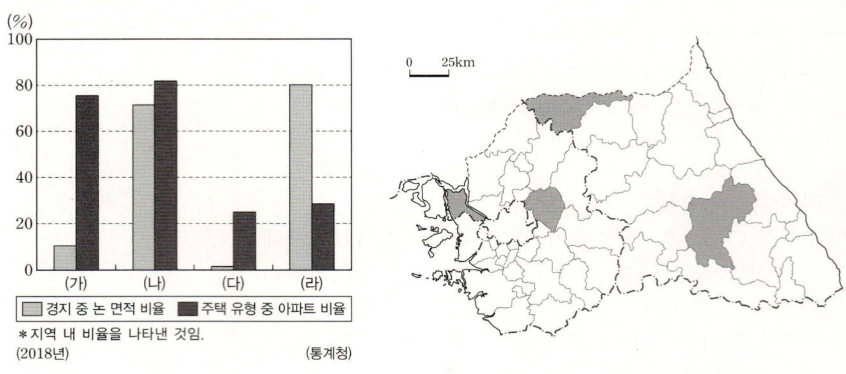

① (가)는 (나)보다 한강 하구로부터의 거리가 가깝다.
② (나)는 (다)보다 서울로의 통근·통학 인구 비율이 낮다.
③ (다)는 (가)보다 총 부양비가 낮다.
④ (가), (다)는 모두 수도권에 위치한다.
⑤ (다)에서는 고위 평탄면, (라)에서는 용암 대지를 볼 수 있다.

02

권역별 도시 체계 및 도시 발달 특징을 비교해 보는 문항이다. 서울이 있는 수도권은 인구 규모 1위 도시와 2위 도시의 인구 규모 차이가 큼에 주목하고, 군(郡) 지역군의 인구 비율이 높은 지역은 상대적으로 농업이 발달한 지역임에 유의하자.

그래프에 대한 설명으로 옳은 것은? (단, (가)~(라)는 각각 수도권, 영남권, 충청권, 호남권 중 하나임.)

〈(가)~(라)의 인구 규모에 따른 도시 순위〉

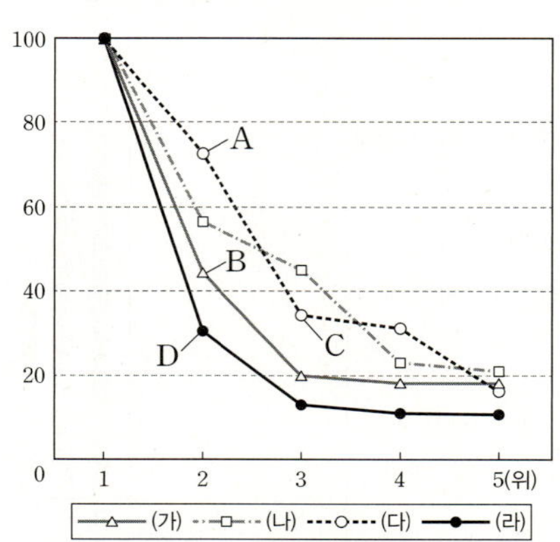

〈권역별 도시 및 군(郡) 지역 인구 비율〉

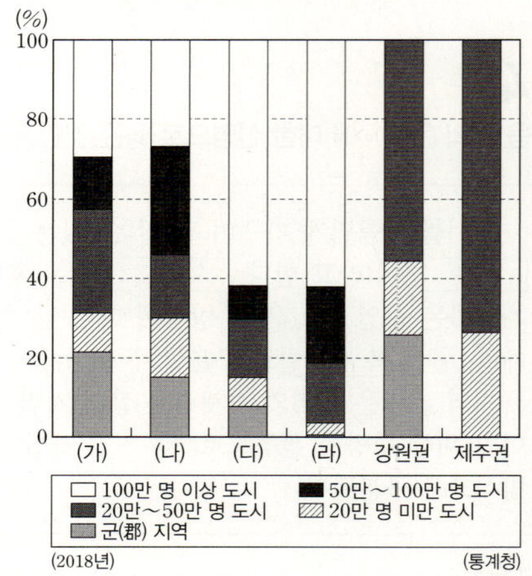

① (가)는 (다)보다 총인구가 많다.
② (나)는 최근 (다)보다 (라)로부터의 인구 유입이 많다.
③ A는 C보다 1인당 지역 내 총생산이 많다.
④ B, C, D는 모두 광역시이다.
⑤ 종주 도시화 현상은 수도권보다 영남권이 뚜렷하다.

03

그래프는 두 대도시의 구(區)별 주요 특성을 나타낸 것이다. 이에 대한 설명으로 옳은 것은? (단, (가), (나)는 각각 대구, 서울 중 하나임.)

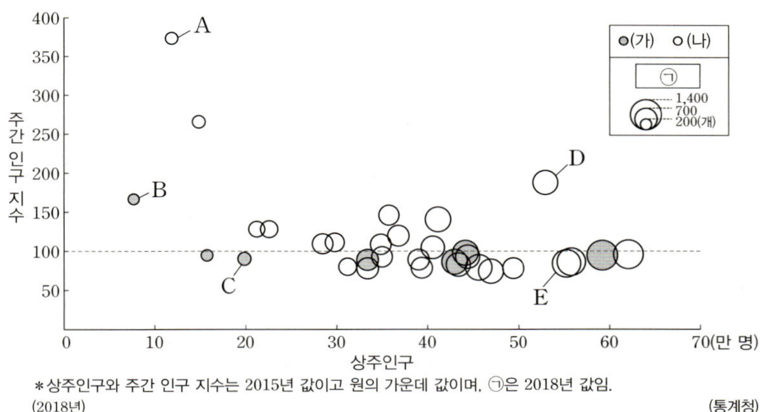

① ㉠은 금융 기관 수에 해당한다.
② (가)는 (나)보다 주간 인구 지수가 낮다.
③ A는 B보다 주간 인구가 적다.
④ C는 A보다 백화점 수가 많다.
⑤ E는 D보다 상업 용지의 평균 지가가 높다.

04

그래프는 네 지역의 인구 변화를 나타낸 것이다. (가)~(라) 지역에 대한 설명으로 옳은 것만을 〈보기〉에서 있는 대로 고른 것은? (단, (가)~(라)는 각각 지도에 표시된 네 지역 중 하나임.)

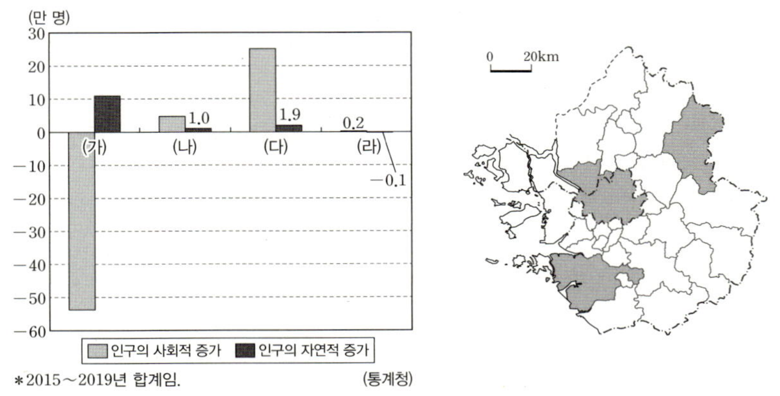

〔보기〕

ㄱ. (가)는 (다)보다 청장년층 인구의 성비가 낮다.
ㄴ. (나)는 (라)보다 서울로의 통근·통학 인구 비율이 높다.
ㄷ. (다)는 (라)보다 주택 중 아파트 비율이 낮다.
ㄹ. (나)에는 수도권 1기 신도시, (다)에는 수도권 2기 신도시가 있다.

① ㄱ, ㄴ   ② ㄱ, ㄷ   ③ ㄷ, ㄹ
④ ㄱ, ㄴ, ㄹ   ⑤ ㄴ, ㄷ, ㄹ

07강 자원의 특성과 농업 및 공업 변화

출제 POINT

주제 1 자원의 분포와 이용

주요 광물 자원의 분포와 이용	★☆☆
에너지 자원의 분포와 이용 🔒	★★★
전력 및 신·재생 에너지 생산과 분포	★★☆

주제 2 농업의 변화

농업 구조의 변화	★★☆
농산물 생산 및 지역별 농업 특징 🔒	★★★

주제 3 공업의 발달과 공업 지역의 변화

공업의 발달과 변화	★☆☆
공업의 입지 유형	★☆☆
공업 지역의 형성과 변화 🔒	★★★

⚲ 주요 광물 자원의 지역별 생산

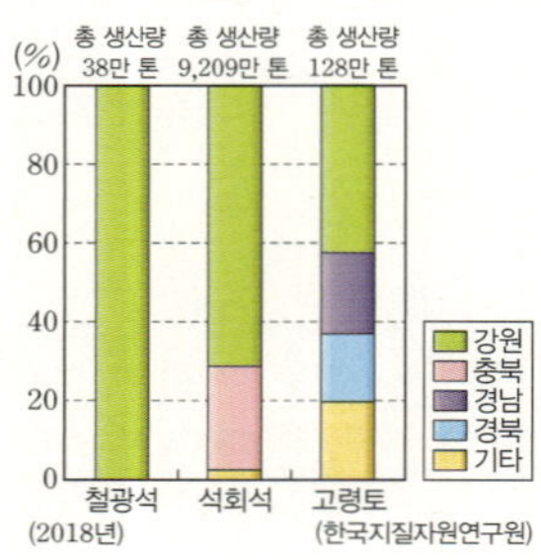

주제 1 자원의 분포와 이용

1. 주요 광물 자원의 분포와 이용

철광석	강원(홍천, 양양) 등에 분포, 제철 공업의 원료로 이용, 대부분 북한에 매장, 남한에서는 소량 생산됨
석회석	강원 남부(삼척), 충북 북동부(단양) 등에 분포, 시멘트 공업의 원료로 이용, 고생대 조선 누층군에 분포, 가채 연수가 긺
고령토	강원(삼척, 정선), 경남(하동, 산청) 등에 분포, 도자기 및 내화 벽돌·화장품 등의 원료로 이용

Tip

❶ 석유, 석탄, 천연가스의 특징을 비교해 기억해 두자. 석유와 석탄은 산업용으로 많이 이용되는데, 석유는 수송용, 천연가스는 가정용으로도 많이 이용됨을 알고 있어야 한다. 또한 상용화된 시기는 석탄 → 석유 → 천연가스 순임을 꼭 알아 두어야 한다.

❷ 시·도별 1차 에너지 소비 구조의 차이를 묻는 문항이 고난도로 출제되는 경우가 많다. 따라서 지역별로 1차 에너지 총 소비량과 에너지원별 소비 구조의 차이를 잘 정리해 두어야 한다.

3점 공략 🔒

2. 에너지 자원의 분포와 이용

(1) 주요 에너지 자원의 분포와 수급

석유	• 주로 화학 공업의 원료 및 수송용 연료로 이용 • 국내 생산이 미미하여 수요량 대부분을 수입에 의존
석탄	• 무연탄 : 주로 고생대 평안 누층군에 분포, 과거 태백 산지 일대를 중심으로 생산이 활발했으나 석탄 산업 합리화 정책(1989년) 이후 생산량 및 소비량 급감 • 역청탄 : 주로 제철 공업용과 발전용으로 이용, 전량 수입에 의존
천연가스	• 동해−1, 2 가스전에서 소량 생산되나 대부분 수입에 의존 • 주로 가정용 연료로 이용, 발전용 소비량 증가 추세 • 다른 화석 에너지보다 연소 시 대기 오염 물질 배출량이 적음

(2) 우리나라의 1차 에너지 소비 구조

① 우리나라의 1차 에너지 소비량은 2017년 기준 석유 > 석탄 > 천연가스 > 원자력 순으로 많음

② 1990년대 이후 천연가스 소비량이 증가 추세에 있으며, 신·재생 에너지 개발이 활발

(3) 시·도별 1차 에너지 소비 구조

① 1차 에너지 총 소비량 : 충남 > 전남 > 경북 순으로 많음

② 석탄 : 화력 발전이 많이 이루어지거나 중화학 공업이 발달한 충남·전남·경남·인천, 석탄 생산량이 상대적으로 많은 강원에서 소비 비율이 높음

③ 석유 : 정유 및 석유 화학 공업이 발달한 전남·충남·울산에서 공급량이 많으며, 제주는 석유 소비 비율이 매우 높음

④ 천연가스 : 인구가 많고 도시가스 공급망이 잘 갖추어진 대도시와 세종, 경기에서 소비 비율이 높음

⑤ 원자력 : 원자력 발전소가 입지한 경북, 전남, 부산, 울산에서 소비 비율이 높음

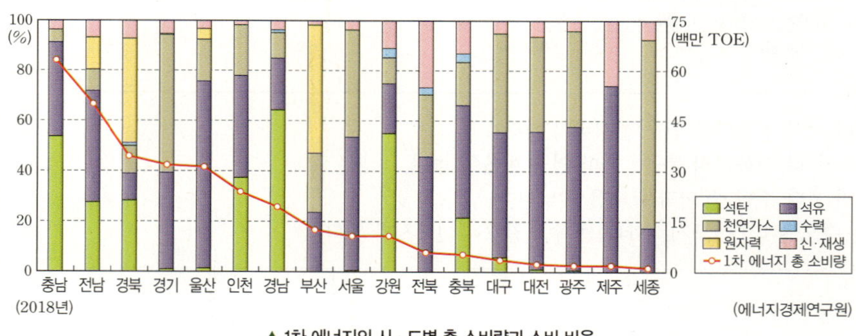

▲ 1차 에너지의 시·도별 총 소비량과 소비 비율

⚲ 시·도별 주요 에너지 생산

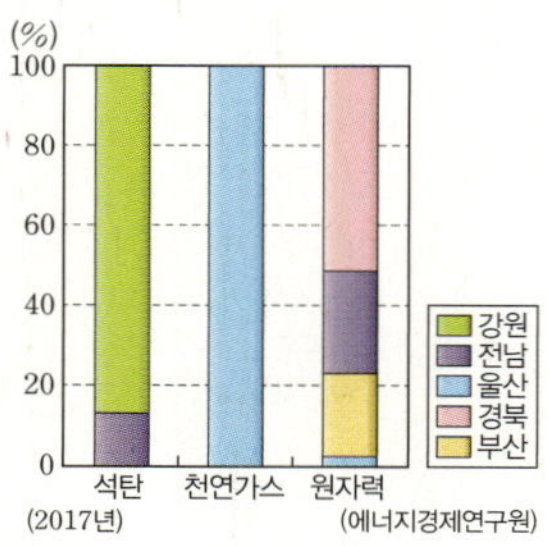

석탄은 강원에서 주로 생산되고, 천연가스는 울산에서 100% 생산된다. 원자력은 경북 울진·경주, 전남 영광, 부산 기장(고리), 울산(울주)에서 생산된다.

3. 전력 및 신·재생 에너지의 생산과 분포

(1) 발전 양식별 특징

구분	화력	원자력	수력
입지	• 자연적 입지 제약이 작음 • 연료 수입에 유리하고 전력 소비지와 가까운 지역에 입지	지반이 견고하고 냉각수 확보가 용이한 곳에 입지 예 경북 울진·경주, 부산(기장), 울산(울주), 전남 영광	• 낙차가 크고 풍부한 유량 확보가 용이한 곳에 입지 • 하천 중·상류 지역에 분포
장단점	• 발전소 건설 비용 및 송전비가 저렴 • 발전 시 연료 비용이 많이 들고 대기 오염 물질 배출량이 많음	• 발전소 가동률이 높음 • 발전 이후 폐기물 처리 비용이 비쌈 • 방사능 유출 및 안전성 문제	• 발전 단가가 저렴 • 입지의 자연적 제약이 커서 안정적 전력 생산이 어려움 • 기후 및 생태계 변화 초래

(2) 신·재생 에너지

태양광	일조량이 풍부한 지역이 유리 예 함평, 무안, 신안 등
풍력	바람이 강하고 일정하게 부는 산지 및 해안 지역이 유리 예 제주, 대관령, 영덕 등
조력	조수 간만의 차가 큰 해안 지역이 유리 예 안산 시화호

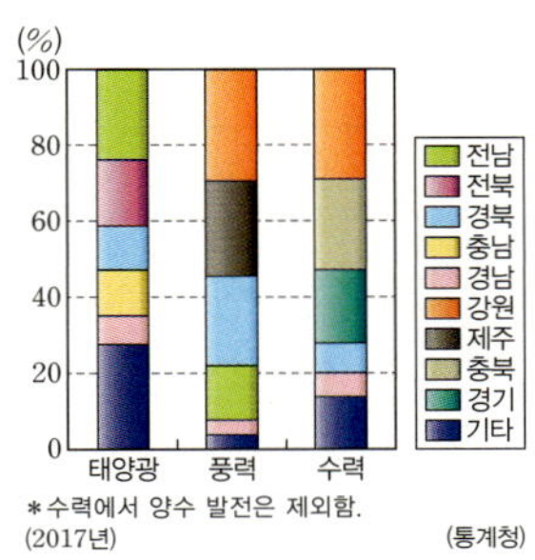

신·재생 에너지원별 생산 비율

태양광은 일조량이 풍부한 전남, 전북, 경북 등에서 생산량 비율이 높고, 풍력은 바람이 강하게 부는 강원, 제주 등에서 생산량 비율이 높다.

주제 2 농업의 변화

1. 농업 구조의 변화

(1) 농촌의 변화

인구 변화	이촌 향도에 따른 인구의 사회적 감소, 노년층 인구 비율 증가
경지 변화	경지 면적 및 경지 이용률 감소, 농가당 경지 면적 증가
영농 방식 변화	• 영농의 기계화 추진 → 노동 생산성 향상 • 영농 조합, 농업 회사 법인, 위탁 영농 회사 등이 증가 → 전문적 농업 경영 방식 증가

(2) 농업 구조의 변화

영농의 다각화와 상업화	식생활의 변화로 식량 작물의 재배 면적 비율 감소 및 상업적 작물의 재배 면적 비율 증가, 농가 소득 구조의 다양화
시설 농업의 증가	대도시에 인접한 근교 농촌 지역을 중심으로 다양한 상품 작물 재배
친환경 농산물 생산 확대	식품 안전성에 대한 인식의 확산으로 친환경 농산물 수요 증가

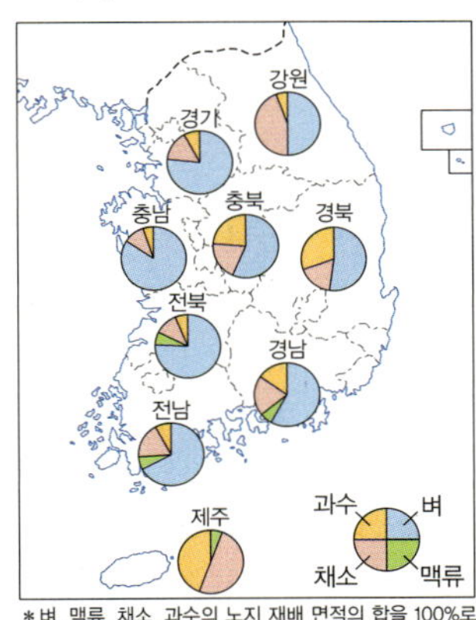

도(道)별 주요 작물의 재배 면적 비율

*벼, 맥류, 채소, 과수의 노지 재배 면적의 합을 100%로 한 작물별 재배 면적 비율임.
(2017년)   (통계청)

3점 공략

2. 농산물 생산 및 지역별 농업 특징

(1) 주요 농산물의 생산 특징

쌀(벼)	식생활 변화로 소비량 감소, 농산물 시장 개방 → 재배 면적 감소 추세
보리	벼의 그루갈이 작물로 재배, 재배 면적 감소, 전북·전남·경남 등 남부 지방에서 주로 재배
채소	식생활 변화 및 소득 증대로 소비량 증가, 전남·경북·경남에서 생산량이 많음
과실(과수)	소득 증대로 1인당 소비량 증가, 경북·제주에서 생산량이 많음

(2) 도(道)별 농업 특징(2018년)

① 농가 수 : 경북＞전남＞충남＞경남＞경기 등의 순으로 많음

② 겸업농가 비율 : 관광 산업이 발달한 제주·강원과 대도시 주변에 위치한 경기에서 상대적으로 높음

③ 밭 면적 비율 : 기반암의 특성상 논 조성이 어려운 제주가 가장 높고, 평야가 발달한 충남·전북·전남에서 상대적으로 낮음

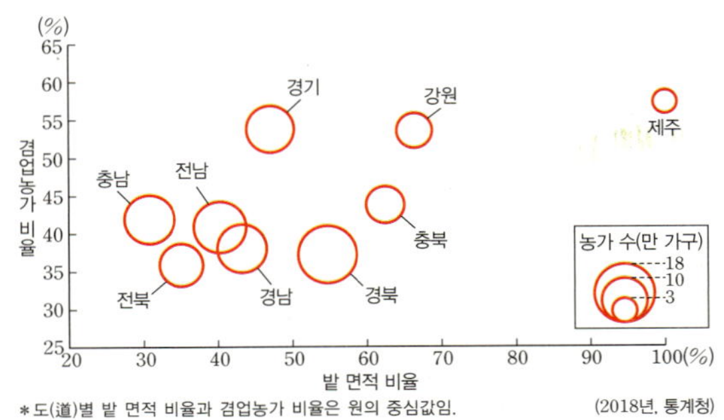

*도(道)별 밭 면적 비율과 겸업농가 비율은 원의 중심값임.
(2018년, 통계청)

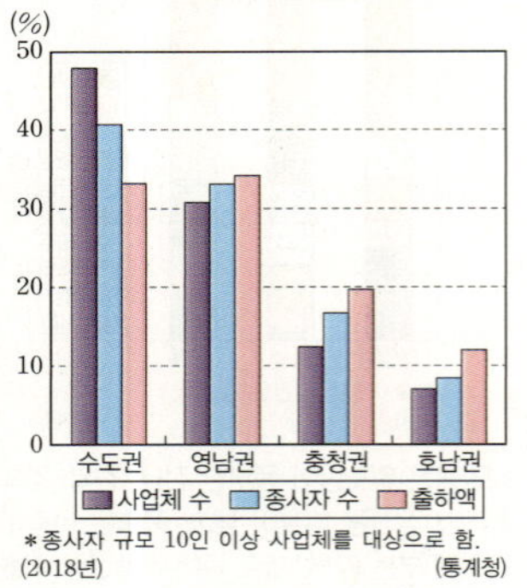

주요 권역의 제조업 사업체 수, 종사자 수, 출하액 비율

*종사자 규모 10인 이상 사업체를 대상으로 함.
(2018년) (통계청)

제조업 사업체 수와 종사자 수는 수도권이 가장 많고, 출하액은 영남권이 가장 많다.

주제 ③ 공업의 발달과 공업 지역의 변화

1. 공업의 발달과 변화

공업의 발달 과정	• 1960년대 : 섬유, 의복, 신발 등 노동 집약적 경공업 발달 • 1970~1980년대 : 제철, 조선, 석유 화학 등 자본·기술 집약적 중화학 공업 발달 • 1990년대 이후 : 기술·지식 집약적 첨단 산업 발달, 탈공업화 진행
공업의 변화와 특징	• 공업 구조의 고도화 : 경공업 비율 감소, 중화학 공업 및 첨단 산업 비율 증가 • 공업의 지역적 편재 : 수도권과 영남권에 공업 집중 • 공업의 이중 구조 : 사업체 수와 종사자 수는 중소기업이 많지만, 출하액은 대기업이 많음

2. 공업의 입지 유형

유형	특색	예시
원료 지향형	제조 과정에서 원료의 무게나 부피가 감소하는 공업	시멘트
	원료가 쉽게 부패 또는 변질되는 공업	통조림
시장 지향형	제조 과정에서 제품의 무게나 부피가 증가하는 공업	가구
	제품이 변질 및 파손되기 쉬운 공업	제빙, 제과
	소비자와의 잦은 접촉을 필요로 하는 공업	인쇄
적환지 지향형	부피가 크거나 무거운 원료를 해외로부터 수입하는 공업	제철, 정유
노동 지향형	생산비에서 노동비가 차지하는 비율이 높은 공업	섬유
집적 지향형	한 가지 원료로 여러 제품을 생산하는 계열화된 공업	석유 화학
	제품 생산에 많은 부품이 필요한 조립형 공업	자동차, 조선
입지 자유형	운송비에 비해 부가 가치가 큰 공업	반도체

Tip

3점 공략 Check

Q1 현재 수송용 연료로 가장 많이 이용되는 자원은 (   ), 가정용 연료로 가장 많이 이용되는 자원은 (   )이다.

Q2 시·도 지역 중 농가 수가 가장 많은 곳은 (   )이고, 밭 면적 비율이 가장 높은 곳은 (   )이다.

Q3 (   ) 공업 지역은 풍부한 자본과 노동력, 넓은 소비 시장을 바탕으로 우리나라 최대의 종합 공업 지역으로 발달하였다.

Q4 포항, 광양, 당진에 공통으로 발달한 제조업은 (   )이다.

3점 공략

3. 공업 지역의 형성과 변화

(1) 주요 공업 지역

수도권 공업 지역	최대의 종합 공업 지역, 첨단 산업 성장, 집적 불이익으로 인해 충청권으로 공업 기능 분산
태백산 공업 지역	시멘트 공업 등의 원료 지향형 공업 발달
충청 공업 지역	대전·청주(첨단 산업), 서산(석유 화학), 당진(제철), 아산(전자, 자동차) 등
호남 공업 지역	대중국 교역의 거점 지역으로 성장
영남 내륙 공업 지역	섬유·전자 조립 공업 발달, 최근 기술 집약적 첨단 산업 발달
남동 임해 공업 지역	포항·광양(제철), 울산(자동차, 석유 화학, 조선), 거제(조선), 여수(석유 화학), 창원(기계) 등

(한국 산업 단지 공단, 2016년)

(2) 주요 제조업의 시·도별 출하액 비율

순위	섬유 제품 (의복 제외) 시·도	비율(%)	1차 금속 시·도	비율(%)	화학 물질 및 화학 제품 (의약품 제외) 시·도	비율(%)	자동차 및 트레일러 시·도	비율(%)	전자 부품· 컴퓨터·영상· 음향 및 통신 장비 시·도	비율(%)
1	경기	27.6	경북	23.5	울산	25.8	경기	23.3	경기	56.9
2	경북	18.2	전남	14.2	전남	24.3	울산	20.3	경북	14.8
3	대구	15.2	충남	14.1	충남	17.7	충남	11.8	충남	14.4
4	부산	7.4	울산	12.3	경기	11.9	경남	8.5	충북	6.8
5	서울	6.2	경기	10.1	충북	5.0	광주	8.1	인천	2.3

* 종사자 규모 10인 이상 사업체를 대상으로 함. (2018년, 통계청)

3점 공략 개념 CHECK 정답 _ **Q1** 석유, 천연가스 **Q2** 경북, 제주 **Q3** 수도권 **Q4** 1차 금속 제조업(제철 공업)

신 · 재생 에너지의 지역별 이용 현황

대표 기출 VS 고난도 기출

531 PROJECT H

지도는 (가)~(다) 신 · 재생 에너지의 지역별 생산 비율을 나타낸 것이다. 세 에너지에 대한 설명으로 옳은 것만을 〈보기〉에서 고른 것은? (단, (가)~(다)는 각각 수력, 태양광, 풍력 중 하나임.)

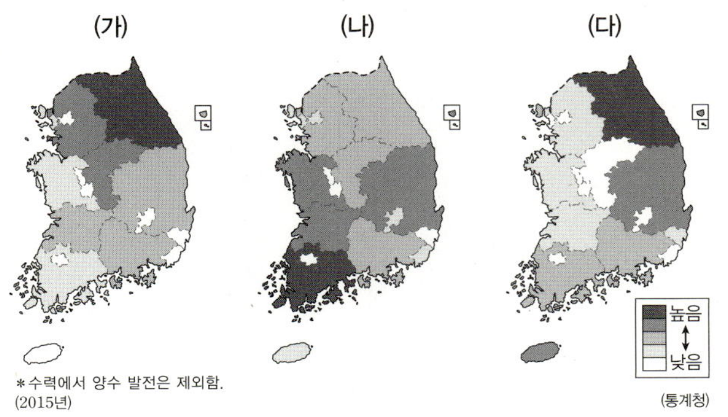

보기
ㄱ. (가)는 바람이 지속적으로 많이 부는 지역에서 생산이 유리하다.
ㄴ. (나)는 일조량이 많은 지역에서 생산이 유리하다.
ㄷ. (다)는 낙차가 크고 유량이 풍부한 지역에서 생산이 유리하다.
ㄹ. (다)는 (나)보다 에너지 생산 시 소음이 많이 발생한다.

① ㄱ, ㄴ　② ㄱ, ㄷ　③ ㄴ, ㄷ　④ ㄴ, ㄹ　⑤ ㄷ, ㄹ

그래프는 지도에 표시된 네 지역의 신 · 재생 에너지 총 생산량과 생산 비율을 나타낸 것이다. (가)~(라) 지역에 대한 설명으로 옳은 것만을 〈보기〉에서 고른 것은?

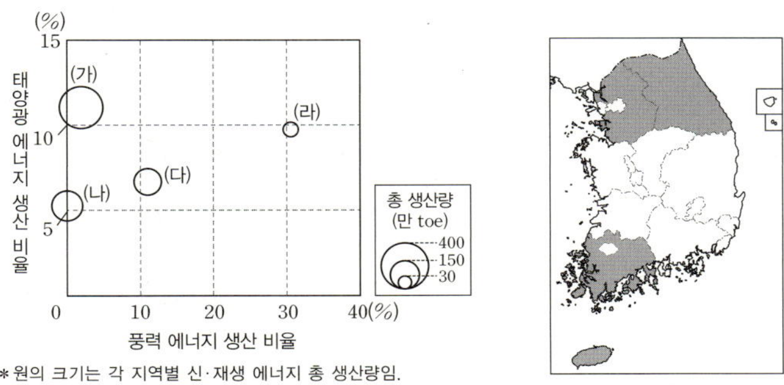

보기
ㄱ. (나)에서는 조력 발전이 이루어진다.
ㄴ. (다)에는 원자력 발전소가 있다.
ㄷ. (다)는 (나)보다 수력 발전에 의한 전력 생산량이 많다.
ㄹ. (라)는 (가)보다 태양광 에너지 생산량이 많다.

① ㄱ, ㄴ　② ㄱ, ㄷ　③ ㄴ, ㄷ　④ ㄴ, ㄹ　⑤ ㄷ, ㄹ

[유형 분석] 수력, 풍력, 태양광의 시·도별 생산 현황 및 주요 특징을 파악하는 문항이다. 이러한 유형의 문항은 특정 도(道)만을 제시해 신·재생 에너지 생산 특징을 파악할 수 있는지를 평가하거나, 신·재생 에너지의 분포 및 주요 특징 등을 이해하고 있는지를 평가하기 위해 자주 출제된다.

[접근 방법] ❶ 강원과 충북 등에서 생산 비율이 높고, 제주에서 거의 생산되지 않는 신·재생 에너지를 파악한다. ❷ 호남 지방에서 생산 비율이 높은 신·재생 에너지는 무엇이고, 강원과 제주에서 생산 비율이 높은 신·재생 에너지는 무엇인지 파악한다. ❸ 수력, 풍력, 태양광 에너지 자원의 특징을 떠올려 선지의 진위를 파악한다.

답 ④

[유형 분석] 도(道)별 신·재생 에너지 총 생산량과 태양광 및 풍력 에너지 생산 현황을 파악할 수 있는지를 묻는 문항이다. 지도에 해당 지역을 표시하고 그래프 분석을 통해 해당 지역을 찾아, 신·재생 에너지 이용 특색 등을 이해하고 있는지를 평가하는 문항이 자주 출제된다.

[접근 방법] ❶ 신·재생 에너지 총 생산량이 가장 많고 태양광 에너지 생산 비율이 높은 지역이 어디인지 파악한다. ❷ 풍력 생산 비율이 상대적으로 높은 (다), (라) 중 신·재생 에너지 총 생산량이 상대적으로 많은 곳이 어디인지 파악하고, 풍력 에너지 생산 비율이 낮은 (나)가 어디인지 파악한다. ❸ ❶, ❷를 토대로 (가)~(라) 지역을 추론하고, 해당 지역의 신·재생 에너지 생산 특징을 비교한다.

답 ②

지역별 신 · 재생 에너지의 이용 현황은 출제 빈도가 매우 높은 내용 요소이다. 수력, 조력, 풍력, 태양광의 이용이 지역별 자연환경 등의 특색을 반영하는 지표이므로, 이를 활용해 다양한 요소를 평가할 수 있기 때문이다. **수력은 한강 중·상류에 위치한 강원, 충북, 경기 등에서 생산량이 많고, 조력은 경기(안산 시화호 조력 발전소)에서만 생산되며, 태양광은 일조량이 풍부한 전남, 전북, 경북에서 생산량이 많음**을 꼭 알고 있어야 한다. **풍력**은 바람이 강한 산지나 해안 지역에서 발전이 유리한데, **강원, 제주, 경북에서 생산량이 많음**을 기억해 두자.

두 문항 모두 태양광과 풍력의 지역별 생산 특징을 비교하였지만, 고난도 기출은 지역별 신 · 재생 에너지 총량을 함께 제시해 그래프 분석의 난도를 높였다. 또한, 다른 지역에 비해 수력 발전량이 많은 **강원과 경기 간 수력 발전에 의한 전력 생산량을 비교**하도록 하여 선지의 난도를 높였다. 이밖에도 수력, 조력, 풍력, 태양광의 지역별 생산 비율 자료를 제시한 뒤, 에너지뿐만 아니라 지역을 함께 추론하도록 하는 킬러 문항이 출제되기도 한다.

실전 문제

01

다음 자료에 대한 설명으로 옳은 것은? (단, (가)~(다)와 A~C는 각각 고령토, 석회석, 철광석 중 하나임.)

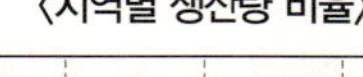

구분	생산 광산 수(개)	전국 생산량 (만 톤)
(가)	2	38.3
(나)	109	128.5
(다)	103	9,209.2

(2018년)

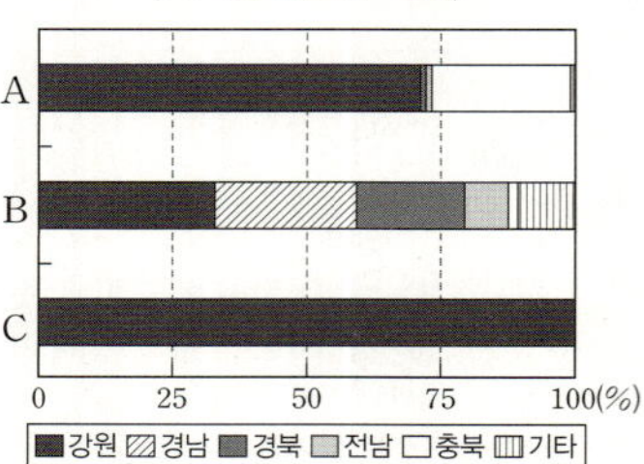

① (가)는 비금속 광물, (나)는 금속 광물이다.
② A는 B보다 전국 생산량이 많다.
③ C는 (다)보다 가채 연수가 길다.
④ (가)는 A보다 수입량이 적다.
⑤ (나)는 시멘트 공업, C는 도자기 및 내화 벽돌의 원료로 주로 이용된다.

02

그래프는 네 도(道)의 1차 에너지원별 공급 현황을 나타낸 것이다. 이에 대한 설명으로 옳은 것은? (단, (가)~(라)는 각각 지도에 표시된 네 지역 중 하나이고, A~D는 석유, 석탄, 원자력, 천연가스 중 하나임.)

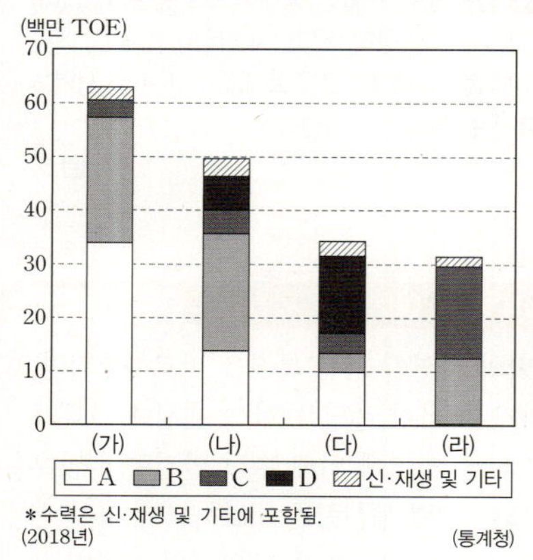

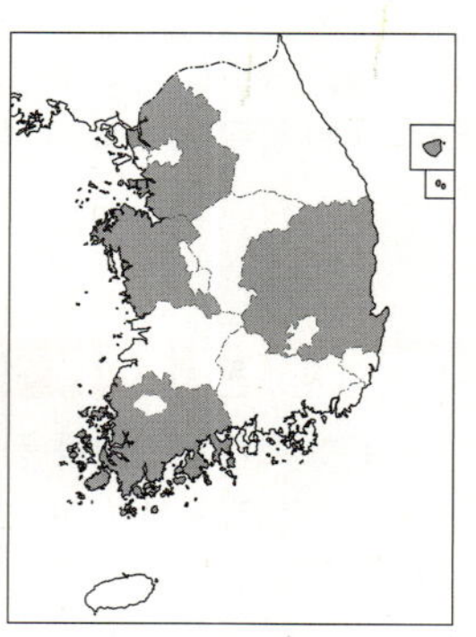

① (가)는 (라)보다 천연가스 공급량이 많다.
② (나)는 (다)보다 석유 공급량이 적다.
③ A는 C보다 연소 시 대기 오염 물질 배출량이 적다.
④ B는 D보다 수송용 연료로 많이 이용된다.
⑤ 우리나라의 1차 에너지 총 소비량은 A>B>C>D 순으로 많다.

03

그래프는 권역별 1차 에너지 공급 현황을 나타낸 것이다. 이에 대한 설명으로 옳은 것은? (단, (가)~(마)는 각각 강원권, 수도권, 영남권, 충청권, 호남권 중 하나이고, A~D는 석유, 석탄, 원자력, 천연가스 중 하나임.)

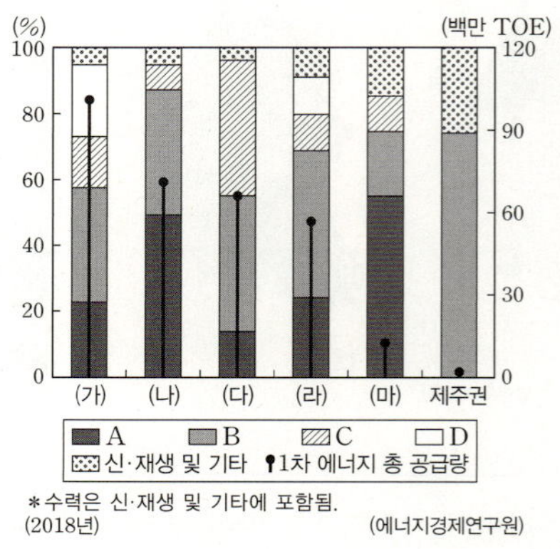

① (가)는 (다)보다 총인구가 많다.
② (마)는 (나)보다 석탄 공급량이 많다.
③ (라)는 석탄보다 천연가스 공급량이 많다.
④ B는 C보다 전력 생산에 많이 이용된다.
⑤ D는 A보다 상용화된 시기가 늦다.

04

| 수능 |

그래프는 (가)~(라) 에너지원별 영남권 5개 시·도 공급 비율을 나타낸 것이다. 이에 대한 설명으로 옳은 것은? (단, (가)~(라)는 각각 석유, 석탄, 원자력, 천연가스 중 하나임.)

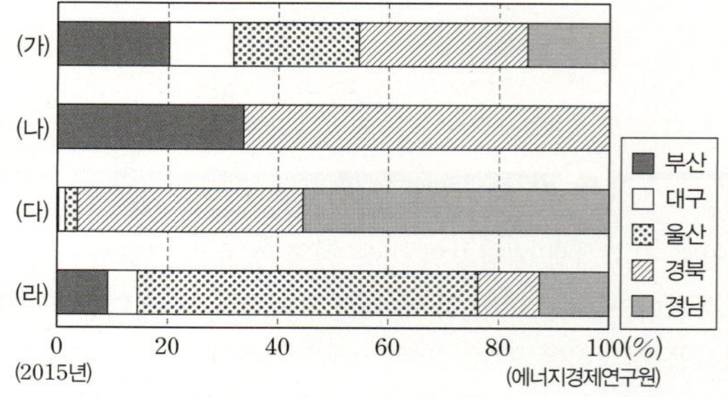

① (가)는 우리나라에서 수송용보다 가정·상업용으로 사용되는 비율이 높다.
② (나)의 공급량이 가장 많은 지역은 충청권이다.
③ (다)는 우리나라에서 생산되지 않아 전량 수입에 의존한다.
④ (라)는 우리나라의 1차 에너지원별 발전량이 가장 많다.
⑤ (가), (나), (다)는 화력 발전소의 연료로 이용된다.

05

그래프는 네 에너지의 발전 설비 및 발전량 비율 변화를 나타낸 것이다. (가)~(라) 에너지에 대한 설명으로 옳은 것만을 〈보기〉에서 있는 대로 고른 것은? (단, (가)~(라)는 각각 석유, 석탄, 원자력, 천연가스 중 하나임.)

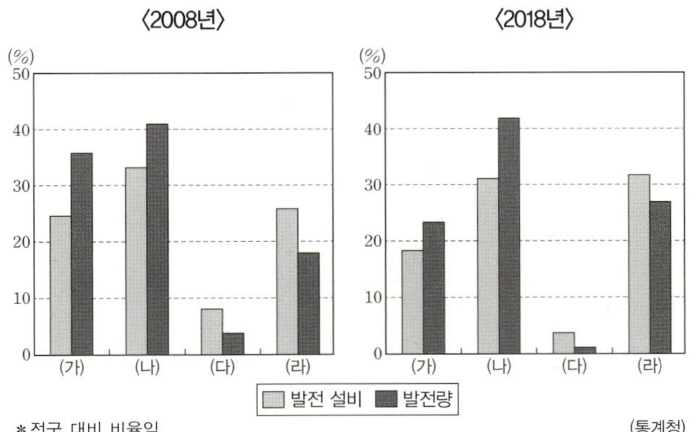

보기
ㄱ. (가)는 (다)보다 발전 설비 대비 발전량이 많다.
ㄴ. (나)는 (라)보다 2018년에 가정용 연료로 많이 이용된다.
ㄷ. (나), (다), (라)는 화력 발전의 연료로 이용된다.
ㄹ. 천연가스는 원자력보다 2008~2018년에 발전량 증가율이 높다.

① ㄱ, ㄴ　　　② ㄱ, ㄹ　　　③ ㄴ, ㄷ
④ ㄱ, ㄷ, ㄹ　　　⑤ ㄴ, ㄷ, ㄹ

06

그래프는 도(道)별 A~D의 발전량을 나타낸 것이다. 이에 대한 설명으로 옳은 것은? (단, (가)~(라)는 각각 강원, 경기, 전남, 제주 중 하나이고, A~D는 수력, 조력, 태양광, 풍력 중 하나임.)

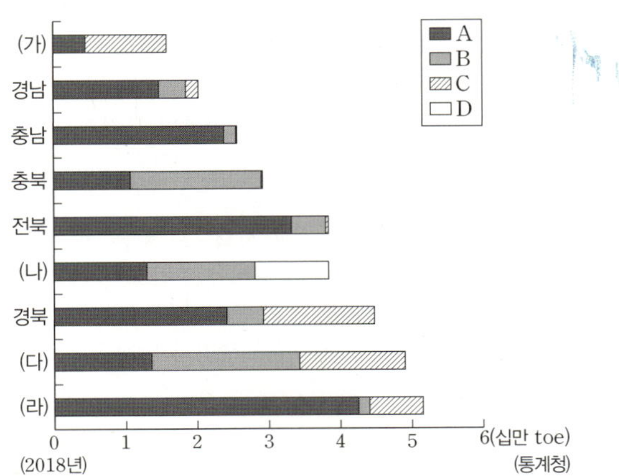

① (가)는 (라)보다 풍력 발전량이 적다.
② (나)는 (다)보다 수력 발전량이 많다.
③ A는 C보다 발전 시 소음으로 인한 피해가 크다.
④ B는 D보다 상용화된 시기가 늦다.
⑤ C는 B보다 연간 발전량에서 겨울철 발전량이 차지하는 비율이 높다.

07

그래프의 1978년과 비교한 2018년의 우리나라 농업·농촌의 상대적 특성을 그림의 A~E에서 고른 것은?

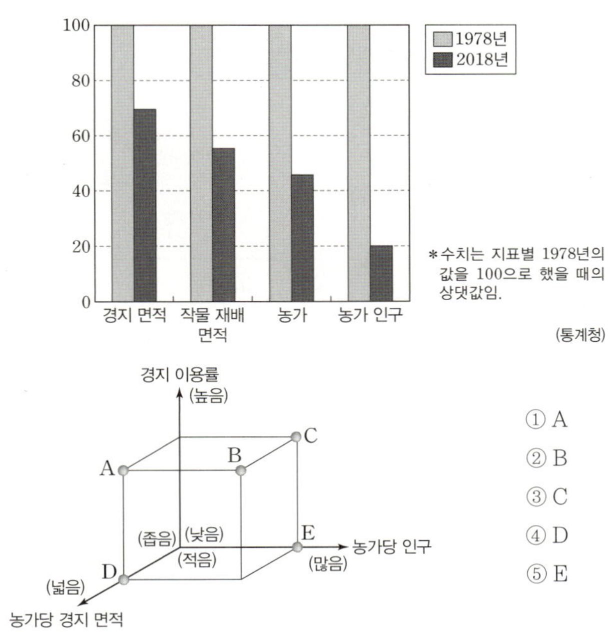

① A
② B
③ C
④ D
⑤ E

08

(가)~(다) 지도에 표현된 농업 관련 지표로 옳은 것은? (단, (가)~(다)는 각각 겸업농가 비율, 밭 면적 비율, 벼 재배 면적 비율 중 하나임.)

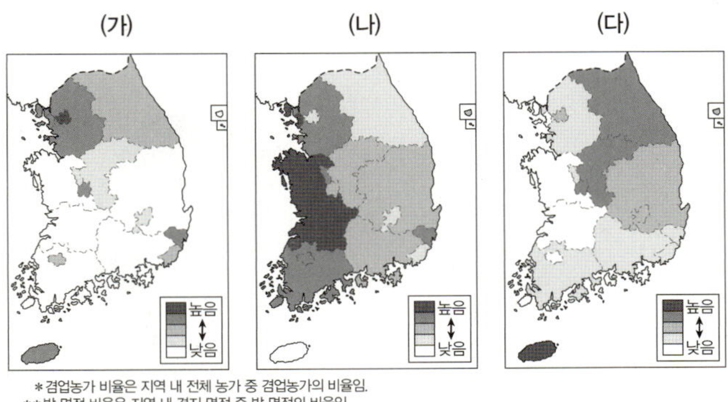

	(가)	(나)	(다)
①	겸업농가 비율	밭 면적 비율	벼 재배 면적 비율
②	겸업농가 비율	벼 재배 면적 비율	밭 면적 비율
③	밭 면적 비율	벼 재배 면적 비율	겸업농가 비율
④	벼 재배 면적 비율	겸업농가 비율	밭 면적 비율
⑤	벼 재배 면적 비율	밭 면적 비율	겸업농가 비율

09

| 수능 |

그래프는 세 작물의 지역별 재배 면적 비율을 나타낸 것이다. (가)~(라) 지역에 대한 설명으로 옳은 것만을 〈보기〉에서 고른 것은? (단, (가)~(라)는 각각 지도에 표시된 지역 중 하나임.)

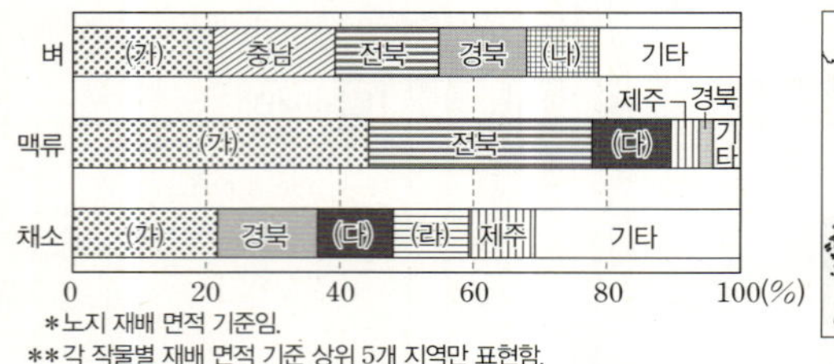

* 노지 재배 면적 기준임.
** 각 작물별 재배 면적 기준 상위 5개 지역만 표현함.
(2018년) (통계청)

<보기>
ㄱ. (나)는 (가)보다 농가당 경지 면적이 넓다.
ㄴ. (다)는 (라)보다 시설 재배 면적이 넓다.
ㄷ. (라)는 (가)보다 경지 면적 중 밭 비율이 높다.
ㄹ. (가)~(라) 중 농가 수는 (라)가 가장 많다.

① ㄱ, ㄴ ② ㄱ, ㄷ ③ ㄴ, ㄷ ④ ㄴ, ㄹ ⑤ ㄷ, ㄹ

10

그래프의 (가)~(라) 지역에 대한 설명으로 옳은 것은? (단, (가)~(라)는 각각 지도에 표시된 네 지역 중 하나임.)

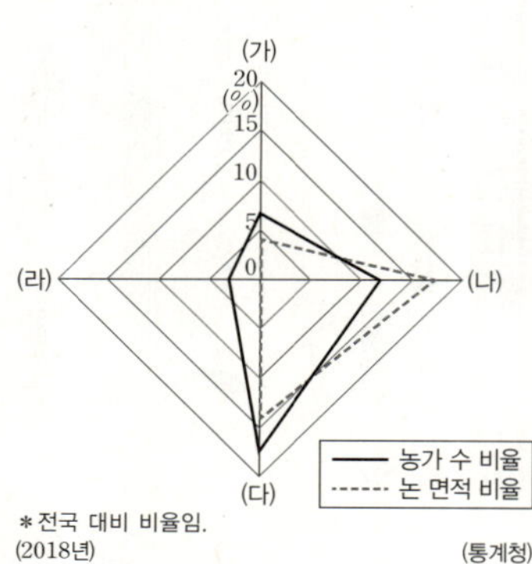
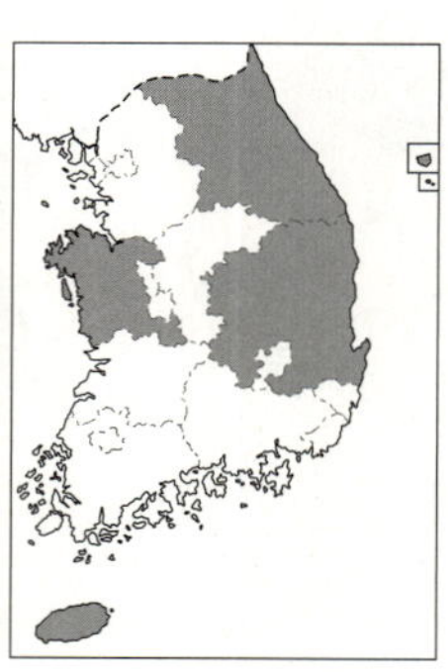

* 전국 대비 비율임.
(2018년) (통계청)

① (가)는 (나)보다 고랭지 농업 면적이 넓다.
② (나)는 (다)보다 과실 생산량이 많다.
③ (다)는 (라)보다 겸업농가 비율이 높다.
④ (라)는 (나)보다 쌀 생산량이 많다.
⑤ (가)~(라) 중 경지의 평균 경사도는 (나)가 가장 높다.

11

그래프의 A~E 지역에 대한 설명으로 옳은 것은? (단, A~E는 각각 강원, 경기, 경북, 전남, 제주 중 하나임.)

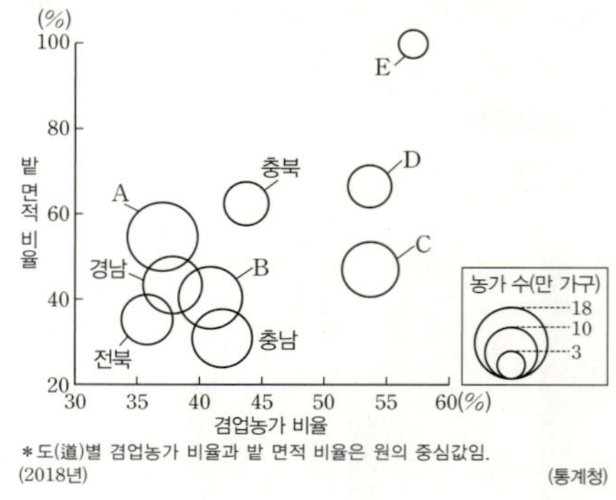

* 도(道)별 겸업농가 비율과 밭 면적 비율은 원의 중심값임.
(2018년) (통계청)

① A는 E보다 겸업농가 수가 적다.
② B는 C보다 농가당 경지 면적이 넓다.
③ C는 B보다 쌀 생산량이 많다.
④ D는 A보다 경지 면적이 넓다.
⑤ E는 D보다 지역 내 과수 재배 면적 비율이 낮다.

주제 3 · 공업의 발달과 공업 지역의 변화

12

다음 글의 ㉠~㉫에 대한 설명으로 옳지 않은 것은?

우리나라의 공업은 ㉠ 1960년대 초반부터 본격적으로 발달하기 시작하였고, 1980년대에는 ㉡ 제철·자동차, 1990년대 이후에는 ㉢ 반도체·컴퓨터·신소재 산업 등이 발달하였다. 우리나라 공업은 정부 주도의 수출 지향 정책으로 빠른 성장을 이루었으나 ㉣ 공업이 특정 지역에 편중되어 분포하고, ㉤ 대기업과 중소기업 간의 격차가 확대되는 등의 문제가 나타난다. 한편, 천연자원이 부족한 우리나라는 ㉥ 가공 무역의 발달로 원료의 해외 의존도가 높아졌다.

① ㉠ – 노동 집약적인 경공업이 대도시를 중심으로 발달하였다.
② ㉡ – ㉢보다 에너지 소비량이 대체로 적다.
③ ㉣ – 제조업 출하액은 영남권, 제조업 사업체 수와 종사자 수는 수도권이 가장 많다.
④ ㉤ – '공업의 이중 구조'라고 한다.
⑤ ㉥ – 국제 원자재 가격 변동에 민감하게 영향을 받는다.

13

그래프는 네 권역의 제조업 사업체 · 종사자 수와 출하액을 나타낸 것이다. (가)~(라) 권역으로 옳은 것은?

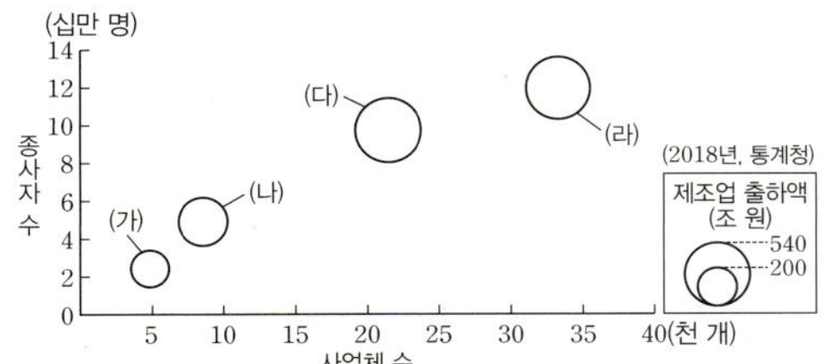

	(가)	(나)	(다)	(라)
①	수도권	영남권	충청권	호남권
②	충청권	수도권	영남권	호남권
③	충청권	호남권	영남권	수도권
④	호남권	충청권	수도권	영남권
⑤	호남권	충청권	영남권	수도권

14

| 수능 |

다음은 한국지리 퀴즈의 일부이다. A 도시의 제조업 업종별 출하액 비율 그래프로 옳은 것은?

> ※ (가)~(다)에서 설명하는 도시를 지도에서 찾아 하나씩 지운 후 남은 도시 A를 쓰시오. (단, (가)~(다)와 A는 각각 지도에 표시된 도시 중 하나임.)
>
> (가) 2012년에 세계 박람회가 개최되었던 이 도시에는 정유 공장을 중심으로 한 대규모 석유 화학 단지가 있다.
>
> (나) 인접한 세 개의 시(市)가 통합되어 인구 100만이 넘은 이 도시에는 기계 공업 단지, 자동차 생산 공장이 있다.
>
> (다) 1960년대까지 한적한 어촌이었던 이 도시는 석유 화학 단지, 자동차 생산 공장, 대규모 조선소가 들어서면서 공업 도시가 되었다.
>
> 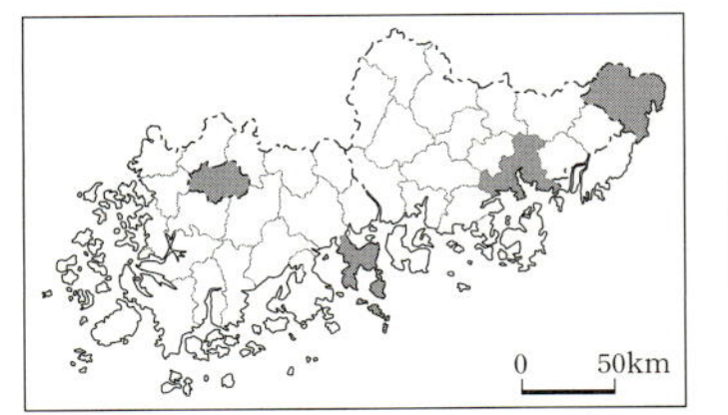
>
> 정답 :
> (가)~(다) 도시를 지운 후 남은 도시는 A 이다.
>
> 0 50km

① 자동차 및 트레일러 | 전기 장비 | 기타 기계 및 장비 | 기타

② 코크스, 연탄 및 석유 정제품 | 자동차 및 트레일러 | 화학 물질 및 화학 제품 (의약품 제외) | 기타

③ 비금속 광물 제품 | 금속 가공 제품(기계 및 가구 제외) | 1차 금속 | 기타

④ 금속 가공 제품(기계 및 가구 제외) | 식료품 | 기타 운송 장비 | 기타

⑤ 화학 물질 및 화학 제품(의약품 제외) | 코크스, 연탄 및 석유 정제품 | 1차 금속 | 기타

0 50 100(%)

*종사자 규모 10인 이상 업체를 대상으로 함.
**각 지역별 출하액 기준 상위 3개 제조업만 표현함.
(2017년)　　　　　(통계청)

15

그래프는 세 도(道)의 제조업 업종별 공업 구조를 나타낸 것이다. (가)~(다)를 지도의 A~C에서 고른 것은?

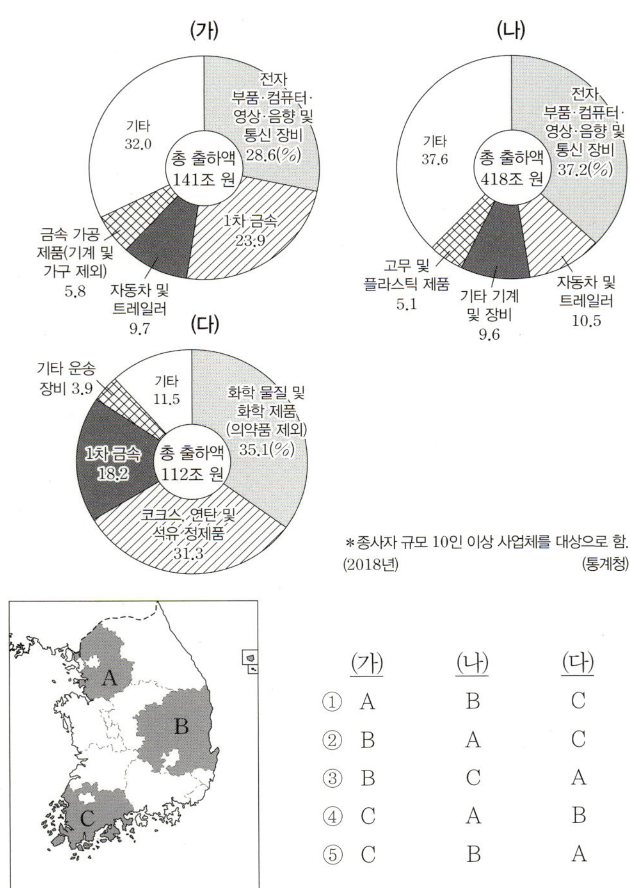

	(가)	(나)	(다)
①	A	B	C
②	B	A	C
③	B	C	A
④	C	A	B
⑤	C	B	A

16

그래프는 세 제조업의 시 · 도별 출하액 비율을 나타낸 것이다. 이에 대한 설명으로 옳은 것은? (단, (가)~(다)는 각각 1차 금속, 기타 운송 장비, 섬유 제품(의복 제외) 제조업 중 하나임.)

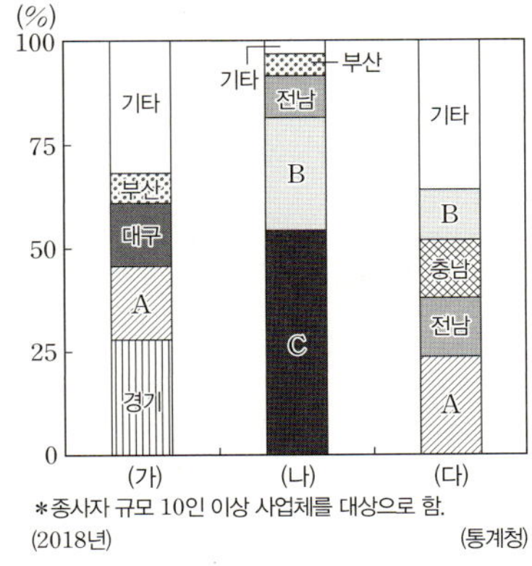

① A는 B보다 1인당 지역 내 총생산이 많다.

② A는 수도권, B, C는 영남권에 위치한다.

③ (나)는 1960년대 우리나라 수출을 주도하였다.

④ (가)는 (다)보다 2018년 제조업 출하액이 많다.

⑤ (다)에서 생산된 최종 제품은 (나)의 주요 재료로 이용된다.

킬러 문항 완전 정복

석유, 석탄, 천연가스의 부문별 소비량과 수입 현황 자료를 토대로 에너지원별 특징을 비교·분석하는 문항이다. 에너지를 기준으로 하였을 때 가장 많이 이용되는 부문과, 소비 부문을 기준으로 하였을 때 가장 많이 소비되는 에너지가 무엇인지 구분하여 생각해 보자.

01

그래프에 대한 설명으로 옳은 것은? (단, (가)~(다)와 A~C는 각각 석유, 석탄, 천연가스 중 하나이고, ㉠~㉢은 산업용, 수송용, 가정·상업·공공용 중 하나임.)

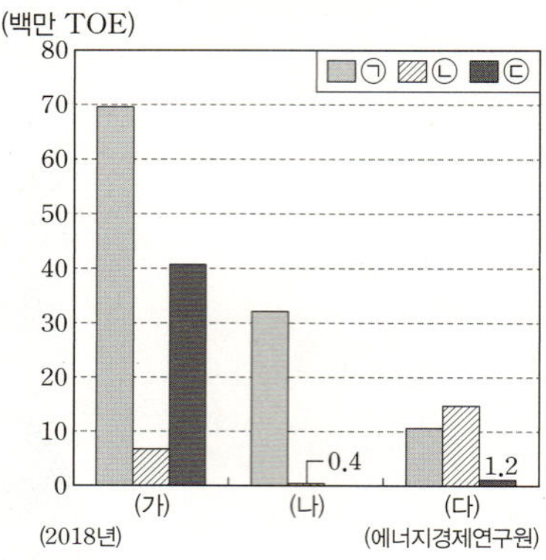

〈(가)~(다)의 부문별 소비량〉

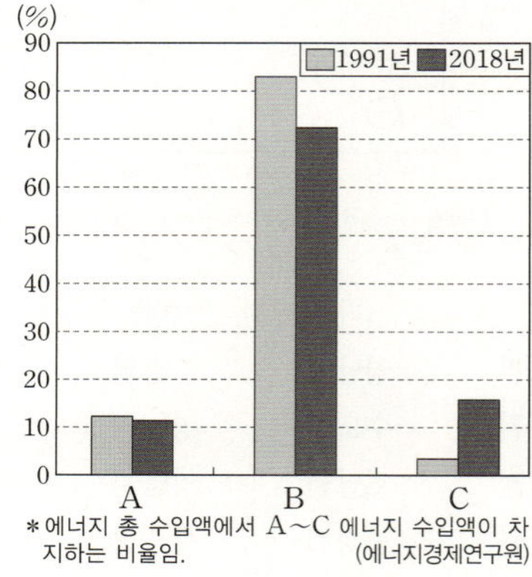

〈A~C의 에너지 수입 비율 변화〉

① (가)는 주로 평안 누층군에 매장되어 있다.
② (나)는 (다)보다 2018년에 에너지 수입액이 많다.
③ C는 산업용보다 수송용으로 많이 이용된다.
④ A는 B보다 가정·상업·공공용으로 많이 이용된다.
⑤ (가)는 B, (나)는 A, (다)는 C에 해당한다.

수력, 풍력, 태양광의 권역별 생산 현황 및 생산량 변화 자료를 바탕으로 세 에너지 자원의 특징을 분석하는 문항이다. 그래프의 형태가 생소하다면 각주(*) 설명을 주의 깊게 본 뒤, 헷갈리지 않도록 에너지마다 권역별 생산량 비율을 부등호로 적어 보자. 생산량과 관련된 선지의 진위는 각 그래프에 대입하여 판단할 수 있다.

02

그래프에 대한 설명으로 옳은 것은? (단, (가)~(다)와 A~C는 각각 수력, 태양광, 풍력 중 하나임.)

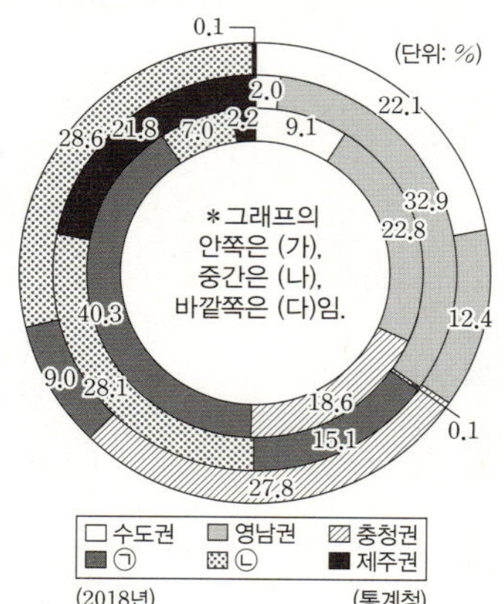

〈(가)~(다)의 권역별 생산량 비율〉

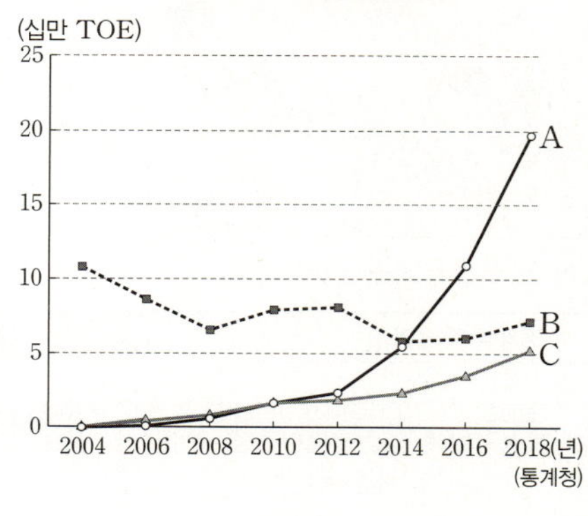

〈A~C의 전국 생산량 변화〉

① ㉠은 호남권, ㉡은 강원권이다.
② (가)는 (다)보다 2018년에 전국 생산량이 적다.
③ (나)는 (가)보다 발전 시 소음으로 인한 피해가 작다.
④ A는 영남권보다 수도권의 생산량이 많다.
⑤ 2018년 강원권은 B보다 C의 생산량이 많다.

03

그래프에 대한 설명으로 옳지 <u>않은</u> 것은? (단, (가)~(라)는 각각 경남, 경북, 전남, 제주 중 하나이고, A~D는 과수(과일), 보리, 쌀, 채소 중 하나임.)

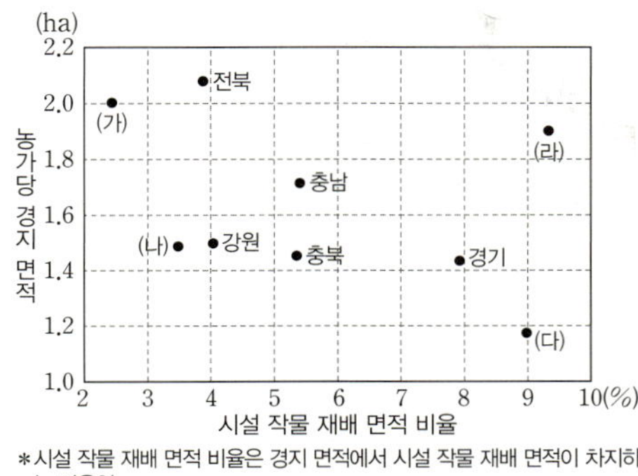

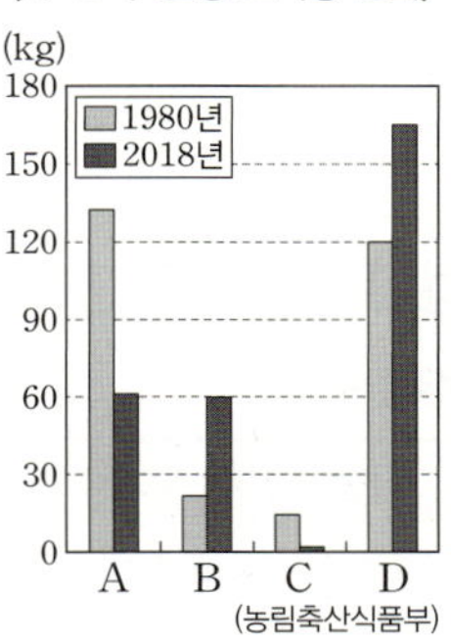

① (가)는 (나)보다 A 생산량이 많다.

② (나)는 (다)보다 농가 수가 많다.

③ (라)는 (가)보다 지역 내 겸업농가 비율이 높다.

④ A는 D보다 재배 면적이 넓다.

⑤ B는 C보다 논에서 재배되는 비율이 높다.

04

그래프는 지도에 표시된 다섯 지역의 제조업 출하액 1위 업종의 출하액을 나타낸 것이다. 이에 대한 설명으로 옳은 것은? (단, A~C는 각각 1차 금속, 코크스·연탄 및 석유 정제품, 전자 부품·컴퓨터·영상·음향 및 통신 장비 제조업 중 하나임.)

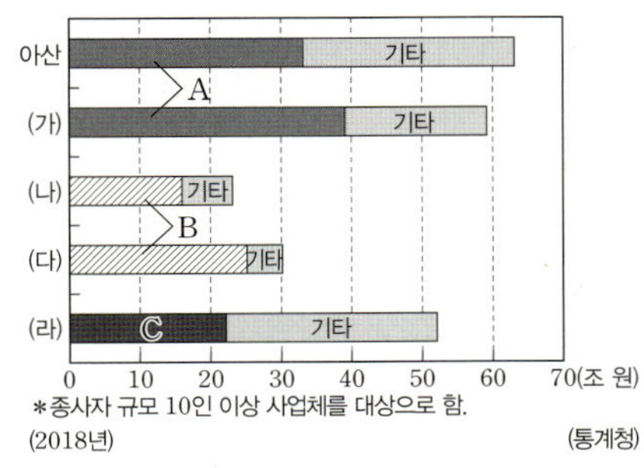

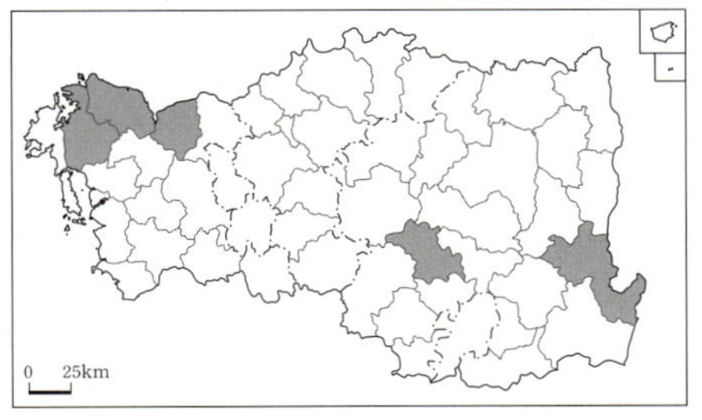

① A는 대량의 원료를 수입하는 적환지 지향형 공업이다.

② B는 A보다 최종 제품의 무게가 가볍다.

③ A~C 중 전국 출하액은 C가 가장 많다.

④ (가)는 (나)보다 원료 수입과 제품 수출에 유리하다.

⑤ (다)는 남동 임해 공업 지역, (라)는 충청 공업 지역에 속한다.

08강 서비스업 변화와 교통·통신의 발달

출제 POINT

주제 1 상업 및 소비 공간의 변화

상업의 입지와 유통 구조	★☆☆
소매 업태별 특성 🔒	★★★

주제 2 서비스 산업의 고도화와 공간 변화

산업 구조 변화와 서비스업 고도화	★★☆
우리나라의 산업 구조 🔒	★★★

주제 3 교통·통신의 발달과 공간 변화

운송비 구조와 교통수단별 특성	★★☆
교통수단별 수송 분담률	★★☆

최소 요구치와 재화의 도달 범위

- 최소 요구치 : 중심지(상점)가 기능을 유지하기 위한 최소한의 수요
- 재화의 도달 범위 : 중심지 기능이 영향을 미치는 최대한의 공간 범위

주제 1 상업 및 소비 공간의 변화

1. 상업의 입지와 유통 구조

입지 조건	상점(중심지) 유지를 위해 재화의 도달 범위가 최소 요구치의 범위와 같거나 넓어야 함
입지 요인의 변화	• 소비자 구매 행태의 변화 : 양적 소비보다 질적 소비 중시, 구매 품목의 다양화 • 교통·통신의 발달 : 전자 상거래와 택배 산업 발달 등 • 다양한 소비 공간의 등장 : 편의점, 복합 쇼핑몰, 무점포 소매업, 직거래 장터 등
유통 구조의 특징	전자 상거래 등의 온라인 유통 구조는 도매상, 소매상 등이 있는 오프라인 유통 구조보다 유통 단계가 단순하고, 상거래 활동의 시·공간적 제약이 작음

Tip

❶ 자료를 바탕으로 소매 업태의 종류를 추론하고, 업태별 특징의 옳고 그름을 판단하는 문항이 주로 출제된다. 따라서 주요 소매 업태의 사업체 수, 종사자 수, 매출액 크기를 비교하여 알아 두어야 한다.

사업체 수(2018년)
편의점>무점포>대형 마트>백화점

종사자 수(2018년)
무점포>편의점>대형 마트>백화점

매출액(2018년)
무점포>대형 마트>편의점>백화점

❷ 소매 업태의 일반적 특징, 예컨대 백화점은 고가 제품의 판매 비율이 높고, 편의점은 백화점보다 소비자의 이용 구매 빈도가 높다는 등의 대표적 특성을 정리해 두자.

3점 공략 🔒

2. 소매 업태별 특성

(1) 소매 업태별 특성

백화점	• 고가 제품의 판매 비율이 높고, 수도권에 집중도가 높음 • 사업체당 매출액 규모가 크고, 접근성이 좋은 대도시 도심에 집중 분포
대형 마트	• 도시 외곽의 주거 지역을 중심으로 분포, 자가용 승용차를 이용한 구매 빈도가 높음 • 생필품의 대량 구매 및 다목적 구매가 늘어나면서 빠르게 성장
편의점	일상생활에 필요한 기본적인 상품 판매, 구매를 위한 이동 거리가 가깝고 구매 빈도가 높음
무점포 소매업	• 전자 상거래가 증가하면서 최근 빠르게 성장 • 택배 산업 활성화, 물류 센터 발달에 영향을 줌

(2) 소매 업태별 종사자 수, 사업체 수, 매출액 비교(2018년)

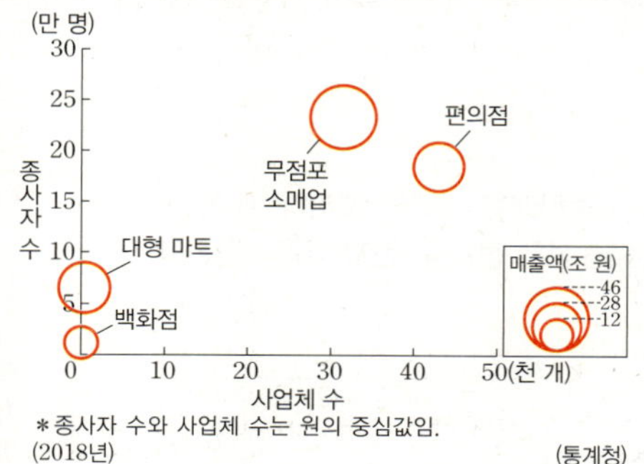

① 편의점 : 백화점보다 사업체 수 대비 종사자 수와 매출액이 적음 → 백화점보다 사업체당 종사자 수와 매출액이 적음

② 백화점 : 주요 소매 업태 중 사업체 수, 종사자 수, 매출액이 가장 적음

③ 대형 마트
- 무점포 소매업 다음으로 매출액이 많음
- 사업체 수와 종사자 수가 백화점보다 많고 편의점보다 적음

주요 소매 업태의 시·도별 사업체 수 비율

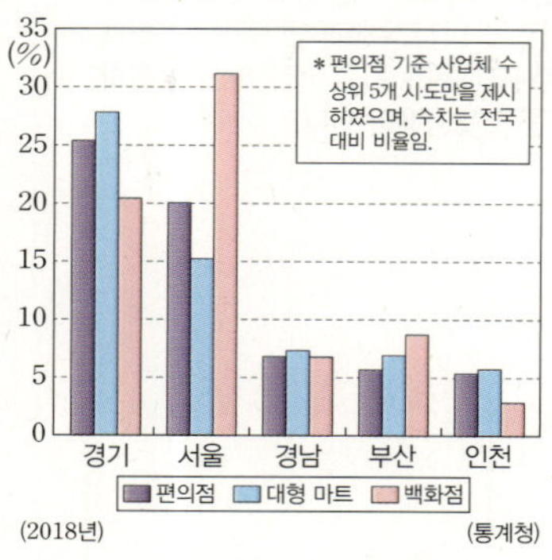

대도시 도심에 주로 입지하는 백화점은 서울에 사업체 수 집중도가 매우 높다.

주제 2 서비스 산업의 고도화와 공간 변화

1. 산업 구조의 변화

전 공업화 사회	농업 중심 사회, 토지·노동력이 주요 생산 요소
공업화 사회	2차 산업 비율이 크게 증가, 급속한 산업화와 도시화, 자본·노동력이 주요 생산 요소
탈공업화 사회	3차 산업 비율이 크게 증가, 서비스업의 다변화와 전문화, 지식·정보가 주요 생산 요소

2. 서비스 산업의 고도화

(1) 수요 주체에 따른 서비스업의 분류

소비자 서비스업	개인 소비자가 이용하는 서비스업, 소비자의 이동 거리를 최소화하기 위해 분산 입지하려는 경향이 큼 ⑩ 소매업, 숙박 및 음식점업 등
생산자 서비스업	기업의 생산 활동을 지원하는 서비스업, 기업과의 접근성이 높고 정보 획득에 유리한 지역에 집중하려는 경향이 큼 ⑩ 금융업, 보험업, 부동산업, 전문 서비스업 등

(2) 서비스 산업의 고도화 : 생산자 서비스업의 비율이 증가하고, 서비스업의 업종과 규모가 다양해짐

3점 공략

3. 우리나라의 산업 구조 : 시 · 도별 주요 산업 지표 비교

(1) 지역 내 총생산 : 경기>서울>충남>경남 순으로 많으며, 세종이 가장 적고 그다음으로 제주가 적음

(2) 1인당 지역 내 총생산 : 울산>충남>서울 순으로 많음

(3) 산업별 취업자 수 비율

① 1차 : 전남이 가장 높고, 서울이 가장 낮음

② 2차 : 울산이 가장 높고, 제주가 가장 낮음

③ 3차 : 서울이 가장 높고, 경북이 가장 낮음

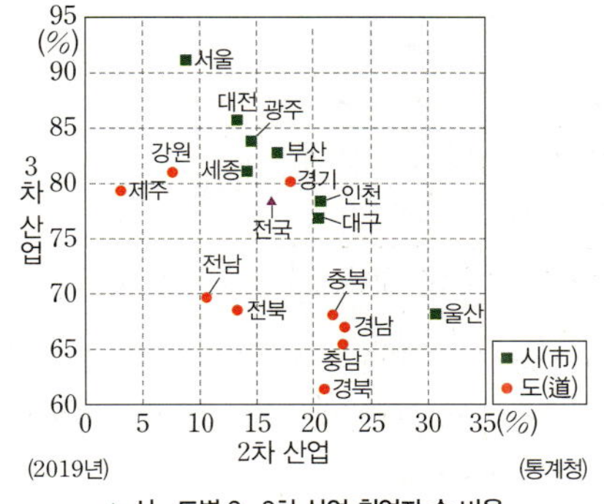

▲ 시 · 도별 2 · 3차 산업 취업자 수 비율

Tip

시 · 도별 혹은 권역별 산업 구조의 차이를 파악하는 것이 중요하므로 다음의 특성을 반드시 기억해 두어야 한다.
❶ 서울은 3차 산업, 울산은 2차 산업의 취업자 수 비율이 가장 높다.
❷ 수도권은 3차 산업 취업자 수 비율이 가장 높고, 호남권은 상대적으로 1차 산업 취업자 수 비율이 높다.
❸ 충청권은 수도권으로부터 제조업이 이전하여 최근 2차 산업 취업자 수 비율이 높아졌다.

교통수단별 국내 여객 수송 분담률

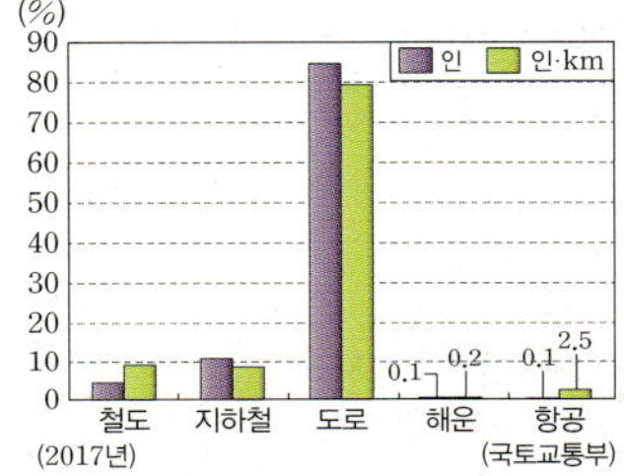

인 기준의 경우 도로>지하철>철도>항공 · 해운 순으로, 인 · km 기준의 경우 도로>철도>지하철>항공>해운 순으로 높다.

주제 ❸ 교통 · 통신의 발달과 공간 변화

1. 운송비 구조와 교통수단별 특성

(1) **운송비 구조** : 총 운송비 = 기종점 비용 + 주행 비용

기종점 비용	주행 거리와 관계없이 일정한 보험료 · 터미널 유지비 · 하역비 등의 고정 비용, 교통수단마다 차이가 있음
주행 비용	주행 거리에 따라 증가하는 비용, 도로는 해운보다 주행 비용이 빠르게 증가함

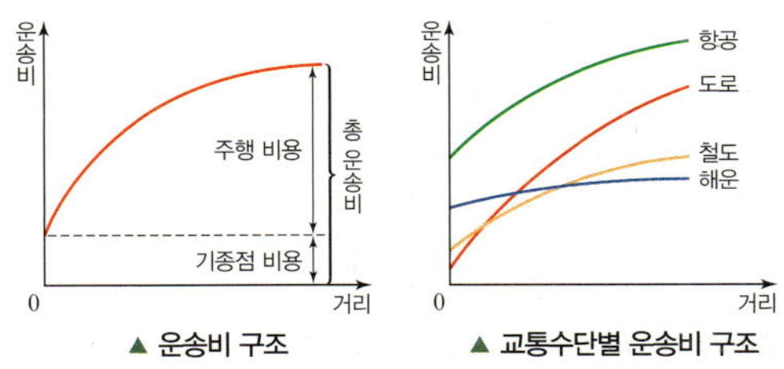

(2) 교통수단별 특성

구분	운송비 구조	특성
도로	기종점 비용이 가장 저렴하고, 주행 비용이 철도와 해운보다 비쌈	기동성과 문전 연결성이 우수하고, 운행 시 지형적 제약이 작음
철도	기종점 비용과 주행 비용이 도로와 해운의 중간	정시성과 안전성이 우수하고, 운행 시 지형적 제약이 큼
해운	기종점 비용이 비싸나 주행 비용이 저렴함 → 대량 화물의 장거리 수송에 적합	기상 조건의 제약이 큼, 화물 수송 분담률이 여객 수송 분담률보다 높음
항공	기종점 비용과 주행 비용이 비쌈, 장거리 여객 수송과 고부가 가치 화물 수송에 적합	기상 조건의 제약이 큼, 신속한 수송에 유리

2. 교통수단별 여객 및 화물 수송 분담률

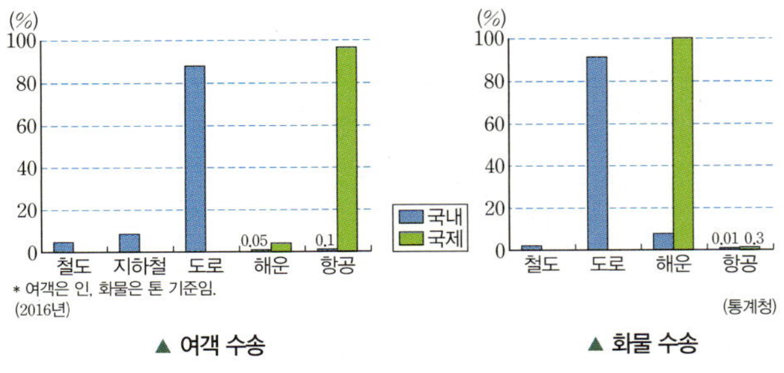

(1) **국내 여객 수송 분담률(인 기준)**
 : 도로>지하철>철도>항공>해운

(2) **국내 화물 수송 분담률(톤 기준)**
 : 도로>해운>철도>항공

(3) **국제 여객 및 화물 수송** : 국제 여객의 대부분은 항공이, 국제 화물의 대부분은 해운이 분담

3점 공략 Check

Q1 백화점은 대형 마트보다 고가 제품의 판매 비율이 (높다 / 낮다).

Q2 편의점은 대형 마트보다 소비자들의 구매를 위한 이동 거리가 (멀고 / 가깝고), 구매 빈도가 (높다 / 낮다).

Q3 백화점, 편의점, 대형 마트, 무점포 소매업 중 사업체 수는 (　　　)이 가장 많고, 매출액은 (　　　)이 가장 많다.

Q4 2018년 시 · 도 기준으로 지역 내 총생산은 (　　　)가 가장 많고, 1인당 지역 내 총생산은 (　　　)이 가장 많다.

Q5 2019년 기준 1차 산업 취업자 수 비율이 가장 높은 도(道)는 (　　　)이다.

Q6 2019년 시 · 도 기준으로 3차 산업 취업자 수 비율이 가장 높은 지역은 (　　　), 2차 산업 취업자 수 비율이 가장 높은 지역은 (　　　)이다.

다음 자료에 대한 설명으로 옳은 것은? (단, (가)~(라), A~D는 각각 서울, 울산, 전남, 제주 중 하나임.)

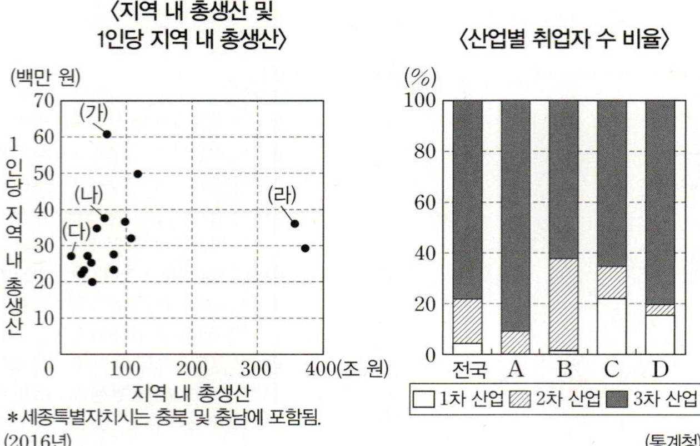

① (다)에는 대규모 자동차 생산 공장이 위치한다.
② (다)는 (나)보다 1차 산업 취업자 수가 많다.
③ (나)와 D는 동일한 지역이다.
④ A는 B보다 생산자 서비스업 사업체 수 비율이 낮다.
⑤ A는 특별시, B는 광역시, C는 도(道)이다.

[유형 분석]　시·도별 지역 내 총생산과 1인당 지역 내 총생산, 산업별 취업자 수 비율 등 다양한 산업 관련 지표를 바탕으로 지역을 추론하는 유형이다. 이러한 유형은 지역별 산업 구조를 이해하고 있는지 평가하고자 자주 출제되며, 특히 서울, 울산, 경기, 전남, 제주의 특성을 묻는 문항이 자주 출제된다.

[접근 방법]　❶ 1인당 지역 내 총생산이 가장 많은 (가), 세종이 충북 및 충남에 포함된 상황에서 지역 내 총생산이 가장 적은 (다)가 어디인지 파악한다. ❷ (라)는 (나)보다 지역 내 총생산이 많은 점에 주목하여 인구 규모가 상대적으로 큰 지역이 어디인지 파악한다. ❸ 서울, 울산, 전남, 제주 중 3차 산업 취업자 수 비율이 가장 높은 지역, 2차 산업 취업자 수 비율이 가장 높은 지역과 낮은 지역, 1차 산업 취업자 수 비율이 가장 높은 지역이 어디인지 파악한다.

답 ⑤

그래프는 지도에 표시된 네 지역의 산업 구조와 취업자 수를 나타낸 것이다. (가)~(라) 지역에 대한 설명으로 옳은 것은?

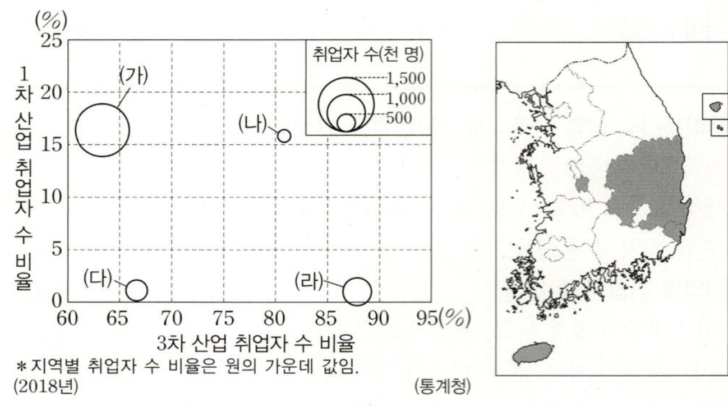

① (가)는 (라)보다 제조업 출하액이 적다.
② (나)는 (가)보다 지역 내 총 발전량 중 화력 발전이 차지하는 비율이 높다.
③ (나)는 (다)보다 1인당 지역 내 총생산이 많다.
④ (다)는 광역시, (라)는 도(道)이다.
⑤ (가)~(라) 중 전문 서비스업체 수는 (나)가 가장 많다.

[유형 분석]　지역별 취업자 수와 1차, 3차 산업 취업자 수 비율을 토대로 해당 지역을 파악하고, 지역별 주요 특성을 비교할 수 있는지를 평가하는 문항이다. 지도에 해당 지역을 표시하고 그래프 분석을 통해 해당 지역을 찾아, 지역별 주요 특성을 비교하여 이해하고 있는지를 평가하는 문항이 자주 출제된다.

[접근 방법]　❶ 지도에 표시된 지역이 어디인지 파악한다. ❷ 도(道) 지역으로 1차 산업 취업자 수 비율이 높고 상대적으로 취업자 수가 많은 지역이 어디인지 파악하고, 시(市) 지역으로 3차 산업 취업자 수 비율이 높은 지역이 어디인지 파악한다. 그리고 100%에서 1, 3차 산업 취업자 수 비율을 뺀 2차 산업 취업자 수 비율이 상대적으로 높은 지역이 어디인지 파악한다. ❸ ❶, ❷를 토대로 (가)~(라) 지역을 확인하고, 해당 지역의 특징을 비교한다.

답 ②

WHY 왜 빠지지 않고 출제될까?

　지역별 산업 구조 및 1인당 지역 내 총생산, 지역 내 총생산의 현황은 출제 빈도가 매우 높은 내용 요소인데, 이들 요소는 지역 특색을 반영하는 지표이기 때문에 여러 지역을 비교할 수 있어 출제 빈도가 높다. **1인당 지역 내 총생산**은 대기업의 비율이 높은 **울산**이 가장 많고, **지역 내 총생산**은 인구가 가장 많고 산업이 발달한 **경기**가 가장 많으며, 인구 규모가 작은 **제주**는 지역 내 총생산이 가장 적음을 알고 있어야 한다. 한편, **세종**이 포함될 경우 지역 내 총생산은 세종이 가장 적음에 유의해야 한다. 시·도별 산업 구조의 경우 **1차 산업 취업자 수 비율**은 전남, **2차 산업 취업자 수 비율**은 울산, **3차 산업 취업자 수 비율**은 서울이 가장 높음을 기억해야 한다. 또한 제주는 상대적으로 제조업 발달이 미약하여 2차 산업 취업자 수 비율이 가장 낮다는 점을 기억해 두자.

HOW 킬러 문항, 어떻게 출제될까?

　두 문항은 모두 지역별 산업 구조를 평가 요소로 활용하였지만, 고난도 기출은 대표 기출과 달리 1, 3차 산업 취업자 수 비율과 총 취업자 수만을 제시해 그래프 분석의 난도를 높였다. 또한, **지역별 전력 생산 구조와 전문 서비스업체 수를 비교**할 수 있는지를 물어 선지의 난도를 함께 높였다. 이밖에도 시·도별 인구 구조와 인구 순이동 등의 통계 자료를 제시해, 산업 구조를 분석함과 동시에 인구 특성을 함께 구분할 수 있는지를 종합적으로 판단하게 하는 문항이 킬러 문항으로 출제되기도 한다.

실전 문제

주제 ① 상업 및 소비 공간의 변화

01

(가)와 비교한 (나) 상거래 방식의 상대적 특성을 그림의 A~E에서 고른 것은?

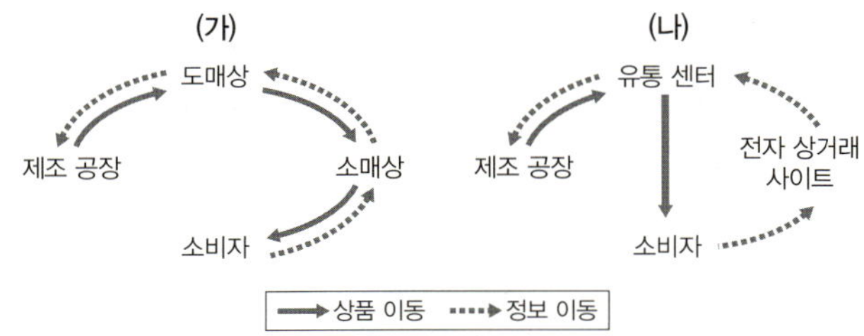

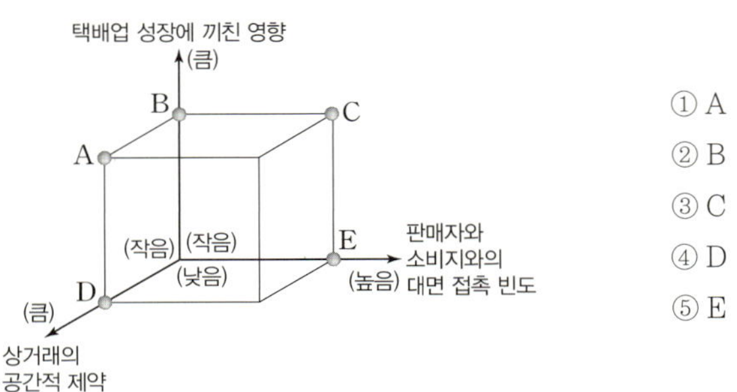

① A
② B
③ C
④ D
⑤ E

02

표는 세 소매 업태의 1일 평균 영업 시간별 사업체 수 비율을 나타낸 것이다. (가)~(다) 소매 업태에 대한 설명으로 옳은 것은? (단, (가)~(다)는 각각 대형 마트, 백화점, 편의점 중 하나임.)

(단위 : %)

소매 업태	10시간 미만	10~12시간	12~14시간	14시간 이상
(가)	50.5	43.7	4.8	1.0
(나)	9.0	18.9	55.8	16.3
(다)	1.7	1.0	1.1	96.2

(2018년)　　　　　　　　　　　　　　　　　　　(통계청)

① (가)는 (다)보다 판매하는 상품의 종류가 다양하다.
② (나)는 (가)보다 고가 제품의 판매 비율이 높다.
③ (나)는 (다)보다 사업체당 매출액 규모가 작다.
④ (다)는 (가)보다 사업체당 1일 이용자 수가 많다.
⑤ 전국 사업체 수는 (가)>(나)>(다) 순으로 많다.

03

그래프는 네 소매 업태의 종사자 수, 사업체 수, 매출액을 나타낸 것이다. (가)~(라) 소매 업태에 대한 설명으로 옳은 것은? (단, (가)~(라)는 각각 대형 마트, 무점포 소매업, 백화점, 편의점 중 하나임.)

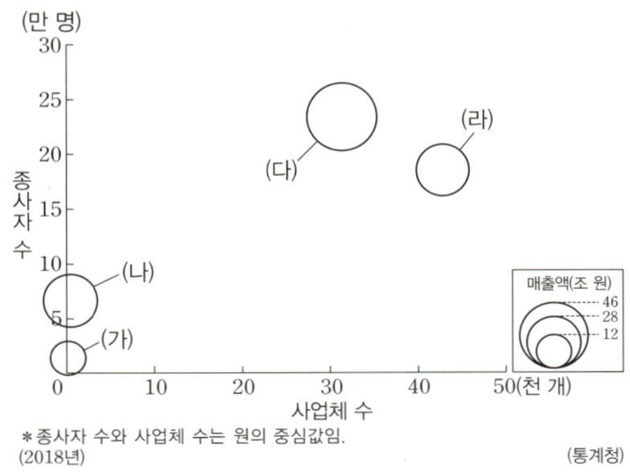

① (가)는 (나)보다 최초 등장 시기가 늦다.
② (나)는 (라)보다 자가용 승용차 이용 고객의 비율이 높다.
③ (다)는 (라)보다 구매 활동의 시·공간적 제약이 크다.
④ (라)는 (가)보다 최소 요구치가 크다.
⑤ (라)는 (나)보다 종사자당 매출액이 많다.

04

| 모의평가 |

소매 업태 (가)와 비교한 (나)의 상대적 특성을 그림의 A~E에서 고른 것은? (단, (가), (나)는 각각 대형 마트, 편의점 중 하나임.)

① A　　② B　　③ C　　④ D　　⑤ E

실전 문제

주제 2 서비스 산업의 고도화와 공간 변화

05

그래프는 (가), (나) 서비스업의 시·도별 매출액 비율을 나타낸 것이다. 이에 대한 설명으로 옳은 것은? (단, (가), (나)는 각각 소매업(자동차 제외), 전문 서비스업 중 하나임.)

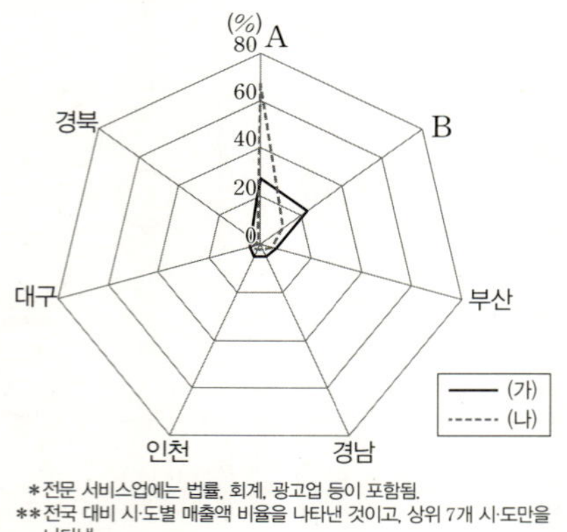

① A는 B보다 주간 인구 지수가 낮다.
② (나)는 수도권보다 비수도권의 매출액이 많다.
③ (가)는 (나)보다 사업체당 매출액이 많다.
④ (나)는 (가)보다 전국 사업체 수가 많다.
⑤ (나)는 (가)보다 지식 집약적인 성격이 강하다.

06

그래프는 시·도별 2, 3차 산업 취업자 수 비율을 나타낸 것이다. A~E 지역에 대한 설명으로 옳은 것은? (단, A~E는 각각 경기, 서울, 울산, 전남, 제주 중 하나임.)

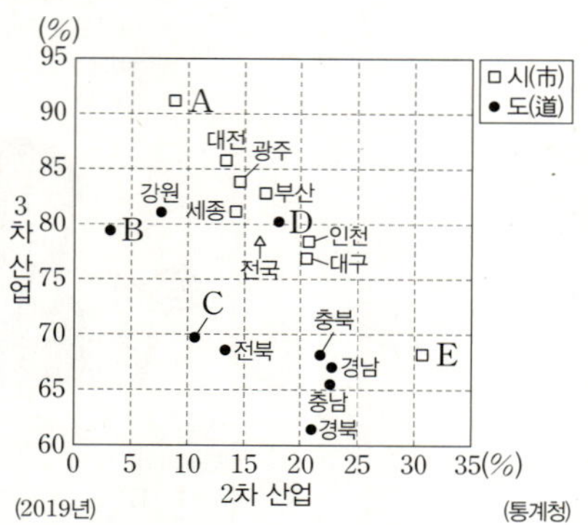

① A는 E보다 노령화 지수가 높다.
② B는 C보다 지역 내 전업농가 비율이 높다.
③ C는 D보다 경지 중 시설 작물 재배 면적 비율이 높다.
④ D는 A보다 제조업 출하액이 적다.
⑤ E는 D보다 2차 산업 취업자 수가 많다.

07

그래프는 도(道)별 1인당 지역 내 총생산과 지역 내 총생산을 나타낸 것이다. (가)~(라) 지역으로 옳은 것은?

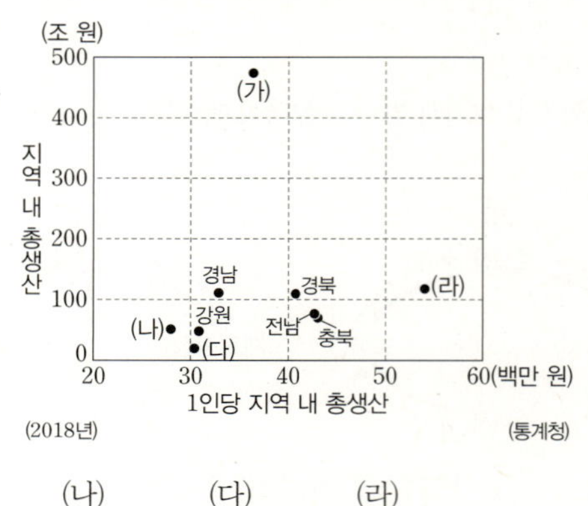

	(가)	(나)	(다)	(라)
①	경기	전북	제주	충남
②	경기	제주	전북	충남
③	전북	경기	제주	충남
④	충남	전북	제주	경기
⑤	충남	제주	경기	전북

08

다음 자료에 대한 설명으로 옳은 것만을 〈보기〉에서 고른 것은? (단, A~C, (가)~(다)는 각각 광주, 울산, 인천 중 하나임.)

〈서울과 3개 광역시의 산업별 종사자 비율과 인구 이동〉

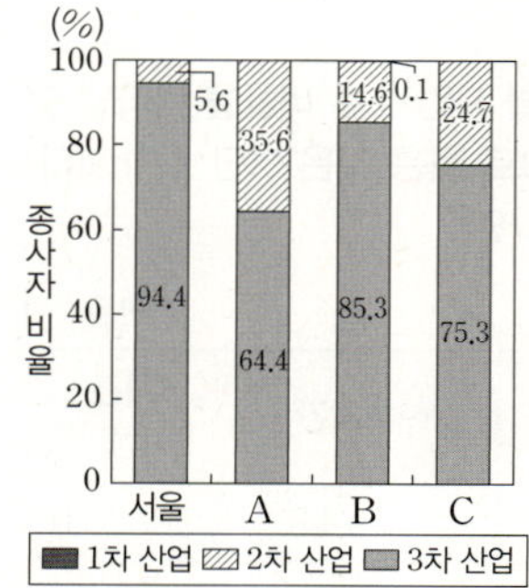

이동자 수 (명)		전입 도시		
		서울	(가)	(나)	(다)
전출 도시	서울	–	9,216	44,915	5,950
	(가)	10,860	–	2,167	538
	(나)	33,570	1,894	–	1,359
	(다)	6,954	482	1,249	–

(통계청)

〈보기〉
ㄱ. A는 (다), B는 (가)에 해당한다.
ㄴ. 인천으로 전입한 인구는 광주가 울산보다 많다.
ㄷ. (가)~(다) 중 서울과 지리적으로 가장 인접한 도시는 (가)이다.
ㄹ. (가)~(다) 중 인구 규모가 가장 큰 도시는 3차 산업의 비율도 가장 높다.

① ㄱ, ㄴ ② ㄱ, ㄷ ③ ㄴ, ㄷ ④ ㄴ, ㄹ ⑤ ㄷ, ㄹ

주제 ③ 교통·통신의 발달과 공간 변화

09

| 모의평가 |

다음 자료에 대한 설명으로 옳은 것은?

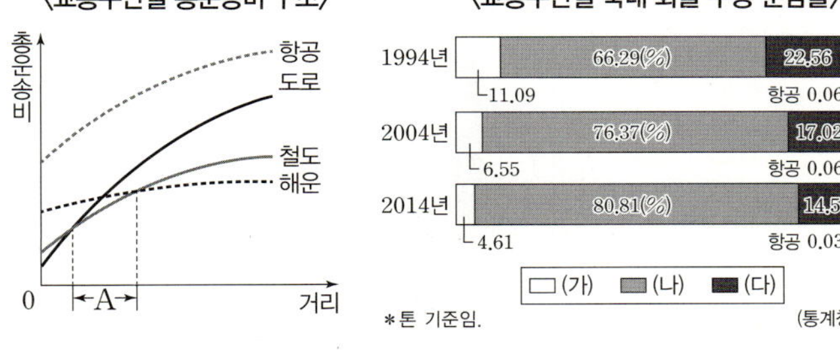

〈교통수단별 총운송비 구조〉
〈교통수단별 국내 화물 수송 분담률〉

*톤 기준임.

(통계청)

① 해운은 (나)에, 철도는 (다)에 해당한다.
② A 구간에서는 (가)의 총운송비가 가장 저렴하다.
③ (다)는 기종점 비용이 가장 저렴하다.
④ (가)는 (나)보다 국내 여객 수송에서 차지하는 비율이 높다.
⑤ (다)는 (가)보다 정시성과 안전성이 우수하다.

10

다음 자료에 대한 설명으로 옳은 것은? (단, (가)~(다)와 A~C는 각각 도로, 철도(지하철), 해운 중 하나임.)

〈가족 여행 일정〉

일차	교통수단	주요 일정
1일차	항공	제주공항 출발, 서울 김포공항 도착
2일차	(가)	서울시티투어 ○○ 탑승, 서울 시내 관광
3일차	(나)	서울역에서 인천역으로 이동
4일차	(다)	인천항에서 백령도로 이동 및 백령도 관광
⋮	⋮	⋮

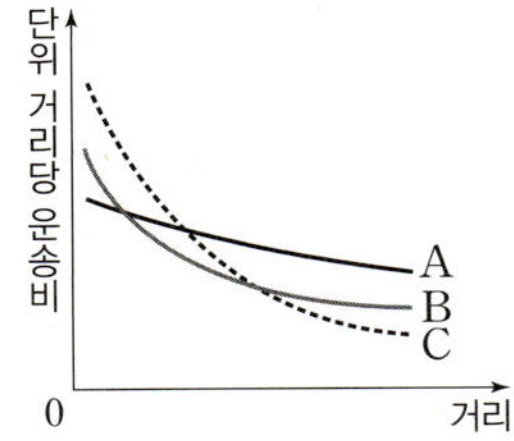

〈거리에 따른 단위 거리당 운송비 변화〉

① (가)는 장거리 대량 화물 수송에 유리하다.
② (나)는 A보다 운행 1회당 평균 이용 승객 수가 많다.
③ (다)는 기종점 비용이 가장 저렴하다.
④ B는 C보다 국내 화물 수송 분담률이 높다.
⑤ C는 (나)보다 운행 시 기상 조건의 영향을 작게 받는다.

11

그래프는 교통수단별 국내 여객 수송 분담률을 나타낸 것이다. (가)~(마)에 대한 설명으로 옳은 것은? (단, (가)~(마)는 각각 도로, 지하철, 철도, 항공, 해운 중 하나임.)

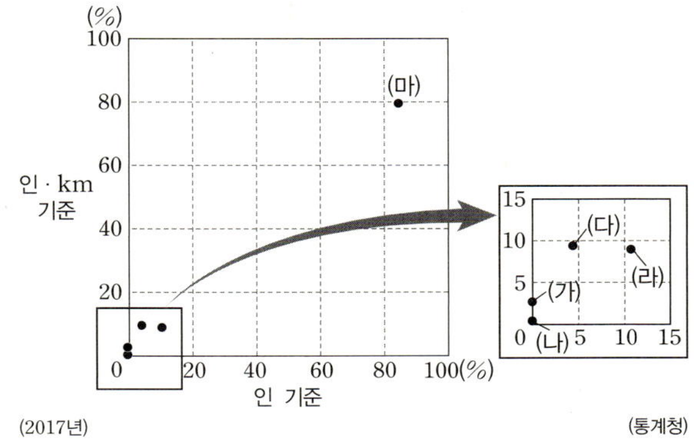

(2017년)

(통계청)

① (가)는 (나)보다 평균 수송 속도가 느리다.
② (나)는 (마)보다 문전 연결성이 우수하다.
③ (다)는 (라)보다 이용객의 1회당 평균 이동 거리가 가깝다.
④ (라)는 (마)보다 정시성과 안전성이 우수하다.
⑤ (마)는 (가)보다 국제 여객 수송 분담률이 높다.

12

다음 글의 ㉠~㉤에 대한 설명으로 옳지 <u>않은</u> 것은?

> ㉠ 교통·통신 발달로 시·공간적 제약이 감소하면서 경제 활동의 공간적 분포가 변화하고 있다. 먼저 교통 발달의 측면에서 ㉡ 교통이 편리한 지역과 교통이 불편한 지역 간 격차가 확대된다. 통신의 발달로 상업 입지가 달라지기도 한다. ㉢ 무점포 상점의 증가로 공간 구조가 변화하고 있으며, 기업 활동 분야에서도 통신망을 이용한 정보 공유가 원활해짐에 따라 ㉣ 공간적 분업 현상이 심화되고 있다. 한편, 정보화의 영향으로 지식 기반 산업이 발달하기도 하지만 급격한 정보화로 인해 ㉤ 다양한 문제가 나타나기도 한다.

① ㉠으로 재택 근무, 화상 회의 등이 확대되고 있다.
② ㉡은 산업과 인구가 집중하여 대도시로 성장하기도 한다.
③ ㉢으로 도시 외곽 지역에 물류 단지, 복합 화물 터미널 등이 들어서면서 공간 구조가 변화하고 있다.
④ ㉣로 본사는 대도시 주변 지역에, 생산 공장은 대도시에 주로 입지한다.
⑤ ㉤에는 개인 정보 유출, 지역 및 계층 간 격차 심화 등이 있다.

킬러 문항 완전 정복

주요 소매 업태의 권역별 분포와 휴무 일수 비율을 바탕으로 업태를 추론하는 문항이다. 다른 업태에 비해 특정 권역에서 집중도가 높은 것이 무엇인지 찾고, 일상 속 소매 업태의 영업 방식을 곰곰이 떠올려 보자.

01

그래프에 대한 설명으로 옳은 것은? (단, (가), (나), A, B는 각각 백화점, 편의점 중 하나임.)

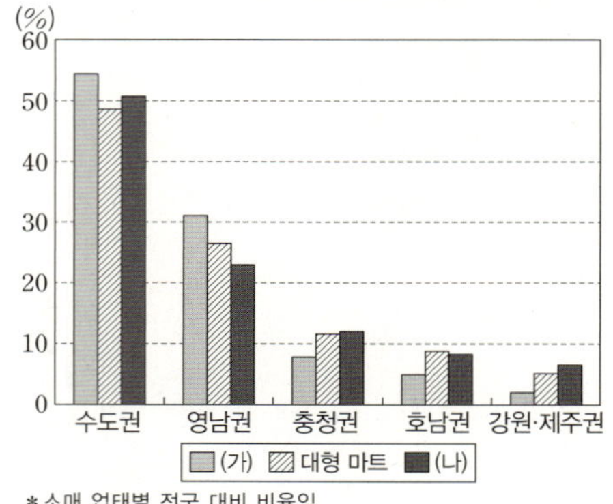

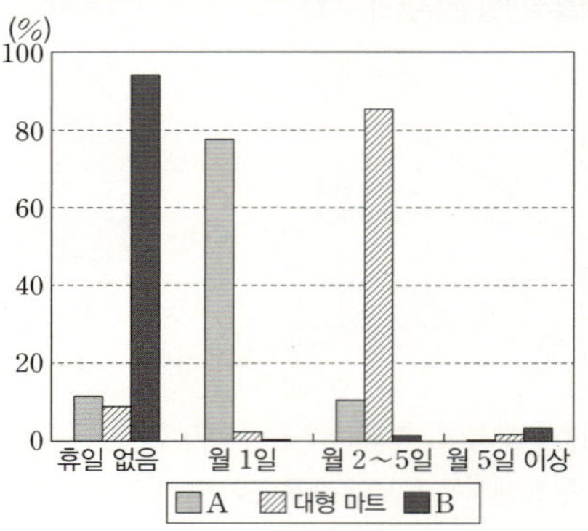

① (가)는 (나)보다 월평균 휴무 일수가 적다.

② (나)는 (가)보다 수도권의 사업체 수가 많다.

③ A는 B보다 고가 제품의 판매 비율이 낮다.

④ B는 A보다 상점 이용객의 평균 이동 거리가 멀다.

⑤ 전국 매출액은 A>대형 마트>B 순으로 많다.

제조업과 서비스업의 시·도별 분포를 '판매 전력량'이라는 낯선 개념을 통해 파악하고, 이를 권역별 산업 구조와 연계하는 문항이다. 모든 인구와 산업은 전력을 소비한다는 점을 염두에 두고, 네 지역의 인구 규모와 발달 산업을 토대로 지역을 구분한다. 또한 1, 2차 산업 각각 취업자 수 비율이 가장 높은 권역과 낮은 권역에 주목하면 지역 추론이 수월하다.

02

그래프에 대한 설명으로 옳은 것은? (단, (가)~(라)는 각각 경기, 서울, 울산, 제주 중 하나이고, A~D는 수도권, 영남권, 제주권, 호남권 중 하나임.)

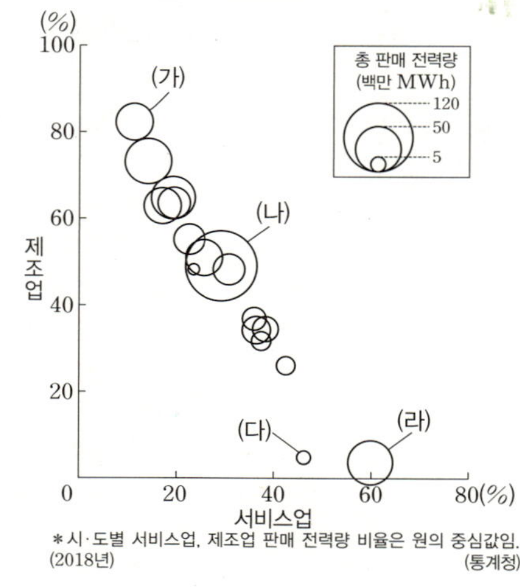

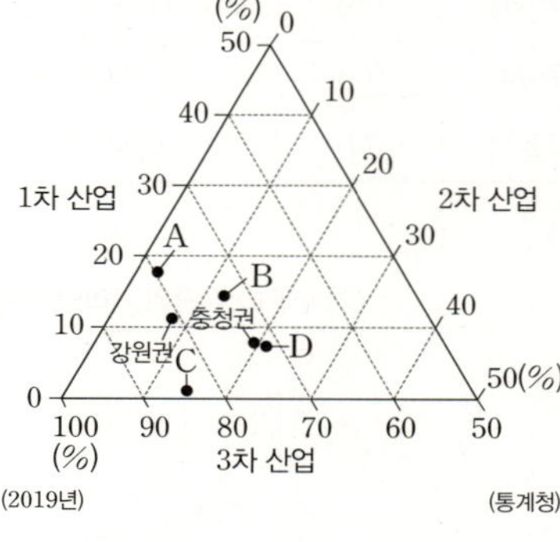

① (가)는 (라)보다 총인구가 많다.

② (나)는 (다)보다 농가당 경지 면적이 넓다.

③ (가)는 D, (나)는 C에 속한다.

④ A는 B보다 경지 중 논 면적 비율이 높다.

⑤ D는 C보다 지역 내 총생산이 많다.

03

그래프는 두 업종의 권역별 사업체 수와 종사자 수 비율을 나타낸 것이다. 이에 대한 설명으로 옳은 것은? (단, (가), (나)는 각각 광고업, 음식점업 중 하나이고, A~D는 수도권, 영남권, 충청권, 호남권 중 하나임.)

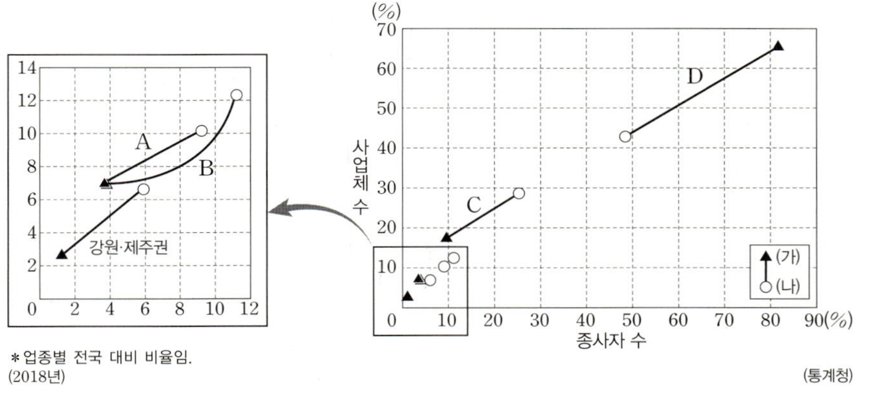

① 영남권은 수도권보다 광고업의 사업체당 종사자 수가 많다.

② (가)는 (나)보다 사업체당 매출액이 적다.

③ (나)는 (가)보다 전국 사업체 수가 적다.

④ A는 B보다 지역 내 1차 산업 취업자 수 비율이 높다.

⑤ D는 C보다 서비스업 사업체 수가 적다.

04

그래프는 네 교통수단의 주요 특징을 나타낸 것이다. (가)~(라)에 대한 설명으로 옳은 것은? (단, (가)~(라)는 각각 도로, 철도, 항공, 해운 중 하나임.)

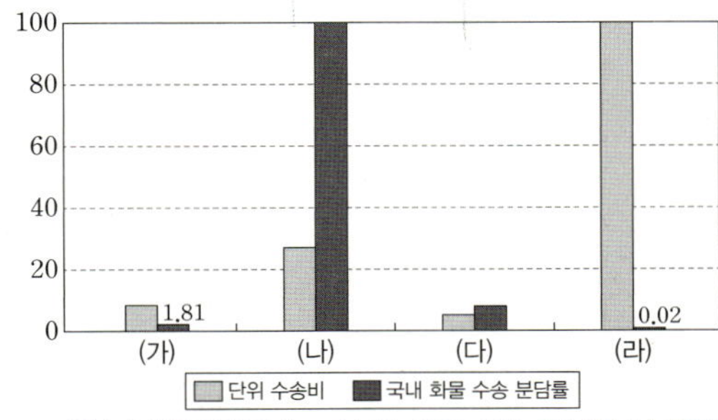

① (가)는 (나)보다 정시성과 안전성이 우수하다.

② (나)는 (다)보다 기종점 비용이 비싸다.

③ (다)는 (가)보다 운행 시 기상 조건의 영향을 작게 받는다.

④ (라)는 (다)보다 평균 운행 속도가 느리다.

⑤ '인·km' 기준 국내 여객 수송 분담률은 (나)>(가)>(다)>(라) 순으로 높다.

09강 인구 변화와 다문화 공간

출제 POINT

주제 ❶ 인구 분포와 인구 변화	주제 ❷ 인구 구조 변화	주제 ❸ 저출산·고령화·다문화 공간
인구 분포와 인구 이동 🔒 ★★★	연령층별·지역별·성별 인구 구조 🔒 ★★★	저출산·고령화의 원인 및 대책 ★★☆
우리나라의 인구 변화 ★☆☆	인구 부양비 변화 🔒 ★★★	외국인 이주 증가와 다문화 사회 ★★☆

주제 ❶ 인구 분포와 인구 변화

3점 공략 🔒

1. 우리나라의 인구 분포와 인구 이동

(1) 인구 분포

① 1960년대 이전 : 기후가 온화하고 경지 비율이 높은 남서부 평야 지역에 인구 밀집

② 현재

- 2·3차 산업이 발달하고 도시가 밀집된 수도권, 공업이 발달한 남동 임해 지역에 인구 밀집
- 태백·소백산맥 산간 지역, 농어촌 지역은 인구 희박

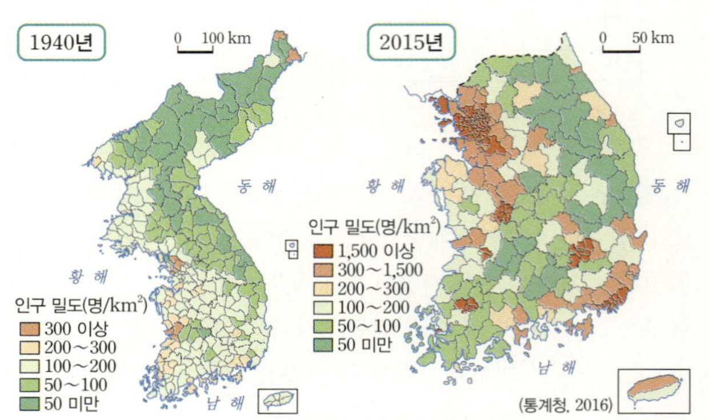

▲ 우리나라의 인구 분포 변화

(2) 인구 이동

1960~1980년대	산업화와 도시화가 진행되면서 농촌에서 대도시, 공업 도시로의 이촌 향도 현상이 나타남
1990년대 이후	• 수도권을 비롯한 대도시권으로 인구가 집중 • 대도시의 교외화 현상으로 대도시에서 주변 도시로의 인구 이동 증가

〈권역별 인구 이동〉

(단위 : 만 명)

전출지 \ 전입지	수도권	영남권	충청권	호남권	기타	합계
수도권	1,715	62	75	40	39	1,931
영남권	80	728	21	11	10	850
충청권	68	16	277	10	7	378
호남권	47	11	14	280	4	356
기타	35	8	7	3	101	154
합계	1,945	825	394	344	161	3,669

*2015~2019년 합계임. (통계청)

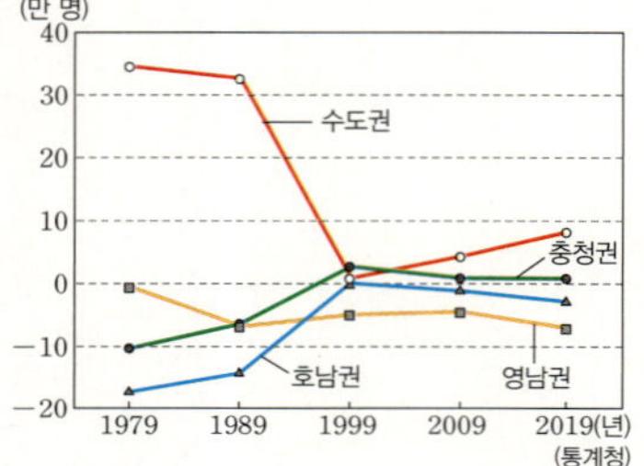

권역별 인구 순이동 변화

수도권은 1979년 이후 지속적으로 인구 순이동이 양(+)의 값이고, 충청권은 최근 수도권으로부터 인구 유입이 늘어나 인구 순이동이 양(+)의 값이다. 호남권은 과거 이촌 향도 현상으로 인구 순유출이 가장 많았다.

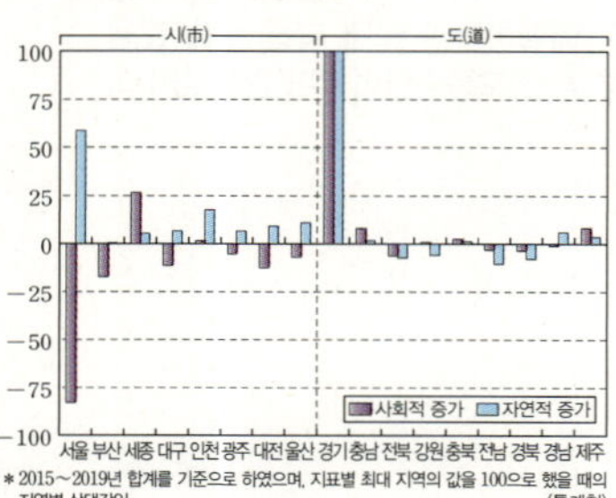

시·도별 인구 변화

* 2015~2019년 합계를 기준으로 하였으며, 지표별 최대 지역의 값을 100으로 했을 때의 지역별 상댓값임. (통계청)

서울은 인구의 사회적 감소가 가장 많고, 경기는 인구가 사회적·자연적으로 증가하고 있다. 세종은 인구의 사회적 증가가 많고, 최근 교외화 현상이 뚜렷한 부산은 인구가 감소하고 있다. 전북은 인구가 자연적·사회적으로 모두 감소하고 있다.

2. 우리나라의 인구 변화

광복~1960년대 초	광복~1950년대 초(인구의 사회적 증가) → 6·25 전쟁(사망률 증가) → 전쟁 후 안정기(출산 붐으로 인구의 자연적 증가)
1960년대 중반~1980년대	감산소사의 후기 확장기, 가족계획 및 생활 수준 향상 → 합계 출산율 감소
1990년대 이후	저출산·고령화 현상의 심화

3점 공략

1. 연령층별 · 지역별 · 성별 인구 구조
(1) 연령층별 · 지역별 인구 구조

연령층별	• 유소년층 인구 비율 감소 • 청장년층 인구 비율은 2015년 이후 감소 추세 • 노년층 인구 비율 증가
지역별	• 유소년층 인구 비율 : 세종>제주>울산 등의 순으로 높음 • 노년층 인구 비율 : 전남>경북>전북 등의 순으로 높음

(2) 성별 인구 구조
① 성비 : 여성 100명에 대한 남성의 수
② 남초 지역과 여초 지역

남초 지역	• 중화학 공업 도시 예 거제, 당진 등 • 접경 지역 인근의 군사 지역 예 인제, 양구 등
여초 지역	대도시, 관광 도시, 촌락 등

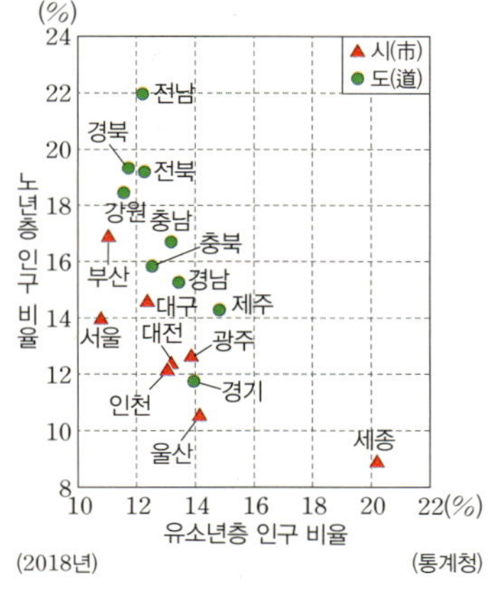

▲ 시 · 도별 인구 구조

2. 인구 부양비 변화

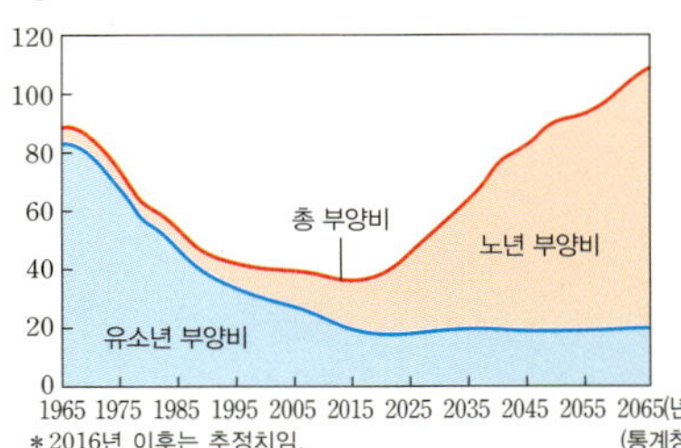

* 2016년 이후는 추정치임. (통계청)

(1) 2015년과 2060년은 1960년보다 유소년 부양비가 낮고 노년 부양비가 높음

(2) 1960년대부터 2010년대 중반까지 청장년층 인구 비율이 증가하면서 총 부양비가 낮아짐 → 이후 청장년층 인구 비율이 감소하면서 총 부양비가 높아질 것으로 예측됨

(3) 유소년층 인구 비율은 감소하고 노년층 인구 비율은 증가 → 노령화 지수가 빠르게 증가

1. 저출산 · 고령화의 원인 및 대책

구분	원인	대책
저출산	• 개인적 요인 : 초혼 연령 상승, 결혼과 가족에 대한 가치관 변화 등 • 사회 · 경제적 요인 : 여성의 사회 진출 확대, 자녀 양육비 부담 증가, 고용 불안 등	• 정책적 지원 : 임신 · 양육에 대한 재정적 지원 확대, 다자녀 가구 우대 정책 실시 등 • 개인 및 사회적 인식 변화 : 양성평등 문화 확립, 가족 친화적 사회 분위기 조성 등
고령화	저출산에 따른 유소년층 인구 비율 감소와 노년층 인구 비율 증가, 경제 수준 향상 및 의학 발달로 인한 사망률 감소와 기대 수명 증가	• 노년층의 경제 기반 마련 : 정년 연장, 임금 피크제, 경제 활동 참여 기회 확대 등 • 노인 복지 정책과 편의 시설 확대 등

2. 외국인 이주 증가와 다문화 사회
(1) **국내 거주 외국인 증가** : 노동 시장의 개방, 외국인의 국내 취업과 유학 증가, 국제결혼 증가 등 → 다문화 사회 형성

(2) **시 · 도별 외국인 현황(2018년)**
① 외국인 수 : 경기>서울>경남>충남 순으로 많고, 세종이 가장 적음
② 외국인 성비 : 대도시인 서울은 낮고, 제조업이 발달한 경남은 가장 높음

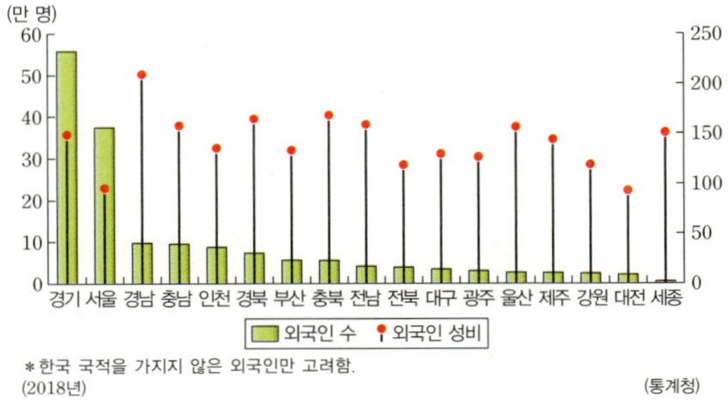

* 한국 국적을 가지지 않은 외국인만 고려함.
(2018년) (통계청)

▲ 시 · 도별 외국인 현황

❓ 인구 부양비와 노령화 지수
• 유소년 부양비 = $\dfrac{\text{유소년층 인구}}{\text{청장년층 인구}} \times 100$

• 노년 부양비 = $\dfrac{\text{노년층 인구}}{\text{청장년층 인구}} \times 100$

• 총 부양비 = 유소년 부양비 + 노년 부양비 = $\dfrac{\text{유소년층 인구} + \text{노년층 인구}}{\text{청장년층 인구}} \times 100$

• 노령화 지수 = $\dfrac{\text{노년층 인구}}{\text{유소년층 인구}} \times 100$

❓ 외국인 주민 현황

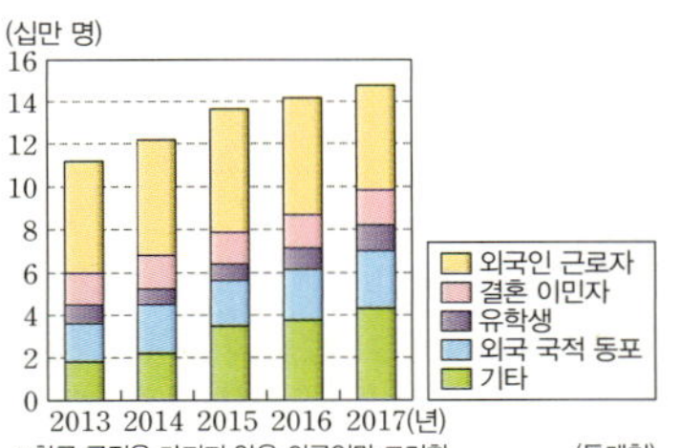

국내 체류 외국인 중 가장 많은 유형은 우리나라에 취직한 외국인 근로자로 약 30%를 차지한다.

🔒 3점 공략 Check

Q1 수도권과 충청권 모두 인구 (순유입 / 순유출)이 나타난다.

Q2 부산과 서울은 모두 교외화로 인구의 (사회적 / 자연적) 감소가 나타난다.

Q3 시 · 도 지역 중 노년층 인구 비율이 가장 높은 곳은 (   ), 유소년층 인구 비율이 가장 높은 곳은 (   )이다.

Q4 청장년층 인구 비율이 높은 지역일수록 총 부양비가 (높고 / 낮고), 노령화 지수는 (유소년층 / 노년층) 인구에 대한 (유소년층 / 노년층) 인구 비율이다.

Q5 중화학 공업 도시는 (남초 / 여초) 현상이 주로 나타난다.

대표 기출  VS 고난도 기출

순한맛 # 모의평가

그래프는 지도에 표시된 세 지역의 인구 특성을 나타낸 것이다. (가)~(다) 지역에 대한 설명으로 옳은 것은?

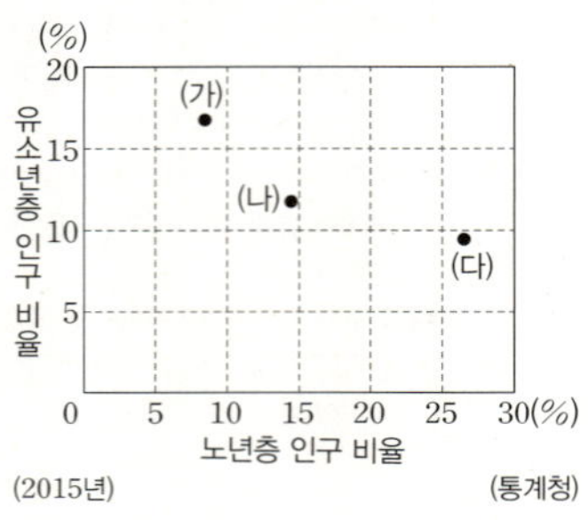
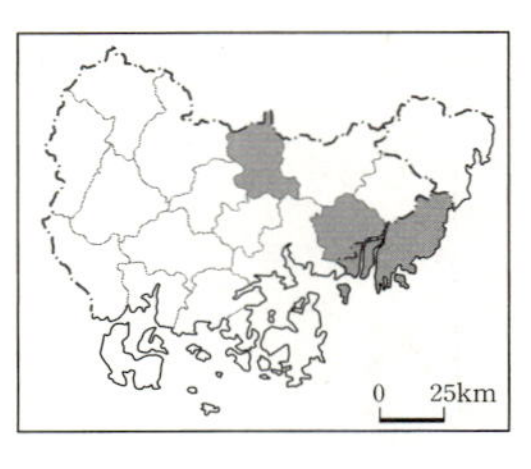

① (가)는 (나)보다 농가 인구 비율이 높다.

② (가)는 (다)보다 총 부양비가 높다.

③ (나)는 (가)보다 총인구가 적다.

④ (다)는 (나)보다 노령화 지수가 낮다.

⑤ (나)로 통근·통학하는 인구 비율은 (다)가 (가)보다 높다.

[유형 분석] 대도시, 위성 도시, 촌락 지역의 유소년층과 노년층 인구 비율을 토대로 해당 지역의 특징을 비교하는 문항이다. 이러한 유형의 문항은 촌락과 도시, 시·도별 인구 구조, 인구의 사회적 증가가 많은 곳과 인구의 사회적 감소가 나타나는 지역 등을 사례로 자주 출제된다.

[접근 방법] ❶ 지도에 표시된 지역이 어디인지 파악한다. ❷ 노년층 인구 비율이 가장 높은 지역과 청장년층 인구의 유입으로 유소년층 인구 비율이 가장 높은 지역이 어디인지 파악한다. ❸ 지도에 표시된 지역을 ❷와 연결하여 그래프의 (가)~(다) 지역을 추론한다.

답 ①

WHY 왜 빠지지 않고 출제될까?

촌락과 도시 지역의 인구 특성이 다르기 때문에 인구 자료를 통해 두 지역을 구분하고, 그 특성을 비교할 수 있는지를 묻는 문항이 자주 출제된다. 이에 기본 문항뿐만 아니라 출제 방식에 약간의 변화를 주어 고난도로도 출제된다. **촌락 지역 중 최근 도청이 입지하는 홍성, 무안 등과 함께, 혁신 도시가 입지(나주, 원주 등)하거나 수도권의 인구와 제조업이 분산되면서 인구가 급증하는 지역(천안, 아산 등)들은 인구 특성을 여러 측면에서 비교할 수 있어 출제 빈도가 높다.** 따라서 상대적으로 노년층 인구 비율이 높은 촌락과 유소년층 인구 비율이 높은 도시 지역의 여러 특징을 비교하여 알아 두어야 한다.

 # 수능 # 정답률 76% 매운맛

그래프는 지도에 표시된 네 지역의 인구 특성을 나타낸 것이다. (가)~(라) 지역에 대한 설명으로 옳은 것은?

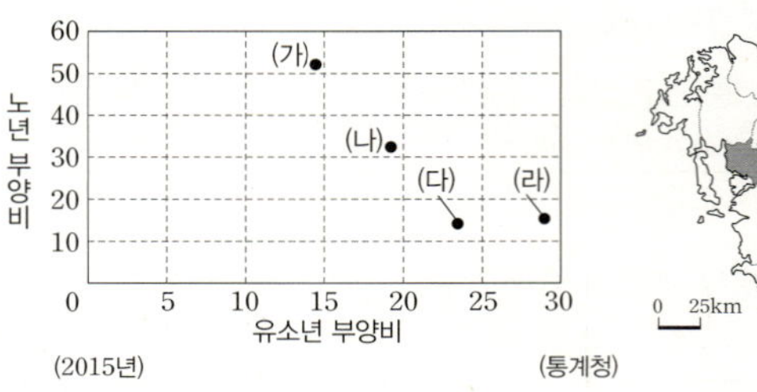

① (가)는 (나)보다 총인구가 많다.

② (가)는 (라)보다 서비스업 종사자 수가 많다.

③ (나)는 (다)보다 청장년층 인구 비율이 높다.

④ (다)는 (나)보다 외국인 근로자 수가 많다.

⑤ (라)는 (다)보다 제조업 종사자 수가 많다.

[유형 분석] 아산, 세종, 홍성, 청양의 인구 부양비 특징을 비교하는 문항이다. 제시된 지역 중 아산과 세종은 도시의 특성이 나타나고, 홍성과 청양은 촌락의 특성이 나타나는데, 이들 지역의 인구 특성을 보다 세분화해서 구분할 수 있는지를 묻고 있다.

[접근 방법] ❶ 지도에 표시된 지역이 어디인지 파악한다. 🔒 이때 도시와 촌락을 구분하고, 최근 청장년층의 인구 유입으로 유소년 부양비가 상대적으로 높은 곳이 어디인지 추론한다. ❷ 촌락 지역 중 내포 신도시가 위치해 상대적으로 노년 부양비가 낮은 곳이 어디인지 추론한다. ❸ ❶, ❷를 토대로 그래프의 (가)~(라)가 지도의 어느 지역에 해당하는지 연결한다.

답 ④

HOW 킬러 문항, 어떻게 출제될까?

고난도 기출은 도시와 촌락의 인구 특성을 단순 비교하는 데서 그치지 않고 **촌락 지역 중 최근 인구 유입이 많은 지역과 지속적으로 인구가 감소한 지역을, 도시 지역 중 최근 인구 순유입이 매우 많은 지역을 인구 부양비를 통해 구분할 수 있는지** 물었다. 또한 청양처럼 지도에서의 **위치가 생소한 지역**을 제시하고, 총인구 등의 **지리적 배경 지식을 활용**하는 선지를 오답으로 배치해 난도를 더 높였다. 이밖에 촌락 지역끼리 **경지 중 논 면적 비율**을 비교하거나, 공업 도시를 **성비**로 구분하고, 신도시를 **아파트 거주 가구 비율**을 통해 추론하는 등의 변칙을 적용하여 비슷한 지역 간 인구 특성을 비교하는 문항이 킬러 문항으로 종종 출제된다.

실전 문제

주제 1 인구 분포와 인구 변화

01
| 모의평가 |

그래프는 지도에 표시된 3개 시·도의 시기별 인구 변동을 나타낸 것이다. (가)~(다)에 대한 설명으로 옳은 것만을 〈보기〉에서 고른 것은?

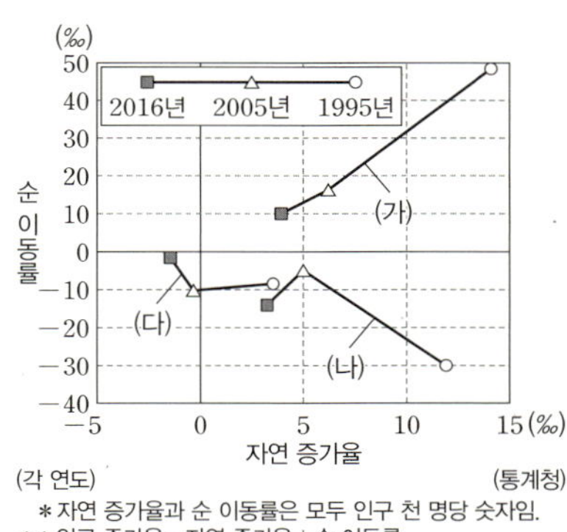

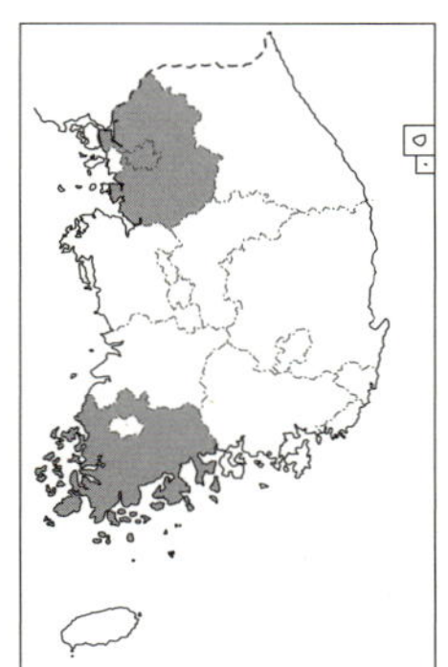

〈보기〉
ㄱ. (가)와 (다)는 수도권에 위치해 있다.
ㄴ. 1995년에 인구가 증가한 시·도는 (가)와 (나)이다.
ㄷ. 2005년에 순 전출을 보이는 시·도는 (나)와 (다)이다.
ㄹ. 2016년에 출생자 수에 비해 사망자 수가 많은 시·도는 (다)이다.

① ㄱ, ㄴ ② ㄱ, ㄷ ③ ㄴ, ㄷ ④ ㄴ, ㄹ ⑤ ㄷ, ㄹ

02

그래프는 지도에 표시된 세 지역의 인구 변화를 나타낸 것이다. (가)~(다) 지역에 대한 설명으로 옳은 것은?

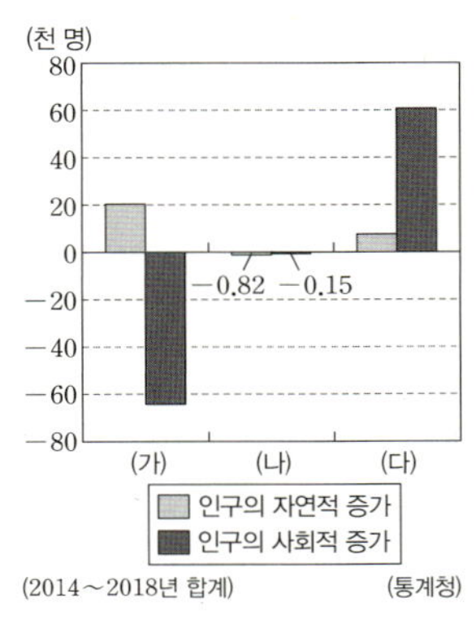

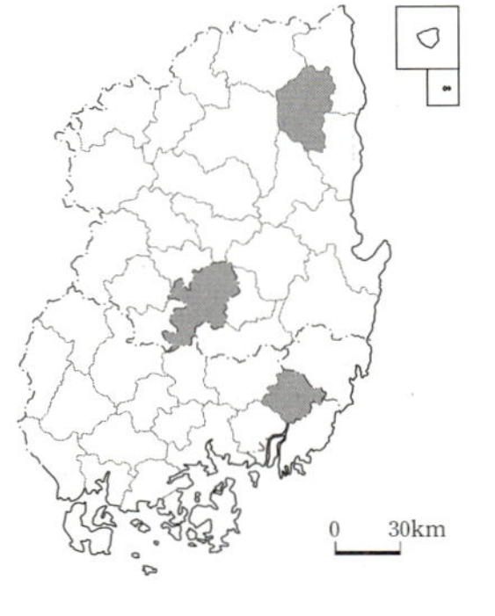

① (가)는 (나)보다 지역 내 1차 산업 종사자 비율이 높다.
② (가)는 (다)보다 총인구가 적다.
③ (나)는 (가)보다 노령화 지수가 낮다.
④ (나)는 (다)보다 다른 시·군·구로의 통근·통학률이 낮다.
⑤ (다)는 (나)보다 주택 유형 중 아파트 비율이 낮다.

03

그래프는 우리나라의 인구 변화를 나타낸 것이다. (가)~(다) 시기에 대한 설명으로 옳은 것만을 〈보기〉에서 고른 것은?

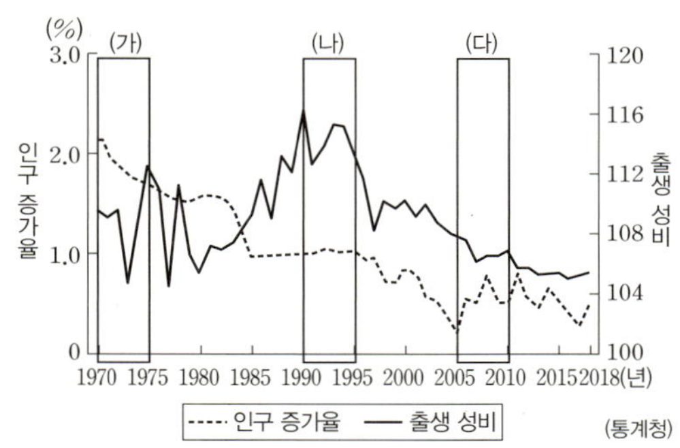

〈보기〉
ㄱ. (가) 시기에는 출산 장려 정책이 추진되었다.
ㄴ. (나) 시기 출생 성비는 남아 선호 사상과 관련 있다.
ㄷ. (가) 시기는 (다) 시기보다 유소년 부양비가 낮다.
ㄹ. (다) 시기는 (가) 시기보다 중위 연령이 높다.

① ㄱ, ㄴ ② ㄱ, ㄷ ③ ㄴ, ㄷ ④ ㄴ, ㄹ ⑤ ㄷ, ㄹ

04

그래프는 권역 간 인구 이동을 나타낸 것이다. (가)~(라) 지역에 대한 설명으로 옳은 것은? (단, (가)~(라)는 각각 수도권, 영남권, 충청권, 호남권 중 하나임.)

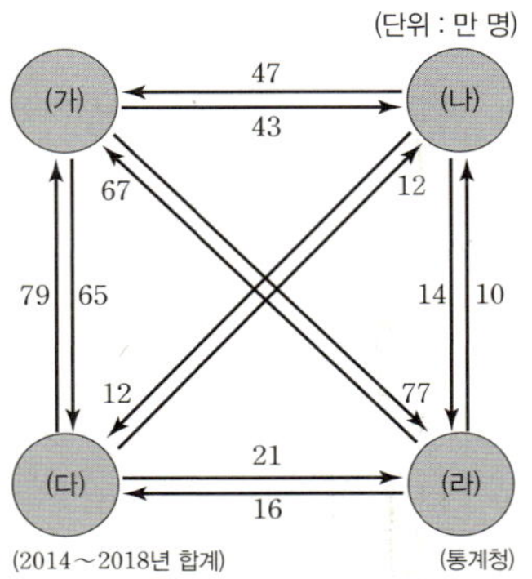

① 영남권은 인구의 사회적 증가가 나타났다.
② 수도권은 충청권으로의 인구 이동보다 호남권으로의 인구 이동이 많다.
③ (가)는 (나)보다 인구의 사회적 증가가 적다.
④ (다)는 (라)보다 지역 내 광역시 수가 많다.
⑤ (라)로의 제조업 기능 이전은 (다)가 (가)보다 활발하다.

05

그래프는 네 권역의 인구 순이동 변화를 나타낸 것이다. (가)~(라) 지역에 대한 설명으로 옳은 것만을 〈보기〉에서 고른 것은? (단, (가)~(라)는 각각 수도권, 영남권, 충청권, 호남권 중 하나임.)

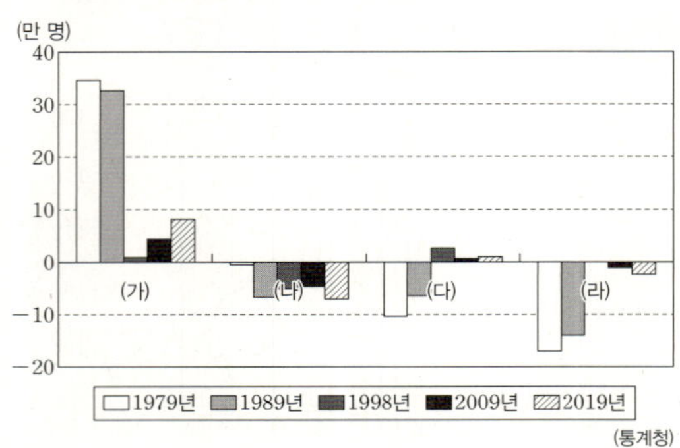

보기

ㄱ. (가)는 (나)보다 지역 내 총생산이 많다.
ㄴ. (나)는 (라)보다 도시에 거주하는 인구가 적다.
ㄷ. (다)는 최근 (라)보다 (가)로부터의 인구 유입이 많다.
ㄹ. (가)는 수도권, (나)는 호남권, (다)는 충청권, (라)는 영남권이다.

① ㄱ, ㄴ ② ㄱ, ㄷ ③ ㄴ, ㄷ ④ ㄴ, ㄹ ⑤ ㄷ, ㄹ

주제 ② 인구 구조 변화

06

| 모의평가 |

그래프는 지도에 표시된 세 지역의 인구 특성을 나타낸 것이다. (가)~(다) 지역에 대한 설명으로 옳은 것은?

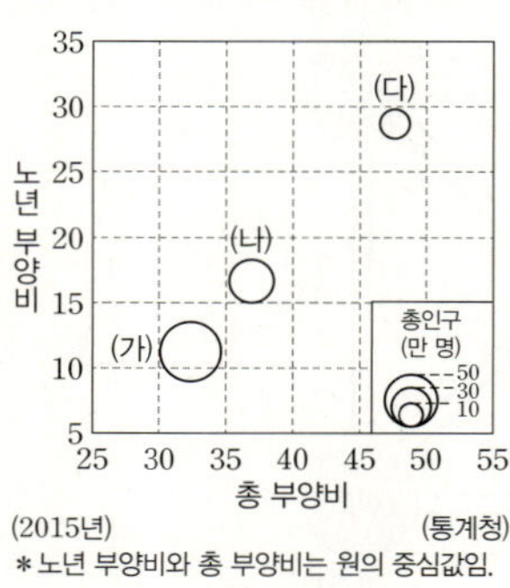

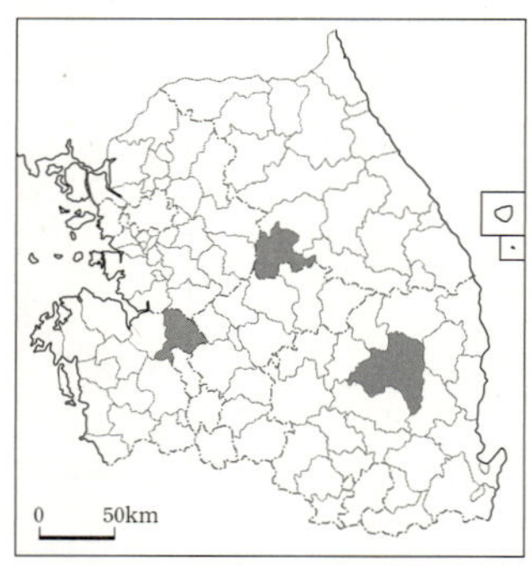

① (가)는 (나)보다 유소년층 인구가 적다.
② (나)는 (다)보다 노령화 지수가 높다.
③ (가)는 강원권, (나)는 충청권에 있다.
④ (나)에는 혁신 도시, (다)에는 도청이 위치해 있다.
⑤ 청장년층 인구의 비율은 (다)>(나)>(가) 순으로 높다.

07

그래프는 시·도별 유소년층·노년층 인구 비율을 나타낸 것이다. (가)~(라) 지역에 대한 설명으로 옳은 것은? (단, (가)~(라)는 각각 경기, 세종, 울산, 전남 중 하나임.)

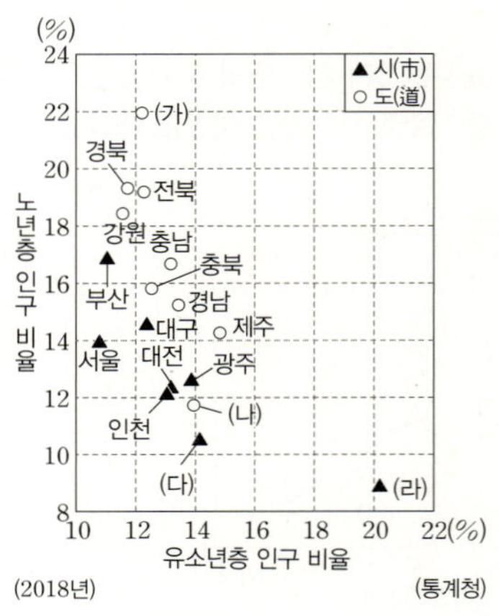

① (가)는 노령화 지수가 100 미만이다.
② (가)는 (나)보다 총 부양비가 높다.
③ (나)는 (다)보다 2000년대 이후 인구의 사회적 증가가 적다.
④ (다)는 (라)보다 시(市)로 승격(출범)한 시기가 늦다.
⑤ (나), (라)는 모두 수도권에 위치한다.

08

다음 자료의 네 지역에 대한 설명으로 옳은 것은? (단, (가)~(라)는 각각 지도에 표시된 A~D 중 하나임.)

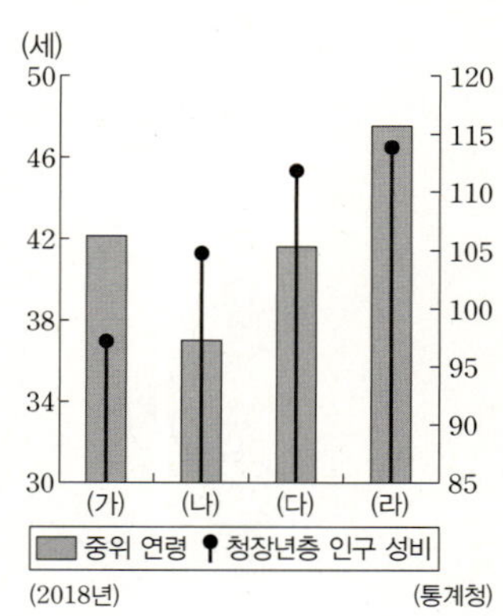

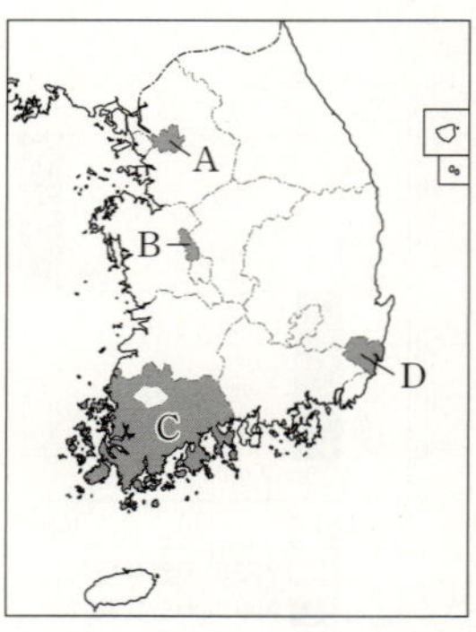

① (가)는 행정 중심 복합 도시로 개발되었다.
② (나)는 시(市) 지역 중 제조업 출하액이 가장 많다.
③ (가)는 (나)보다 중심지 기능이 다양하다.
④ (다)는 (라)보다 지역 내 1차 산업 종사자 비율이 높다.
⑤ (가)는 B, (나)는 C, (다)는 D, (라)는 A이다.

09

그래프는 권역별 인구 증감을 나타낸 것이다. (가)~(라) 권역으로 옳은 것은?

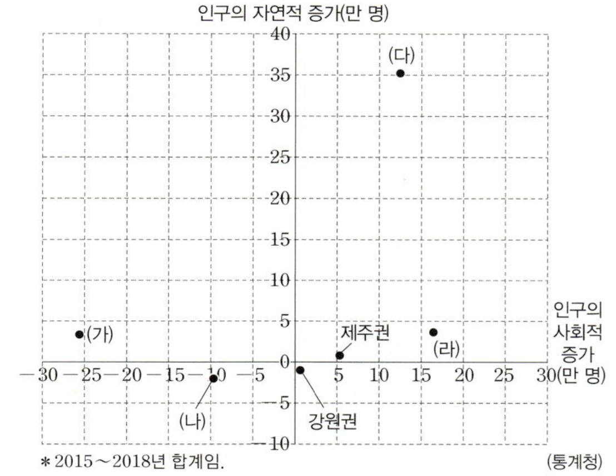

	(가)	(나)	(다)	(라)
①	수도권	영남권	호남권	충청권
②	영남권	충청권	수도권	호남권
③	영남권	호남권	수도권	충청권
④	충청권	수도권	영남권	호남권
⑤	충청권	호남권	영남권	수도권

주제 3 저출산 · 고령화 · 다문화 공간

10

| 학력평가 |

지도는 경기도의 두 인구 지표를 시 · 군별로 나타낸 것이다. (가), (나) 인구 지표로 옳은 것은?

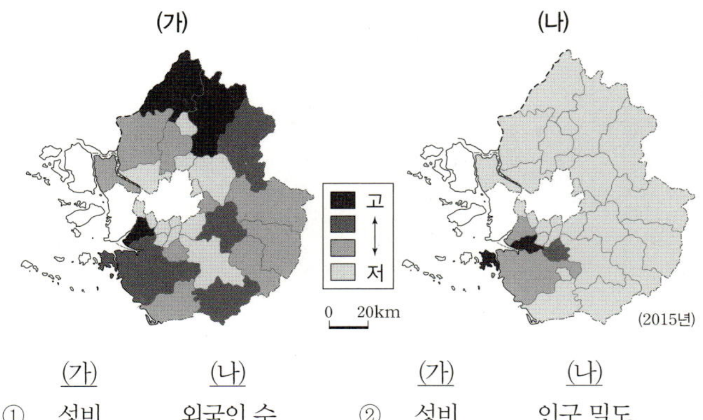

	(가)	(나)		(가)	(나)
①	성비	외국인 수	②	성비	인구 밀도
③	외국인 수	성비	④	외국인 수	인구 밀도
⑤	인구 밀도	외국인 수			

11

그래프는 네 지역의 외국인 현황을 나타낸 것이다. (가)~(라) 지역에 대한 설명으로 옳은 것만을 〈보기〉에서 고른 것은? (단, (가)~(라)는 각각 경기, 경남, 서울, 전남 중 하나임.)

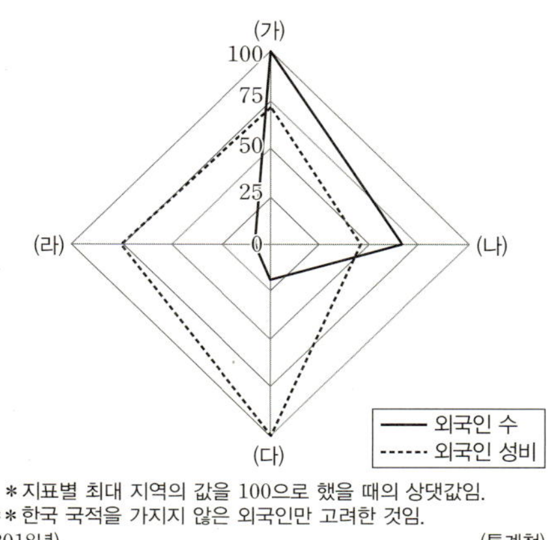

보기
ㄱ. (가)는 (다)보다 지역 내 총생산이 많다.
ㄴ. (라)는 (가)보다 도시에 거주하는 인구가 많다.
ㄷ. (가)는 최근 (라)보다 (나)로부터의 인구 유입이 많다.
ㄹ. (가)와 (다)는 수도권, (나)는 호남권, (라)는 영남권에 속한다.

① ㄱ, ㄴ　② ㄱ, ㄷ　③ ㄴ, ㄷ　④ ㄴ, ㄹ　⑤ ㄷ, ㄹ

12

그래프는 충청 지방의 시 · 도별 인구 특성을 나타낸 것이다. (가)~(라) 지역에 대한 설명으로 옳은 것은?

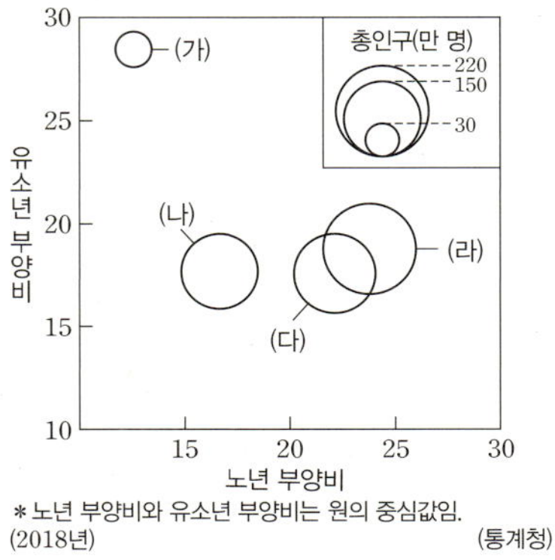

① 총 부양비는 충북이 가장 높다.
② 노령화 지수는 대전이 가장 낮다.
③ (가)는 (나)보다 유소년층 인구가 많다.
④ (나)는 (다)보다 청장년층 인구 비율이 높다.
⑤ (라)는 (다)보다 지역 내 논 면적 비율이 낮다.

킬러 문항 완전 정복

01

그래프에 대한 설명으로 옳은 것은? (단, (가)~(다)는 각각 수도권, 충청권, 호남권 중 하나이고, A~D는 강원, 경기, 전남, 충남 중 하나임.)

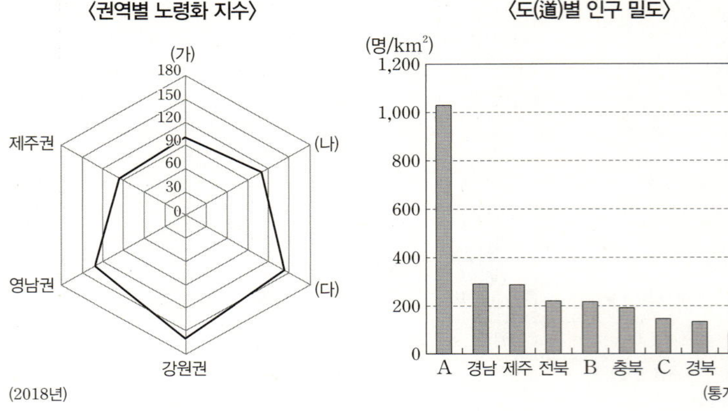

① (다)는 노년층 인구보다 유소년층 인구가 많다.

② (가)는 (나)보다 청장년층 인구 비율이 낮다.

③ A는 B보다 도시 인구가 적다.

④ B는 D보다 경지 중 밭 면적 비율이 높다.

⑤ A는 (가), B는 (나), C는 (다)에 위치한다.

02

그래프는 지도에 표시된 네 지역의 성비와 총 부양비를 나타낸 것이다. (가)~(라) 지역에 대한 설명으로 옳은 것은?

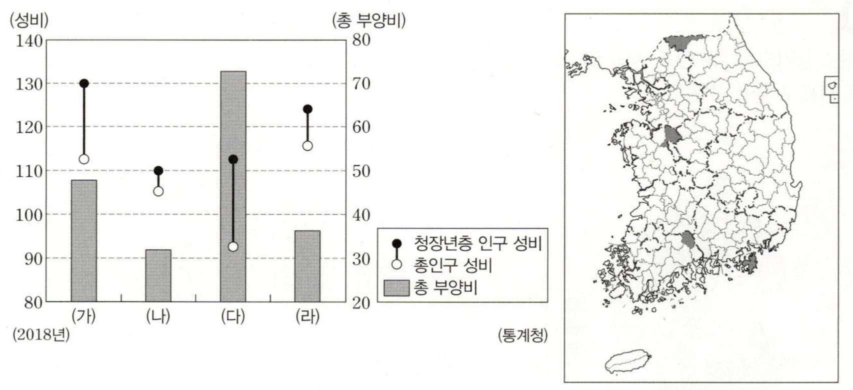

① (가)에는 지리산 둘레길의 일부 구간이 있다.

② (나)는 군사 분계선에 접하고 있다.

③ (다)는 전철로 수도권 전철망과 연결되어 있다.

④ (라)에는 대규모 조선소가 위치한다.

⑤ (다)는 (나)보다 노년층 인구의 성비가 높다.

03

그래프는 세 지표의 도(道)별 현황을 나타낸 것이다. (가)~(다) 지표로 옳은 것은?

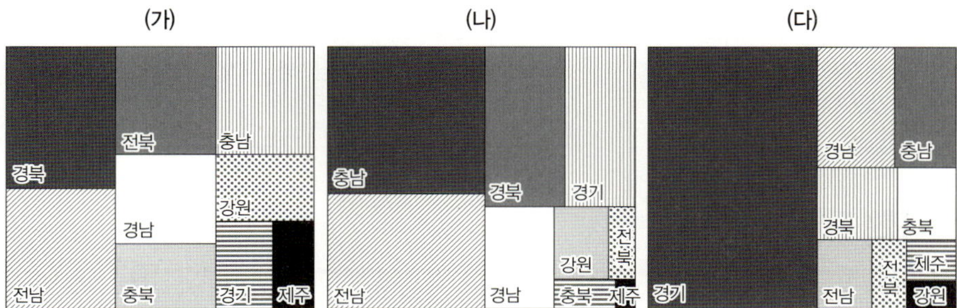

*각 지표의 도(道)별 현황을 면적 크기로 나타낸 것임.
(2018년)　　　　　　　　　　　　　　　　　　　(통계청)

	(가)	(나)	(다)
①	다문화 농가 수	외국인 근로자 수	1차 에너지 공급량
②	다문화 농가 수	1차 에너지 공급량	외국인 근로자 수
③	외국인 근로자 수	다문화 농가 수	1차 에너지 공급량
④	외국인 근로자 수	1차 에너지 공급량	다문화 농가 수
⑤	1차 에너지 공급량	다문화 농가 수	외국인 근로자 수

📍 1등급 전략

지역적 차이를 면적으로 나타낸 자료를 바탕으로 자료의 표현 기준이 된 지표를 추론하는 문항이다. 먼저 선택지로 제시된 지표가 무엇인지 체크하고, 각 자료에 하나씩 대입해 지역별 순위가 맞게 표현되어 있는지 판단해 보자. 지표를 추론하는 문항은 표현 수치가 높은 지역과 낮은 지역을 함께 분석해야 실수가 없다. 대체로 다문화 농가 수는 농가 수가 많은 지역, 외국인 근로자 수와 1차 에너지 공급량은 제조업이 발달한 지역일수록 많은 편이다.

04

표는 지도에 표시한 네 지역의 인구의 자연적·사회적 증가를 나타낸 것이다. (가)~(라) 지역에 대한 설명으로 옳은 것은?

(단위 : 명)

지역	인구의 사회적 증가	인구의 자연적 증가
(가)	−34,481	19,009
(나)	182,439	9,241
(다)	−3,055	−2,942
(라)	1,216	3,403

*2014~2018년 합계임.　　　　　(통계청)

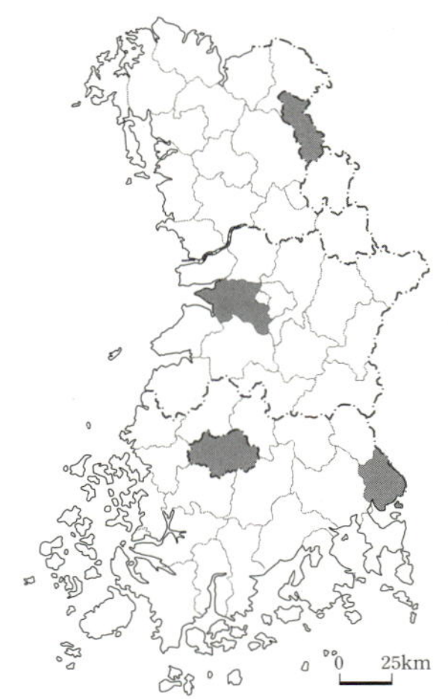

① (가)에서는 농경 문화를 이용한 지평선 축제가 열린다.

② (나)는 광역시이다.

③ (다)는 행정 중심 복합 도시이다.

④ (가)는 (나)보다 유소년 부양비가 높다.

⑤ (라)는 (나)보다 제조업 출하액이 많다.

📍 1등급 전략

다양한 성격의 지역을 인구 증감 자료를 통해 구분하는 문항이다. 인구의 자연적 증가는 해당 지역의 인구 규모나 청장년층 인구 비율과, 사회적 증가는 위성 도시와 제조업 발달, 정부 정책 등의 인구 유입 요인을 고려하여 구분해 보자.

10강 우리나라의 지역 이해

출제 POINT

주제 1 북한 지역		주제 2 수도권과 강원 지방		주제 3 충청 · 호남 · 영남 지방과 제주도	
북한의 자연환경과 자원	★★★	수도권의 특성	★★★	충청 · 호남 · 영남 지방의 특성	★★★
북한의 개방 정책과 남북 교류	★☆☆	강원 지방의 특성	★★☆	제주도의 특성	★☆☆

주제 1 북한 지역

Tip

❶ 북한 주요 지역의 기후 특색을 묻는 문항이 자주 출제된다. 청진이 평양보다 연 강수량이 적고 최한월 평균 기온이 높다는 점, 북한에서 연 강수량이 많은 지역이 원산과 장전이고, 이곳은 겨울철 북동 기류에 의한 강수가 많은 지역이라는 점을 알아 두자.

❷ 남북한의 농업과 자원을 비교하는 문항도 자주 출제된다. 남한은 석유>석탄>천연가스>원자력, 북한은 석탄>수력>석유 순으로 1차 에너지 소비량이 많음을 기억해야 한다. 또한 북한도 남한처럼 쌀 생산량이 가장 많지만, 남한에 비해 쌀 생산 비율이 낮고 옥수수 생산 비율이 특히 높다는 점을 명심하자.

3점 공략

1. 북한의 자연환경과 자원

(1) 자연환경과 주민 생활

지형	• 산지 : 전체 면적의 약 80%가 산지, 해발 고도 2,000m 이상의 험준한 산지 발달, 백두산 일대에 화산 지형 발달(칼데라호, 용암 대지 등) • 하천과 평야 : 압록강 · 대동강 등 큰 하천은 주로 황해로 유입되며, 대동강 하류 일대에 평야 발달
기후	• 기온 : 기온의 연교차가 큰 대륙성 기후, 동해안 지역이 서해안 지역보다 겨울 기온이 높음 • 강수 : 소우지(대동강 하류 지역, 관북 지방 등), 다우지(청천강 중 · 상류의 바람받이 사면, 강원도 동해안 지역 등)
주민 생활	• 농업 : 밭농사 중심의 농업이 이루어짐, 쌀>옥수수>서류 순으로 생산량이 많음 • 가옥 : 관북 지방에서 폐쇄적 가옥 구조(전(田)자형 가옥, 정주간)가 나타남

(2) 자원 : 풍부한 지하자원, 1차 에너지 소비 구조(석탄>수력>석유 등), 발전 설비(수력>화력 등)

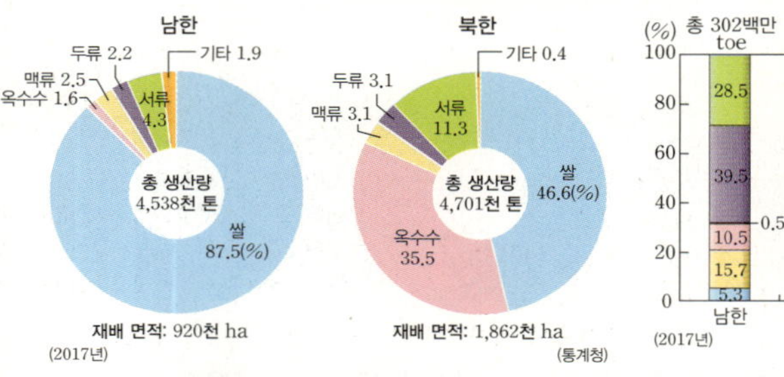

▲ 남북한의 식량 작물별 생산 비율

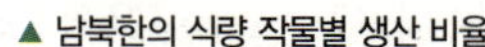

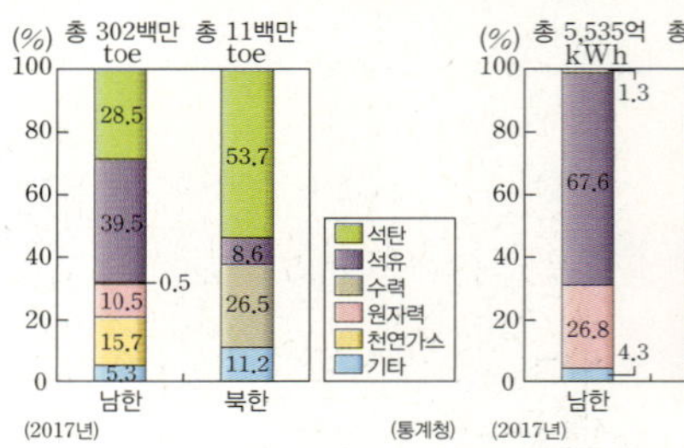

▲ 남북한의 1차 에너지 공급 구조

▲ 남북한의 전력 생산 구조

2. 북한의 개방 정책과 남북 교류

나선 경제특구	북한 최초의 경제특구, 중국 · 러시아와 인접, 유엔 개발 계획(UNDP)의 지원
신의주 특별 행정구	중국과의 무역 통로 역할, 황금평 일대 개발 논의, 홍콩식 경제 개발 추진
금강산 관광 지구	관광객 유치를 통한 외화 획득 목적, 2008년 관광객 피격 사건 이후 잠정 중단
개성 공업 지구	남한의 자본과 기술 + 북한의 저임금 노동력, 남북 경제 협력의 상징이었으나 2016년 남북 간 마찰이 심화되며 잠정 중단

북한 주요 지역의 기후 값

(단위 : ℃, mm)

구분	1월 평균 기온 겨울 강수량	기온의 연교차 연 강수량
청진	-5.3	27.2
	43.4	622.2
중강진	-16.1	38.4
	29.9	726.4
희천	-9.1	32.6
	47.8	1,071.2
평양	-6.0	30.6
	39.8	911.3
원산	-2.3	25.9
	87.8	1,347.8

주제 2 수도권과 강원 지방

1. 수도권의 특성

(1) 지역 특성 : 우리나라 면적의 약 12%에 불과하나 인구의 약 절반이 집중되어 있음, 자본 · 제조업 · 서비스업 · 정치 · 행정 · 교육 · 문화 기능 등이 집중된 우리나라의 중심지

서울	조선 시대부터 우리나라의 수도로서 정치 · 경제 · 문화의 중심지 역할을 함
인천	인천 국제공항과 인천항을 중심으로 국제 물류 기능 발달
경기	수도권에서 가장 면적이 넓고 인구가 많으며, 서울의 배후지 역할 담당

수도권의 주요 지역

(2) 산업 특성과 인구 변화

① 산업 특성

서울	서비스업이 발달하여 도매 및 소매업, 사업 서비스업, 정보 통신업 등 서비스업의 부가 가치 비율이 높음
인천	국제공항과 국제항만이 있어 운수 및 창고업의 부가 가치 비율이 상대적으로 높음
경기	서울의 제조업 기능이 분산되어 제조업의 부가 가치 비율이 높음

② 인구 변화 : 교외화 현상이 나타나는 서울은 전입 인구보다 전출 인구가 많아 인구 순유출이 나타나고, 서울의 주거 기능 등을 분담하는 경기는 인구 순유입이 많음

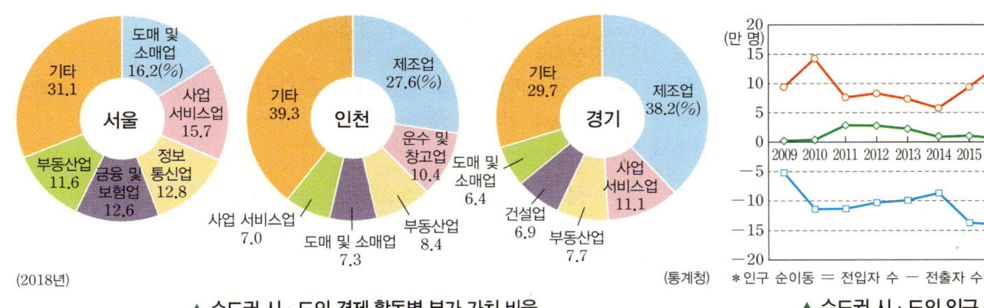

▲ 수도권 시·도의 경제 활동별 부가 가치 비율

▲ 수도권 시·도의 인구 순이동 변화

2. 강원 지방의 특성

(1) 영동 지방과 영서 지방의 자연환경 및 인문 환경 차이

구분	자연환경	인문 환경
영서 지방	• 영동 지방보다 기온의 연교차가 큼 • 여름철 남서 기류의 유입으로 지형성 강수가 많고 집중 호우가 자주 내려 여름철 강수 집중률이 높음	• 산지가 많아 밭농사 비율이 높음 → 옥수수, 감자, 메밀 등을 활용한 음식 발달 • 태백 산지 주변의 고위 평탄면에서는 고랭지 농업, 목축업 등이 이루어짐
영동 지방	• 태백산맥과 수심이 깊은 동해의 영향으로 동위도의 영서 지방보다 겨울이 온화함 • 겨울철에 북동 기류의 영향으로 강설량이 많음	• 바다와 접해 있어 오징어, 명태 등 해산물을 이용한 음식 발달 • 반농반어촌의 경관이 나타나며, 해안 지형과 항만을 바탕으로 관광 산업 발달

(2) 산업 구조 변화

① 밭농사 중심의 농업과 임산 및 수산 자원을 바탕으로 1차 산업 발달

② 산업화 과정에서 풍부한 지하자원을 토대로 우리나라 최대의 광업 지역으로 성장하였으나, 1980년대 이후 석탄 산업이 쇠퇴하면서 지역 경제가 침체됨

③ 첨단 산업 중심의 산업 구조 고도화 추진 : 바이오 산업(춘천), 의료 산업 클러스터(원주), 해양 신소재 산업(강릉) 등

④ 1차 산업 기반의 새로운 소득 창출 노력 : 지역 특산물을 활용한 제품 생산, 농어촌 체험 관광 연계 등

⑤ 관광 산업 육성 : 해수욕장, 석회 동굴, 고랭지 농목업 경관, 폐광의 산업 유산 등을 활용

주제 ❸ 충청·호남·영남 지방과 제주도

1. 충청·호남·영남 지방의 특성

(1) **충청 지방** : 대전광역시, 세종특별자치시, 충청북도, 충청남도를 포함

특징	• 수도권과 영남권, 호남권의 인구와 물자가 교류하는 교통·물류의 중심지 역할 • 수도권 전철 연장 및 고속 철도 개통 → 수도권의 각종 기능 분담 및 수도권과 밀접한 생활권 형성
산업 발달	• 제조업 발달 : 아산(전자, 자동차), 당진(제철), 서산(석유 화학) 등에서 중화학 공업 발달 • 첨단 산업 : 대전의 대덕 연구 개발 특구, 청주의 오송 생명 과학 단지 등을 중심으로 성장
도시 발달	• 수도권과 인접한 천안·아산, 제조업이 발달한 당진·서산 등의 인구 급증 • 행정 중심 복합 도시(세종특별자치시) 건설, 충청남도청(내포 신도시) 이전 • 기업 도시(태안 – 관광 레저형, 충주 – 지식 기반형), 혁신 도시(진천·음성) 조성

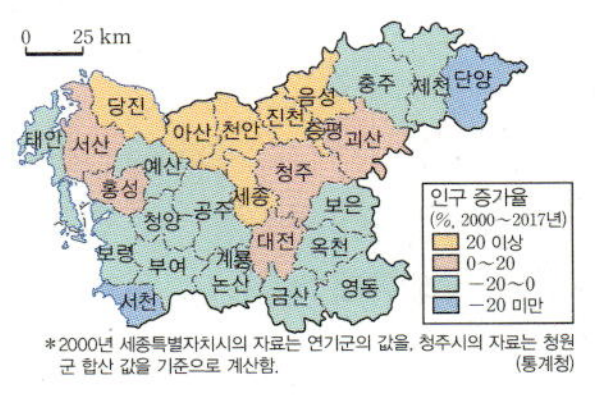

수도권 전철이 연장된 천안·아산, 제조업이 발달한 당진, 행정 중심 복합 도시로 개발된 세종, 혁신 도시가 있는 진천·음성 등에서 인구가 크게 증가하였다.

● 호남 지방의 주요 지역

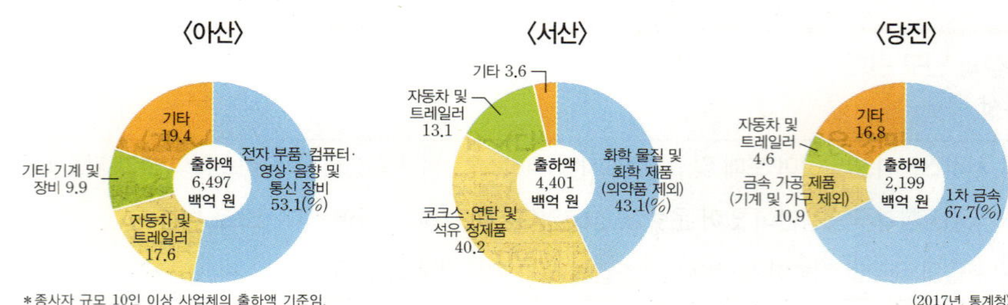

▲ 충청 지방 주요 도시의 제조업 출하액 및 업종별 비율

(2) **호남 지방** : 광주광역시, 전라북도, 전라남도를 포함

특징	• 호남·나주평야 등 넓은 평야를 중심으로 농업 발달 → 우리나라 최대의 곡창 지대 형성 • 리아스 해안 : 갯벌과 섬, 만 발달 → 어업 생산량 1위인 전라남도 • 농산물과 해산물이 풍부하며, 음식·판소리 등 다양한 문화 발달 예 전주(대사습놀이, 세계 소리 축제), 남원(춘향제), 김제(지평선 축제), 보성(다향제), 순창(장류 축제) 등 • 슬로 시티 : 신안군, 완도군, 전주시, 담양군, 목포시
산업 발달	• 서해안 고속 국도와 호남 고속 철도 개통, 정부 지원 → 제조업 및 첨단 산업 분야의 투자 진행 • 제조업 성장 : 광양(제철), 여수(정유 및 석유 화학), 광주(자동차 및 광(光) 산업)
도시 발달	• 광양만권 경제 자유 구역 : 광양·여수·순천, 경남 하동을 중심으로 동북아 물류 중심지 지향 • 혁신 도시 : 전주·완주(농·생명 클러스터 구축), 나주(녹색 전력 연구 개발 기반 조성)

Tip

영남 지방은 충청·호남 지방과 함께 시·군별 공업 특색을 지도상의 위치까지 종합적으로 숙지해야 한다. 제철 공업은 포항·광양·당진을, 정유 및 석유 화학 공업은 울산·여수·서산 등을 중심으로 발달해 있다.

● 영남 지방의 주요 지역

3점 공략

(3) **영남 지방** : 부산광역시, 대구광역시, 울산광역시, 경상북도, 경상남도를 포함

특징	• 태백산맥과 소백산맥으로 둘러싸여 있으며, 낙동강 유역에 크고 작은 평야와 분지 분포 • 조차가 작고 수심이 깊은 해안이 있어 항만 발달 → 대형 선박의 입·출항 용이
공업 발달	• 영남 내륙 공업 지역 : 풍부한 노동력, 편리한 교통을 배경으로 성장 예 대구(자동차, 섬유), 구미(전자) • 남동 임해 공업 지역 : 수출입에 유리한 항만, 정부의 중화학 공업 정책을 배경으로 성장 → 우리나라 최대의 중화학 공업 지역 예 울산(석유 화학, 정유, 자동차, 조선), 포항(제철), 창원(기계), 거제(조선)
도시 발달	• 대도시의 교외화 : 1990년대 이후 부산, 대구의 인구와 기능이 주변 지역으로 분산되는 교외화 현상 발생 → 김해와 양산, 경산 등의 도시 성장 • 역사 문화 도시 : 안동(세계 문화유산으로 등재된 하회 마을, 경상북도청 이전), 경주(석굴암과 불국사, 경주 역사 유적 지구, 양동 마을 등이 세계 문화유산으로 등재)

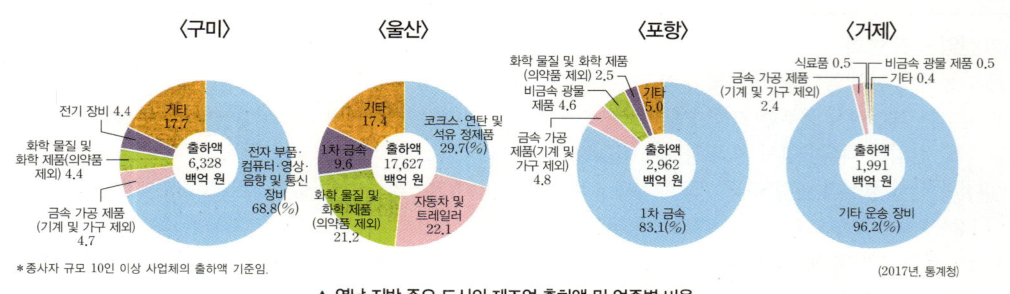

▲ 영남 지방 주요 도시의 제조업 출하액 및 업종별 비율

3점 공략 Check

Q1 북한의 1차 에너지 소비에서 가장 높은 비율을 차지하는 자원은 (　　　)이다.

Q2 수도권 시·도 지역 중 제조업 출하액이 가장 많은 곳은 (　　)이다.

Q3 수도권 시·도 지역 중 인구 순유입이 가장 많은 곳은 (　　), 인구 순유출이 가장 많은 곳은 (　　)이다.

Q4 영남 지방에서 석유 화학, 정유, 자동차, 조선 공업이 발달한 도시는 (　　), 제철 공업이 발달한 도시는 (　　)이다.

2. 제주도의 특성

자연 환경	기후	• 연평균 기온이 높고 기온의 연교차가 작으며, 연 강수량이 많음 → 해안 저지대는 겨울철에도 따뜻하여 난대성 식물이 자람 • 해발 고도가 높아질수록 기온이 낮아져 식생의 수직적 분포 차이가 뚜렷함
	지형	• 신생대 화산 활동으로 형성, 다양한 화산 지형(기생 화산, 용암 동굴, 주상 절리 등)이 발달 → 유네스코 생물권 보전 지역(2002년), 세계 자연 유산(2007년), 세계 지질 공원(2010년)으로 지정되는 등 세계적인 관광지로 성장 • 물이 지하로 잘 스며들고 하천 발달이 미약함 → 건천이 주를 이룸
독특한 문화와 산업 발달		• 전통 취락 : 물을 얻기 쉬운 해안의 용천대를 중심으로 발달 • 전통 가옥 : 현무암을 이용하여 돌담을 쌓고, 나지막한 지붕에 그물 모양으로 줄을 엮어 강풍에 대비, 창고 기능을 하는 고팡 발달 • 기반암의 영향으로 경지는 대부분 밭과 과수원으로 이용 • 제조업 발달이 미약, 관광 산업 발달

3점 공략 개념 CHECK 정답 _ Q1 석탄　Q2 경기　Q3 경기, 서울　Q4 울산, 포항

순한맛 # 수능

다음 자료는 어느 모둠의 답사 계획서 일부이다. 이 모둠의 답사 지역을 지도의 A~F에서 순서대로 옳게 고른 것은? (단, 하루에 한 지역만 답사하며, 각 날짜별 답사 지역은 다른 지역임.)

〈영남 지방 답사 계획서〉
• 기간 : 2019년 10월 ○일 ~ ○일
• 답사 일정 및 답사 내용

답사 일정	답사 내용
1일 차	세계 문화유산으로 등재된 역사 유적 지구 및 전통 역사 마을의 특징 파악
2일 차	람사르 협약 등록 습지에서 다양한 식물 및 동물 생태계 관찰
3일 차	남강 유등 축제 참여 및 공공 기관 이전에 따른 혁신 도시의 토지 이용 변화 조사

0 ___ 25km

1일 차	2일 차	3일 차		1일 차	2일 차	3일 차
① A	→ D	→ F		② A	→ F	→ E
③ C	→ D	→ E		④ C	→ E	→ F
⑤ C	→ F	→ B				

매운맛 # 수능 # 정답률 54%

다음 자료는 온라인 학습 장면의 일부이다. 답글 ㉠~㉤ 중에서 옳은 내용을 고른 것은?

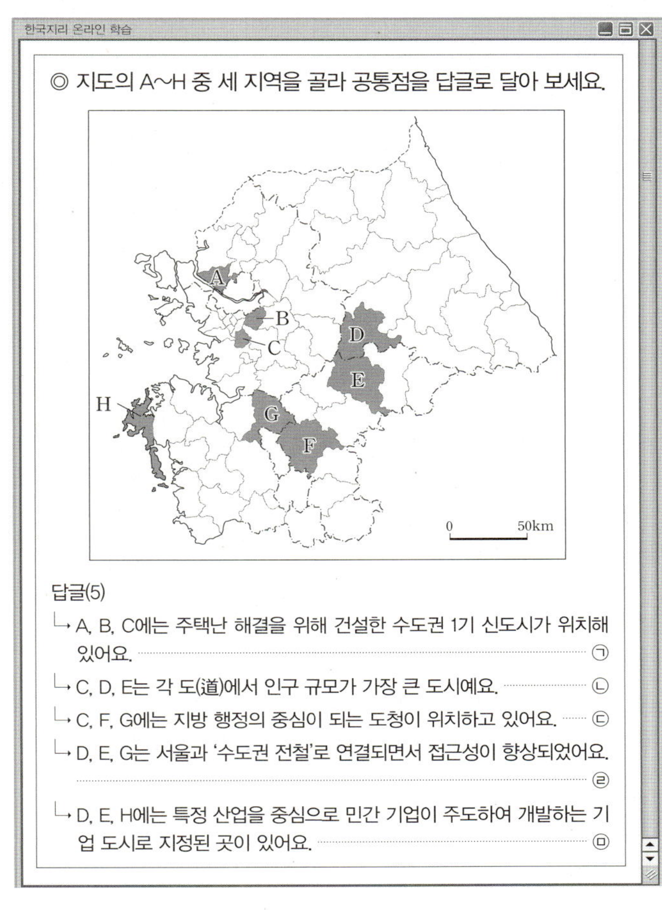

① ㉠　　② ㉡　　③ ㉢　　④ ㉣　　⑤ ㉤

[유형 분석] 영남 지방 답사 계획서를 토대로 지역별 위치와 주요 특성을 파악하고 있는지를 묻는 문항이다. 각 권역별 지도를 제시하고 권역 내 주요 지역의 자연적, 인문적 특성을 묻는 문항이 자주 출제된다.

[접근 방법] ❶ 지도의 A~F 지역을 파악한다. ❷ ❶의 지역 중 세계 문화유산 역사 유적 지구와 역사 마을이 있는 지역, 람사르 등록 습지가 있는 지역, 남강 유등 축제가 열리며 혁신 도시가 있는 지역을 파악한 뒤 순서대로 배열한다.　답 ③

[유형 분석] 수도권, 강원권, 충청권 주요 지역의 위치와 특성, 공통점을 종합적으로 파악하는 문항이다. 수도권 위성 도시의 특징을 비교하거나 혁신 도시, 기업 도시가 어디에 있는지 묻는 문항이 까다롭게 출제되는 경우가 많다.

[접근 방법] ❶ 고양, 성남, 수원의 특징을 파악한다. 이때 수도권 1기 신도시, 2기 신도시의 특징을 함께 떠올려 보자. ❷ 도(道)별 도청이 위치한 곳, 기업 도시가 있는 곳 등을 파악한다. ❸ ❶, ❷를 토대로 선지의 진위를 파악한다.　답 ⑤

WHY 왜 빠지지 않고 출제될까?

특정 권역의 백지도에 여러 지역을 표시한 뒤, 해당 지역의 특색을 묻는 문항이 빠지지 않고 매번 출제된다. 지형, 기후, 도시, 산업 등 한국지리의 핵심 내용을 지역의 맥락에서 종합적으로 파악할 수 있기 때문이다. **기업 도시와 혁신 도시, 도청 소재지, 원자력 발전소 입지 지역, 세계 문화유산 유무, 제조업 구조, 지역 축제** 등은 자주 나오는 내용 요소이다. 따라서 자주 출제되는 지역의 위치를 지도에서 반복적으로 확인하고, 이들 지역의 특색을 지도상의 위치와 함께 정리해 두어야 한다.

HOW 킬러 문항, 어떻게 출제될까?

고난도 기출은 **여러 권역의 지역 간 공통점을 파악**하도록 하여, 더 **많은 지역의 특색을 구체적으로 이해**하고 있는지 까다로운 선지를 활용해 출제하였다. 특히 **1기 신도시와 2기 신도시, 각 도(道)에서 인구 규모가 가장 큰 지역** 등과 관련된 진술은 꼼꼼히 공부하지 않았다면 진위를 판단하기 어렵다. 많은 학생들이 수원에 1기 신도시가 위치한 것으로, 충주를 충북에서 인구가 가장 많은 도시로 착각해 틀렸다. 따라서 킬러 문항에 대비하기 위해 문제 풀이에서 접하는 모든 지역의 특색을 꼭 지도상의 위치와 함께 암기해야 한다.

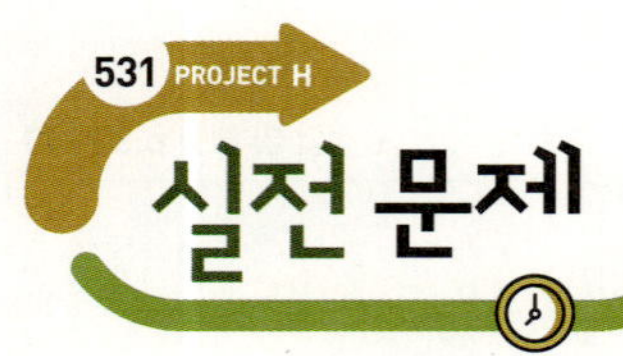

실전 문제

주제 1 북한 지역

주제 1 북한 지역

01

| 모의평가 |

다음은 북한 지역에 대한 한국지리 수업 장면이다. 교사의 질문에 대한 학생의 발표 내용으로 옳은 것은?

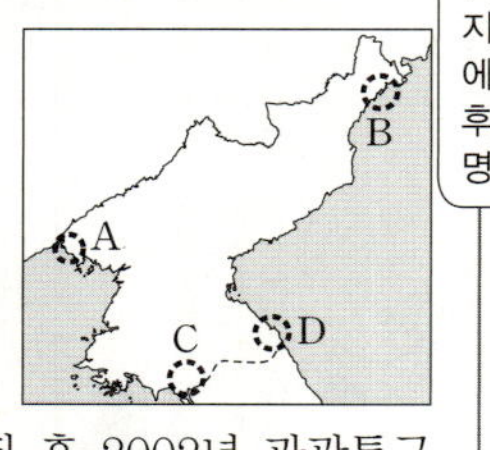

① 갑 : 인접국의 투자 개발이 논의되었던 황금평이 있어요.
② 을 : 중화학 공업의 중심지로 관북 지방에 위치해 있어요.
③ 병 : 고려 시대 수도였던 곳으로 역사 문화 유적이 많아요.
④ 정 : 대동강 유역에 위치해 있으며 북한 최대 공업 지역이에요.
⑤ 무 : 기반암이 풍화 침식되어 형성된 일만이천봉의 명산이 있어요.

02

그래프는 지도에 표시된 네 지역의 상대적 기후 특성을 나타낸 것이다. (가)~(라) 지역에 대한 설명으로 옳은 것은?

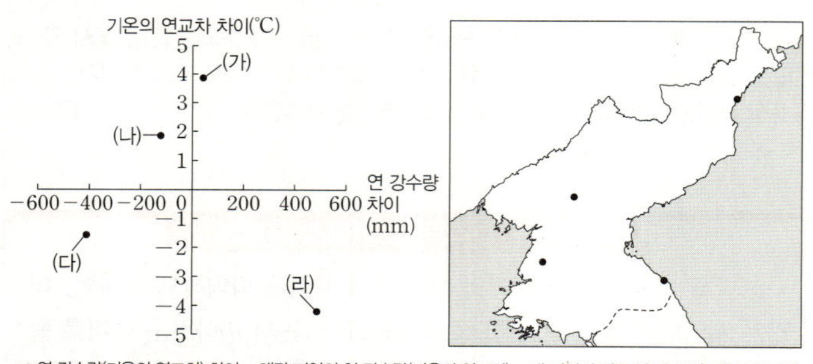

* 연 강수량(기온의 연교차) 차이 = 해당 지역의 연 강수량(기온의 연교차) − 네 지역의 평균 연 강수량(기온의 연교차)
** 1981~2010년 평년값임. (기상청)

① (가)는 (다)보다 고위도에 위치한다.
② (나)는 (라)보다 최한월 평균 기온이 높다.
③ (다)는 (가)보다 여름 강수 집중률이 높다.
④ (라)는 (다)보다 연평균 기온이 낮다.
⑤ (나)는 관서 지방, (다)는 관북 지방에 위치한다.

03

그래프는 남북한의 식량 작물 생산량 현황을 나타낸 것이다. 이에 대한 설명으로 옳은 것만을 〈보기〉에서 고른 것은? (단, (가), (나)는 각각 남한, 북한 중 하나이고, A, B는 쌀, 옥수수 중 하나임.)

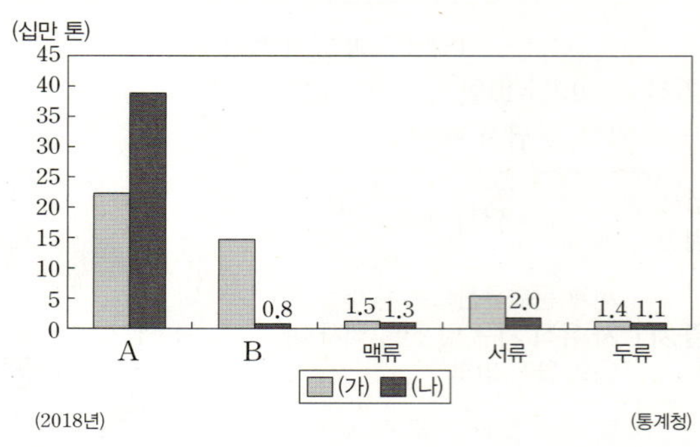

〈보기〉
ㄱ. A는 주로 밭에서 재배된다.
ㄴ. B는 북한보다 남한의 자급률이 높다.
ㄷ. (가)는 (나)보다 1차 산업 종사자 비율이 높다.
ㄹ. (나)는 (가)보다 식량 작물 중 쌀 생산량 비율이 높다.

① ㄱ, ㄴ　　② ㄱ, ㄷ　　③ ㄴ, ㄷ　　④ ㄴ, ㄹ　　⑤ ㄷ, ㄹ

04

그래프에 대한 설명으로 옳은 것은? (단, (가), (나)와 A, B는 각각 남한, 북한 중 하나이고, ㉠~㉤은 각각 석유, 석탄, 수력, 원자력, 천연가스 중 하나임.)

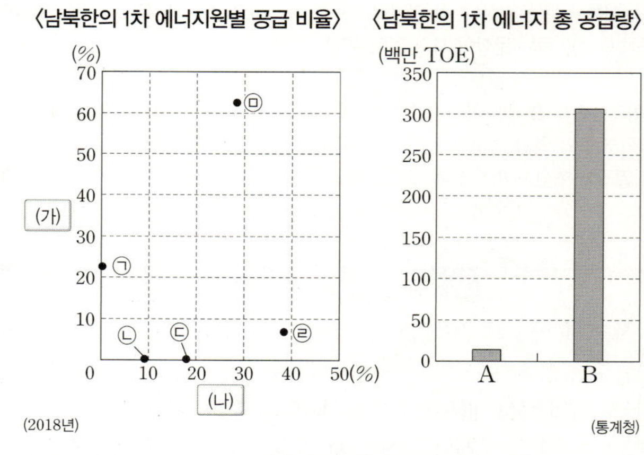

① (가)는 (나)보다 1차 에너지 총 공급량이 많다.
② (나)는 (가)보다 석탄 소비량이 많다.
③ A는 B보다 수력 공급 비율이 낮다.
④ ㉠은 ㉤보다 고갈 가능성이 높다.
⑤ ㉡, ㉢, ㉤은 화력 발전의 연료로 이용된다.

05

| 모의평가 |

그래프에 대한 설명으로 옳지 않은 것은? (단, (가)~(다)는 각각 경기, 서울, 인천 중 하나이고, A~C는 전문 서비스업, 자동차 및 트레일러 제조업, 전자 부품·컴퓨터·영상·음향 및 통신 장비 제조업 중 하나임.)

〈2·3차 산업 종사자 비율 및 총 종사자 수〉　〈A~C 업종별 사업체 수 비교〉

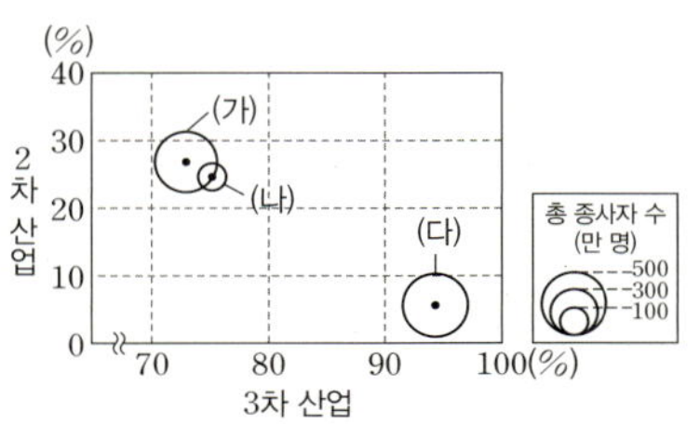
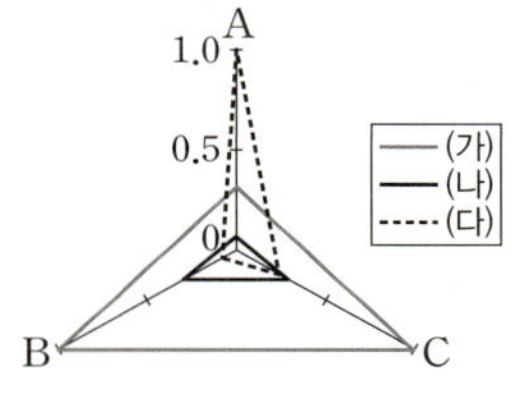

* 지역별 2·3차 산업 종사자 비율은 원의 가운데 값임.
** 'A~C 업종별 사업체 수 비교'는 (가)~(다) 지역 중 사업체 수가 가장 많은 지역을 1로 했을 때의 상댓값임.
*** 전문 서비스업에는 법률, 회계, 광고업 등이 포함됨.
(2015년)　(통계청)

① (나)는 인천이다.

② (가)는 (다)보다 인구가 많다.

③ A는 생산자 서비스업에 포함된다.

④ B의 종사자 수는 수도권이 영남권보다 많다.

⑤ B는 C보다 최종 제품의 무게가 무겁고 부피가 크다.

06

표는 지도에 표시된 세 지역의 지리 정보를 나타낸 것이다. (가)~(다) 지역에 대한 설명으로 옳은 것은?

지역	주택 유형 중 아파트 비율(%)	성비
(가)	81.9	107.1
(나)	79.0	112.4
(다)	20.5	102.9

(2018년)　(통계청)

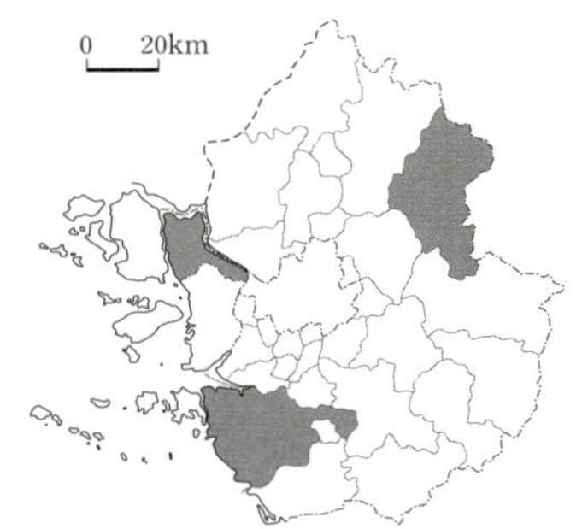

① (가)에는 수도권 1기 신도시가 있다.

② (가)는 (나)보다 제조업 출하액이 많다.

③ (나)는 (가)보다 서울로의 통근·통학 인구 비율이 높다.

④ (다)는 (가)보다 전체 가구 중 농가 비율이 높다.

⑤ (다)는 (나)보다 거주 기간 5년 미만 가구 비율이 높다.

07

(가)~(다)에 해당하는 지역을 A~C에서 고른 것은? (단, (가)~(다)와 A~C는 각각 경기, 서울, 인천 중 하나임.)

〈(가)~(다)의 업종별 부가 가치액〉　〈수도권 시·도의 인구 순이동 변화〉

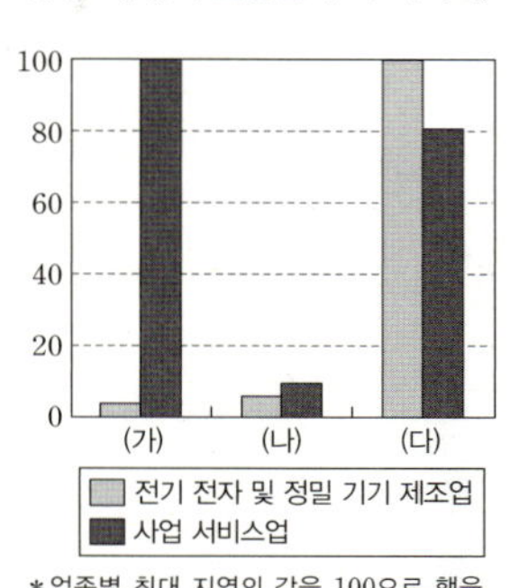

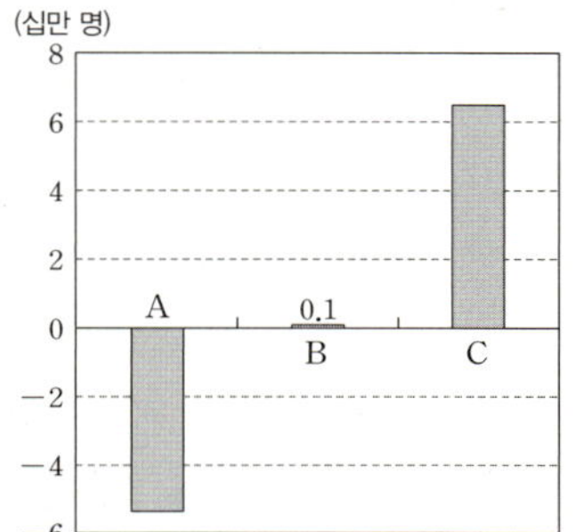

* 업종별 최대 지역의 값을 100으로 했을 때의 상댓값임.
(2018년)　(통계청)

* 2015~2019년 합계임.　(통계청)

	(가)	(나)	(다)
①	A	B	C
②	A	C	B
③	B	A	C
④	C	A	B
⑤	C	B	A

08

지도의 A~E 지역에 대한 설명으로 옳은 것은?

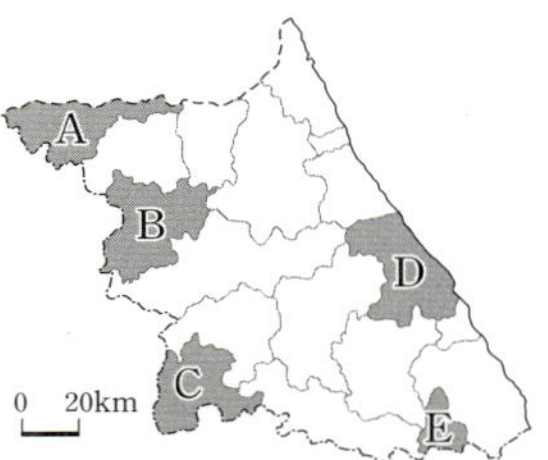

① A는 의료 기기 산업을 중심으로 첨단 산업을 육성하고 있다.

② B에는 기업 도시와 혁신 도시가 있다.

③ D에는 폐광 시설을 활용한 석탄 박물관이 있다.

④ C와 D는 '강원도'라는 도명(道名)이 유래된 도시이다.

⑤ E는 A보다 경지의 평균 경사도가 낮다.

09

그래프는 충청 지방의 시 · 도별 유소년층 · 노년층 인구 비율과 총인구를 나타낸 것이다. (가)~(라)에 대한 설명으로 옳은 것만을 〈보기〉에서 있는 대로 고른 것은?

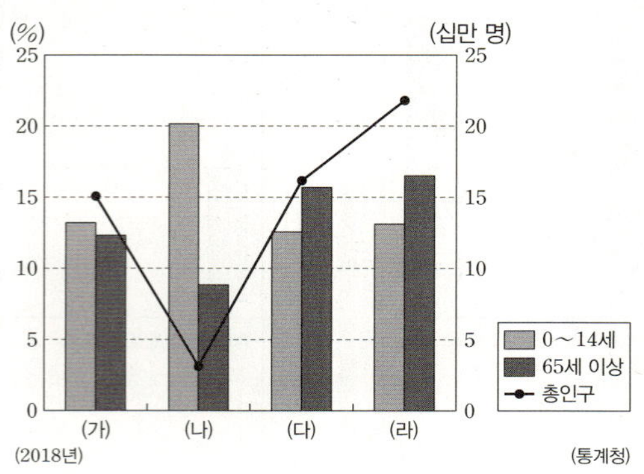

> **보기**
> ㄱ. (나)는 행정 중심 복합 도시이다.
> ㄴ. (가)는 (다)보다 인구 밀도가 높다.
> ㄷ. (다)는 (라)보다 제조업 출하액이 많다.
> ㄹ. (다)에는 지식 기반형 기업 도시, (라)에는 관광 레저형 기업 도시가 있다.

① ㄱ, ㄴ   ② ㄱ, ㄷ   ③ ㄷ, ㄹ
④ ㄱ, ㄴ, ㄹ   ⑤ ㄴ, ㄷ, ㄹ

10

표는 지도에 표시된 네 지역의 지리 정보이다. (가)~(라) 지역에 대한 설명으로 옳은 것은?

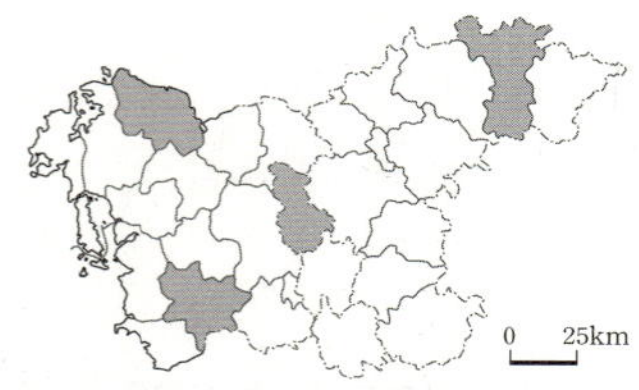

지역	거주 기간 3년 미만 가구 비율(%)	경지 중 논 면적 비율(%)
(가)	64.2	56.0
(나)	24.7	24.0
(다)	35.3	83.4
(라)	12.4	77.6

*거주 기간 3년 미만 가구 비율은 2015년. 경지 중 논 면적 비율은 2019년 값임. (통계청)

① (라)에는 세계 문화유산에 등재된 역사 유적 지구가 있다.
② (가)는 (나)보다 중위 연령이 높다.
③ (가)는 (라)보다 유소년 부양비가 낮다.
④ (나)는 (다)보다 제조업 출하액이 많다.
⑤ (다)는 (가)보다 쌀 생산량이 적다.

11

그래프는 지도에 표시된 네 지역의 인구 특성을 나타낸 것이다. (가)~(라) 지역에 대한 설명으로 옳은 것은?

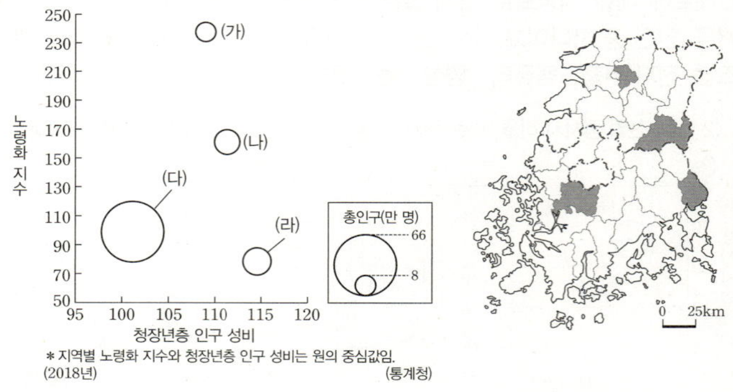

① (가)는 '전라도'라는 행정 구역 명칭의 유래가 된 지역이다.
② (나)에는 혁신 도시가 조성되어 있다.
③ (다)는 매년 춘향제가 열리고 목기(木器)로 유명하다.
④ (라)는 유소년층 인구보다 노년층 인구가 많다.
⑤ 광주로의 통근 · 통학 인구 비율은 (라)가 (나)보다 높다.

12

| 수능 |

다음 자료에서 설명하는 지역을 지도의 A~E에서 고른 것은?

> 이 지역은 대나무를 가공해서 만든 죽세공품의 대표적인 생산지이고, 해마다 대나무 축제가 개최되고 있다. 슬로 시티로 지정된 마을이 있으며, 전통 정원의 모습을 볼 수 있는 소쇄원이 유명하다.

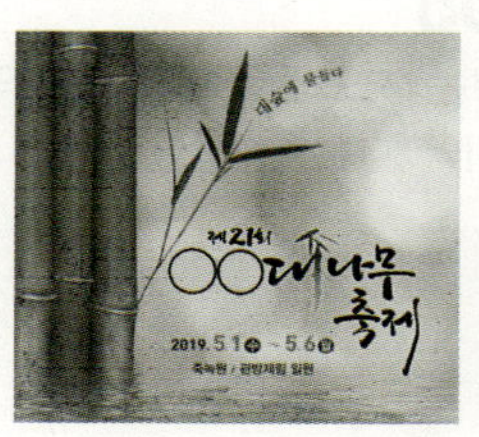

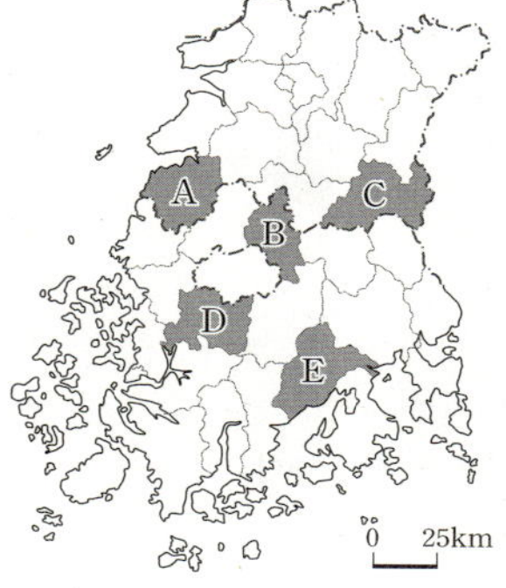

① A
② B
③ C
④ D
⑤ E

13

그래프는 세 지역의 인구 변화를 나타낸 것이다. (가)~(다) 지역을 지도의 A~C에서 고른 것은?

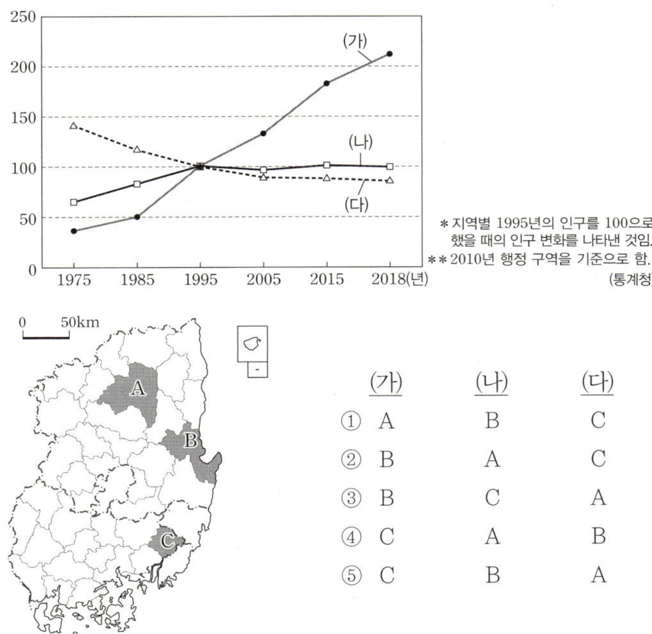

	(가)	(나)	(다)
①	A	B	C
②	B	A	C
③	B	C	A
④	C	A	B
⑤	C	B	A

14

| 수능 |

다음 자료는 영남권 네 지역의 제조업 업종별 종사자 수 비율을 나타낸 것이다. A~D 제조업에 대한 설명으로 옳은 것만을 〈보기〉에서 고른 것은? (단, A~D는 섬유 제품(의복 제외), 전자 부품 · 컴퓨터 · 영상 · 음향 및 통신 장비, 자동차 및 트레일러, 기타 운송 장비 제조업 중 하나임.)

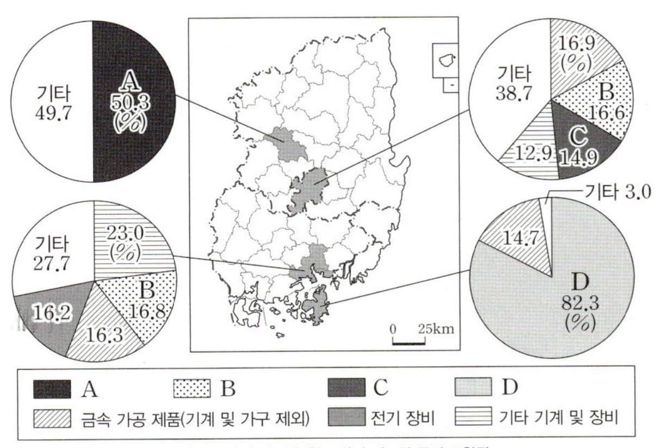

〈보기〉
ㄱ. B는 C보다 사업체당 종사자 수가 많다.
ㄴ. C는 A보다 2000년대 이후 수출액이 많다.
ㄷ. D는 A보다 전국에서 영남권이 차지하는 출하액 비율이 높다.
ㄹ. B와 D 모두 종사자 수가 가장 많은 지역은 수도권이다.

① ㄱ, ㄴ ② ㄱ, ㄷ ③ ㄴ, ㄷ ④ ㄴ, ㄹ ⑤ ㄷ, ㄹ

15

다음 자료를 보고, 탐구 주제와 지역이 옳게 연결된 것을 고른 것은?

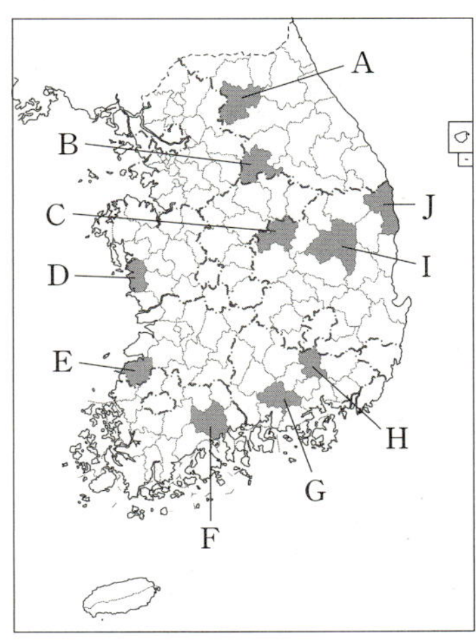

탐구 주제	지역	
기업 도시 입지가 지역 경제에 끼친 영향	B, G	… ㉠
원자력 발전소 입지에 따른 주민 생활 변화	E, J	… ㉡
람사르 협약에 등록된 습지의 보존 실태 조사	F, I	… ㉢
세계 문화유산 등재에 따른 문화재 활용 방안	A, H	… ㉣
석탄 박물관 입지에 따른 지역 산업 구조 변화	C, D	… ㉤

① ㉠ ② ㉡ ③ ㉢ ④ ㉣ ⑤ ㉤

16

다음 글의 ㉠~㉤에 대한 설명으로 옳지 않은 것은?

제주도는 ㉠ 독특하고 아름다운 자연환경으로 세계적인 관광지로 성장하고 있다. 한라산은 ㉡ 전체적으로 경사가 완만한 방패형 화산이지만, 중앙부는 경사가 급한 종 모양의 화산을 이루며 정상에는 ㉢ 백록담이 있다. 제주도는 연 강수량이 많으나 하천의 발달이 미약하고, ㉣ 전통 취락은 해안가를 중심으로 발달하였다. 제주도의 전통 가옥은 주변에서 쉽게 구할 수 있는 ㉤ 현무암을 이용하여 돌담을 쌓았고, 지붕은 새(띠)로 엮어 나지막하게 만들었다.

① ㉠은 화산 활동으로 형성된 지형이 많으며 세계 자연유산에 등재된 곳이 있다.
② ㉡은 점성이 작은 용암의 분출로 형성되었다.
③ ㉢은 화구호이다.
④ ㉣은 해안을 따라 용천대가 분포하기 때문이다.
⑤ ㉤은 높은 연평균 기온에 적응하기 위한 시설이다.

킬러 문항 완전 정복

중부 지방 주요 지역의 위치를 파악하고 각 지역의 특색을 비교하는 문항이다. 건축 연도 1989년 이전 주택, 즉 지은 지 비교적 오래된 주택 비율의 차이가 의미하는 바가 무엇인지 군(郡) 지역과 시(市) 지역을 비교하여 생각해 보고, 이를 대도시권의 확대 개념과 연계하여 지역을 추론해 보자.

01

그래프는 지도에 표시한 네 지역의 건축 연도 1989년 이전 주택 비율과 경지 중 논 면적 비율을 나타낸 것이다. (가)~(라) 지역에 대한 설명으로 옳은 것은?

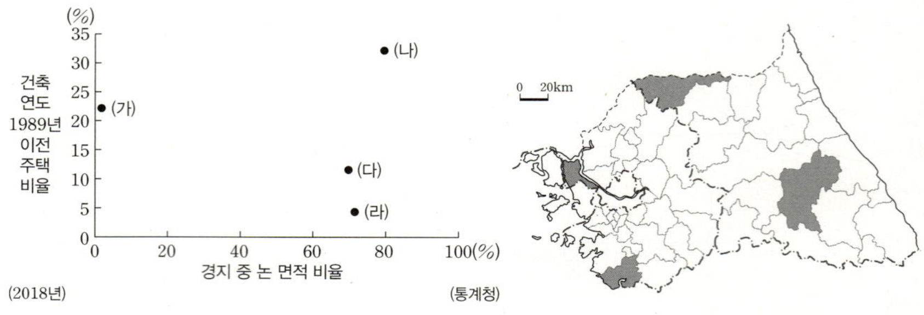

① (가)의 용암 대지에서는 벼농사가 활발하다.

② (나)의 고위 평탄면에서는 풍력 발전이 활발히 이루어진다.

③ (가)는 (다)보다 제조업 출하액이 많다.

④ (나)는 (라)보다 청장년층 인구의 성비가 낮다.

⑤ 서울로의 통근·통학 인구 비율은 (라)가 (다)보다 높다.

영남 지방과 충청 지방의 시·도별 인구 증감 자료를 토대로 지역을 추론하는 문항이다. 인구의 사회적 증가와 자연적 증가가 양(+)의 값으로 나타나는 지역과 음(−)의 값으로 나타나는 지역에 어떤 차이가 있는지, 그래프에서 시(市)와 도(道)의 분포 특징을 참고하여 생각해 보자. 자연적 증가는 출생률·사망률, 사회적 증가는 전입·전출과 관련이 있다.

02

그래프는 영남 지방과 충청 지방의 시·도별 인구 변화 및 총인구를 나타낸 것이다. 이에 대한 설명으로 옳은 것은?

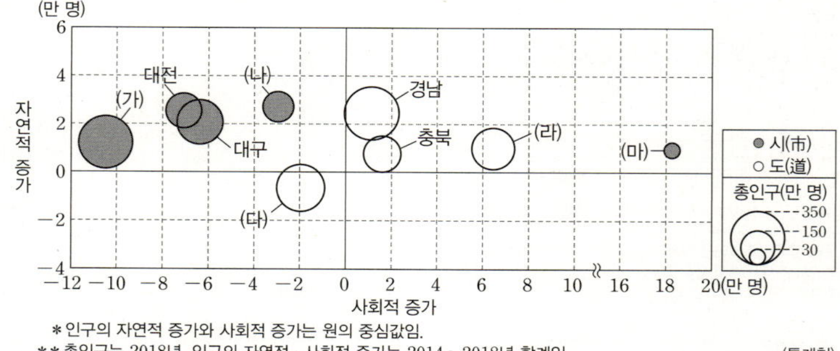

① 충청 지방은 영남 지방보다 인구 순유출이 많았다.

② (가)는 행정 중심 복합 도시이다.

③ (나)는 우리나라 제1의 무역항이다.

④ 수도권으로부터의 인구 유입은 (다)가 (라)보다 많다.

⑤ (가), (나)는 영남 지방, (마)는 충청 지방에 속한다.

03

그래프는 지도에 표시된 다섯 지역의 제조업 출하액 1위 업종을 나타낸 것이다. 이에 대한 설명으로
옳은 것은? (단, A, B는 각각 1차 금속 제조업, 전자 부품 · 컴퓨터 · 영상 · 음향 및 통신 장비 제조업
중 하나임.)

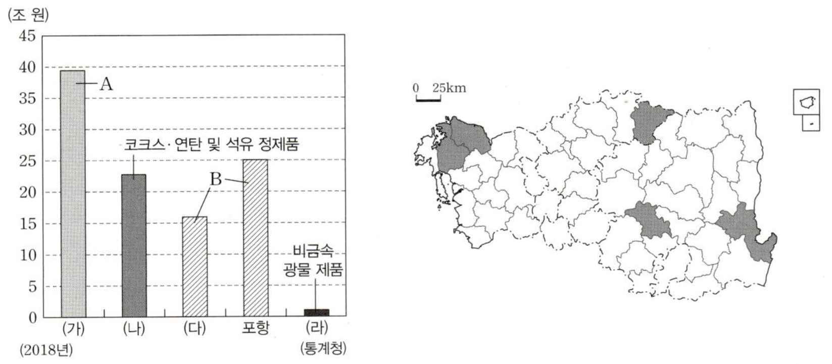

① A는 대량의 원료를 수입하는 적환지 지향형 공업이다.

② B는 A보다 수도권의 출하액이 많다.

③ (가)는 영남 내륙 공업 지역에 위치한다.

④ (나)는 (라)보다 시멘트 생산량이 많다.

⑤ (가), (다)는 제1차 국토 종합 개발 계획 추진 과정에서 공업 도시로 성장하였다.

04

다음 자료는 사회 관계망 서비스(SNS)의 네 지역과 관련된 해시태그 일부이다. (가)~(라) 지역에 대한
설명으로 옳은 것은? (단, (가)~(라)는 각각 강릉, 안동, 천안, 해남 중 하나임.)

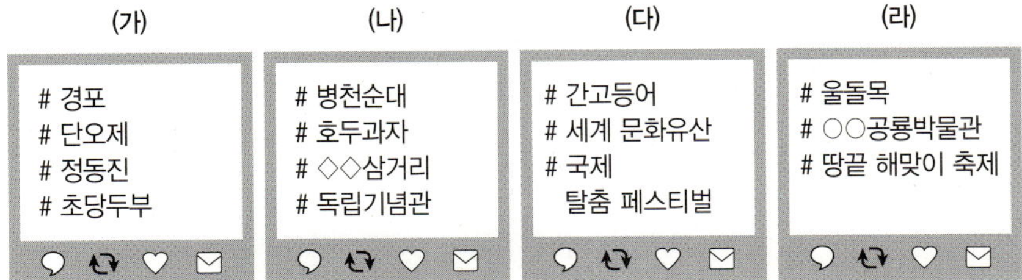

① (다)는 도청 소재지이다.

② (가)는 (나)보다 최한월 평균 기온이 낮다.

③ (나)는 (다)보다 2000년대 이후 인구의 사회적 증가가 적다.

④ (라)는 (나)보다 노령화 지수가 낮다.

⑤ (가)는 영동 지방, (라)는 영남 지방에 속한다.

01강 국토 인식과 지리 정보

◐ 핵심 개념

Q1 빈칸에 알맞은 말을 쓰시오.

우리나라의 영역과 배타적 경제 수역		
영역	영토	한반도와 그 부속 도서, 면적 약 22.3만 km², 남한은 약 10만 km²
	영해	• 통상 기선에서 12해리 : 동해안의 대부분, 울릉도, 독도, 제주도, 마라도 • 직선 기선에서 12해리 : 서·남해안, 동해안 일부 (영일만, 울산만) • (　　　)에서 3해리 : 대한 해협
	영공	영토와 영해의 수직 상공, 항공·우주 기술의 발달로 중요성이 커짐
배타적 경제 수역		• 기선으로부터 최대 200해리까지의 수역 중 영해를 제외한 수역 • 연안국의 (　　　) 권리(자원 탐사 및 개발, 어업 활동, 인공 섬 설치 등) 인정, 타국의 선박과 항공기 등은 자유롭게 통항 가능 • 배타적 경제 수역의 중첩 → 일본과 한·일 (　　　) 수역, 중국과 한·중 (　　　) 수역을 설정해 어족 자원을 공동으로 보존·관리

▶▶ 본문 p.04 참고

◐ 고난도 기출

Q2 다음 자료에 대한 설명으로 옳은 것만을 〈보기〉에서 있는 대로 고른 것은?

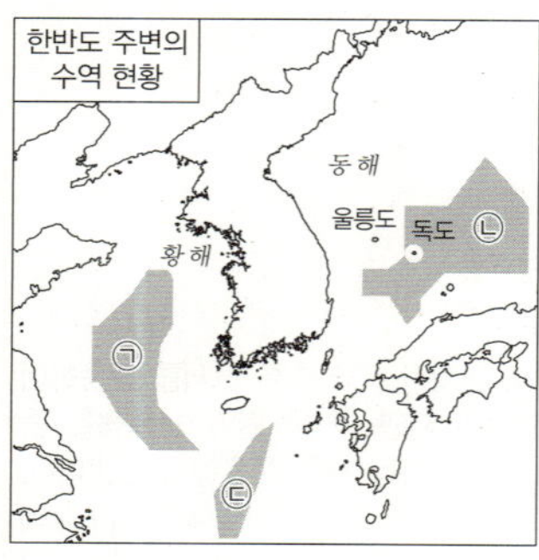

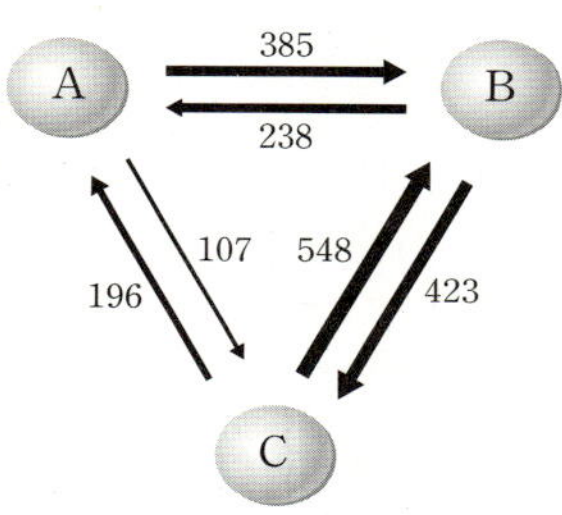

> [보기]
> ㄱ. ㉠은 A와 B 간의 어업 협정으로 설정되었다.
> ㄴ. ㉡에서는 한·일 양국이 어로 활동을 할 수 있다.
> ㄷ. ㉢은 B와 C 간의 어업 협정으로 설정되었다.
> ㄹ. 2010~2012년간 우리나라의 대(對)일본 무역은 흑자이다.

① ㄱ, ㄴ　　② ㄷ, ㄹ　　③ ㄱ, ㄴ, ㄷ
④ ㄱ, ㄴ, ㄹ　　⑤ ㄴ, ㄷ, ㄹ

02강 한반도의 형성과 산지 및 하천 지형

◐ 핵심 개념

Q3 빈칸에 알맞은 말을 쓰시오.

한반도의 지각 변동		
중생대	송림 변동	• 중생대 초 북부 지방 중심의 지각 변동 • (　　　)(동북동−서남서) 방향의 지질 구조선 형성
	대보 조산 운동	• 중생대 중기 중·남부 지방 중심의 지각 변동 • (　　　)(북동−남서) 방향의 지질 구조선 형성 • 가장 격렬했던 지각 변동으로 넓은 범위에 걸쳐 (　　　) 관입
	불국사 변동	중생대 말 (　　　) 지방 중심의 지각 변동, 불국사 화강암 관입
신생대	경동성 요곡 운동	• 신생대 제3기 동해안에 치우친 비대칭 융기 운동 • 함경산맥, 태백산맥 등 (　　　) 산맥 형성
	화산 활동	• 신생대 제3기 말~제4기에 걸친 화산 활동 • 백두산, 제주도, 울릉도, 독도 등의 화산 지형 형성

▶▶ 본문 p.12 참고

◐ 고난도 기출

Q4 자료에 대한 설명으로 옳은 것은?

〈우리나라의 지질 시대별 주요 지각 변동〉

지질 시대	시·원생대		고생대			중생대			신생대	
	시생대	원생대	캄브리아기	······	석탄기 ~ 페름기	트라이아스기	쥐라기	백악기	제3기	제4기
지질 계통	변성암 복합체		(가)	결층	평안 누층군		대동 누층군	경상 누층군	제3계	제4계
주요 지각 변동	↑ 변성 작용		↑ 조륙 운동			↑ 송림 변동	↑ (나)	↑ 불국사 변동	↑ (다)	

〈충주 분지의 지질 단면〉

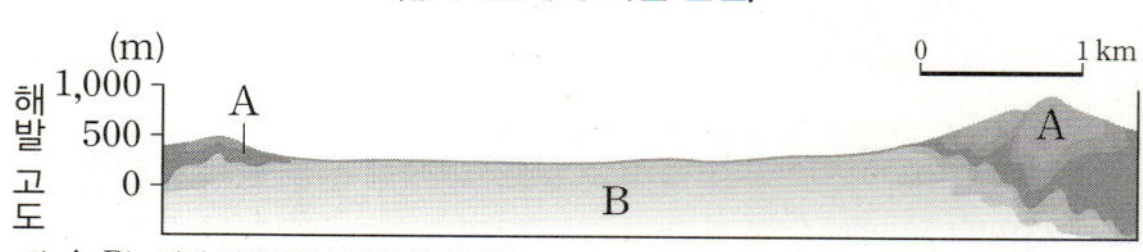

*단, A, B는 각각 편마암과 화강암 중 하나임.

① A로 구성된 산은 정상부가 주로 돌산의 경관을 보인다.

② B는 (가)의 대부분을 차지한다.

③ A는 B보다 형성 시기가 이르다.

④ 제주도의 화산체는 (나)에 의해 형성되었다.

⑤ 대보 화강암은 (다)에 의해 형성되었다.

03강 해안 지형, 화산 및 카르스트 지형

? 핵심 개념

Q5 빈칸에 알맞은 말을 쓰시오.

우리나라의 주요 화산 지형

백두산	• 정상부를 제외하면 전체적으로 경사가 완만함 • (　　) : 화구가 함몰되어 형성된 칼데라에 물이 고여 형성(천지)
제주도	• 한라산 산록부는 순상 화산, 정상부는 종상 화산 • (　　) : 분화구에 물이 고여 형성(백록담) • (　　) : 소규모 용암 분출이나 화산 쇄설물에 의해 형성, '오름'이라고 부름 • 용암 동굴 및 주상 절리 발달 • 지표수가 지하로 잘 스며들어 (　　)농사 발달
울릉도	• 점성이 큰 용암 분출로 종상 화산 형성 • 화구의 함몰로 형성된 칼데라(나리 분지)가 있음 • 칼데라 분지 내부에서 용암 분출로 화산 쇄설물이 쌓여 (　　)(알봉) 형성 → 이중 화산
철원·평강 일대의 용암 대지	• 열하 분출(틈새 분출)한 (　　) 용암이 골짜기나 분지를 메워 형성 • 한탄강 양안에 주상 절리 발달, 수리 시설을 이용한 (　　)농사 활발

▶▶ 본문 p.21 참고

? 고난도 기출

Q6 지도의 A~D에 대한 설명으로 옳은 것은?

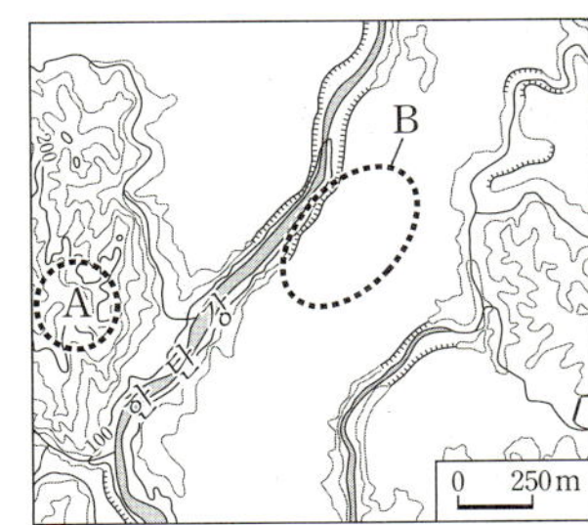
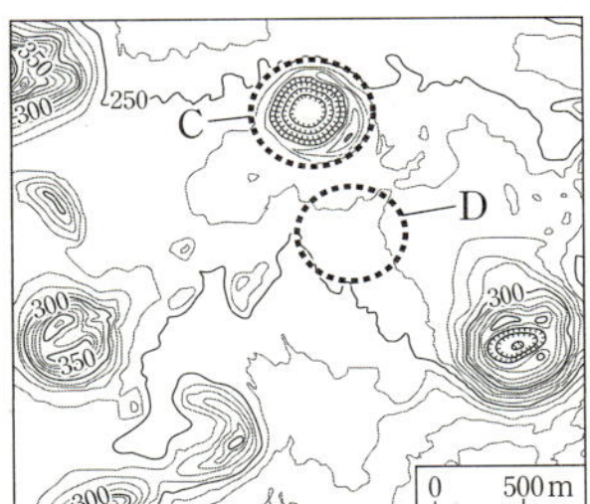

① A는 용암이 분출하여 형성된 종 모양의 화산이다.

② B에는 종유석과 석순이 발달한 동굴이 형성되어 있다.

③ C는 화구의 함몰로 형성된 칼데라이다.

④ D에는 석회암이 풍화된 붉은색의 토양이 널리 분포한다.

⑤ A의 기반암은 B의 기반암보다 형성 시기가 이르다.

04강 우리나라의 기후 특성

? 핵심 개념

Q7 빈칸에 알맞은 말을 쓰시오.

1. 기온의 지역 차

지역 차	• 여름철보다 겨울철에 기온의 지역 차가 (　　) • 비슷한 위도의 겨울철 기온 : 동해안>서해안>내륙 • 해발 고도가 높은 산지는 주변 지역보다 여름철 평균 기온이 낮음 예 대관령, 장수 등
연교차	북부>남부, 내륙>해안, 서해안>동해안
일교차	봄·가을철>장마철

2. 강수의 지역 차

(　　)	습윤한 남서 기류의 바람받이 지역(한강 유역, 청천강 중·상류 일대, 제주도와 남해안 일대 등)
(　　)	• 비그늘 지역(대구·안동 등의 영남 내륙, 개마고원 일대) • 상승 기류가 발생하기 어려운 저평한 지역(평양·남포 등의 대동강 하류 일대) • 관북 해안 지역(청진 등)
(　　)	울릉도, 영동 지방(강릉·속초 일대), 대관령 일대, 충청·호남 서해안, 소백·노령산맥 서사면 등

▶▶ 본문 p.28~29 참고

? 고난도 기출

Q8 다음 글의 (가)~(라)에 해당하는 지역을 그래프의 A~D에서 고른 것은? (단, 그래프는 각각 (가)~(라) 지역과 강릉의 기후 값 차이를 나타낸 것임.)

(가) 강원도의 도청 소재지로 전형적인 분지이며, 댐 건설로 조성된 호수를 끼고 있어 '호반의 도시'로 불린다.

(나) 영동 지방과 영서 지방을 잇는 고개로 인근에 동계 올림픽 경기장과 풍력 발전 단지가 있으며, 고랭지 농업이 발달해 있다.

(다) 우리나라의 수위 도시로 중앙 정부 기관을 비롯하여 대기업의 본사, 금융 기관의 본점 등이 위치해 있다.

(라) 섬의 중앙에는 칼데라 분지가 있으며, 분지 내에는 중앙 화구구가 있어 전체적으로 이중 화산의 특징을 보이고 있다.

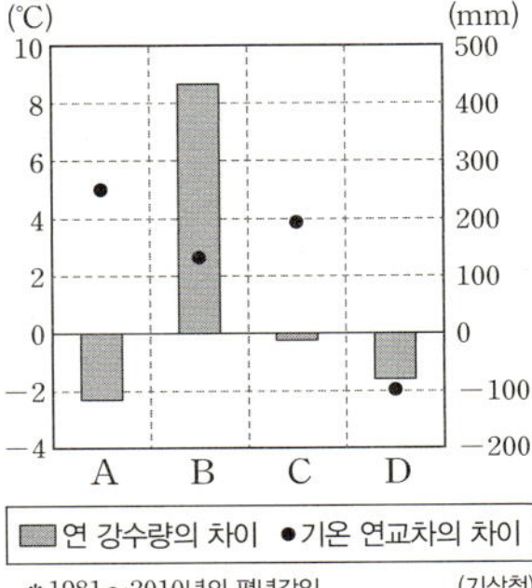

	(가)	(나)	(다)	(라)
①	A	B	C	D
②	A	C	B	D
③	B	A	D	C
④	B	D	C	A
⑤	C	B	A	D

05강 자연재해와 기후 변화

핵심 개념

Q9 빈칸에 알맞은 말을 쓰시오.

1. 자연재해의 발생 및 피해 분포
(1) 주요 자연재해의 연간 일수 분포(1981~2010년 평균)

한파	경기·강원 북부 및 산간 지역에서 많이 발생
폭염	영남 내륙 지역에서 많이 발생
황사	수도권과 충청·호남 등 서쪽 지역에서 많이 발생

(2) 주요 자연재해의 피해액(2009~2018년)

시설별 피해액	선박은 (　　　)으로 인한 피해액이, 농경지는 (　　　)로 인한 피해액이 가장 많음
권역별 피해액	수도권과 강원권은 (　　　)로 인한 피해액이, 영남·호남·제주권은 (　　　)으로 인한 피해액이 가장 많음

2. 기후 변화의 영향

계절 변화	(　　　)은 길어지고 겨울은 짧아짐
작물 변화	농작물의 재배 북한계선 (　　　), 노지 작물의 생육 기간이 길어짐
식생 변화	고산 식물의 분포 고도 하한선 (　　　), 냉대림 분포 면적 축소, 난대림 분포 면적 확대

▶▶ 본문 p.36~37 참고

고난도 기출

Q10 다음은 지리 수업의 한 장면이다. 옳지 <u>않은</u> 내용을 발표한 학생은?

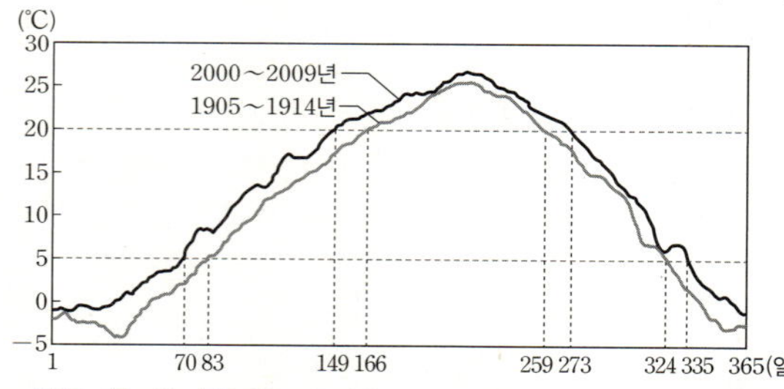

＊일평균 기온 5℃ 미만은 겨울, 5℃ 이상 ~ 20℃ 미만은 봄·가을, 20℃ 이상은 여름으로 계절을 구분함.

갑 : 여름의 시작일이 과거에 비해 빨라졌습니다.
을 : 가을은 겨울보다 계절의 시작일이 더 많이 늦어졌습니다.
병 : 계절 일수의 변화 폭은 겨울이 가장 큽니다.
정 : 봄꽃의 개화 시기가 빨라질 것입니다.
무 : 하천의 결빙 일수가 줄어들 것입니다.

① 갑　　② 을　　③ 병　　④ 정　　⑤ 무

06강 거주 공간의 변화와 지역 개발

핵심 개념

Q11 빈칸에 알맞은 말을 쓰시오.

1. 도시 내부 구조

도심	인구 (　　　) 현상 발생, 주간 인구 지수 높음
주변(외곽) 지역	지대가 낮아 주택·학교·공장 등이 입지

2. 도심과 주변 지역의 상대적 특징

구분	도심	주변 지역
주간 인구 지수	(　　　)	(　　　)
시가지의 형성 시기	이름	늦음
거주자의 평균 통근 거리	(　　　)	(　　　)

3. 대도시권 위성 도시와 배후 농촌 지역의 상대적 특징

구분	위성 도시	배후 농촌 지역
주간 인구 지수	(　　　)	(　　　)
1차 산업 종사자 비율	낮음	높음
중심 도시로의 통근·통학 비율	높음	낮음

▶▶ 본문 p.45 참고

고난도 기출

Q12 그래프는 지도에 표시된 세 지역의 인구 변화와 총 사업체 수를 나타낸 것이다. 2015년의 (가)~(다) 지역에 대한 설명으로 옳은 것만을 〈보기〉에서 있는 대로 고른 것은?

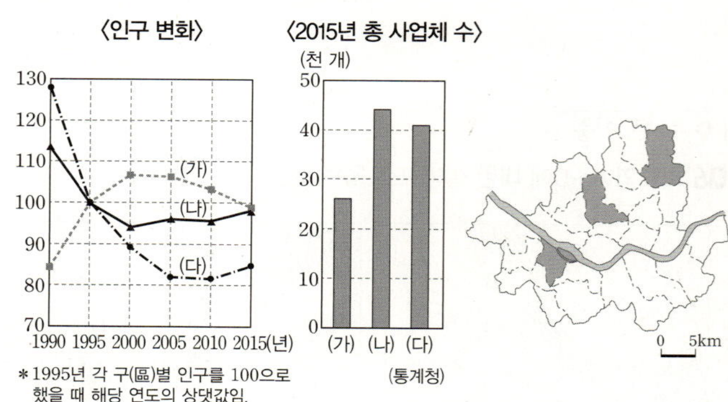

＊1995년 각 구(區)별 인구를 100으로 했을 때 해당 연도의 상댓값임.

보기

ㄱ. (가)는 (나)보다 생산자 서비스업체 수가 많다.
ㄴ. (가)는 (다)보다 주간 인구 지수가 높다.
ㄷ. (나)는 (다)보다 대형 마트 수가 많다.
ㄹ. 상주인구는 (가), (나), (다) 순으로 많다.

① ㄱ, ㄴ　　　② ㄱ, ㄹ　　　③ ㄷ, ㄹ
④ ㄱ, ㄴ, ㄷ　　　⑤ ㄴ, ㄷ, ㄹ

07강 자원의 특성과 농업 및 공업 변화

핵심 개념

Q13 빈칸에 알맞은 말을 쓰시오.

1. 에너지 자원 : 석유 > 석탄 > 천연가스 > 원자력 순으로 소비

석유	• 화학 공업의 원료, ( ) 연료로 주로 이용 • 전남, 충남, 울산 등에서 공급량이 많음
석탄	• 제철 공업용과 발전용으로 주로 이용 • 충남, 전남, 경남, 인천 등에서 공급량이 많음
( )	• 가정용 연료로 주로 이용 • 대도시, 세종, 경기 등에서 소비 비율이 높음
원자력	( ), ( ), 부산, 울산에 발전소 입지
신·재생	• ( ) : 전남, 전북, 경북에서 생산량이 많음 • 풍력 : 강원, 제주에서 생산량이 많음

2. 주요 제조업의 출하액 상위 3개 시·도(2018년)

( )	경기(27.6%) > 경북(18.2%) > 대구(15.2%)
1차 금속	경북(23.5%) > 전남(14.2%) > 충남(14.1%)
화학 물질 및 화학 제품 (의약품 제외)	( )(25.8%) > 전남(24.3%) > 충남(17.7%)
자동차 및 트레일러	경기(23.3%) > 울산(20.3%) > 충남(11.8%)
전자 부품·컴퓨터·영상 ·음향 및 통신 장비	( )(56.9%) > 경북(14.8%) > 충남(14.4%)

▶▶ 본문 p.54~56 참고

고난도 기출

Q14 그래프는 지도에 표시된 네 지역의 신·재생 에너지 총생산량과 생산 비율을 나타낸 것이다. (가)~(라) 지역에 대한 설명으로 옳은 것만을 〈보기〉에서 고른 것은?

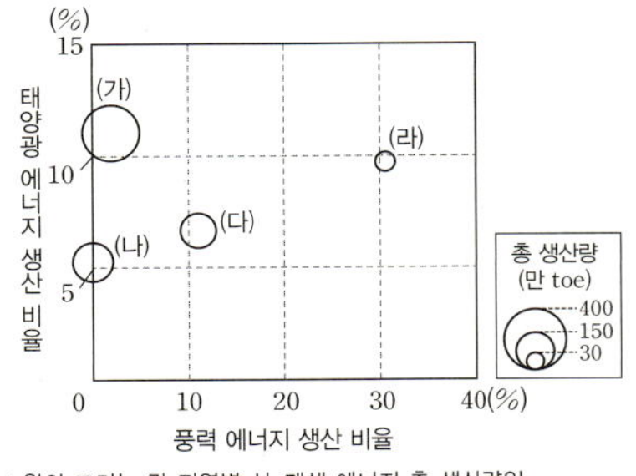

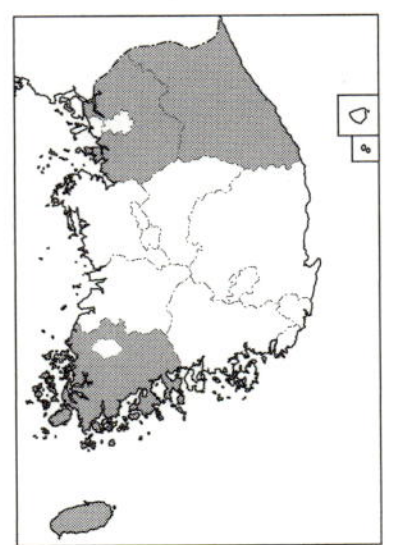

*원의 크기는 각 지역별 신·재생 에너지 총 생산량임.
**각 지역의 신·재생 에너지 총 생산량 중 풍력과 태양광이 차지하는 비율은 원의 중심값임.
(2017년) (통계청)

[보기]
ㄱ. (나)에서는 조력 발전이 이루어진다.
ㄴ. (다)에는 원자력 발전소가 있다.
ㄷ. (다)는 (나)보다 수력 발전에 의한 전력 생산량이 많다.
ㄹ. (라)는 (가)보다 태양광 에너지 생산량이 많다.

① ㄱ, ㄴ ② ㄱ, ㄷ ③ ㄴ, ㄷ ④ ㄴ, ㄹ ⑤ ㄷ, ㄹ

08강 서비스업 변화와 교통·통신의 발달

핵심 개념

Q15 빈칸에 알맞은 말을 쓰시오.

1. 소매 업태별 종사자 수, 사업체 수, 매출액 비교(2018년)

사업체 수	( ) > 대형 마트 > ( )
종사자 수	( ) > 대형 마트 > ( )
매출액	대형 마트 > 편의점 > 백화점

2. 시·도별 주요 산업 지표 비교(2018년)

지역 내 총생산	• ( ) > 서울 > 충남 순으로 많음 • 세종이 가장 적고, 다음으로 제주가 적음
1인당 지역 내 총생산	( ) > 충남 > 서울 순으로 많음
산업별 취업자 수 비율 (2019년)	• 1차 : ( )이 가장 높음 • 2차 : ( )이 가장 높고, ( )가 가장 낮음 • 3차 : ( )이 가장 높음

▶▶ 본문 p.64~65 참고

고난도 기출

Q16 그래프는 지도에 표시된 네 지역의 산업 구조와 취업자 수를 나타낸 것이다. (가)~(라) 지역에 대한 설명으로 옳은 것은?

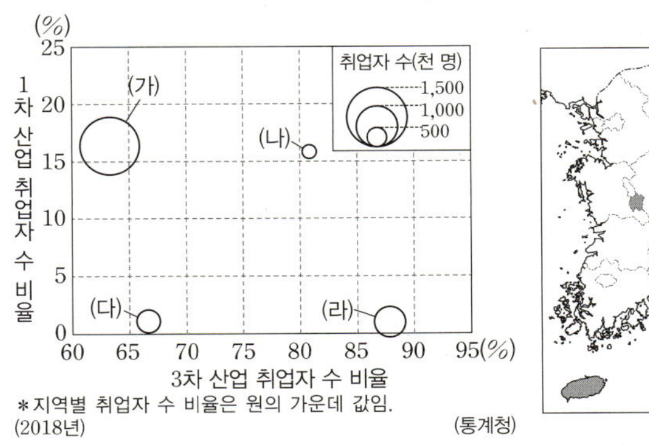

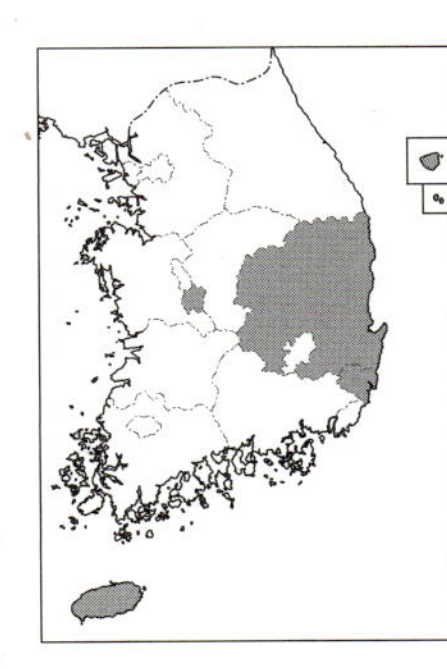

*지역별 취업자 수 비율은 원의 가운데 값임.
(2018년) (통계청)

① (가)는 (라)보다 제조업 출하액이 적다.
② (나)는 (가)보다 지역 내 총 발전량 중 화력 발전이 차지하는 비율이 높다.
③ (나)는 (다)보다 1인당 지역 내 총생산이 많다.
④ (다)는 광역시, (라)는 도(道)이다.
⑤ (가)~(라) 중 전문 서비스업체 수는 (나)가 가장 많다.

09강 인구 변화와 다문화 공간

핵심 개념

Q17 빈칸에 알맞은 말을 쓰시오.

1. 권역별 인구 이동

수도권	1979년 이후 지속적으로 전입 인구가 전출 인구보다 많으며, 2019년 기준 인구 순이동이 가장 많음
( )	최근 수도권으로부터 인구 유입이 증가해 전입 인구가 전출 인구보다 많으며, 2019년 기준 인구 순이동이 수도권 다음으로 많음
( )	과거 인구 순유출이 가장 많았으며, 2019년 기준 영남권과 함께 인구 순이동이 음(−)의 값임

2. 연령층별 · 지역별 · 성별 인구 구조(2018년)

연령층별	유소년층 인구 비율 감소, 청장년층 인구 비율은 2015년 이후 감소 추세, 노년층 인구 비율 증가
지역별	• 유소년층 인구 비율 : ( )>제주>울산 순으로 높음 • 노년층 인구 비율 : ( )>경북>전북 순으로 높음
성별	• 남초 지역 : 중화학 공업 도시(예 거제, 당진 등), 접경 지역 인근 군사 지역(예 인제, 양구 등) • 여초 지역 : 대도시, 관광 도시, 촌락 등

▶▶ 본문 p.72~73 참고

고난도 기출

Q18 그래프는 지도에 표시된 네 지역의 인구 특성을 나타낸 것이다. (가)~(라) 지역에 대한 설명으로 옳은 것은?

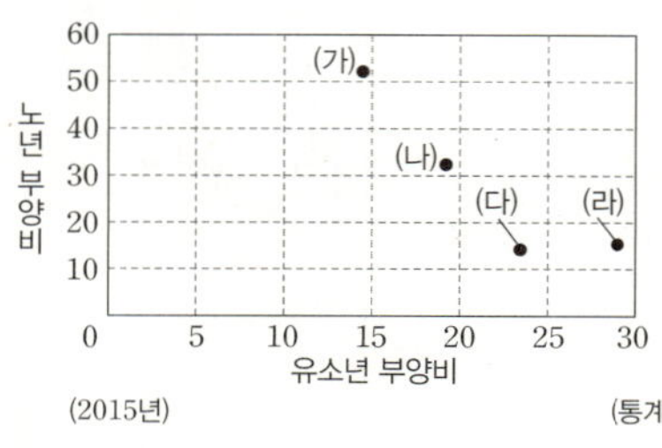

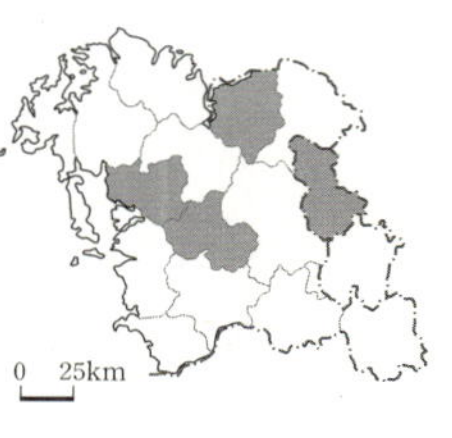

① (가)는 (나)보다 총인구가 많다.

② (가)는 (라)보다 서비스업 종사자 수가 많다.

③ (나)는 (다)보다 청장년층 인구 비율이 높다.

④ (다)는 (나)보다 외국인 근로자 수가 많다.

⑤ (라)는 (다)보다 제조업 종사자 수가 많다.

10강 우리나라의 지역 이해

핵심 개념

Q19 빈칸에 알맞은 말을 쓰시오.

우리나라 주요 지역의 특성

북한	• 1차 에너지 공급 : ( )>( )>석유 순으로 많음 • 전력 생산 : 수력>화력 순
수도권	• 산업 : ( )은 서비스업, 인천은 운수 및 창고업, ( )는 제조업의 부가 가치 비율이 높음 • 인구 : 서울은 순유출이, 경기는 순유입이 많음
충청 지방	• 산업 : 아산(전자, 자동차), 당진(제철), 서산(석유 화학) • 도시 : 충남도청이 이전한 내포 신도시(홍성·예산), ( ) 도시(태안, 충주), ( ) 도시(진천·음성)
호남 지방	• 축제 : 김제(지평선 축제), 담양(대나무축제), 보성(다향제) • 산업 : 광양(제철), 여수(정유, 석유 화학), ( )(자동차)
영남 지방	• 산업 : 대구(자동차, 섬유), 구미(전자), 울산(석유 화학, 정유, 자동차, 조선), 포항(제철), 창원( ), 거제(조선) • 도시 : 부산, 대구의 교외화 → 김해, 양산, 경산 성장

▶▶ 본문 p.80~82 참고

고난도 기출

Q20 다음 자료는 온라인 학습 장면의 일부이다. 답글 ㉠~㉤ 중에서 옳은 내용을 고른 것은?

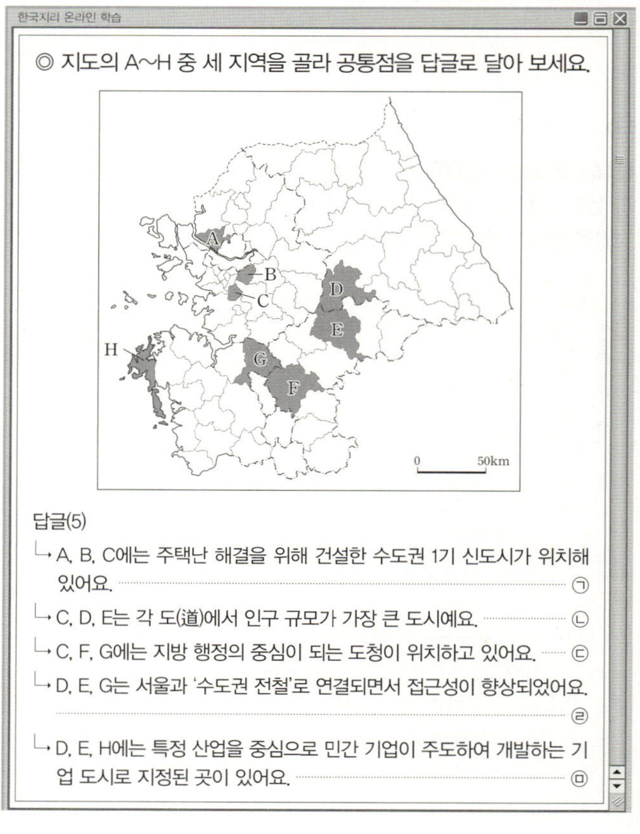

답글(5)

└ A, B, C에는 주택난 해결을 위해 건설한 수도권 1기 신도시가 위치해 있어요. ……………………………………………………… ㉠

└ C, D, E는 각 도(道)에서 인구 규모가 가장 큰 도시예요. ……… ㉡

└ C, F, G에는 지방 행정의 중심이 되는 도청이 위치하고 있어요. …… ㉢

└ D, E, G는 서울과 '수도권 전철'로 연결되면서 접근성이 향상되었어요. ………………………………………………………… ㉣

└ D, E, H에는 특정 산업을 중심으로 민간 기업이 주도하여 개발하는 기업 도시로 지정된 곳이 있어요. ……………………… ㉤

① ㉠   ② ㉡   ③ ㉢   ④ ㉣   ⑤ ㉤

MEMO

MEMO

효과 빠른 약점 처방전

사람 **한국지리 H**

정답 및 해설

이투스북

531
PROJECT

효과 빠른 약점 처방전

사람 한국지리 H

Ⅰ. 국토 인식과 지리 정보

01강 국토 인식과 지리 정보

대표 기출 vs 고난도 기출

본문 p.06

순한맛 ⑤   매운맛 ①

순한맛 우리나라의 영해 및 배타적 경제 수역   정답 ⑤

문제 분석 지도의 A와 B는 우리나라의 배타적 어업 수역에 위치한 지점이고, C는 우리나라의 영해에 위치한 지점입니다.

정답 찾기 ⑤ 우리나라의 배타적 어업 수역(B) 및 영해(C)에서는 우리나라의 사전 허가 없이 외국이 인공 섬을 설치할 수 없습니다.

오답 피하기 ①, ② 우리나라의 배타적 어업 수역(A, B)에서는 국가 간 사전 허가 없이 우리나라 자원 탐사선이 탐사 활동을 할 수 있고, 외국 화물선이 자유롭게 항해할 수 있습니다. ③ 우리나라의 영해(C)에서는 우리나라 해군 함정이 국가 간 사전 허가 없이 항해할 수 있습니다. ④ 우리나라의 배타적 경제 수역(A) 및 영해(C)에서는 국가 간 사전 허가 없이 우리나라 어선이 고기잡이를 할 수 있습니다.

매운맛 우리나라의 영해 및 배타적 경제 수역   정답 ①

①	②	③ 함정	④	⑤
42%	3%	29%	15%	11%

눈으로 보는 해설

다음 자료에 대한 설명으로 옳은 것만을 〈보기〉에서 있는 대로 고른 것은?

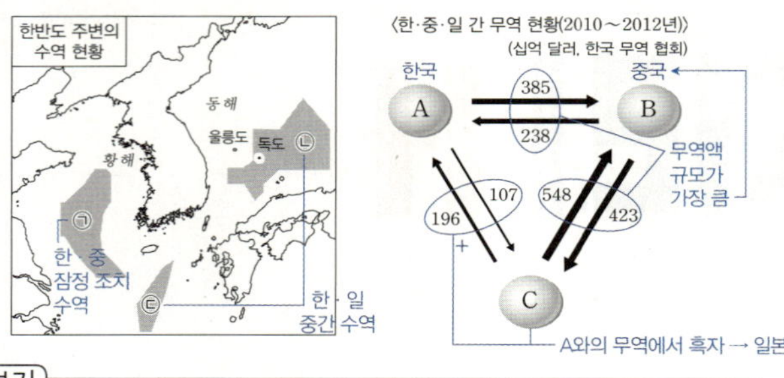

보기

ㄱ. ㉠은 A와 B 간의 어업 협정으로 설정되었다. (○)
ㄴ. ㉡에서는 한·일 양국이 어로 활동을 할 수 있다. (○)
ㄷ. ㉢은 B와 C 간의 어업 협정으로 설정되었다.   (A)
ㄹ. 2010~2012년간 우리나라의 대(對)일본 무역은 흑자이다.   (적자)

① ㄱ, ㄴ   ② ㄷ, ㄹ   ③ ㄱ, ㄴ, ㄷ
④ ㄱ, ㄴ, ㄹ   ⑤ ㄴ, ㄷ, ㄹ

문제 분석 지도의 ㉠은 한·중 잠정 조치 수역이며, ㉡과 ㉢은 모두 한·일 중간 수역입니다. 우리나라와 중국, 일본은 각각 배타적 경제 수역으로 200해리를 설정할 경우 서로 배타적 경제 수역이 중첩되는 수역이 발생하여 국가 간 합의를 통해 한·중 잠정 조치 수역과 한·일 중간 수역을 설정하였습니다. 그래프에서 B는 세 국가 중 무역량이 가장 많은 중국이고 A, C는 한국과 일본 중 하나인데, 우리나라는 상대적으로 기술력이 앞선 일본과의 무역에서 적자를 내고 있으므로 A는 한국, C는 일본입니다.

정답 찾기 ㄱ. 한·중 잠정 조치 수역(㉠)은 한국(A)과 중국(B) 간의 어업 협정으로 설정된 수역입니다. ㄴ. 한·일 중간 수역(㉡)에서는 한국과 일본 양국이 어로 활동을 할 수 있습니다.

오답 피하기 ㄷ. 한·일 중간 수역(㉢)은 한국(A)과 일본(C) 간의 어업 협정으로 설정되었습니다. ㄹ. 2010~2012년간 한국(A)은 일본(C)과의 무역에서 적자를 기록하고 있습니다.

🔒 **함정 피하기**

㉢이 한·일 중간 수역인지 파악하지 못했다면 문항을 해결하기 어려웠을 것이다. 한·일 중간 수역이 동해와 남해에 걸쳐 나타나며, 한·중 잠정 조치 수역이 황해에 나타남을 지도를 통해 파악해 두도록 하자.

실전 문제

본문 p.07~09

01 ③	02 ③	03 ③	04 ③	05 ⑤	06 ①
07 ③	08 ⑤	09 ③	10 ⑤	11 ③	12 ④

01 우리나라의 위치 특색   정답 ③

문제 분석 한 국가의 위치는 경도와 위도를 바탕으로 하는 수리적 위치, 대륙·해양·반도 등과 같은 지형지물로 표현하는 지리적 위치, 주변 국가와의 상대적·가변적 관계에서 보는 관계적 위치로 나누어 파악할 수 있습니다.

정답 찾기 ③ 우리나라는 유라시아 대륙 동안에 위치하여 기온의 연교차가 큰 대륙성 기후가 나타납니다.

오답 피하기 ① 우리나라는 동경 135°를 표준 경선으로 사용하기 때문에 영국보다 9시간 빠릅니다. 이는 경도로 본 수리적 위치의 특징입니다. ② 우리나라는 유라시아 대륙 동안에 위치하여 계절풍의 영향을 받아 여름에는 고온 다습하고 겨울에는 한랭 건조합니다. ④ 우리나라는 북위 33°~43°(북반구 중위도)에 위치하여 사계절의 변화가 뚜렷한 냉·온대 기후가 나타납니다. ⑤ 우리나라는 대륙과 해양을 연결하는 육교와 같은 위치로서 문화 수용과 전달에 유리합니다. 육교적 위치는 반도 국가로서의 특성을 강조한 지리적 위치입니다.

02 우리나라의 수리적 위치 특성   정답 ③

문제 분석 ㉠은 북단인 함경북도 온성군 유원진, ㉡은 서단인 평안북도 용천군 마안도(비단섬), ㉢은 동단인 경상북도 울릉군 독도, ㉣은 남단인 제주특별자치도 서귀포시 마라도입니다. A는 우리나라의 중앙을 지나는 중앙 경선입니다.

정답 찾기 ③ 독도(㉢)는 제주도보다 형성 시기가 이릅니다.

오답 피하기 ① 유원진(㉠)은 중국과의 접경 지역입니다. ② 마안도(비단섬)(㉡)는 화산섬이 아니라 하천의 퇴적 작용에 의해 형성된 섬입니다. ④ 종합 해양 과학 기지가 건설되어 있는 곳은 이어도입니다. 이어도는 마라도(㉣)에서 남서쪽으로 약 149km 떨어진 수중 암초입니다. ⑤ 우리나라는 중앙 경선(A)보다 동쪽으로 7° 30′ 떨어진 동경 135°(표준 경선)에 태양이 남중할 때를 낮 12시로 하는 시간대를 사용하고 있습니다. 본초 자오선에서 동쪽으로 15° 간격마다 1시간씩 빨라지기 때문에 A선에 태양이 남중하는 시각은 낮 12시 30분입니다.

03 우리나라의 영해   정답 ③

문제 분석 지도의 (가)는 내수(內水), (다)는 직선 기선, (나)는 직선 기선과 영해선 사이인 영해에 위치한 지점입니다. (라) ↔ (마)는 우리나라가 어업 활동의 권리를 배타적으로 갖는 수역입니다.

정답 찾기 ㄴ. 영해는 연안국의 주권이 미치는 해양의 범위로, (나)는 우리나라의 주권이 미치는 수역입니다. ㄷ. (다)는 최외곽 도서인 영해 기점을 이은 선으로 직선 기선에 해당합니다. 우리나라의 서·남해안은 섬이 많고 해안선이 복잡하여 영해 설정 시 직선 기선을 적용합니다.

오답 피하기 ㄱ. 내수는 영해 기선으로부터 육지 쪽에 있습니다. 따라서 내수에서 간척 사업이 이루어지더라도 영해의 범위는 변함없습니다. ㄹ. 한·일 중간 수역은 양국이 배타적 경제 수역으로 200해리를 설정하였을 때 중첩되는 부분으로, 지도의 (라) ↔ (마)에서 남동쪽으로 멀리 떨어져 있습니다. 지도에서 (라) 지점은 영해선에 위치하므로 (라) ↔ (마)가 한·일 중간 수역에 포함된다고 볼 수 없습니다.

04 우리나라 영역의 특성   정답 ③

문제 분석 제시문은 우리나라의 영토, 영해에 관련된 법 조항입니다. 우리나라는 영토, 영해와 관련된 법에 근거하여 영토와 영해의 주권적 권리를 확고히 하고 있습니다.

정답 찾기 ③ 일본의 쓰시마섬과 가까운 대한 해협에서는 한·일 양국이 직선 기선으로부터 3해리까지를 영해로 설정하고 있습니다.

오답 피하기 ① 영토는 국가의 주권이 미치는 지표상의 범위로, 한반도와 그 부속 도서가 이에 해당됩니다. 부속 도서는 한반도에 딸린 크고 작은 섬을 의미합니다. ② 국제법상 군함이나 비상업용 선박을 제외한 외국 선박은 연안국의 영해를 무해 통항할 수 있습니다. ④ 육지에 인접한 섬이 많거나 해안선이 복잡한 경우에는 직선 기선을 적용합니다. ⑤ 기선으로부터 육지 쪽에 있는 수역은 내수(內水)입니다. 내수는 간척 사업으로 육지가 늘어나면서 그 면적이 축소되고 있습니다. 즉, 간척 사업은 내수의 면적은 축소시키지만 영해의 면적을 축소시키지는 않습니다.

05 우리나라의 영해와 어업 협정 수역   정답 ⑤

문제 분석 A는 한·중 잠정 조치 수역, B는 영해선으로부터 육지 쪽, C와 E는 한·일 중간 수역에 위치한 지점입니다.

정답 찾기 ⑤ 배타적 경제 수역에서는 외국 선박이 자유롭게 통행할 수 있으므로, 한·일 중간 수역에서는 러시아 여객선이 우리나라 방향으로 운항할 수 있습니다.

오답 피하기 ① 한·중 잠정 조치 수역에서는 한·중 어업 협정에 따라 당분간 우리나라와 중국이 어족 자원을 공동으로 보존·관리하도록 합의한 수역입니다. ② 배타적 경제 수역(EEZ)은 영해 기선으로부터 200해리까지의 수역에서 영해를 제외한 수역을 말합니다. 따라서 영해선 안쪽에 위치한 B는 배타적 경제 수역(EEZ)에 포함되지 않습니다. ③ 우리나라와 일본 양국은 한·일 중간 수역을 설정하여 양국이 어업 자원을 공동으로 보존·관리합니다. 따라서 한·일 중간 수역에서 중국은 어업 자원을 관리할 수 없습니다. ④ D는 우리나라 영해 바깥에 위치해 있습니다. 우리나라의 영공은 우리나라 영토와 영해의 수직 상공입니다.

06 대동여지도 읽기   정답 ①

문제 분석 A는 배가 다닐 수 없는 하천, B는 교통 및 통신 시설인 역참, C는 관아가 있는 읍치, D와 E는 산줄기입니다.

정답 찾기 ① A는 단선으로 표현된 하천이므로 수운 교통로로 이용될 수 없습니다. 대동여지도에서 수운 교통로로 이용되는 하천은 쌍선으로 표현되었습니다.

오답 피하기 ② 읍치(C)에는 행정 업무를 보는 관아가 위치합니다. ③ C에서 B 사이에는 방점이 두 개 있으므로 두 지점 간의 거리는 10리 이상입니다. ④ E는 백두대간의 일부를 이루는 산지로, 하천 유역을 나누는 분수계의 일부입니다. ⑤ E는 D보다 산줄기를 표현한 선의 굵기가 두꺼우므로 규모가 큰 산지입니다.

07 혼일강리역대국도지도와 지구전후도   정답 ③

문제 분석 (가)는 혼일강리역대국도지도, (나)는 지구전후도입니다.

정답 찾기 ③ 혼일강리역대국도지도(가)는 조선 전기에 국가 주도로 제작된 현존하는 우리나라의 가장 오래된 세계 지도입니다. 지도의 중앙에는 중국이 있고, 그 오른쪽에는 조선이 실제보다 크게 표현되어 있으며, 일본, 인도, 서남아시아, 유럽, 아프리카까지 그려져 있습니다. 한편, 혼일강리역대국도지도는 지리상의 발견 이전에 제작되었기 때문에 아메리카와 오세아니아는 그려져 있지 않습니다. 지구전후도(나)는 조선 후기에 실학의 영향을 받아 최한기가 제작한 것으로, 경·위선을 사용하여 구대륙과 신대륙을 동서 양반구로 구분한 세계 지도입니다. 따라서 (가)는 B, (나)는 C에 해당합니다.

08 조선방역지도와 동국대지도   정답 ⑤

문제 분석 (가)는 조선 전기(1557년)에 제작된 조선방역지도입니다. 조선방역지도는 중·남부 지방은 비교적 정확하게 표현되었지만, 백두산 일대와 함경도 등 북부 지방은 다소 왜곡되었습니다. (나)는 조선 후기 정상기의 동국지도를 필사한 동국대지도입니다. 동국지도는 우리나라 최초로 백리척[100리(里)를 1척(尺), 10리를 1치로 줄임]이라는 축척을 사용하여 제작되었고, 조선 전기의 지도에 비해 북부 지방의 정확도가 개선되었습니다.

정답 찾기 병. 조선 전기에 제작된 조선방역지도(가)는 조선 후기에 제작된 동국대지도(나)보다 제작 당시 국경 부근에 대한 정보가 부족했으므로 북부 지방이 다소 왜곡되어 있습니다. 정. 동국대지도(나)는 백리척이라는 축척이 사용된 동국지도의 필사본이므로 조선방역지도(가)보다 실제 거리를 파악하는 데 유리합니다.

오답 피하기 갑. 실학사상은 조선 후기에 영향을 주었기 때문에 조선 전기에 제작된 조선방역지도(가)에는 실학사상이 반영되지 않았습니다. 을. 목판본으로 제작되어 대량으로 인쇄할 수 있는 조선 전도는 대동여지도입니다.

09 신증동국여지승람과 택리지   정답 ③

문제 분석 (가)는 건치 연혁, 토산 등을 나열하여 백과사전식으로 기술한 것으로 보아 신증동국여지승람이고, (나)는 위치, 산지 등을 설명식으로 기술한 것으로 보아 택리지입니다. ㉠은 '조령 밑' 등을 통해 문경임을 알 수 있습니다.

정답 찾기 ㄷ. 조선 전기에 제작된 신증동국여지승람(가)은 후기에 제작된 택리지(나)보다 제작 시기가 이릅니다. ㄹ. 사찬 지리지인 택리지(나)는 신증동국여지승람(가)보다 저자의 견해가 많이 반영되었습니다.

오답 피하기 ㄱ. 문경은 오늘날 경상북도에 속합니다. ㄴ. '생리'는 땅이 비옥하거나 물자 교류가 편리해 경제적 기반이 유리한 곳을 의미하는 조건으로, 산의 위치를 서술하는 ㉡은 '생리'와 관련이 없습니다.

10 지리 정보 체계(GIS)와 최적 입지 선정 정답 ⑤

정답 찾기 ⑤ 제시된 〈조건〉을 토대로 후보지 A~E의 입지 가능 여부를 정리하면 다음과 같습니다.

조건 \ 후보지	A	B	C	D	E
도로와의 거리 100m 이내	×	○	○	○	○
주거 용지 여부	○	×	×	○	○
인접한 8개 면과의 해발 고도 차이 10m 미만	×	×	○	×	○

따라서 ○○ 시설의 입지 지역으로 가장 적절한 곳은 모든 조건을 만족하는 E입니다.

11 지역 조사 과정 정답 ③

문제 분석 지역 조사는 조사 주제 및 지역 선정, 지리 정보 수집(실내 및 야외 조사), 지리 정보 분석 및 정리, 보고서 작성의 순으로 진행됩니다.

정답 찾기 ③ 실내 조사(다)와 야외 조사(라)는 지리 정보 수집 단계에 해당합니다. 실내 조사는 야외 조사 이전에 이루어지는 지리 정보 수집 활동으로 인터넷 검색, 관련 문헌 검색, 지형도 분석, 설문지 제작 등이 해당됩니다. 야외 조사는 조사 지역을 직접 방문하여 지리 정보를 수집하는 활동으로 측량, 주민들과의 면담, 설문 조사 등이 해당됩니다.

오답 피하기 ① (가)에 들어갈 내용은 '침식 분지'입니다. ② (나)는 지리 정보 중 공간 정보입니다. 공간 정보는 한 장소의 위치나 형태를 나타내는 정보로 경도와 위도, 행정 구역 등으로 표현됩니다. 속성 정보는 지역의 자연적·인문적 특성(지형, 기후, 인구 등)을 나타내는 정보입니다. ④ 지형 경관 차이에 따른 기반암의 종류는 실제로 측정하는 방법인 실측을 통해 파악하는 것이 좋습니다. 설문지 조사는 인문적인 내용을 파악하는 데 유리합니다. ⑤ 침식 분지는 변성암(편마암) 지대에 화강암이 국지적으로 분포하는 지역에서 화강암 지역이 변성암 지역에 비해 차별적으로 풍화·침식을 많이 받아 형성됩니다. 분지의 외곽 산지를 이루는 A는 변성암이고, 분지의 바닥을 이루는 B는 화강암(화성암)입니다.

12 통계 지도의 종류와 특성 정답 ④

문제 분석 ㄱ은 도형 표현도, ㄴ은 단계 구분도, ㄷ은 점묘도, ㄹ은 유선도입니다.

정답 찾기 ㄴ. 인구 순이동률의 시·군별 차이는 등급을 나눌 수 있는 단계 구분도가 적절합니다. ㄹ. 수도권 전출자 수는 이동 방향과 전출자 수의 상대적 비교를 위해 유선도가 적절합니다.

오답 피하기 ㄱ. 도형 표현도는 통계 값을 원이나 막대 등의 도형을 이용하여 나타낸 지도입니다. ㄷ. 점묘도는 통계 값의 크기를 점의 개수로 표현한 지도입니다.

본문 p.10~11

01 ⑤   02 ①   03 ③   04 ②

01 우리나라의 수리적 위치 특색 정답 ⑤

자료 분석

백령도 (가)	124°53′E, 37°52′N에 위치한 섬으로 면적은 45.83km²이다. 심청이 몸을 던졌다는 인당수가 있으며 우리나라에서 유일한 물범 서식지가 있는 곳이기도 하다. 특히 이곳의 사빈은 비행기가 뜨고 내릴 만큼 견고하고 널찍해 세계에서 단 두 곳 밖에 없는 천연 비행장으로 알려져 있다.
거제도 (나)	128°35′E, 34°50′N에 위치한 섬으로 면적은 379.5km²이며, 우리나라에서 두 번째로 큰 섬이다. 해안은 크고 작은 곶과 섬으로 구성된 전형적인 리아스 해안이며 섬에서 가장 높은 곳의 해발 고도는 585m이다.
독도 (다)	131°52′E, 37°14′N에 위치한 섬으로 면적은 0.187km²이다. 1982년 천연기념물 제336호로 지정되었으며, 주변 해역에 조경 수역이 형성되어 어족 자원이 풍부할 뿐만 아니라 해저에는 미래의 에너지인 가스 하이드레이트가 풍부하게 매장되어 있다.

문제 분석 (가) 섬은 124° 53′E에 위치해 있는 백령도입니다. (나) 섬은 34°50′N′에 위치해 있으며 우리나라에서 두 번째로 큰 섬인 거제도입니다. 우리나라는 동경 124~132°에 위치하고 있으므로 131° 52′E에 위치한 (다) 섬은 우리나라에서 가장 동쪽에 위치한 독도입니다.

정답 찾기 ㄴ. 대부분의 화산체가 바다에 잠겨 있는 독도(다)는 최고 지점의 해발 고도가 585m인 거제도(나)보다 해발 고도가 낮습니다. 실제로 독도(다)는 가장 높은 곳이 168.5m입니다. ㄷ. 섬이 많고 해안선이 복잡한 황해와 남해에 위치하는 백령도(가)와 거제도(나)의 영해 설정 기준은 직선 기선입니다. 반면, 섬이 해안에서 멀리 떨어져 있는 독도(다)는 영해 설정 기준이 통상 기선입니다. ㄹ. (가)~(다) 중 거제도(나)가 가장 남쪽에 위치하고 있으므로 제주도에서 가장 가깝습니다.

오답 피하기 ㄱ. 우리나라 영토의 최서단(극서)에 위치하는 섬은 마안도(비단섬)이며, 백령도(가)는 남한에서 가장 서쪽에 위치합니다.

02 대동여지도 읽기 정답 ①

자료 분석

문제 분석 대동여지도는 분첩 절첩식으로 제작되어 휴대가 용이하며, 목판본으로 제작되어 대량 인쇄가 가능하였습니다. 대동여지도에서 도로는 직선에 가깝게 표현하였으며, 도로에 10리마다 점을 찍어 거리 계산

이 가능하도록 하였습니다. 또한 하천은 곡선으로 표현하였는데, 수운이 가능한 하천은 쌍선으로, 수운으로 이용되기 어려운 하천은 단선으로 표현하였습니다. 산줄기는 선의 굵기로 대략적인 높낮이를 표현하였는데, 정확한 높이는 알 수 없습니다.

정답 찾기 ① 대동여지도에서 산줄기는 물이 나뉘는 경계(분수계)입니다. 따라서 B 산줄기는 A 하천과 C 하천의 분수계입니다. A, C 하천은 분수계로 둘러 싸여 있으며, 북동쪽에 큰 물줄기가 있는 것으로 보아 북동쪽으로 흐르는 지류 하천입니다. (나)에서 (가) 방향으로 물줄기가 쌍선에서 단선으로 바뀌는 것으로 보아, (가)는 (나)보다 하폭이 좁고 수심이 얕은 상류에 위치합니다. 고개란 산등성이 봉우리 사이의 낮은 부분을 말합니다. 제천과 영월의 직선거리에는 두 개의 고개가 있습니다. 평창과 영월 간에는 하천이 쌍선으로 표현되어 있기 때문에 수운 교통이 가능합니다. 따라서 옳게 설명한 내용만을 고른 학생은 갑입니다.

03 택리지에 나타난 지역의 특성   정답 ③

자료 분석

(가) 강원 원주	○○은/는 감사가 다스리는 곳인데 서쪽으로 250리 거리에 한양이 있다. 산골짜기 사이에 고원 분지가 열려서 맑고 깨끗하며 그리 험준하지는 않다. 영동 지방과 경기 지방 사이에 끼어 동해의 수산물, 인삼, 궁궐의 재목들을 모으고 나르고 운반하는 가운데 도회지가 형성되었다. （영서 지방）
(나) 전남 나주	□□은/는 노령 아래에 있는 한 도회인데 북쪽에는 금성산이 있고 남쪽으로는 ⊙ 영산강에 닿아 있다 …(중략)… □□의 서쪽은 칠산 바다이다. 옛날에는 깊었으나 근래에 와서는 모래와 앙금이 쌓여 점점 얕아져서 썰물 때가 되면 겨우 무릎이 빠질 정도이다. （갯벌）
(다) 경북 상주	△△는 일명 낙양이라고도 하는데 조령 밑에 큰 도회지를 이루고 있다. 산세는 웅대하고 평야는 넓으며, 북쪽은 조령에 가까워서 충청·경기와 통하고, 동쪽은 ⊙ 낙동강에 임하여 김해·동래와 통한다. 육상을 통한 운송이나 뱃길을 이용한 운반이나 남북으로 통하여 수륙 교통의 요지를 이룬다. （문경새재）

문제 분석 자료는 조선 후기의 대표적인 지리지인 택리지의 일부입니다. 택리지는 자연 및 인문 환경 요소를 종합하여 지역의 특성을 생활권이라는 새로운 시각으로 고찰한 인문 지리서로, 실학사상의 영향을 받아 국토를 실용적으로 인식하는 관점이 나타나 있습니다. (가)는 '서쪽으로 250리 거리에 한양이 있다.' '영동 지방과 경기 지방 사이에 끼어' 등으로 보아 강원도 원주입니다. (나)는 '노령 아래에 있는', '남쪽으로는 영산강' 등으로 보아 전라남도 나주입니다. (다)는 '조령 밑에 큰 도회지', '동쪽은 낙동강에 임하여' 등으로 보아 경상북도 상주입니다.

정답 찾기 ③ 나주(나)는 상주(다)보다 서울과의 직선거리가 멉니다.

오답 피하기 ① 하천 하구의 염해 방지 시설은 하굿둑을 말하는 것으로, 금강, 영산강, 낙동강에 있습니다. ② 혁신 도시는 수도권에 있는 공공 기관 청사를 지방으로 이전하고, 이전한 기능과 관계있는 기업, 학교, 연구소 등을 함께 건설함으로써 지방의 새로운 성장 동력을 창출하기 위한 도시입니다. 원주(가)와 나주(나)에는 혁신 도시가 위치해 있습니다. ④ 경상북도에 위치한 상주(다)는 강원도에 위치한 원주(가)보다 위도가 낮습니다. ⑤ 강원도의 '원'은 '원주', 경상도의 '상'은 '상주', 전라도의 '라'는 '나주'에서 유래하였습니다.

04 지리 정보 시스템(GIS)의 중첩 원리   정답 ②

자료 분석

〈조건〉 평가 항목 점수는 표와 같으며, 각 평가 항목 점수의 합이 가장 큰 곳을 선택함.

〈배점 기준〉

인구 천 명당 의사 수(명)	점수	65세 이상 인구 (천 명)	점수	사망자 수 (명)	점수
1.3~1.5	3	12이상	3	420 이상	3
1.5~1.7	2	10~12	2	410~420	2
1.7 이상	1	9~10	1	400~410	1

〈지역 정보〉

구분 지역	인구 천명 당 의사 수(명)	65세 이상 인구(명)	사망자 수 (명)
A 철원군	1.383점	9,4641점	4091점
E 영월군	1.512점	10,6692점	4051점
D 정선군	1.333점	9,5081점	4011점
C 평창군	1.552점	10,6752점	4152점
B 횡성군	1.871점	12,4453점	5093점

(2018년)   (통계청)

〈후보 지역〉

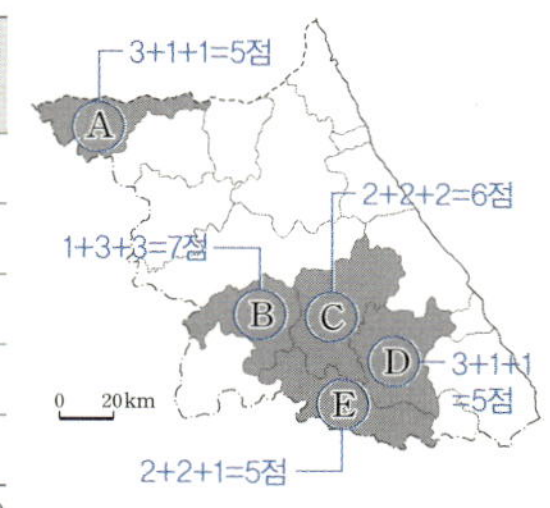

문제 분석 지리 정보 시스템(GIS)은 다양한 지리 정보를 수치화하여 컴퓨터에 저장한 후 사용 목적에 따라 가공·분석·처리하여 표현하는 종합 정보 시스템입니다. GIS를 통해 수많은 지리 정보는 경·위도와 같은 좌표 체계를 이용하여 체계적으로 레이어(Layer)별로 입력됩니다. 이러한 레이어들의 복잡한 중첩을 통하여 특수 지점이나 지역을 찾을 수 있으며, 수집된 레이어를 중첩시켜 최적의 입지 지점도 선정할 수 있습니다. 지도의 A는 철원, B는 횡성, C는 평창, D는 정선, E는 영월입니다.

정답 찾기 ② 제시된 〈조건〉을 토대로 후보지 각 지역의 점수를 계산하면 다음과 같습니다.

조건 후보지	철원	영월	정선	평창	횡성
인구 천 명당 의사 수	3	2	3	2	1
65세 이상 인구	1	2	1	2	3
사망자 수	1	1	1	2	3
점수의 합	5	5	5	6	7

따라서 노인 요양원의 입지 지역으로 가장 적절한 곳은 항목별 점수의 합이 가장 큰 횡성(B)입니다.

Ⅱ. 지형 환경과 인간 생활

02강 한반도의 형성과 산지 및 하천 지형

순한맛 한반도의 지체 구조와 지각 변동 정답 ④

문제 분석 지도에서 A는 평남 분지, B는 경기 지괴, C는 경상 분지입니다. 표에서 (가)는 중생대, (나)는 고생대이며, ㉠은 대보 조산 운동, ㉡은 송림 변동입니다.

정답 찾기 ④ 대보 조산 운동(㉠)으로 인해 한반도 곳곳에 화강암이 형성되었으며, 화강암은 오랜 기간 침식 과정을 거쳐 지표에 노출되면서 북한산과 같은 돌산의 기반암을 이루고 있습니다.

오답 피하기 ① 대부분 육성층으로 공룡 발자국 화석이 발견되는 곳은 경상 분지(C)입니다. 평남 분지(A)는 고생대에 형성되었으며, 석회암과 무연탄이 주로 매장되어 있습니다. ② 경기 지괴(B)는 평북·개마 지괴와 함께 시·원생대에 형성된 안정 지괴입니다. 중생대(가)에 형성된 퇴적암층으로는 경상 분지(C)가 있습니다. ③ 경상 분지(C)는 중생대(가)에 형성된 육성층으로 공룡 발자국 화석이 발견됩니다. 고생대(나)에 형성된 해성층으로 다량의 석회암이 매장되어 있는 지층은 평남 분지(A)와 옥천 습곡대입니다. ⑤ 한국 방향의 1차 산맥은 신생대 경동성 요곡 운동으로 형성되었습니다. 송림 변동(㉡)은 랴오둥 방향의 지질 구조선 형성에 영향을 주었습니다.

매운맛 한반도의 지체 구조와 지각 변동 정답 ③

함정

①	②	③	④	⑤
11%	8%	76%	3%	2%

눈으로 보는 해설

자료에 대한 설명으로 옳은 것은?

〈우리나라의 지질 시대별 주요 지각 변동〉

지질 시대	시·원생대		고생대			중생대			신생대	
	시생대	원생대	캄브리아기	……	석탄기~페름기	트라이아스기	쥐라기	백악기	제3기	제4기
지질 계통	변성암 복합체		조선 (가) 누층군	결층	평안 누층군		대동 누층군	경상 누층군	제3계	제4계
주요 지각 변동	↑ 변성 작용		↑ 조륙 운동			↑ 송림 변동	↑ (나) 대보 조산 운동	↑ 불국사 변동	↑ (다) 요곡 운동	

〈충주 분지의 지질 단면〉
└ 침식 분지

흙산
① A로 구성된 산은 정상부가 주로 돌산의 경관을 보인다.

② B는 (가)의 대부분을 차지한다. → 석회암

③ A는 B보다 형성 시기가 이르다.

④ 제주도의 화산체는 (나)에 의해 형성되었다.
신생대 제3기 말~제4기 초의 화산 활동으로

⑤ 대보 화강암은 (타)에 의해 형성되었다.
(나)

문제 분석 표의 (가)는 조선 누층군, (나)는 대보 조산 운동, (다)는 요곡 운동입니다. 단면도에서 침식 분지의 산지를 이루는 A는 변성암 중 하나인 편마암이며, 침식 분지의 바닥을 이루는 B는 화강암입니다.

정답 찾기 ③ 편마암(A)은 변성암에 속하며, 변성암은 주로 시·원생대에 형성되었습니다. 화강암(B)은 중생대에 마그마 관입으로 형성되었습니다. 따라서 편마암(A)은 화강암(B)보다 형성 시기가 이릅니다.

오답 피하기 ① 편마암(A)으로 구성된 산은 정상부가 주로 흙산의 경관을 보입니다. ② 화강암(B)은 중생대에 형성되었으며, 조선 누층군(가)의 대부분을 차지하는 암석은 석회암입니다. ④ 제주도의 화산체는 신생대 제3기 말~제4기 초의 화산 활동으로 형성되었습니다. ⑤ 대보 화강암은 중생대 중기 대보 조산 운동(나)으로 지하 깊은 곳에서 마그마가 관입하면서 형성되었습니다.

함정 피하기

①번을 정답으로 골랐다면? 제시된 단면도가 침식 분지라는 것을 몰랐거나 관련 지형의 주요 기반암을 잘못 알고 있었을 것이다. 우리나라의 지체 구조와 지질 시대별 지각 변동을 현재의 지형과 연결하여 출제할 수 있으므로 이에 대비해야 한다. 다음 내용을 지질 시대별 지체 구조의 위치와 함께 암기해 두자.
• 시·원생대 : 변성암(편마암) – 흙산, 침식 분지의 산지
• 고생대 : 조선 누층군(석회암), 평안 누층군(무연탄) – 카르스트 지형
• 중생대 : 경상 누층군 – 공룡 발자국 화석 / 대보 조산 운동 – 화강암 – 돌산, 침식 분지의 바닥
• 신생대 제3기 : 경동성 요곡 운동 – 1차 산맥, 고위 평탄면, 감입 곡류 하천
• 신생대 제3기 말~제4기 : 화산 활동 – 화산암(현무암 등) – 화산 지형(제주도, 울릉도, 독도, 철원, 백두산, 개마고원 등)

실전 문제

본문 p.15~17

01 ⑤	02 ②	03 ⑤	04 ③	05 ②	06 ④
07 ④	08 ①	09 ④	10 ④	11 ①	12 ④

01 우리나라 주요 산지 및 암석의 특성 정답 ⑤

문제 분석 A는 지리산의 일부, B는 설악산 울산 바위, C는 한라산 백록담, D는 경남 고성 상족암입니다.

정답 찾기 ㄷ. 지리산은 시·원생대의 편마암이 오랜 풍화 작용을 받아 형성된 흙산이고, 설악산의 울산 바위는 중생대에 관입한 화강암이 풍화 후 지표에 노출되어 형성된 돌산입니다. 따라서 산 정상부까지 토양이 덮여 있는 흙산인 지리산이 돌산인 설악산보다 식생 밀도가 높습니다. ㄹ. 설악산 울산 바위(B)의 기반암인 화강암은 중생대, 한라산 백록담(C)의 기반암인 화산암은 신생대에 형성되었습니다. 따라서 기반암의 형성 시기는 B가 C보다 이릅니다.

오답 피하기 ㄱ. 한라산 백록담(C)은 화산 분출로 이루어진 분화구에 물이 고여 형성된 화구호입니다. 분화구의 함몰로 형성된 칼데라호는 백두산 천지입니다. ㄴ. 경남 고성 상족암(D)은 중생대에 경상 분지 일대의 호소에 퇴적물이 쌓여 형성된 경상 누층군이 분포하는 지역입니다. 경상 누층군 일부에서는 중생대에 살았던 공룡의 발자국 화석이 분포합니다.

02 한반도의 주요 암석 분포 정답 ②

문제 분석 한반도 분포 암석 중 시·원생대의 변성암(편암 및 편마암)은 약 40%, 중생대에 마그마의 관입으로 형성된 화강암은 약 30%를 차지

합니다. 그밖에 중생대 퇴적암(약 12%), 고생대 퇴적암(약 8%), 신생대 화산암(약 4%) 등이 분포합니다.

정답 찾기 ② 울산의 천전리, 대곡리, 유곡동 등에는 공룡 발자국 화석이 산재해 있습니다. 울산 공룡 발자국 화석(가)은 중생대 경상 누층군에서 많이 발견되므로 중생대 퇴적암인 A에 해당합니다. 정선 화암동굴(나)은 석회 동굴입니다. 석회 동굴의 기반암인 석회암은 고생대 퇴적암인 B에 해당합니다. 서울 불암산(다)은 중생대 화강암의 관입에 의해 형성된 돌산입니다. 화강암은 마그마가 지하 깊은 곳에서 굳어 형성된 화성암(심성암)으로 E에 해당합니다.

03 한반도의 지질 구조 특징   정답 ⑤

문제 분석 (가)는 시·원생대에 형성된 변성암 복합체(편마암), (나)는 고생대 초기에 형성된 조선 누층군, (다)는 고생대 후기와 중생대 초기에 형성된 평안 누층군, (라)는 중생대 백악기에 형성된 경상 누층군입니다.

정답 찾기 ⑤ 조선 누층군(나)은 바다에서 형성된 해성층, 평안 누층군(다)과 경상 누층군(라)은 주로 습지나 호수에서 형성된 육성층에 해당합니다.

오답 피하기 ① 변성암(가)의 풍화층이 넓게 분포하는 산지는 주로 흙산입니다. 흙산은 돌산에 비해 토양층이 두껍고 우거진 숲이 발달한 경우가 많으며, 지리산, 덕유산 등이 해당됩니다. ② 조선 누층군(나)에는 석회암이 많이 매장되어 있습니다. 무연탄이 매장되어 있는 지층은 평안 누층군(다)입니다. ③ 돌리네, 석회 동굴 등이 나타나는 카르스트 지형은 석회암이 분포하는 조선 누층군(나)에서 잘 발달합니다. ④ 고생대 바다에서 살던 삼엽충 등의 바다 생물 화석은 고생대 전기 바다에서 형성된 지층(해성층)인 조선 누층군(나)에 주로 분포합니다. 경상 누층군(라)에는 공룡 발자국 화석이 분포합니다.

04 우리나라의 지형 형성 과정   정답 ③

문제 분석 A는 대보 조산 운동, B는 요곡 운동, C는 화산 활동입니다.

정답 찾기 ③ 대보 조산 운동(A)과 관련된 내용은 ㉡입니다. 중생대 중기의 대보 조산 운동은 매우 격렬하여 한반도 전체에 영향을 주었으며 이에 따라 중국(북동─남서) 방향의 지질 구조선이 형성되었고, 지하 깊은 곳에서 마그마가 관입하여 화강암이 형성되었습니다. 요곡 운동(B)과 관련된 내용은 ㉠입니다. 신생대에는 동해 지각의 확장으로 인한 경동성 요곡 운동의 결과 동고서저의 경동 지형이 형성되었습니다. 화산 활동(C)과 관련된 내용은 ㉢입니다. 신생대 제3기 말~제4기 초에는 백두산과 제주도, 울릉도, 독도, 철원·평강 등지에서 화산 활동이 일어나 화산과 용암 대지 등이 만들어졌습니다.

05 한반도 지체 구조   정답 ②

문제 분석 지도의 A는 두만 지괴, B는 평남 분지, C는 경기 지괴, D는 영남 지괴, E는 경상 분지입니다.

정답 찾기 ② 세로 열쇠 ⓐ에 들어갈 용어는 '평야', ⓑ에 들어갈 용어는 '분수계', ⓒ에 들어갈 용어는 '선상지'입니다. 따라서 ㉠에 들어갈 용어는 '평남 분지'로 지도의 B에 해당합니다. 고생대에 형성된 평남 분지와 옥천 습곡대는 시·원생대의 지괴들 사이에 분포하며, 지괴 사이의 낮은 부분에 바닷물이 들어와 퇴적물이 두껍게 쌓여 퇴적암이 널리 분포합니다.

고생대 초기에는 해성층인 조선 누층군(석회암 분포), 고생대 말기에는 주로 육성층으로 이루어진 평안 누층군(무연탄 분포)이 형성되었습니다.

06 흙산과 돌산의 비교   정답 ④

문제 분석 (가)는 화강암, (나)는 변성암(편마암)입니다.

정답 찾기 ④ 화강암과 변성암(편마암)으로 이루어진 침식 분지의 경우 주변의 산지를 이루는 것은 상대적으로 풍화와 침식에 강한 변성암(편마암)이며, 분지의 중앙부 저지대를 이루는 것은 상대적으로 풍화와 침식에 약한 화강암인 경우가 많습니다.

오답 피하기 ① 시·원생대에 변성 작용을 받은 암석은 변성암(편마암)입니다. 화강암은 마그마가 지하 깊은 곳에 관입한 후 천천히 냉각되어 형성된 암석입니다. ② 마그마의 급속한 냉각에 따라 주상 절리가 형성되는 암석에는 현무암 등이 있습니다. ③ 경상 분지에는 중생대 퇴적암이 분포합니다. 변성암(편마암)은 평북·개마 지괴, 경기 지괴, 영남 지괴 등에 많이 분포합니다. ⑤ 변성암(편마암)은 화강암보다 이른 시기에 형성된 암석입니다. 조선 누층군의 대부분을 차지하는 암석은 석회암입니다.

07 우리나라 산지 분포 및 특성   정답 ④

문제 분석 시·원생대에 주로 형성된 변성암(편마암)으로 구성된 산지는 오랫동안 지표에 노출되어 있었기 때문에 풍화 작용을 받아 산 정상 부분이 토양으로 덮인 흙산을 이루는 경우가 많습니다. 중생대 지각 운동 과정 중에 깊은 땅속에서 마그마가 관입하여 굳은 화강암은 풍화 작용을 받으면 모래가 주로 생성되는데, 모래는 쉽게 제거되기 때문에 산 정상 부분이 암석으로 노출된 돌산을 이루고 있는 경우가 많습니다. 한편, 신생대 제3기 말~제4기 초에는 화산 활동에 의한 산지 지형이 형성되었습니다. 지도의 (가)는 금강산, (나)는 지리산, (다)는 한라산입니다.

정답 찾기 ④ 금강산(가)은 화강암으로 이루어진 돌산입니다. 돌산은 지하 깊은 곳에서 관입한 마그마가 굳어 형성된 화강암이 오랜 침식을 받아 형성되었습니다. 따라서 (가)는 C와 연결됩니다. 지리산(나)은 변성암으로 이루어진 흙산입니다. 흙산은 시·원생대에 형성된 변성암이 오랜 시간 동안 풍화 작용을 받아 형성된 산지로 지리산, 덕유산, 오대산 등이 대표적입니다. 특히 지리산은 1967년에 지정된 우리나라 최초의 국립 공원입니다. 따라서 (나)는 D와 연결됩니다. 한라산(다)은 신생대 제3기 말~제4기 초에 마그마가 지표로 분출하여 만들어진 화산 지형입니다. 화구의 함몰로 형성된 칼데라는 백두산의 천지(칼데라호), 울릉도의 나리 분지(칼데라 분지)에서 볼 수 있으며 한라산의 백록담은 화구호에 해당합니다. 따라서 (다)는 B와 연결됩니다.

08 최종 빙기와 후빙기의 특징   정답 ①

문제 분석 황해가 육지로 드러나 있고 현재보다 해안선이 바다 쪽으로 후퇴해 있는 (가) 시기는 현재보다 해수면의 높이가 낮았던 최종 빙기입니다. 현재의 해안선과 비슷한 (나) 시기는 후빙기입니다.

정답 찾기 ① 해발 고도는 해수면을 기준으로 하여 잰 높이입니다. 따라서 한라산의 해발 고도는 해수면이 낮았던 최종 빙기보다 해수면이 높아진 후빙기에 낮습니다. 또한 후빙기에는 해수면이 상승하여 하천 하류에서 퇴적 작용이 활발하고, 최종 빙기에 비해 기후가 온난 습윤하기 때문에 전반적으로 물리적 풍화 작용보다는 화학적 풍화 작용이 활발합니다. 따라서 최종 빙기(가)와 비교한 후빙기(나)의 상대적 특징은 그림의 A에 해당합니다.

09 하천에 의해 형성된 지형 특성   정답 ④

문제 분석 지형도에 나타난 하천은 과거에 곡류하던 하천이 측방 침식으로 유로가 변경되어 현재 서쪽에서 동쪽으로 흐르고 있습니다.

정답 찾기 ㄱ. A는 주변에 습지가 나타나는 것으로 보아 하천의 유속 감소로 토사가 퇴적되면서 형성된 하천 퇴적 지형입니다. ㄴ. C는 하천의 측방 침식으로 유로가 변경되면서 절단되어 남은 구릉이며, 과거의 유로는 구하도를 이루고 있습니다. ㄷ. D는 등고선 간격이 매우 좁은 급사면으로 공격 사면이며, 하천의 측방 침식으로 급사면을 이루고 있습니다.

오답 피하기 ㄹ. 등고선을 통해 B는 A보다 해발 고도가 높은 지대임을 알 수 있습니다. 따라서 B는 A보다 범람에 의한 침수 가능성이 낮습니다.

10 감조 구간이 나타나는 하천의 특색   정답 ④

문제 분석 (가)는 대체로 비가 많이 내리는 계절에 일수위 변화가 크게 나타나지만, 비가 적게 내리는 계절에는 일수위가 비교적 일정합니다. 반면, (나)는 계절과 상관없이 일수위가 주기적으로 변화합니다. 따라서 (나)는 조차가 큰 황·남해로 유입하는 하천 하류에 위치한 지점이며, (가)는 (나)보다 상류에 위치한 지점입니다. 참고로 약 보름(15일)을 주기로 달과 태양, 지구의 위치에 따라 밀물과 썰물의 차가 최대가 되는데, 이에 따라 감조 구간의 수위 변화 폭도 큽니다.

정답 찾기 ④ (가)는 (나)보다 상류에 위치하므로 하구에서의 거리는 (나)가 (가)보다 가깝습니다.

오답 피하기 ① 하천의 수위 변동이 큰 것으로 보아 조류의 영향을 받는 감조 하천입니다. 감조 하천은 우리나라 황·남해로 흐르는 하천에서 나타납니다. ② (가)는 (나)보다 상류에 위치하므로 평균 유량이 적습니다. ③ (가)는 (나)보다 상류에 위치하므로 하천수의 염도는 하구에서의 거리가 가까운 (나)가 (가)보다 높습니다. ⑤ 퇴적물의 평균 입자 크기는 하류로 갈수록 작아지므로 (가)가 (나)보다 큽니다.

11 침식 분지의 특징   정답 ①

문제 분석 제시된 자료는 침식 분지의 지질도와 지형도를 나타낸 것입니다. 침식 분지의 주변 산지에 분포하는 A는 변성암, 분지 내 평야 지대에 분포하는 B는 화강암, 하천 주변에 분포하는 C는 충적층입니다.

정답 찾기 갑. 충적층(C)은 분지를 흐르는 하천의 퇴적 작용으로 형성된 범람원에 해당합니다. 을. 지형도를 보면 화강암(B) 분포 지역이 변성암(A) 분포 지역보다 해발 고도가 낮음을 알 수 있습니다. 화강암은 하천 침식에 약하여 분지의 바닥을 이룬 반면 주변의 변성암(A)은 하천 침식에 잘 견디어 산지로 남은 것입니다. 따라서 변성암(A)은 화강암(B)보다 침식에 대한 저항력이 높습니다.

오답 피하기 병. 변성암(A)은 시·원생대 이후 변성 작용을 받은 암석이며, 화강암(B)은 중생대 지각 변동 과정에서 형성된 암석입니다. 따라서 변성암(A)이 화강암(B)보다 먼저 형성되었습니다. 정. 침식 분지는 하천 중·상류의 합류 지점에 잘 발달하는데 북한강의 춘천 분지, 남한강의 충

주 분지 등이 대표적입니다. 침식 분지는 지형이 평탄하고 용수 확보가 쉬워 옛날부터 농업 및 생활의 중심지로 이용되었습니다.

12 감입 곡류 하천과 하안 단구의 특징   정답 ④

문제 분석 지도는 등고선의 간격을 보아 경사가 가파른 산지 사이를 흐르는 감입 곡류 하천이 흐르는 지역을 나타낸 것입니다.

정답 찾기 ④ ㉠ 한강, 금강, 낙동강 등 대하천의 중·상류에는 산지 사이의 골짜기를 굽이쳐 흐르는 감입 곡류 하천이 발달하였습니다. ㉡ 감입 곡류 하천은 신생대 제3기 경동성 요곡 운동으로 지반이 융기하여 하천의 하방 침식이 우세하게 진행되어 발달하였습니다. ㉢ 감입 곡류 하천 주변에는 계단 모양의 하안 단구가 나타나기도 합니다. 하안 단구는 감입 곡류 하천이 만들어지는 과정에서 유로 변경이 이루어져 과거의 하상이나 범람원의 일부가 현재의 하천보다 높은 곳에 위치하게 된 지형입니다. ㉣ 과거 하천의 바닥이었던 단구면에서는 둥근 자갈을 발견할 수 있으며, 비교적 고도가 높고 평탄하여 농경지 및 교통로로 활용되거나 취락이 입지합니다. ㉤ 하안 단구는 주변 하천보다 고도가 높아 홍수 시에도 침수 피해가 거의 없습니다. 따라서 학생의 점수는 ㉠~㉣은 맞는 서술, ㉤은 틀린 서술이므로 총 8점입니다.

킬러 문항 완전 정복   본문 p.18~19

01 ④   **02** ⑤   **03** ③   **04** ④

01 한반도의 지체 구조   정답 ④

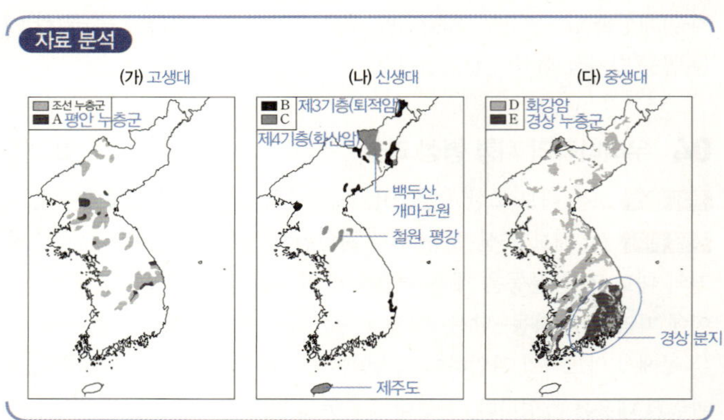

문제 분석 (가)는 조선 누층군이 분포하는 것으로 보아 고생대의 지체 구조입니다. 고생대에 형성된 조선 누층군에는 석회암이 매장되어 있으며, 이후에 형성된 평안 누층군(A)에는 무연탄이 분포합니다. (나)는 두만 지괴, 길주·명천 지괴와 화산 지역에 주로 분포하는 것으로 보아 신생대의 지체 구조입니다. B는 두만 지괴, 길주·명천 지괴에 주로 분포하는 것으로 보아 갈탄이 매장되어 있는 신생대 제3기층(퇴적암), C는 백두산, 철원, 제주도 등에 분포하는 것으로 보아 신생대 제4기층(화산암)입니다. (다)는 한반도 전체적으로 넓은 범위에 걸쳐 분포하고 영남 지방에 집중적으로 분포하는 지층이 있는 것으로 보아 중생대의 지체 구조입니다. D는 중생대에 구조선을 따라 많은 양의 마그마가 관입한 화강암, E는 영남 지방을 중심으로 형성된 육성층인 경상 누층군입니다.

정답 찾기 ④ B는 신생대 제3기층(퇴적암)이고, E는 경상 누층군으로 중생대 퇴적암이 많이 분포합니다.

 ① 시멘트의 원료로 이용되는 암석은 석회암으로 주로 고생대 초기 지층인 조선 누층군에 매장되어 있습니다. ② C는 신생대 제4기층(화산암)으로 용암이 땅 위로 분출하여 형성된 화산암(분출암)입니다. 마그마가 땅속에서 굳어져 형성된 암석은 화강암과 같은 심성암(관입암)입니다. ③ 시·원생대의 평북·개마 지괴, 경기 지괴, 영남 지괴에 주로 분포하는 변성암에 대한 설명입니다. ⑤ 오래된 순서로 지질 시대를 배열하면 고생대(가)>중생대(다)>신생대(나) 순입니다.

02 우리나라의 지형 단면   정답 ⑤

자료 분석

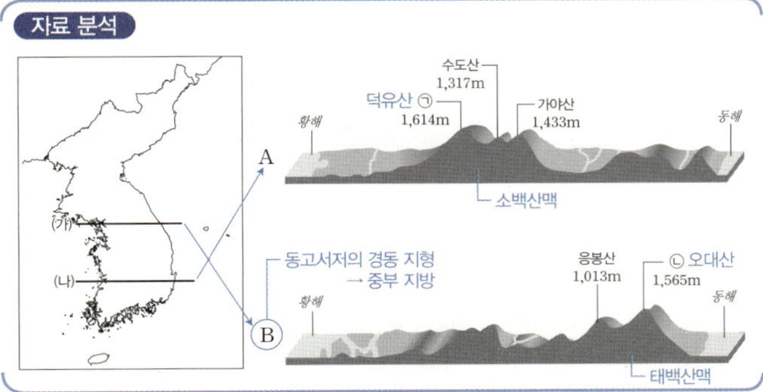

문제 분석   우리나라는 신생대 제3기 경동성 요곡 운동으로 인해 동쪽의 융기량이 많았기 때문에 해발 고도가 높은 산지는 주로 북동부 지역에 분포하며, 해발 고도가 낮은 구릉성 산지는 주로 남서부 지역에 분포합니다. A는 단면도의 가운데 부분이 높게 나타나는 것으로 보아 소백산맥이 지나가는 남부 지방의 단면도(나)이며, ⑤은 덕유산입니다. B는 단면도가 동고서저의 경동 지형을 나타내고 있으므로 동쪽으로 태백산맥이 지나가는 중부 지방의 단면도(가)이며, ⑥은 오대산입니다.

정답 찾기   ㄴ. 덕유산(⑤)은 소백산맥 줄기에 속한 산으로 소백산맥은 중국 방향 산맥에 해당합니다. 오대산(⑥)은 태백산맥 줄기에 속한 산으로 태백산맥은 한국 방향 산맥에 속합니다. ㄷ. 백두대간은 백두산에서 지리산에 이르는, 우리나라 땅의 근골을 이루는 거대한 산줄기의 옛 이름입니다. 오대산(⑥)은 태백산맥, 덕유산(⑤)은 소백산맥 줄기에 속한 산으로 모두 백두대간에 속해있습니다. ㄹ. 중부 지방 단면도(가)는 B, 남부 지방 단면도(나)는 A입니다.

오답 피하기   ㄱ. 덕유산(⑤), 오대산(⑥), 지리산, 태백산, 소백산 등은 흙산에 속합니다. 반면, 금강산, 설악산, 북한산, 월악산, 월출산, 속리산 등은 돌산에 속합니다.

03 우리나라 하천의 특색   정답 ③

자료 분석

유역 면적이 가장 넓음 → (가)는 한강   유로가 가장 긺 → (나)는 낙동강

하천	유역 면적(km²)	유로 연장(km)	발원지
한강 (가)	25,937	494	태백시 금태봉
낙동강 (나)	23,384	510	정선군과 태백시 경계의 은대봉
금강 (다)	9,912	398	장수군 신무산
섬진강 (라)	4,912	224	진안군 팔공산
영산강	3,468	130	담양군 천자봉

* 하천 유로 연장과 유역 면적은 북한을 제외한 수치임.
** 발원지는 한국하천협회의 현지 답사를 통한 조사 결과임.   (환경부)

문제 분석   지도에 하구 지점이 표시된 하천은 한강, 금강, 섬진강, 낙동강입니다. (가)는 유역 면적이 가장 넓은 한강입니다. (나)는 하천의 유로 길이가 가장 긴 낙동강입니다. (다)는 (라)보다 유역 면적이 넓고 하천의 유로 길이가 긴 금강, (라)는 섬진강입니다.

정답 찾기   ③ 섬진강(라) 하류는 전라남도 광양과 경상남도 하동의 경계가 됩니다.

오답 피하기   ① 한강(가)은 서해안으로 흘러들어가는 하천입니다. 서해안처럼 조차가 큰 하천의 하구에서는 조류가 퇴적물을 바다로 쓸어가기 때문에 삼각주가 잘 형성되지 않습니다. 삼각주는 하천 운반 물질의 양이 조류나 해류에 의해 제거되는 양보다 많은 하천의 하구에서 잘 발달하는데, 우리나라에서는 낙동강(나) 하구에 발달되어 있습니다. ② 낙동강(나) 하구에서는 북한을 볼 수 없습니다. 하구에서 북한을 볼 수 있는 하천은 한강(가)입니다. ④ 하굿둑이 건설되어 있는 하천은 낙동강(나), 금강(다), 영산강입니다. ⑤ 한강(가)과 금강(다)은 황해, 낙동강(나)과 섬진강(라)은 남해로 유입됩니다.

04 충적 평야 지형의 분포   정답 ④

자료 분석

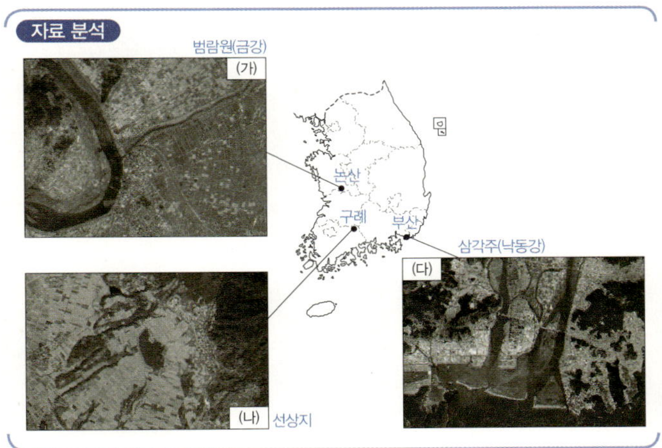

문제 분석   (가)는 범람원입니다. 범람원은 하천의 중·하류 지역에서 하천의 범람으로 운반 물질이 주변에 퇴적되어 형성된 지형입니다. (나)는 선상지입니다. 선상지는 산지에서 평지로 이어지는 골짜기 입구에 유속의 감소로 하천의 운반 물질이 부채꼴 모양으로 퇴적된 지형입니다. (다)는 삼각주입니다. 삼각주는 하천의 하구에서 유속의 감소로 운반 물질이 퇴적된 지형입니다. 삼각주는 운반 물질의 양이 조류나 해류에 의해 제거되는 양보다 많은 하천의 하구에 잘 발달합니다. 실제로 (가)는 충청남도 논산시, (나)는 전라남도 구례군, (다)는 낙동강 하구 지역입니다.

정답 찾기   ④ 범람원(가)과 삼각주(다)는 후빙기 해수면 상승 과정에서 퇴적 작용이 활발해지면서 하천의 퇴적 작용으로 형성된 지형입니다.

 ① 범람원(가)은 하천의 중·하류, 선상지(나)는 하천의 상류 지역에서 잘 발달합니다. ② 선상지(나)는 하천의 상류에서, 삼각주(다)는 하천의 하구에서 잘 발달하는 지형이므로 퇴적물의 평균 입자 크기는 선상지(나)가 삼각주(다)보다 큽니다. ③ 범람원(가)은 삼각주(다)에 비해 우리나라에서 흔히 볼 수 있는 지형입니다. 삼각주는 하천 공급 물질이 하구로 많이 배출되며 조차가 작은 하구에서 발달하는 지형입니다. 우리나라의 대하천은 대부분 서·남해안으로 유입하며, 이들 해안은 조차가 비교적 크기 때문에 하구까지 운반되어 온 토사가 썰물 때 바다로 쓸려 나가는 경향이 뚜렷하여 삼각주가 잘 발달하지 않습니다. ⑤ 선상지(나)는 선단과 같은 득수 지역에, 범람원(가)과 삼각주(다)는 자연 제방과 같은 피수 지역에 주로 전통 취락이 형성되었습니다.

03강 해안 지형, 화산 및 카르스트 지형

대표 기출 vs 고난도 기출

본문 p.22

순한맛 ⑤ **매운맛** ⑤

순한맛 화산 지형과 카르스트 지형 　　　　　정답 ⑤

문제 분석 지도의 A는 돌리네, C는 기생 화산, D는 제주도 순상 화산체의 일부입니다.

정답 찾기 ⑤ 카르스트 지형이 분포하는 B의 주요 기반암은 석회암이며, 순상 화산체의 일부인 D의 주요 기반암은 현무암입니다. 석회암과 현무암은 모두 절리가 잘 발달해 배수가 양호하기 때문에 두 암석이 기반암을 이루는 지역은 밭농사에 유리합니다.

오답 피하기 ① 현무암질 용암이 흘러서 형성된 지역은 D입니다. ② D에서는 현무암이 풍화된 흑갈색의 토양이 나타납니다. ③ 기생 화산(C)의 기반암인 현무암은 신생대 제3기 말~제4기 초에 형성되었으며, 돌리네(A)의 기반암인 석회암은 고생대 초기에 형성되었습니다. 따라서 C는 A보다 기반암의 형성 시기가 늦습니다. ④ 기생 화산(C) 주변에는 주로 용암 동굴이 분포합니다.

매운맛 철원과 제주도의 화산 지형 　　　　　정답 ⑤

①	②	③	④ 함정	⑤
5%	6%	11%	19%	59%

눈으로 보는 해설

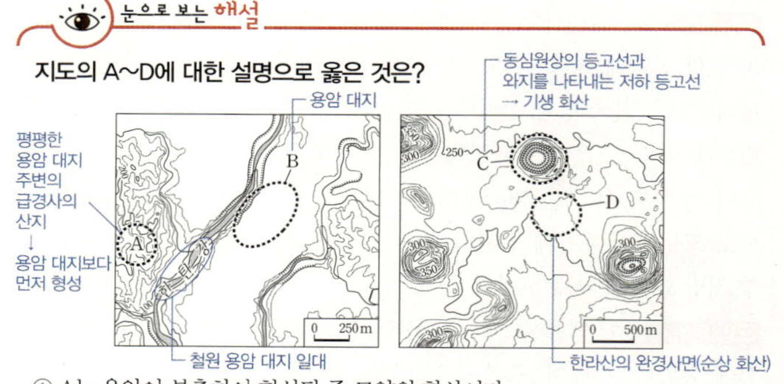

① A는 용암이 분출하여 형성된 종 모양의 화산이다.
② B에는 종유석과 석순이 발달한 동굴이 형성되어 있다.
　　　　　　　　　　　　　　　　└ 석회 동굴
③ C는 화구의 함몰로 형성된 칼데라이다.
　　　　└ 기생 화산
④ D에는 석회암이 풍화된 붉은색의 토양이 널리 분포한다.
　　　└ 현무암이 풍화된 흑갈색의 토양
⑤ A의 기반암은 B의 기반암보다 형성 시기가 이르다.

문제 분석 왼쪽 지도는 철원 용암 대지 일대를 나타낸 것이며, A는 용암 대지 주변 산지, B는 용암 대지입니다. 오른쪽 지도는 제주도 일대를 나타낸 것이며, C는 기생 화산, D는 순상 화산체의 일부입니다.

정답 찾기 ⑤ A는 열하 분출한 용암이 하곡을 메워 용암 대지를 형성하기 전부터 존재한 산지로, 시·원생대의 변성암이나 중생대의 화강암이 기반암을 이루고 있습니다. 용암 대지(B)는 신생대 제3기 말~제4기 초 화산 활동으로 형성된 현무암이 주요 기반암을 이룹니다. 따라서 A의 기반암은 B의 기반암보다 형성 시기가 이릅니다.

 ① A는 용암 대지가 형성되기 이전부터 존재하던 산지입니다. ② 용암 대지(B)는 현무암이 주된 기반암을 이루고 있어 종유석과 석순이 발달한 석회 동굴이 형성되어 있지 않습니다. ③ C는 화구를 중심으로 화산 쇄설물이 쌓여 형성된 기생 화산입니다. ④ D는 순상 화산체의 일부이며 현무암이 풍화된 흑갈색의 토양이 분포합니다.

🔒 함정 피하기

④번을 정답으로 골랐다면? 두 번째 지형도를 카르스트 지형으로 착각했을 것이다. 지형도에 저하 등고선이 있을 경우 기생 화산과 돌리네의 판별이 어려울 수 있다. 두 지형은 주변 등고선 모양으로 구분할 수 있다. 제주도는 전반적으로 순상 화산체이므로 대부분 등고선 간격이 넓게 나타나며, 기생 화산이 있는 부분에서만 등고선이 조밀하게 나타나고 정상부에 저하 등고선이 나타난다. 돌리네는 산봉우리나 경사지에서는 형성되기 어려우므로 돌리네가 있는 부분에서는 주변 지역보다 상대적으로 등고선 간격이 넓게 나타난다. 화산 지형과 카르스트 지형의 지형도를 자주 눈으로 익혀 해당 지형이 어떤 지형인지 파악할 수 있도록 한다.

실전 문제

01 해안 지형의 특색   정답 ⑤

문제 분석 모식도의 A는 해식애, B는 파식대, C는 시 스택, D는 사주, E는 석호입니다. A~C는 해안 침식 지형, D와 E는 해안 퇴적 지형입니다.

정답 찾기 ㄱ. 해식애(A)는 파랑 에너지가 집중되는 곳에서 파랑의 침식 작용으로 형성되며, 시간이 지날수록 파랑의 침식 작용에 의해 점차 육지 쪽으로 후퇴합니다. ㄷ. 육지가 바다 쪽으로 돌출한 곳에서는 파랑 에너지가 집중되기 때문에 침식 작용이 활발하여 해식애(A), 파식대(B), 시 스택(C) 등의 해안 침식 지형(암석 해안)이 잘 발달합니다. 반면 바다가 육지 쪽으로 들어간 만에서는 파랑 에너지가 분산되기 때문에 퇴적 작용이 활발하여 사빈, 사주(D) 등과 같은 해안 퇴적 지형(모래 해안, 갯벌)이 잘 발달합니다. ㄹ. 석호(E)는 후빙기 해수면 상승의 영향으로 형성된 만의 입구를 사주(D)가 막으면서 형성된 호수입니다.

오답 피하기 ㄴ. 파식대(B)는 파랑의 침식 작용으로 형성된 완경사면 또는 평탄한 침식면으로, 해식애가 육지 쪽으로 후퇴하면서 점차 넓어집니다. 연안류와 파랑의 퇴적 작용으로 형성된 지형으로는 사빈, 사주 등이 있습니다.

02 해안 지형의 형성 원인   정답 ⑤

문제 분석 모식도의 A는 해안 단구, B는 해식애, C는 파식대, D는 육계사주, E는 시 스택입니다.

정답 찾기 ⑤ 시 스택(E)은 파랑의 차별 침식으로 단단한 부분이 남아 형성된 돌기둥 또는 작은 바위섬입니다.

오답 피하기 ① 해안 단구(A)는 과거 파식대나 해안 퇴적 지형이 지반의 융기 또는 해수면 변동에 의해 현재 해수면보다 높은 곳에 위치하게 된 계단 모양의 지형입니다. ② 해식애(B)는 파랑의 침식 작용으로 형성된 해안 절벽입니다. ③ 파식대(C)는 파랑의 침식 작용으로 해식애가 육지 쪽으로 후퇴하면서 형성된 평탄한 지형입니다. ④ 육계사주(D)는 파랑과 연안류에 의해 운반된 모래 등이 퇴적되어 육계도와 연결된 사주입니다.

03 우리나라 해안의 특색   정답 ⑤

정답 찾기 ⑤ 석호는 주로 동해안에 발달합니다. 조차가 큰 서·남해안에서는 석호가 안정적으로 발달하기 어렵습니다.

오답 피하기 ① 동해안은 산맥과 해안선의 방향이 대체로 평행하여 해안선이 비교적 단조롭습니다. ② 서·남해안은 하천의 침식을 받아 형성된 골짜기가 후빙기 해수면 상승으로 침수되어 섬이 많고 해안선이 복잡한 리아스 해안이 발달하였습니다. ③ 서·남해안은 동해안에 비해 조수 간만의 차가 크고 파랑의 작용이 크지 않을 뿐만 아니라 큰 하천으로부터 공급되는 퇴적 물질의 양이 많아 갯벌이 넓게 발달합니다. ④ 모래 해안은 주로 파랑 에너지가 분산되어 퇴적 작용이 활발한 만에서 잘 발달합니다.

04 해안 단구의 특징   정답 ④

문제 분석 자료는 해안 단구 지형도와 정동진(강릉) 해안 단구 사진을 나타낸 것입니다. 단구 면에서는 과거 바닷가에 퇴적되어 있던 둥근 자갈을 볼 수 있고, 해안 단구 하단에는 새로운 파식대가 형성되어 있습니다.

정답 찾기 ㄱ. 해안 단구는 지반 융기량이 많은 동해안에 주로 발달합니다. ㄴ. 해안 단구는 지반의 융기와 기후 변화에 따른 해수면 변동으로 현재 해수면보다 높은 곳에 위치하게 된 계단 모양의 지형입니다. ㄹ. 해안 단구의 단구면은 도로·농경지로 이용되거나 취락이 입지합니다.

오답 피하기 ㄷ. 점성이 작은 용암이 분출되어 형성되는 지형은 순상 화산, 용암 대지 등이 있습니다.

05 해안 지형의 특징   정답 ③

문제 분석 지도의 A는 해식애, B는 갯벌, C는 사빈입니다.

정답 찾기 ③ 해식애(A)는 파랑에 의한 침식 작용으로 형성된 해안 침식 지형으로 ⓒ에 해당합니다. 갯벌(B)은 조류에 의한 퇴적 작용으로 형성되었으므로 ㉠에 해당합니다. 사빈(C)은 하천이나 주변 해안으로부터 공급된 모래가 파랑과 연안류에 의해 해안을 따라 퇴적되어 형성됩니다. 제시된 지도를 보면 C의 주변 지역에서는 사빈이 발달할 정도로 모래를 충분히 공급할 수 있는 하천을 찾아보기 어렵습니다. 이 지역에 발달한 사빈은 주로 주변 암석 해안의 침식으로 발생한 모래, 자갈 등이 연안류와 파랑에 의해 만으로 이동·퇴적되어 형성된 것입니다. 따라서 A는 ⓒ, B는 ㉠, C는 ⓔ에 해당합니다.

06 해안 지역의 특징   정답 ②

문제 분석 지도의 A는 신안, B는 순천, C는 남해, D는 거제입니다.

정답 찾기 ② (가)는 신안(A)입니다. 신안에는 유네스코 생물권 보전 지역으로 지정된 갯벌이 있으며, 신안군 증도의 염전은 우리나라에서 가장 큰 규모이며 근대 문화유산으로 지정되어 있습니다. (나)는 남해(C)입니다. 남해에서는 해안가 사면에 조성된 계단식 논과 조류의 흐름을 이용한 전통 어업 방식인 죽방렴을 볼 수 있습니다. (다)는 순천(B)입니다. 순천에는 우리나라 최초 람사르 등록 연안 습지이자 국가 정원 제1호인 순천만이 있으며, 이곳에서는 매년 갈대 축제가 열리고 있습니다.

07 용암 동굴의 특징   정답 ①

문제 분석 지형도에서 전체적으로 경사가 완만한 지역에 동심원의 등고선이 조밀한 간격으로 나타나는 것으로 보아, 자료는 제주도 용암 동굴의 분포와 형태를 나타낸 것입니다. 용암 동굴은 용암이 흐르다가 굳으면서 형성되기 때문에 용암이 흐르는 방향, 즉 높은 곳에서 낮은 곳으로의 방향성을 띕니다. 따라서 용암 동굴의 방향은 등고선과 교차하여 나타나고, 바닥은 대체로 경사가 완만하고 기복이 작습니다.

정답 찾기 ① 용암 동굴은 점성이 작은 용암이 분출하여 흐르다가 용암의 표면과 속의 냉각 속도 차이로 인해 형성되었습니다.

오답 피하기 ② 용암 동굴은 과거 하천의 유로가 아니므로 하천 퇴적층을 보기 어렵습니다. ③ 화구의 함몰로 형성된 칼데라 분지는 울릉도에서 나타납니다. ④ 천장에 기반암의 용해와 침전으로 형성된 종유석이 발달하는 동굴은 석회 동굴입니다. ⑤ 점성이 큰 용암은 유동성이 작기 때문에 단면도와 같이 긴 용암 동굴이 형성되기 어렵습니다. 단면도처럼 수평적으로 길게 발달하는 용암 동굴은 점성이 작아 유동성이 큰 용암이 멀리까지 흐르는 과정에서 형성됩니다.

08 울릉도와 제주도   정답 ②

문제 분석 (가)는 함경도 안변에서 배를 타고 이틀 거리에 있다는 점, '바다 가운데에 큰 산', '우산국' 등의 표현을 통해 울릉도임을 알 수 있습니다. (나)는 '바다 한복판에 있는 산', 한라산의 옛 이름 중 하나인 '영주산', '이 산 위에는 큰 못' 등을 통해 한라산이 있는 제주도임을 알 수 있습니다.

정답 찾기 ② 한라산이 있는 제주도는 종상 화산인 산정부를 제외하고 전체적으로 경사가 완만한 순상 화산인 반면, 울릉도는 전형적인 종상 화산입니다. 따라서 제주도는 울릉도보다 점성이 작은 용암의 분출 정도가 큽니다. 또한 제주도에서 가장 높은 지점의 해발 고도는 1,947m로 울릉도에서 가장 높은 지점의 해발 고도(987m)보다 높으며, 제주도는 울릉도보다 총면적이 넓습니다. 따라서 울릉도(가)와 비교한 제주도(나)의 상대적 특징은 그림의 B에 해당합니다.

09 제주도의 지형 특성   정답 ⑤

문제 분석 왼쪽 지도는 가장 높은 지점의 해발 고도가 1,947m이고 최고 지점 부근에 와지가 나타나는 것으로 보아 제주도 한라산의 정상부임을 알 수 있습니다. 따라서 C는 백록담입니다. 오른쪽 지도는 전체적으로 등고선의 간격이 넓고 부분적으로 등고선이 조밀하게 나타나는 작은 구릉이 발달해 있는 것으로 보아 제주도의 순상 화산체임을 알 수 있습니다. 따라서 D는 기생 화산입니다.

정답 찾기 ㄴ. 제주도에는 주된 기반암인 현무암이 풍화된 흑갈색의 토양이 분포합니다. ㄷ. A는 E보다 경사가 급한 것으로 보아 유동성이 작은 용암이 분출되었음을 알 수 있습니다. 한라산의 정상부는 유동성이 작고 점성이 큰 용암이 분출하여 산록부에 비해 경사가 급합니다. ㄹ. 기생 화산은 큰 화산의 중턱이나 기슭에 형성되는 작은 화산체로, 주 화산이 만들어진 이후에 형성됩니다. 따라서 한라산(B)은 기생 화산(D)보다 형성 시기가 이릅니다.

오답 피하기 ㄱ. 백록담(C)은 화구에 물이 고여 형성된 화구호입니다. 기반암의 용식에 의해 형성된 와지인 돌리네가 분포하는 곳은 석회암이 기반암을 이루고 있는 카르스트 지형입니다.

10 화산 지형과 카르스트 지형   정답 ③

문제 분석 지도의 A는 제주도의 순상 화산체이며, B는 기생 화산입니다. C는 석회암이 빗물이나 지하수에 용식되어 형성된 돌리네입니다.

정답 찾기 ㄷ. 제주도의 기반암은 신생대 제3기 말~제4기의 화산 활동으로 형성된 현무암(화산암)이며, 돌리네의 기반암은 고생대 초기에 바다에서 형성된 퇴적층인 조선 누층군에 주로 분포하는 석회암(퇴적암)입니다. ㄹ. 현무암과 석회암은 모두 절리가 발달하여 배수가 잘되기 때문에 두 암석이 기반암을 이루는 지역은 논농사보다 밭농사가 주로 이루어집니다.

오답 피하기 ㄱ. A에는 현무암이 풍화된 흑갈색의 토양이, C에는 석회암이 풍화된 붉은색의 토양이 주로 분포합니다. ㄴ. 열하 분출(틈새 분출)은 지각의 길게 벌어진 틈으로 솟아오른 용암이 주변으로 넘쳐흐르는 방식으로 나타나는 화산 분출입니다. 열하 분출에 의해 형성된 지형으로는 철원·평강 일대의 용암 대지가 있습니다.

11 석회 동굴과 용암 동굴의 분포와 특징   정답 ④

문제 분석 (가)는 충북 단양에 위치한 석회 동굴, (나)는 제주도에 위치한 용암 동굴입니다.

정답 찾기 ㄴ. 석회 동굴(가)의 기반암인 석회암은 고생대, 용암 동굴(나)의 기반암인 현무암은 신생대에 형성되었습니다. ㄹ. 석회암과 현무암은 모두 절리가 발달하여 배수가 잘되기 때문에 두 암석이 기반암을 이루는 지역은 논농사보다 밭농사가 주로 이루어집니다.

오답 피하기 ㄱ. 석회 동굴(가)의 기반암은 석회암입니다. 석회암은 고생대 초에 바다에서 형성된 퇴적층인 조선 누층군에 주로 분포합니다. 고생대 평안 누층군에 주로 분포하는 것은 무연탄입니다. ㄷ. 석회 동굴(가)은 석회암의 절리면을 따라 용식 작용을 받아 형성되어 동굴 내부가 미로 형태로 복잡하며, 동굴 내부에서는 탄산 칼슘이 침전되어 형성된 수많은 종유석, 석순, 석주 등을 볼 수 있습니다. 용암 동굴(나)은 용암이 흐르면서 형성되었기 때문에 석회 동굴(가)에 비해 기복이 작고 바닥면이 평평합니다.

12 카르스트 지형   정답 ⑤

문제 분석 답사 지역은 충청북도 단양군 일대로 카르스트 지형에 해당합니다.

정답 찾기 ⑤ 석회암 지대에서 볼 수 있는 용식 작용으로 형성된 와지는 돌리네입니다. 돌리네에 분포하는 붉은색의 석회암 풍화토는 투수성이 높고 기반암인 석회암은 절리가 발달하여 강수 시 물이 지하로 잘 스며들기 때문에 습지가 형성되기 어렵습니다.

오답 피하기 ① 돌리네(우발라)는 배수가 잘되기 때문에 주로 밭농사가 이루어집니다. ② 시멘트 공업의 주된 원료는 석회석입니다. 석회석을 시멘트로 가공하면 중량이 크게 감소하므로 시멘트 공장은 주로 석회석 광산 가까이에 위치합니다. ③ 석회 동굴의 기반암은 석회암입니다. 석회암은 고생대 초에 바다에서 형성된 퇴적층인 조선 누층군에 주로 분포합니다. ④ 카르스트 지형에서는 석회암이 용식된 후 남은 철분 등이 산화되어 형성된 붉은색의 토양이 나타납니다.

01 동해안과 서해안의 해안 지형 특징   정답 ①

자료 분석

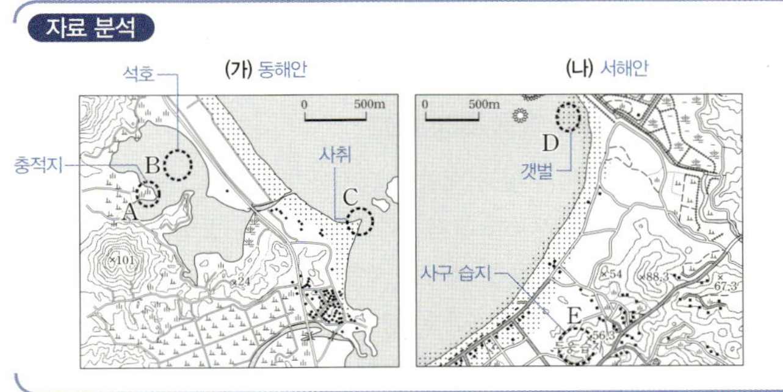

문제 분석 (가) 지도의 A는 석호로 유입하는 하천의 운반 물질이 퇴적된 충적지, B는 석호, C는 사취입니다. (나) 지도의 D는 갯벌, E는 천연 기념물인 태안 신두리 해안 사구의 두웅 습지입니다.

정답 찾기 ① A는 석호(B)로 유입되는 하천의 운반 물질이 퇴적되어 형성된 것으로, 이로 인해 석호의 규모는 점차 축소됩니다. 사취(C)는 새부리 모양의 퇴적 지형으로 시간이 지남에 따라 사주가 됩니다. 파랑 에너지가 집중되는 곳은 주로 암석 해안으로 해식애, 파식대 등의 침식 지형이 발달합니다. 갯벌(D)은 주로 점토 등의 미립 물질로 구성되어 있기 때문에 주로 모래로 이루어진 사취(C)보다 퇴적 물질의 평균 입자 크기가 작습니다. 두웅 습지(E)는 사구의 배후에 형성되어 바다와 떨어져 있기 때문에 조류의 영향을 받지 않습니다. (가)는 석호가 나타나는 것으로 보아 동해안 지역, (나)는 갯벌이 분포하고 두웅 습지가 위치하는 것으로 보아 서해안 지역입니다.

02 주요 화산 지형의 특성   정답 ③

자료 분석

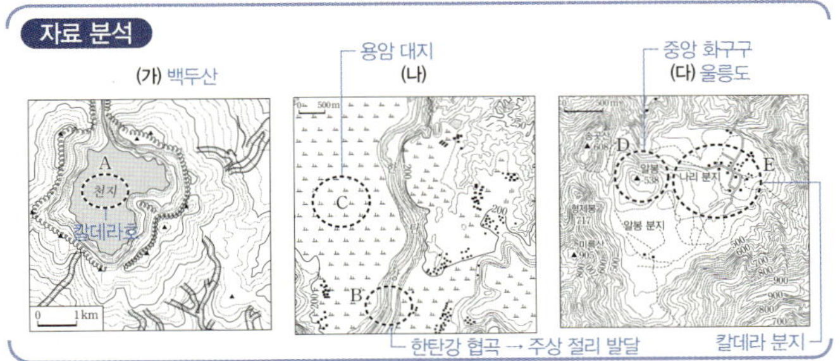

문제 분석 (가)는 백두산 일대이며, A는 칼데라호인 천지입니다. (나)는 한탄강 일대이며 B는 한탄강 협곡, C는 용암 대지입니다. (다)는 울릉도 일대이며, D는 중앙 화구구인 알봉, E는 칼데라 분지인 나리 분지입니다.

정답 찾기 갑. 백두산은 해발 고도가 2,744m로 우리나라에서 가장 높은 산입니다. 을. 한탄강 주변의 절벽에는 주상 절리가 나타나는데, 이는 화산 활동으로 분출된 용암이 냉각되는 과정에서 수축이 일어나면서 형성된 다각형 기둥 모양의 절리를 말합니다. 병. 백두산 천지(A)는 화구가 함몰된 지형에 물이 고여 형성된 칼데라호이고, 나리 분지(E)는 화구의 함몰로 형성된 칼데라 분지에 해당합니다.

오답 피하기 정. 용암 대지(C)는 유동성이 크고 점성이 작은 현무암질 용암이 지각의 갈라진 틈을 따라 열하 분출한 후 산지 사이의 저지대를 메

워 형성된 반면, 알봉(D)은 유동성이 작고 점성이 큰 조면암질 용암이 분출하여 종상 화산의 형태를 이루고 있습니다. 무. 울릉도는 점성이 큰 용암이 분출하여 전체적으로 종상 화산을 이루고 있으며, 화구의 함몰로 나리 분지(E)가 형성된 후 분지 내에서 화산이 폭발하여 중앙 화구구인 알봉(D)이 형성되었습니다. 따라서 나리 분지(E)가 알봉(D)보다 먼저 형성되었습니다.

03 화산 지형의 분포와 특징   정답 ②

자료 분석

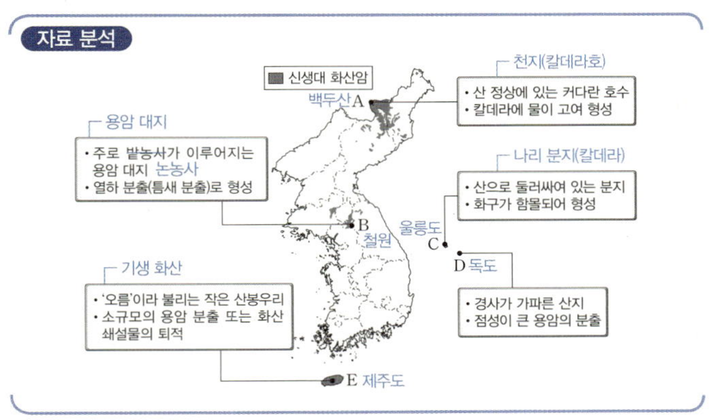

문제 분석 A는 백두산의 천지, B는 철원의 용암 대지, C는 울릉도의 나리 분지, D는 독도, E는 제주도의 기생 화산입니다.

정답 찾기 ② 철원 한탄강의 용암 대지(B)는 유동성이 큰 현무암질 용암이 열하 분출하여 이루어진 평탄한 지형입니다. 이 지역의 용암 대지에는 한탄강이 용암 대지를 깊게 침식하기 전에 하천에 의해 퇴적된 충적층과 현무암 풍화토가 쌓여 있고, 한탄강 주변에 양수장을 건설하여 용수 확보가 가능하므로 논농사가 이루어지고 있습니다.

오답 피하기 ① 백두산의 천지(A)는 화구가 함몰되어 형성된 칼데라에 물이 고인 칼데라호입니다. ③ 울릉도(C)는 신생대의 화산 활동으로 주로 점성이 큰 조면암질 용암이 분출하여 전체적으로 경사가 급한 종상 화산입니다. 섬 중앙에는 분화구의 함몰로 형성된 칼데라 분지(나리 분지)가 있습니다. ④ 독도(D)는 점성이 큰 용암이 분출하여 형성되었기 때문에 경사가 가파른 산지의 모습이 나타납니다. ⑤ 제주도(E)에 나타나는 대표적인 화산 지형인 기생 화산은 '오름'이라 불리며, 주 화산이 만들어진 이후에 소규모의 용암 분출 또는 화산 쇄설물의 퇴적에 의해 형성되었습니다.

04 우리나라의 주요 지형 관광 자원   정답 ①

자료 분석

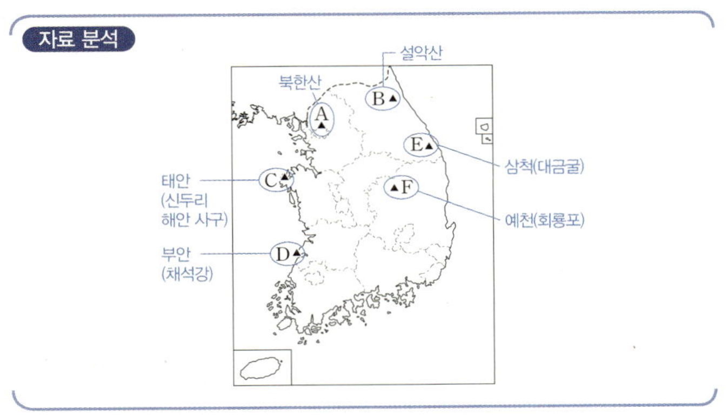

문제 분석 지도의 A는 서울 북부(북한산), B는 강원도 북동부(설악산), C는 충남 태안(신두리 해안 사구), D는 전북 부안(채석강), E는 강원 삼척(대금굴), F는 경북 예천(회룡포)의 위치를 나타낸 것입니다.

정답 찾기 ① (가)는 '대도시 속 자연공원,' 단위 면적당 탐방객 수가 가장 많은 국립 공원' 등을 통해 서울 북부에 위치한 북한산이라는 것을 알 수 있습니다. 따라서 지도의 A에 해당합니다. (나)는 '우리나라 최대의 해안 사구', '천연 기념물 제431호로 지정' 등을 통해 충남 태안의 신두리 해안 사구라는 것을 알 수 있습니다. 따라서 지도의 C에 해당합니다. (다)는 '종유석과 석순, 석주' 등을 통해 석회 동굴이 발달한 지역임을 알 수 있습니다. 지도의 A~F 중에서 석회 동굴이 발달한 지역은 강원도 삼척인 E에 해당합니다.

오답 피하기 B는 설악산으로, 북한산과 마찬가지로 화강암으로 이루어진 돌산이자 국립 공원에 해당하지만 대도시 속 자연공원은 아닙니다. D는 전북 부안의 채석강으로, 퇴적암으로 이루어진 기암절벽과 해식 동굴이 유명한 지역입니다. F는 경북 예천의 회룡포로, 낙동강의 지류인 내성천이 태극 모양으로 휘감아 돌아 모래사장이 형성된 곳에 마을이 들어서 있는 곳입니다.

04강 우리나라의 기후 특성

대표 기출 vs 고난도 기출

본문 p.30

순한맛 ①　　　　매운맛 ①

순한맛 주요 도시의 기후 특성 비교　　　　정답 ①

문제 분석 뜬다리 부두가 있고 새만금 간척지가 개발되고 있는 (가)는 군산, 영남 내륙 지역에 위치한 광역시이고 과거 섬유 공업이 발달한 (나)는 대구, 동계 올림픽 개최를 계기로 서울과 고속 철도(KTX)가 연결되어 서울과의 접근성이 향상된 (다)는 강릉입니다.

정답 찾기 ① 군산(가)은 최한월 평균 기온(＝최난월 평균 기온－기온의 연교차)이 음(－)의 값이 나타나므로 A에 해당합니다. 영남 내륙 지역에 위치한 대구와 동해안에 위치한 강릉은 최한월 평균 기온이 양(＋)의 값이 나타납니다. 대구(나)는 내륙에 위치한 분지 지형으로 군산, 강릉보다 최난월 평균 기온이 높고 강수량이 적으므로 C에 해당합니다. 강릉(다)은 군산과 대구보다 고위도에 위치하여 최난월 평균 기온이 낮고, 북동 기류가 유입하는 영동 지방에 위치하여 겨울철 강수량이 많은 편이므로 D에 해당합니다.

오답 피하기 B는 기온의 연교차가 작고 연 강수량이 약 2,000mm로 매우 많은 지역이므로 남해안에 위치한 거제입니다.

매운맛 위도가 비슷한 지역의 기후 특성 비교　　　　정답 ①

①	②	③	④	⑤ 함정
57%	13%	6%	9%	15%

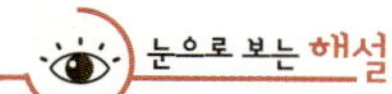

눈으로 보는 해설

다음 글의 (가)~(라)에 해당하는 지역을 그래프의 A~D에서 고른 것은? (단, 그래프는 각각 (가)~(라) 지역과 강릉의 기후 값 차이를 나타낸 것임.)

> (가) <u>강원도의 도청 소재지</u>로 전형적인 분지이며, 댐 건설로 조성된 호수를 끼고 있어 '<u>호반의 도시</u>'로 불린다. 춘천
>
> (나) <u>영동 지방과 영서 지방을 잇는 고개</u>로 인근에 동계 올림픽 경기장과 풍력 발전 단지가 있으며, <u>고랭지 농업</u>이 발달해 있다. 대관령
>
> (다) <u>우리나라의 수위 도시</u>로 중앙 정부 기관을 비롯하여 대기업의 본사, 금융 기관의 본점 등이 위치해 있다. 서울
>
> (라) 섬의 중앙에는 <u>칼데라 분지</u>가 있으며, 분지 내에는 중앙 화구구가 있어 전체적으로 <u>이중 화산</u>의 특징을 보이고 있다. 울릉도

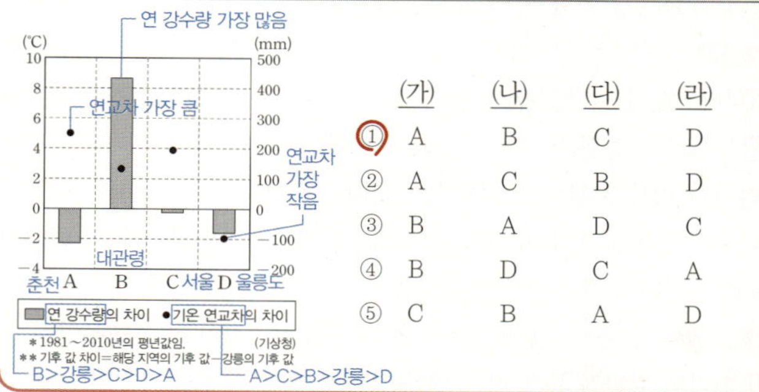

	(가)	(나)	(다)	(라)
①	A	B	C	D
②	A	C	B	D
③	B	A	D	C
④	B	D	C	A
⑤	C	B	A	D

문제 분석 (가)는 강원도의 도청 소재지로 '호반의 도시'로 불리는 춘천, (나)는 영동 지방과 영서 지방을 잇는 고개로 고랭지 농업이 발달한 대관령, (다)는 우리나라의 수위 도시인 서울, (라)는 칼데라 분지가 있고 전체적으로 이중 화산의 특징을 보이는 울릉도입니다. 그래프는 A~D 각 지역의 연 강수량과 기온의 연교차에서 강릉의 연 강수량과 기온의 연교차를 뺀 값을 나타낸 것으로, 기후 값이 '+'인 지역은 강릉보다 연 강수량이 많거나 기온의 연교차가 큰 것을 의미하며, 기후 값이 '−'인 지역은 강릉보다 연 강수량이 적거나 기온의 연교차가 작은 것을 의미합니다. 따라서 연 강수량은 B>강릉>C>D>A 순으로 많고, 기온의 연교차는 A>C>B>강릉>D 순으로 큽니다.

정답 찾기 ① 춘천(가)은 내륙에 위치하여 기온의 연교차가 가장 크므로 A입니다. 대관령(나)은 네 지역 중 연 강수량이 가장 많은 다우지이므로 B입니다. 서울(다)은 춘천 다음으로 기온의 연교차가 크므로 C입니다. 울릉도(라)는 바다의 영향으로 기온의 연교차가 가장 작으므로 D입니다.

🔒 함정 피하기

편차 값의 경우 '+'인 경우와 '−'인 경우를 잘 구분해야 한다. 예를 들어 '해당 지역의 기후 값 − 기준 지역의 기후 값'의 경우 나타나는 값이 '+'인 경우 해당 지역의 값이 기준 지역의 값보다 큰 것을 의미하며 '−'인 경우에는 기준 지역의 값이 해당 지역의 값보다 큰 것을 의미한다. 한편, 기후 문항에서 시험에 잘 나오는 지역(대관령, 강릉, 울릉도, 대구, 거제, 제주도 등)의 최한월 평균 기온 값과 연 강수량 정도는 반드시 숙지할 필요가 있다.

실전 문제

본문 p.31~33

| 01 ② | 02 ② | 03 ② | 04 ⑤ | 05 ① | 06 ④ |
| 07 ⑤ | 08 ④ | 09 ③ | 10 ② | 11 ⑤ | 12 ① |

01 기후 요소의 지역별 분포

정답 ②

문제 분석 (가)는 서울, 대전, 광주, 대구, 부산 등의 대도시와 제주도를 비롯한 남해안 일대에서 높게 나타나고, 고위도 지역의 내륙과 해발 고도가 높은 산지 지역에서는 낮게 나타납니다. (나)는 울릉도와 영동 지방, 충청·호남 서해안에서 높게 나타납니다.

정답 찾기 ② (가)는 열대야 일수입니다. 열대야 일수는 일 최저 기온 25℃ 이상인 날의 수로 대구, 서울, 광주 등의 대도시와 위도가 낮은 남해안 일대에서 많이 나타납니다. (나)는 연 적설량입니다. 연 적설량은 북서풍의 영향을 받는 울릉도와 충청·호남 서해안, 북동 기류의 영향을 받는 영동 지방에서 많습니다. 제주도를 포함한 남해안 일대는 1월 강수량은 많으나 1월 평균 기온이 높아 연 적설량은 적은 편입니다.

오답 피하기 일 강수량 80mm 이상인 집중 호우 일수는 남해안 일대, 서귀포, 경기 북부, 강원 일부에서 높게 나타납니다.

02 기후 요인이 기온의 지역 차에 끼친 영향

정답 ②

문제 분석 지도에 표시된 지역은 인천, 홍천, 대관령, 강릉입니다. (가)는 최한월 평균 기온이 가장 높은 강릉이고, (나)는 최한월 평균 기온과 최난월 평균 기온이 가장 낮은 대관령입니다. (라)는 (다)보다 최한월 평균 기온이 높으므로 인천, (다)는 홍천입니다.

정답 찾기 ㄱ. 그래프를 보면 최난월 평균 기온의 지역 차이(기온이 가장 높은 인천(라)과 기온이 가장 낮은 대관령(나)의 차이)는 약 6℃이고, 최한월 평균 기온의 지역 차이(기온이 가장 높은 강릉(가)과 기온이 가장 낮은 대관령(나)의 차이)는 약 8℃입니다. 따라서 월평균 기온의 지역적 차이는 최난월보다 최한월이 더 큽니다. ㄹ. 위도가 비슷한 (가)~(라) 지역 중 해발 고도가 가장 높은 지역은 최한월 평균 기온과 최난월 평균 기온이 가장 낮은 대관령(나)입니다.

오답 피하기 ㄴ. 황해보다 동해의 수심이 깊어 동해안의 기온 하강 속도가 늦기 때문에 동해안에 위치한 강릉(가)은 서해안에 위치한 인천(라)보다 최한월 평균 기온이 높게 나타납니다. ㄷ. 기온의 연교차는 최난월 평균 기온에서 최한월 평균 기온을 뺀 값입니다. 대관령(나)의 연교차는 약 27℃이고, 홍천(다)의 연교차는 약 29℃입니다. 따라서 (나)는 (다)보다 기온의 연교차가 작습니다.

03 지역별 기후 특성

정답 ②

문제 분석 지도의 A는 대관령, B는 강릉, C는 장수, D는 거제입니다.

정답 찾기 ② (가)는 세 지역 중 최한월 평균 기온이 가장 낮으므로 대관령(A)입니다. 대관령은 고위도에 위치하고 해발 고도가 높아 최한월 평균 기온이 낮습니다. (나)는 세 지역 중 최한월 평균 기온이 두 번째로 낮고 연 강수량이 가장 적으므로 장수(C)입니다. 장수는 소백산맥 서사면에 위치해 해발 고도가 높아 동위도의 다른 지역보다 최한월 평균 기온이 낮습니다. (다)는 세 지역 중 최한월 평균 기온이 가장 높고, 연 강수량이 가장 많으므로 거제(D)입니다. 거제는 남해안에 위치하여 최한월 평균 기온이 높고 연 강수량이 약 2,000mm에 달합니다.

오답 피하기 강릉(B)은 최한월 평균 기온이 0℃ 이상이고, 연 강수량은 약 1,460mm입니다.

04 기온의 지역 차

정답 ⑤

문제 분석 지도의 세 지역은 서울, 울릉도, 대구입니다. 강릉의 1월 평균 기온은 약 0.4℃로, 강릉과의 1월 평균 기온의 차가 양(+)의 값(약 3℃)을 갖는 (가)는 1월 평균 기온이 약 −3℃이므로 서울입니다. 강릉과의 1월 평균 기온 차가 음(−)의 값(약 −1℃)을 갖는 (나)는 1월 평균 기온이 약 1.4℃로 세 지역 중 가장 높으므로 울릉도입니다. 강릉과의 1월 평균 기온 차가 0에 가까운 (다)는 1월 평균 기온이 강릉과 비슷한 대구입니다.

정답 찾기 ㄷ. 무상 기간은 서리가 내리지 않는 기간으로 일 최저 기온이 0℃ 이상이어야 합니다. 최한월 평균 기온이 높으면 무상 기간도 대체로 길게 나타납니다. 따라서 대구(다)가 서울(가)보다 최한월 평균 기온이 높으므로 무상 기간이 깁니다. ㄹ. (가)~(다) 중 겨울 강수량이 가장 많은 지역은 울릉도(나)입니다.

오답 피하기 ㄱ. 서울(가)은 울릉도(나)보다 해양의 영향을 적게 받습니다. ㄴ. 울릉도(나)는 연중 해양의 영향을 받기 때문에 강수의 계절적 분포가 고른 편입니다.

05 계절별 기온의 일교차

정답 ①

문제 분석 기온의 일교차는 하루 중 최고 기온과 최저 기온의 차이를 말합니다. 일반적으로 기온의 일교차는 대기가 건조할수록 커지므로 습한 여름철보다는 건조한 봄·가을철에 크게 나타납니다. 따라서 (가)는 (나)

보다 대체로 기온의 일교차가 크므로 가을철인 10월, (나)는 여름철인 7월입니다.

정답 찾기 ① 7월(나)은 10월(가)보다 평균 기온과 평균 상대 습도는 높고, 기온의 일교차는 작습니다. 따라서 (가) 시기와 비교한 (나) 시기의 상대적 특징은 그림의 A에 해당합니다.

06 지역별 기후 특성　　　　　정답 ④

문제 분석 그래프의 기후 값 차이가 '+' 값이면 해당 지점의 기후 값이 청주의 기후 값보다 높다는 것을 의미하며, '-' 값이면 청주의 기후 값이 해당 지점의 기후 값보다 높다는 것을 의미합니다. 따라서 연평균 기온은 (가)>(나)>청주>(다)>(라) 순으로 높고, 겨울 강수량은 (나)>(라)>청주>(가)>(다) 순으로 많습니다. 지도의 A는 인천, B는 강릉, C는 장수, D는 대구입니다.

정답 찾기 ④ (가)는 네 지역 중 연평균 기온이 가장 높고 겨울 강수량이 적은 편이므로 대구(D)입니다. 대구는 장수와 위도가 비슷하지만 장수보다 해발 고도가 낮은 분지 지형이므로 네 지역 중 연평균 기온이 가장 높습니다. (나)는 네 지역 중 겨울 강수량이 가장 많고 연평균 기온이 대구 다음으로 높으므로 강릉(B)입니다. 강릉은 겨울철 북동 기류의 영향으로 많은 눈이 내립니다. (라)는 연평균 기온이 가장 낮고, 강릉 다음으로 겨울 강수량이 많으므로 장수(C)입니다. 소백산맥 서사면에 위치한 장수는 해발 고도가 높아 연평균 기온이 낮고, 겨울철 북서 계절풍이 불어 올 때 비교적 많은 눈이 내립니다. 나머지 (다)는 인천(A)입니다. 따라서 (가)는 D, (나)는 B, (다)는 A, (라)는 C입니다.

07 북한의 지역별 기후 특성　　　　　정답 ⑤

문제 분석 지도의 A는 구성, B는 남포, C는 삼지연, D는 청진입니다. 그래프를 보면 기온의 연교차는 (나)>(다)>(라)>(가) 순으로 크고, 연 강수량은 (다)>(나)>(라)>(가) 순으로 많습니다.

정답 찾기 ⑤ (가)는 연 강수량이 가장 적은 소우지이므로 관북 해안의 청진(D)이고, (나)는 기온의 연교차가 가장 크므로 개마고원 일대의 삼지연(C)입니다. (다)는 연 강수량이 가장 많은 구성(A)이고, (라)는 청진 다음으로 강수량이 적으므로 저평한 대동강 하류의 남포(B)입니다.

08 여름과 겨울의 바람 특성　　　　　정답 ④

문제 분석 남풍 계열의 풍향이 우세한 (가)는 북태평양에서 발달한 고기압의 영향으로 고온 다습한 남서 혹은 남동풍이 탁월하게 부는 7월, 북풍 계열의 풍향이 우세한 (나)는 시베리아에서 발달한 고기압의 영향으로 한랭 건조한 북서풍이 탁월하게 부는 1월입니다.

정답 찾기 ㄱ. 바람장미에서 막대의 길이는 바람이 불어온 비율을 나타내며, 막대의 길이가 길수록 빈도가 높습니다. 따라서 북풍보다 남풍의 관측 횟수가 많습니다. ㄷ. 시베리아 기단 등의 한랭한 한대 기단의 영향은 겨울철에 크기 때문에 1월(나)이 7월(가)보다 큽니다. ㄹ. 바람장미에서 막대의 두께는 풍속을 나타내며, 막대의 두께가 두꺼울수록 풍속이 빠릅니다. 따라서 1월(나)은 7월(가)보다 평균 풍속이 빠릅니다.

오답 피하기 ㄴ. (나)에서 풍속 8m/s 이상 바람의 막대 길이에 비해 8m/s 미만 바람의 막대 길이가 깁니다. 따라서 풍속 8m/s 이상 바람의 빈도가 8m/s 미만 바람의 빈도보다 낮습니다.

09 우리나라의 계절별 기후 특징　　　　　정답 ③

정답 찾기 ③ 장마 전선은 한대 기단인 오호츠크해 기단과 열대 기단인 북태평양 기단이 만나 정체되어 형성됩니다.

오답 피하기 ① 꽃샘추위는 봄철 시베리아 기단의 일시적인 확장으로 발생합니다. ② 높새바람은 늦봄~초여름 사이에 오호츠크해 기단에서 발원한 북동풍이 태백산맥을 넘으면서 영서 지방에 가뭄의 피해를 주는 고온 건조한 바람입니다. ④ 소나기는 강한 일사에 의해 공기가 상승하면서 발생하는 대류성 강수입니다. ⑤ 북동 기류의 영향으로 폭설이 발생하는 지역은 주로 영동 지방이며, 충청과 호남 서해안을 중심으로 발생하는 폭설은 북서 계절풍과 관련 있습니다.

10 서리 일수의 특징　　　　　정답 ②

문제 분석 제시된 자료는 서리의 시작일과 종료일을 나타낸 것입니다. 서리는 0℃ 이하의 온도에서 공기 중의 수증기가 땅에 접촉하여 얼어붙은 매우 작은 얼음으로, 춥고 맑은 날 새벽에 잘 나타납니다.

정답 찾기 ② 연평균 기온이 올라가면 서리 일수가 줄어듭니다.

오답 피하기 ① 해발 고도가 높은 대관령 일대에서는 서리 시작일이 10월 11일 정도로 다른 지역보다 빠르고, 종료일은 5월 1일 정도로 다른 지역보다 늦습니다. ③ 종료일~시작일 사이의 기간은 서리가 내리는 않는 무상 기간으로 고위도로 갈수록 짧아집니다. ④ 비슷한 위도 상에서 겨울 기온은 동해안이 서해안에 비해 높습니다. 따라서 비슷한 위도 상에서 무상 기간은 동해안이 서해안보다 깁니다. ⑤ 서리가 내리게 되면 사실상 노지 재배가 어렵다고 볼 수 있습니다. 따라서 무상 기간이 노지에서 농작물을 재배할 수 있는 기간입니다.

11 장마철의 특징　　　　　정답 ⑤

문제 분석 6월 하순이 되면 한대 기단과 열대 기단 사이에 형성된 장마 전선이 북상하면서 장마가 시작됩니다. 장마철에는 흐리거나 비가 내리는 날씨가 많으며, 집중 호우가 내리기도 합니다.

정답 찾기 ⑤ 장마 전선은 대체로 북태평양 고기압의 북서쪽 가장자리를 따라 자리 잡는 경향이 있어 북태평양 고기압이 발달함에 따라 장마 전선도 제주(다)부터 시작해 남부 지방(나), 중부 지방(가)으로 북상합니다.

오답 피하기 ① 적도 기단에 의해 발생하는 것은 태풍입니다. ② 장마철은 습도가 높기 때문에 기온의 일교차가 작은 편입니다. ③ 서고동저형의 기압 배치는 주로 겨울철에 잘 나타납니다. ④ 대류성 강수는 강한 일사에 의해 발생하는 것으로 소나기가 대표적이며, 한여름에 주로 발생합니다.

12 기온과 강수량이 주민 생활에 미친 영향　　　　　정답 ①

문제 분석 (가)는 남쪽에서 북쪽으로 가면서 뚜렷하게 낮아지고 대관령 일대 등 해발 고도가 높은 지역이 주변 지역에 비해 낮은 것으로 보아 1월 평균 기온입니다. (나)는 울릉도, 영동 지방, 호남 지방, 제주도 지역 등에서 상대적으로 높은 것으로 보아 1월 평균 강수량입니다.

정답 찾기 갑. 관북 지방의 전통 가옥 구조에 겹집 구조가 나타나는 것은 겨울철 기온이 낮기 때문입니다. 을. 김장 시기는 겨울철 기온과 관련이 있습니다. 북부 지방은 남부 지방에 비해 추위가 빨리 오기 때문에 김장을 담그는 시기가 이릅니다.

 병. 제주도의 그물 지붕은 바람과 관련된 생활 양식입니다. 제주도는 강한 바람이 불기 때문에 지붕이 날아가지 않도록 지붕을 그물 망처럼 밧줄로 엮어 놓았습니다. 정. 자연 제방에 터돋움집을 짓는 것은 여름철 집중 호우와 관련 있습니다.

킬러 문항 완전 정복

본문 p.34~35

01 ④ **02** ② **03** ⑤ **04** ④

01 지역별 기후 특성 정답 ④

자료 분석

(가) 북위 37°28′, 동경 130°53′에 위치하며, 점성이 큰 용암의 분출로 형성된 화산섬으로 내부에 화구가 함몰되어 형성된 칼데라 분지가 발달해 있다.
<울릉도 / └ 세 지역 중 가장 동쪽에 위치>

(나) 북위 33°30′, 동경 126°31′에 위치하며, 뛰어난 자연 경관을 인정받아 일부 지형이 유네스코 세계 자연 유산 및 세계 지질 공원으로 지정되었다.
<제주도 / └ 세 지역 중 가장 남쪽에 위치>

(다) 북위 38°08′, 동경 127°18′에 위치하며, 점성이 작은 현무암질 용암이 지각의 갈라진 틈을 따라 분출하여 형성된 용암 대지와 깊은 협곡이 분포한다.
<철원 / └ 세 지역 중 가장 북쪽에 위치>

 (가)는 세 지역 중 가장 동쪽에 위치하며, 점성이 큰 용암의 분출로 형성되었고 섬 내부에 칼데라 분지가 있는 울릉도입니다. (나)는 세 지역 중 가장 남쪽에 위치하며, 일부 지형이 유네스코 세계 자연 유산 및 세계 지질 공원으로 지정되어 있는 제주도입니다. (다)는 세 지역 중 가장 북쪽에 위치하며, 열하 분출로 형성된 용암 대지와 깊은 협곡이 분포하는 철원입니다.

 ㄱ. 1월 강수량은 울릉도(가)가 가장 많으며, 제주도(나), 철원(다) 순으로 많습니다. ㄴ. 연평균 기온은 가장 저위도에 위치한 제주도(나)가 가장 높으며, 울릉도(가), 철원(다) 순으로 높습니다. ㄹ. 여름 강수 집중률은 내륙에 위치한 철원(다)이 가장 높으며, 제주도(나), 울릉도(가) 순으로 높습니다.

 ㄷ. 기온의 연교차는 세 지역 중 가장 고위도 내륙에 위치한 철원(다)이 가장 크며, 울릉도(가), 제주도(나) 순으로 큽니다.

02 기후 요소별 지역 분포 정답 ②

자료 분석

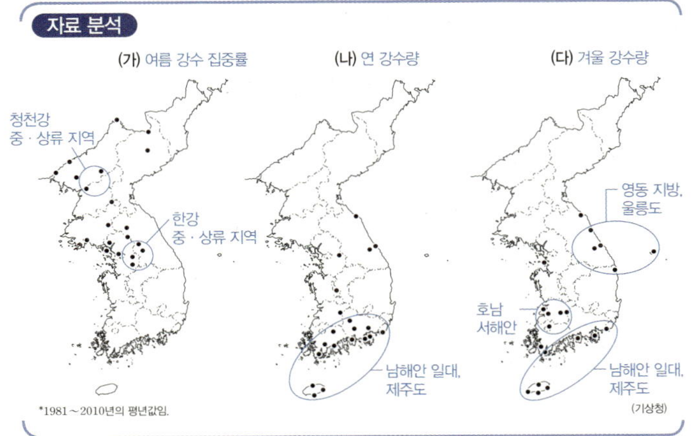

 (가)는 한강 중·상류 지역과 북한의 청천강 중·상류 지역에서 높게 나타납니다. (나)는 제주도, 남해안 일대, 중부 동해안 일대 등에서 높게 나타납니다. (다)는 제주도, 남해안 일대, 호남 서해안, 울릉도, 동해안 지역 등에서 높게 나타납니다.

 ② (가)는 남서 기류의 바람받이에 해당하는 한강 중·상류 지역과 낭림산맥의 바람받이 사면에 위치한 청천강 중·상류 지역에서 높게 나타나므로 여름 강수 집중률입니다. 개마고원 일대의 관북 지방에서 여름 강수 집중률이 높게 나타나는 이유는 여름철에 비가 많이 와서가 아니라 상대적으로 겨울철에 강수량이 적기 때문입니다. (나)는 거제, 서귀포, 대관령을 비롯한 우리나라의 대표적인 다우지에서 높게 나타나므로 연 강수량입니다. 특히 남해안 지역은 태풍이 지나가는 길목에 있고 장마의 영향을 많이 받아 연 강수량이 많습니다. (다)는 북서풍의 영향을 받는 호남 서해안, 제주도, 울릉도와 북동 기류의 바람받이에 해당하는 동해안 지역 등 우리나라의 대표적인 다설지에서 높게 나타나므로 겨울 강수량입니다.

03 지역별 기후 특성 정답 ⑤

자료 분석

지역	위도 및 경도
태백 (가)	37°10′N, 128°59′E
양평 (나)	37°29′N, 127°29′E
울릉도 (다)	37°28′N, 130°53′E
거제 (라)	34°53′N, 128°36′E

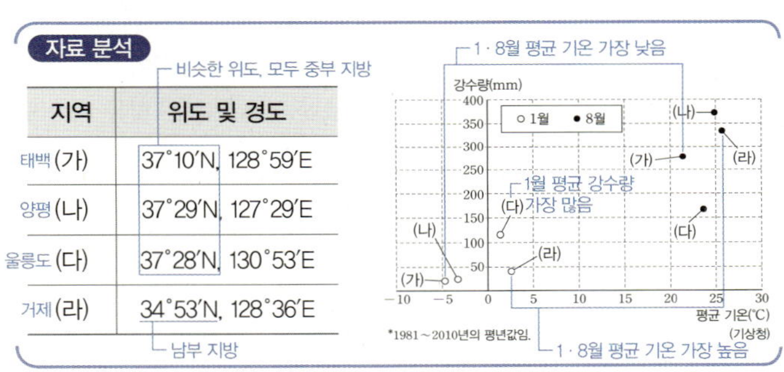

 (가)~(다)는 위도 상 중부 지역에 위치합니다. (가)는 1월 및 8월 평균 기온 모두 가장 낮으므로 해발 고도가 높은 지역입니다. (나)는 (가)보다 서쪽에 위치하며, 연교차가 크고 1월 강수량은 적은 편이지만 8월 강수량이 가장 많으므로 여름 강수 집중률이 높은 중부 내륙 지역입니다. (다)는 가장 동쪽에 위치하며, 연교차가 작고, 8월 강수량은 적지만 1월 강수량이 가장 많으므로 동해안의 섬 지역입니다. (라)는 위도 상 제주도보다 약간 위에 위치하며, 1월 평균 기온이 0℃ 이상이고, 1월 및 8월 평균 기온이 가장 높으며, 8월 강수량이 많은 편이므로 남해안 지역입니다. 실제로 (가)는 태백, (나)는 양평, (다)는 울릉도, (라)는 거제입니다.

 ⑤ 태백(가)과 양평(나)은 내륙, 울릉도(다)와 거제(라)는 해안에 위치합니다.

 ① (가)와 (나)는 위도가 비슷한데 (가)가 (나)보다 1월 및 8월 평균 기온이 낮은 것으로 보아 해발 고도가 높을 것입니다. ② (나)와 (다)는 위도가 비슷한데 (나)가 (다)보다 연교차가 크고 강수의 계절적 분포가 여름에 집중되는 것으로 보아 바다의 영향을 적게 받을 것입니다. ③ (다)는 (라)보다 1월 강수량은 많고 8월 강수량은 적은 것으로 보아 겨울 강수 집중률이 높을 것입니다. ④ (라)는 (가)보다 위도가 낮은 곳에 위치하므로 봄꽃 개화 시기가 이를 것입니다.

04 지역별 기후 특성   정답 ④

자료 분석

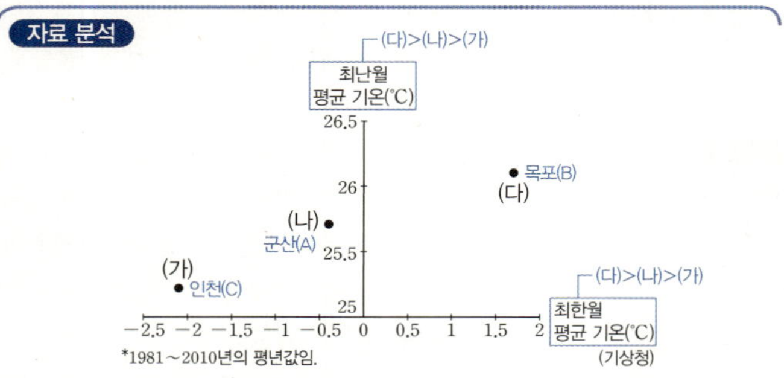

A 군산	B 목포	C 인천

조수 간만의 차가 큰 해안에서 배를 접안하기 위해 설치하는 특수한 부두 시설→ 뜬다리 부두	염해를 방지하고, 홍수 조절, 용수 확보, 교통로 이용 등을 위해 영산강 하구에 만든 둑→ 하굿둑	조차가 큰 해안의 항만 입구에 갑문을 설치하여 수위를 일정하게 유지하는 시설→ 갑문

문제 분석 A에 있는 시설은 뜬다리 부두입니다. 군산 내항에 자리한 뜬다리 부두는 조수 간만의 차가 커 썰물 때 배의 접안이 어려운 서해안의 지형 환경을 극복하기 위해 만든 인공 구조물입니다. B에 있는 시설은 하굿둑입니다. 조차가 큰 황해나 남해로 흐르는 하천은 밀물 때 바닷물이 하천으로 유입되어 염해를 입기 쉬운데, 영산강, 금강, 낙동강의 하구에 하굿둑을 건설하여 염해를 막고 하천수를 관개용수, 생활용수, 공업용수 등으로 사용하고 있습니다. C에 있는 시설은 갑문입니다. 조차가 심한 해안에서는 항만 입구에 갑문 시설을 만들어 항만의 수위를 일정하게 유지하면 대형 선박도 안정적인 접안이 가능합니다. 인천항은 이러한 시설을 갖춘 대표적인 지역입니다. A는 뜬다리 부두가 있는 군산, B는 영산강 하굿둑이 있는 목포, C는 갑문이 있는 인천입니다.

정답 찾기 ④ 그래프를 보면 최난월 및 최한월 평균 기온은 (다)>(나)>(가) 순으로 높습니다. 최난월 및 최한월 평균 기온은 대체로 위도가 낮을수록 높아지기 때문에 (가)는 인천(C), (나)는 군산(A), (다)는 목포(B)입니다.

05강 자연재해와 기후 변화

순한맛 주요 도시의 기후 변화 비교   정답 ④

문제 분석 그래프를 살펴보면 모든 도시의 연평균 여름일수는 증가하고 서리일수는 감소할 것으로 예상됩니다. 이는 기후 변화(한반도 온난화)로 인해 연평균 기온이 상승하고 있기 때문입니다.

정답 찾기 ④ 여름일수 증가 폭은 가장 작은 서울이 약 20일, 가장 큰 부산이 약 33일로 20~33일인 반면, 서리일수 감소 폭은 가장 작은 서울이 약 8일, 가장 큰 인천이 약 15일로 8~15일입니다. 따라서 여름일수의 증가 폭은 서리일수의 감소 폭보다 큽니다.

오답 피하기 ① 서리일수는 인천이 약 15일, 부산은 약 10일 감소할 것으로 예상됩니다. 따라서 서리일수는 부산보다 인천에서 더 감소합니다. ② 여름일수는 대구가 약 28일, 광주는 약 21일 증가할 것으로 예상됩니다. 따라서 여름일수는 광주보다 대구에서 더 증가합니다. ③ 여름일수는 내륙의 서울, 대구, 광주, 대전보다 해안의 부산, 인천, 울산에서 더 증가할 것으로 예상됩니다. ⑤ 서울의 여름일수 증가 폭은 약 20일, 서리일수 감소 폭은 약 8일로 총 변화폭은 28일 정도로 가장 작습니다. 반면 인천 및 부산은 여름일수와 서리일수의 총 변화 폭이 약 44일로 가장 큽니다.

매운맛 위도가 비슷한 지역의 기후 비교   정답 ③

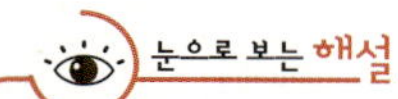

①	② 함정	③	④	⑤
2%	17%	78%	2%	1%

눈으로 보는 해설

다음은 지리 수업의 한 장면이다. 옳지 **않은** 내용을 발표한 학생은?

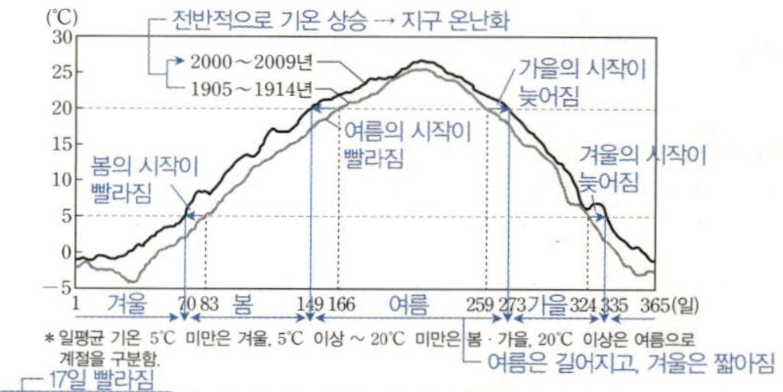

① 갑   ② 을   ③ 병   ④ 정   ⑤ 무

 ③ 병 : 계절 일수의 변화 폭은 그래프를 통해 시기별 일평균 기온이 5℃ 미만, 5℃ 이상~20℃ 미만, 20℃ 이상인 기간이 며칠인지 비교하여 알 수 있습니다. 다음 표는 1905~1914년과 2000~2009년의 계절 길이를 계산한 것입니다.

구분	봄	여름	가을	겨울
1905~1914년	83일	93일	65일	41+83=124일
2000~2009년	79일	124일	62일	30+70=100일

표에서 1905~1914년에 비해 2000~2009년에 봄은 4일, 가을은 3일, 겨울은 24일이 줄었으며, 여름만 31일 늘었습니다. 따라서 계절 일수의 변화 폭은 여름이 31일로 가장 큽니다.

 ① 갑 : 여름 시작일은 1905~1914년에는 166일, 2000~2009년에는 149일로 17일이 빨라졌습니다. ② 을 : 가을 시작일은 1905~1914년에는 259일, 2000~2009년에는 273일로 14일 늦어졌으며, 겨울 시작일은 1905~1914년에는 324일, 2000~2009년에는 335일로 11일 늦어졌습니다. 따라서 가을이 겨울보다 계절의 시작일이 더 많이 늦어졌습니다. ④ 정 : 봄의 시작일은 1905~1914년에는 83일, 2000~2009년에는 70일로 13일 빨라졌으므로 봄꽃의 개화 시기도 빨라졌을 것입니다. ⑤ 무 : 겨울 일수가 감소했기 때문에 하천의 결빙 일수 또한 줄어들 것입니다.

갑, 정, 무의 발표 내용은 평균 기온 상승에 따른 일반적 변화이므로 진위 판단이 쉬웠지만, 나머지 을과 병은 그래프를 분석하여 계절 일수를 직접 계산해야 하기 때문에 정답으로 ②번을 고른 학생이 의외로 많았다. 을과 병의 진술만을 남겨놓고 옳지 않은 내용을 골라야 한다는 것을 순간적으로 잊었거나, 그래프를 바탕으로 계절 일수를 계산하지 않고 감으로 풀었기 때문이다. 그래프 하단에 각주(*) 설명으로 주어진 계절 구분의 기준을 활용하면 시작일과 종료일을 파악할 수 있어 변화 폭을 계산하기 어렵지 않다.

실전 문제

본문 p.39~41

01 ③	02 ②	03 ③	04 ①	05 ④	06 ②
07 ⑤	08 ⑤	09 ⑤	10 ①	11 ②	12 ④

01 주요 자연재해의 특성　　정답 ③

 (가)는 태풍이며, (나)는 대설입니다.

 ③ 열대 저기압인 태풍은 해일 피해를 유발하는 경우가 많습니다. 해일은 급격한 기압의 변화, 강풍 등에 의해 발생합니다.

 ① 북서 계절풍의 영향으로 서해안에서 자주 발생하는 자연재해는 대설입니다. 태풍은 주로 늦은 여름~초가을에 발생합니다. ② 주로 장마 전선의 정체에 따라 발생하는 것은 호우입니다. ④ 울릉도의 우데기는 대설 및 강풍에 대비하기 위한 시설이며, 대청마루는 여름철 무더위에 대비하기 위한 시설입니다. ⑤ 중국 내륙의 건조 지역에서 발원하는 것은 황사이며, 열대 해상에서 발원하는 것은 태풍입니다.

02 주요 자연재해의 특성　　정답 ②

 겨울(12월~3월)에 주로 발생하는 (가)는 대설입니다. 장마 기간(7~8월)에 주로 발생하는 (나)는 호우이고, 호우보다 늦은 시기인 늦여름~초가을(8~10월)에 주로 발생하는 (다)는 태풍입니다.

 ② (가)~(다) 중 총 피해액 규모가 가장 작은 것은 대설이고, 선박에 피해를 가장 많이 주는 자연재해는 태풍입니다. 태풍은 열대 해상에서 발생하여 강한 바람과 많은 비를 동반합니다. 따라서 (가)는 A, (나)는 B, (다)는 D입니다.

03 주요 자연재해의 시설별 피해 현황　　정답 ③

 (가)~(라) 중 농경지 피해액이 가장 많은 (가)는 호우입니다. 호우가 발생하면 건물뿐만 아니라 농경지도 침수 피해가 많이 발생합니다. (나)는 선박 피해액이 많으므로 태풍입니다. 태풍은 바람으로 인한 피해를 많이 유발하는데, 해안 지역에서는 풍랑과 해일을 일으켜 이로 인해 많은 선박이 파손됩니다. 시설별 피해액이 가장 적은 (다)는 대설입니다. (라)는 건물의 피해액만 나타나므로 지진입니다. 지진은 진동으로 인해 1차적으로 건물 붕괴를 유발하며, 산사태·화재 및 가스 누출 등의 2차 피해도 일으킵니다.

 ③ 태풍(나)은 저위도에서 발생해 북상하는 이동 특성상 중부 지방보다 남부 지방의 피해액 규모가 크고, 호우(가)는 전국적으로 피해를 주지만 여름철 강수 집중률이 높은 한강 수계에 위치하는 경기, 강원 등 중부 지방의 피해액 규모가 큰 경향이 있습니다. 따라서 호우(가)는 태풍(나)보다 수도권 지역의 피해액 규모가 큽니다.

 ① 대설(다)에 대한 설명입니다. ② 태풍(나)에 대한 설명입니다. 태풍에 의해 강한 바람이 불고 많은 비가 내리면 바다 아래쪽의 물과 위쪽의 물이 섞이면서 적조 현상이 완화됩니다. ④ 대설(다)은 지진(라)보다 피해를 일으키는 발생 빈도가 높습니다. ⑤ 지형적 요인에 의한 자연재해는 지진(라)입니다.

04 가뭄과 호우　　정답 ①

 (가)는 영남 내륙 지역을 중심으로 지표가 높게 나타나므로 가뭄입니다. 가뭄은 오랜 기간 비가 내리지 않거나 강수량이 적어 물 부족을 겪는 현상입니다. (나)는 한강 수계가 위치한 중부 지방의 수도권 및 강원권, 남해안 일대의 지표가 높게 나타나므로 호우입니다. 남해안과 경기 북부 지역은 호우 발생 일수가 다른 지역에 비해 많습니다.

 ① 가뭄은 호우보다 재해 발생의 진행 속도가 느리며, 영남권의 연평균 발생 일수가 많습니다. 하천 주변 지역의 피해 가능성은 하천 범람으로 침수 피해를 일으키는 호우가 가뭄보다 높습니다. 따라서 호우(나)와 비교한 가뭄(가)의 상대적 특성은 그림의 A에 해당합니다.

05 태풍의 특징　　정답 ④

 주어진 자료는 2019년 10월 초에 내습하여 동해안에 많은 피해를 줬던 태풍 '미탁'에 대한 내용입니다.

 ㄴ. 태풍의 경우 적도 해상에서 처음 발생했을 때는 무역풍의 영향으로 북서쪽으로 이동하지만 중위도에 이르면 편서풍의 영향으로 북동쪽으로 진행 방향을 바꿔 이동합니다. 일기도를 보면 위도 30°N 부근에서 북동진하며 우리나라 쪽으로 지나간 것을 알 수 있습니다. ㄹ. 태풍은 진행 방향을 기준으로 오른쪽(위험 반원)이 왼쪽보다 강한 폭풍우를 동반합니다. 일기도를 보면 동해안이 위험 반원에 속해 있어 서해안보다 강풍으로 인한 피해가 컸음을 알 수 있습니다.

오답 피하기 ㄱ. 냉방용 전력 소비량과 태풍은 직접적인 관련이 없습니다. ㄷ. 태풍은 풍수해를 동반하여 큰 피해를 주지만 가뭄 해소, 적조 완화 등의 긍정적인 효과도 있습니다.

06 지역별 기온 변화 특성   정답 ②

정답 찾기 ② 기온의 연교차는 최난월 평균 기온에서 최한월 평균 기온을 뺀 값입니다. 우리나라는 일부 지역을 제외하고 대부분 최난월은 8월, 최한월은 1월입니다. 자료에 제시된 4개 지점은 모두 최난월에 해당하는 8월 평균 기온보다 최한월에 해당하는 1월 평균 기온의 상승 폭이 큽니다. 따라서 4개 지점은 모두 기온의 연교차가 감소하였습니다.

오답 피하기 ① 울릉도는 8월의 월평균 기온 변화가 음(−)의 값이므로 8월은 평균 기온이 하강하였습니다. ③ 통영은 8월보다 1월의 평균 기온 상승 폭이 큽니다. ④ 제주가 울릉도보다 여름(6~8월) 평균 기온의 상승 폭이 큽니다. ⑤ 4개 지점 중 겨울(12~2월) 평균 기온 상승 폭이 가장 큰 곳은 통영입니다.

07 지구 온난화의 영향   정답 ⑤

문제 분석 그래프를 보면 봄과 여름의 시작 시기는 빨라지고 여름 기간은 길어질 것이며, 가을과 겨울의 시작 시기는 늦어지고 겨울 기간은 짧아질 것으로 예상됩니다.

정답 찾기 ⑤ 평균 기온이 상승하면 고산 식물 분포의 고도 하한선이 높아지면서 분포 면적은 축소될 것입니다.

오답 피하기 ① 겨울 시작일이 늦어질 것으로 예상되므로 첫 서리일은 늦어질 것입니다. ② 단풍은 기온이 낮아지면서 나타나는 현상이므로, 단풍의 시작 시기와 절정 시기가 모두 늦어질 것입니다. ③ 봄의 시작 시기가 빨라질 것으로 예상되므로 진달래, 개나리, 벚꽃 등 봄꽃의 개화 시기는 빨라질 것입니다. ④ 평균 기온이 상승하면 주로 남쪽 지방에서 자라던 난대성 작물의 재배 지역 범위는 북쪽 지방으로 확대될 것입니다.

08 지역별 기온 변화의 특징   정답 ⑤

문제 분석 일반적으로 평균 기온은 고위도로 갈수록 낮아집니다. (가)~(다) 중 1910~2019년 평균 기온이 가장 높은 곳은 부산(가)이고, 가장 낮은 곳은 서울(다)입니다. 나머지 (나)는 대구입니다.

정답 찾기 ㄴ. 연평균 강수량은 남해안에 위치한 부산(가)이 영남 내륙 지역에 위치한 대구(나)보다 많습니다. ㄷ. 폭염 일수는 영남 내륙에 위치한 대구(나)가 서울(다)보다 많습니다. ㄹ. 서울(다)은 부산(가)보다 고위도에 위치합니다.

오답 피하기 ㄱ. 2005년 이후 연평균 기온의 증가 폭은 대구(가)가 가장 작습니다.

09 산지 지역의 생태계 변화   정답 ⑤

문제 분석 우리나라는 산업화 이후 도시 지역의 확대, 도로와 주택 건설, 경작지 확대 등으로 식생이 많이 파괴되었습니다.

정답 찾기 ⑤ 식생이 제거되면 토양의 빗물 흡수율이 낮아져 빗물의 지표 유출량이 상대적으로 증가합니다.

오답 피하기 ① 식생이 제거되면 많은 생물의 서식처가 사라지게 되어 생물 종의 다양성이 감소합니다. ② 식생이 제거되면 숲의 물 저장 기능이 감소하고 식생이 제공하는 수분 공급이 줄어들어 대기 습도가 대체로 낮아집니다. ③ 식생이 제거된 지표는 토양 침식이 빨리 진행되어 지표의 토양 유실이 증가합니다. ④ 식생이 제거되면 토양층이 얇아져 토양 내 수분 함유량이 감소합니다.

10 토양의 종류와 분포 특성   정답 ①

문제 분석 (가)는 고생대 조선 누층군이 분포하는 강원도 남부와 충청북도 북부에 주로 분포하는 것으로 보아 석회암이 풍화를 받아 형성된 석회암 풍화토, (나)는 하천의 운반·퇴적 작용으로 형성되어 하천 주변의 충적지에 분포하는 충적토, (다)는 서·남해안 일대 간척지와 하구 부근에 분포하는 염류토입니다.

정답 찾기 ① 토양 생성 기간이 길어 토양층의 발달이 뚜렷한 성숙토에는 성대 토양과 간대 토양이 있습니다. 석회암 풍화토는 모암의 특성에 영향을 받아 형성된 간대 토양입니다. 미성숙토는 토양 생성 기간이 짧거나 운반 및 퇴적으로 형성되어 토양층의 발달이 미약합니다. 미성숙토에는 하천에 의해 운반·퇴적된 물질로 구성된 충적토와 간척지에 주로 분포하는 염류토가 있습니다. 따라서 (가)는 A, (나)는 C, (다)는 D에 해당합니다.

11 우리나라의 식생 분포   정답 ②

문제 분석 ㉡은 고산 지역과 북부 지방의 개마고원 일대에 주로 분포하는 냉대림이고, ㉣은 남해안 일대, 제주도 등의 남부 지방과 울릉도 등에 분포하는 난대림입니다. ㉢은 국토 전역에 분포하는 온대림으로, 침엽수와 낙엽 활엽수로 이루어진 혼합림입니다. ㉤은 한라산으로, 저지대의 난대림부터 고지대의 고산 식물까지 식생의 수직적 분포가 가장 뚜렷하게 나타납니다.

정답 찾기 ② 고위도로 갈수록 냉대림이 나타나는 해발 고도가 낮아집니다.

오답 피하기 ① 우리나라는 습윤 기후에 속하여 강수량에 따른 식생의 차이가 거의 없기 때문에, 대체로 위도와 해발 고도에 따른 기온 차이가 반영된 식생 분포가 나타납니다. ③ 온대림은 침엽수와 낙엽 활엽수의 혼합림으로 이루어집니다. ④ 한반도에서 해발 고도가 가장 높은 산은 백두산이고, 남한에서 해발 고도가 가장 높은 산은 한라산입니다. 식생의 수직적 분포는 저위도의 한라산에서 가장 뚜렷하게 나타납니다. ⑤ 냉대림은 대체로 상록 침엽수이고, 난대림은 대체로 상록 활엽수에 해당됩니다. 온대림은 상록수와 낙엽수가 함께 나타납니다.

12 도시화에 따른 기후 환경의 변화   정답 ④

문제 분석 자료는 도시화에 따른 토지 이용 상태의 변화를 나타낸 것입니다. (가)는 하천 주변에 식생이 많이 분포하므로 자연 상태의 토지 이용 모습, (나)는 하천 주변이 아스팔트나 콘크리트 건물 등의 인공 물질로 포장된 도시화 이후의 토지 이용 모습입니다.

정답 찾기 갑. 도시화가 진행되면 지표의 포장 면적이 증가하고 인공열의 방출이 많아지면서 평균 기온이 상승합니다. 병. 불투수성 포장 물질에 의한 지표 포장 면적이 넓으면 빗물이 땅속으로 흡수되지 못하고 빠르게 하천으로 흘러들기 때문에 하천의 수위 변동이 커집니다. 정. 지표 포장 면적이 넓으면 빗물의 토양 내 흡수율은 감소하고 땅 위로 흐르는 지표 유출량은 많아집니다.

킬러 문항 완전 정복

본문 p.42~43

01 ①　　02 ⑤　　03 ④　　04 ①

01 기후 변화 자료 분석　　　　정답 ①

자료 분석

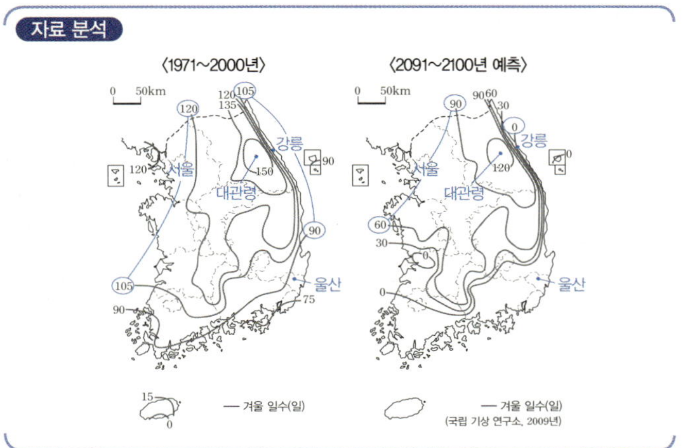

문제 분석 지구 온난화로 평균 기온이 상승하면서 우리나라의 지역별 겨울 일수는 감소할 것으로 예측됩니다.

정답 찾기 ① 갑 : 1971~2000년에 비해 2091~2100년에 모든 시·도 지역에서 겨울 일수가 줄어들었습니다. 이는 지구 온난화로 인해 한반도의 겨울 평균 기온이 지속적으로 상승하고 있음을 의미합니다. 울산은 겨울 일수 0의 등치선보다 남쪽에 위치하므로 겨울이 없어질 것입니다. 강릉은 겨울 일수가 1971~2000년에 약 90~105일, 2091~2100년에 약 0일이며, 대관령은 1971~2000년에 약 150일, 2091~2100년에 약 120일입니다. 따라서 강릉은 대관령보다 겨울 일수가 많이 감소할 것입니다.

오답 피하기 서울은 겨울 일수가 1971~2000년에 약 105~120일이고, 2091~2100년에 약 60~90일이므로 겨울 일수 감소일은 60일 미만일 것입니다.

02 주요 자연재해의 특징　　　　정답 ⑤

자료 분석

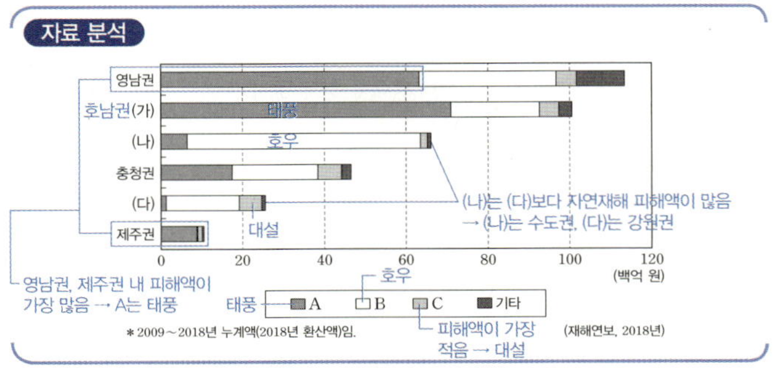

문제 분석 C는 세 자연재해 중에서 피해액이 가장 적으므로 대설입니다. A와 B는 태풍, 호우 중 하나인데, A는 남부 지방에 위치한 영남권과 제주권 내에서 피해액이 가장 많으므로 태풍이고, 나머지 B는 호우입니다.

(가)~(다) 중에서 영남권과 같이 태풍의 피해액이 가장 많은 (가)는 남부 지방에 위치한 호남권입니다. (나)와 (다)는 수도권과 강원권 중 하나인데, (나)는 (다)보다 전체 자연재해 피해액이 많고, 대설로 인한 피해액이 적습니다. 따라서 (나)는 수도권, (다)는 강원권입니다. 수도권과 강원권에서는 호우로 인한 피해액이 가장 많습니다.

정답 찾기 ⑤ 농경지에 피해를 가장 많이 주는 것은 호우입니다.

오답 피하기 ① 호남권(가)은 수도권(나)보다 인구가 적습니다. ② 수도권(나)은 강원권(다)보다 대설 피해액이 적습니다. ③ 호남권(가)과 강원권(다)은 행정 구역 경계가 서로 맞닿아 있지 않습니다. ④ 호우(B)는 태풍(A)보다 바람에 의한 피해가 작습니다.

03 황사, 한파, 폭염의 특성　　　　정답 ④

자료 분석

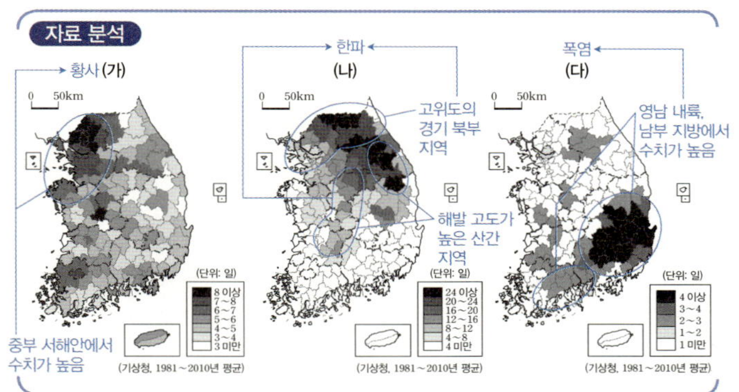

문제 분석 (가)는 동해안보다 서해안에서, 남부 지방보다 중부 지방에서 수치가 높게 나타나므로 황사입니다. (나)는 남부 지방보다 중부 지방에서, 중부 지방에서도 대관령 일대와 같이 해발 고도가 높은 지역에서 수치가 높게 나타나므로 한파입니다. (다)는 중부 지방보다 남부 지방에서, 해안보다 내륙 지역에서 수치가 높게 나타나므로 폭염입니다.

정답 찾기 ④ 황사는 중국과 몽골 내륙의 사막에서 발생한 모래 먼지가 편서풍을 타고 날아오는 현상으로, 발생 시 미세 먼지 농도가 높아져 호흡기 질환 발병률이 높아지므로 마스크 착용이 권고됩니다.

오답 피하기 ① 한파(나)와 관련된 설명으로, 북서 계절풍은 겨울철 시베리아 기단의 확장과 관련이 깊습니다. 황사(가)는 상대적으로 봄철에 발생 빈도가 높습니다. ② 냉방기기 사용량 급증에 따른 전력 생산량 증가와 관련된 것은 폭염(다)입니다. ③ 황사(가)에 대한 설명입니다. ⑤ 황사와 폭염은 기후 변화로 인해 최근 발생 횟수가 증가하고 있습니다.

04 폭염의 특성　　　　정답 ①

자료 분석

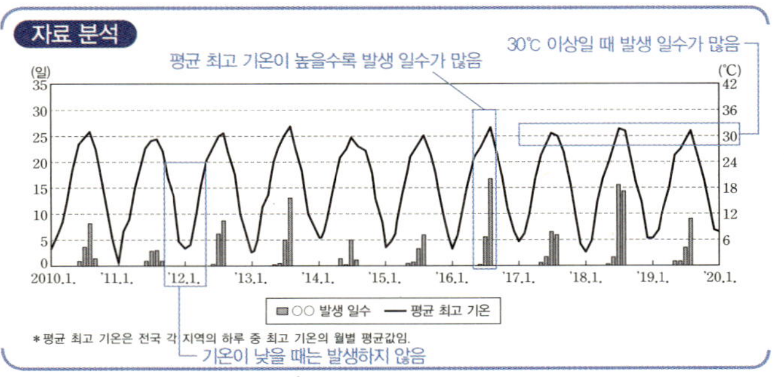

[문제 분석] 평균 최고 기온이 30℃를 넘을 때 발생 일수가 많고 연중 기온이 가장 높을 때 약 16일 정도까지 발생하는 것으로 보아, ○○ 현상은 폭염입니다.

[정답 찾기] 갑. 폭염은 매우 심한 더위를 말하며, 여름철 북태평양 고기압에서 고온 다습한 기류가 유입되면서 고온 현상이 지속될 때 자주 발생합니다. 병. 폭염 발생 일수는 대구를 중심으로 한 영남 내륙 지역에서 많으며, 해발 고도가 높아 여름철이 서늘한 대관령 일대에서 적습니다.

[오답 피하기] 을, 정. 태풍에 대한 설명입니다.

06강 거주 공간의 변화와 지역 개발

대표 기출 vs 고난도 기출

본문 p.47

순한맛 ②　　　　매운맛 ③

순한맛 서울의 도시 내부 구조　　　정답 ②

[문제 분석] 지도에 표시된 지역은 서울의 도심에 위치한 중구, 주변(외곽) 지역에 위치한 강동구입니다. (가)는 상주인구가 적고, 상주인구에 대한 주간 인구의 비율인 주간 인구 지수가 높으므로 도심에 위치한 중구입니다. (나)는 상주인구가 많고, 상주인구 대비 주간 인구가 적어 주간 인구 지수가 100 미만이므로 주변(외곽) 지역에 위치한 강동구입니다.

[정답 찾기] ㄱ. (가)는 상주인구보다 주간 인구가 많으므로 통근·통학 유입 인구가 통근·통학 유출 인구보다 많습니다. ㄷ. 도심에 위치한 (가)는 주변(외곽) 지역에 위치한 (나)보다 상업지의 평균 지가가 높습니다.

[오답 피하기] ㄴ. (나)는 상주인구보다 주간 인구가 적으므로 주간 인구 지수는 100 미만입니다. ㄹ. 주변(외곽) 지역에 위치한 (나)는 도심에 있는 (가)보다 시가지의 형성 시기가 늦습니다.

매운맛 서울의 도시 내부 구조　　　정답 ③

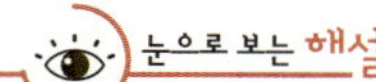

①	②	③ 함정	④	⑤
3%	4%	68%	14%	11%

눈으로 보는 해설

그래프는 지도에 표시된 세 지역의 인구 변화와 총 사업체 수를 나타낸 것이다. 2015년의 (가)~(다) 지역에 대한 설명으로 옳은 것만을 〈보기〉에서 있는 대로 고른 것은?

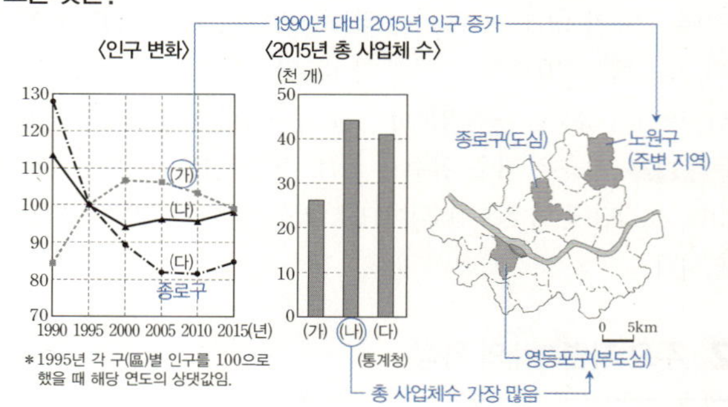

[보기]

ㄱ. (가)는 (나)보다 생산자 서비스업체 수가 ~~많다.~~ 적다
ㄴ. (가)는 (다)보다 주간 인구 지수가 ~~높다.~~ 낮다
ㄷ. (나)는 (다)보다 대형 마트 수가 많다. (○)
ㄹ. 상주인구는 (가), (나), (다) 순으로 많다. (○)

① ㄱ, ㄴ　　② ㄱ, ㄹ　　③ ㄷ, ㄹ
④ ㄱ, ㄴ, ㄷ　　⑤ ㄴ, ㄷ, ㄹ

[문제 분석] 지도에 표시된 지역은 도심에 있는 종로구, 주변(외곽) 지역에 있는 노원구, 부도심이 있는 영등포구입니다. 총 사업체 수가 가장 적고, 1990년에 비해 2015년 총인구가 증가한 (가)는 주거 기능이 밀집한 노원

구입니다. (나), (다)는 상업·업무 기능의 밀집으로 총 사업체 수가 많은데, (다)가 (나)보다 1990년 대비 2015년 인구 감소율이 높으므로 (다)는 도심에 있는 종로구, (나)는 부도심이 있는 영등포구입니다.

정답 찾기 ㄷ. 영등포구(나)는 종로구(다)보다 상주인구가 많아, 일상생활용품을 대량으로 판매해 소비자 부근에 주로 입지하는 대형 마트 수가 많습니다. ㄹ. 상주인구는 주거 기능이 밀집해 있는 주변(외곽) 지역에 위치한 노원구(가)가 가장 많고, 도심에 위치한 종로구(다)가 가장 적습니다. 따라서 상주인구는 노원구(가)>영등포구(나)>종로구(다) 순으로 많습니다.

오답 피하기 ㄱ. 주거 기능이 밀집한 노원구(가)는 부도심이 있는 영등포구(나)보다 생산자 서비스업체 수가 적습니다. ㄴ. 상주인구에 대한 주간 인구의 비율인 주간 인구 지수는 도심에 있는 종로구(다)가 주변(외곽) 지역에 있는 노원구(가)보다 높습니다.

> **함정 피하기**
>
> (나)가 영등포구임을 파악하기 어려웠을 것이다. 도시 내부 지역 중 상주인구의 감소가 가장 뚜렷하게 나타나는 곳은 도심에 있는 구(區)일 가능성이 높다. 최근 총 사업체 수는 도심의 상업·업무 기능을 분담하는 부도심이 있는 영등포구, 강남구 등이 도심에 위치한 종로구, 중구보다 많을 수 있음에 유의하자. 서울의 경우 부도심이 있는 구(區)로 출제되는 대표적인 지역은 강남구이고, 영등포구는 처음으로 출제되어 다소 난도가 높았다.

실전 문제

본문 p.48~51

01 ④	02 ②	03 ③	04 ③	05 ①	06 ⑤
07 ②	08 ④	09 ④	10 ③	11 ③	12 ①
13 ⑤	14 ④	15 ⑤	16 ⑤		

01 촌락과 도시의 특성 비교 　　정답 ④

문제 분석 지도에 표시된 지역은 촌락 지역인 산청, 대도시인 부산, 부산의 주거 기능 등을 분담하는 김해입니다. (가)는 집을 지을 수 있는 땅인 대지의 비율이 가장 낮고, 임야 비율이 가장 높으므로 산청입니다. (나)는 (다)보다 논 비율이 높으므로 김해, 대지의 비율이 가장 높은 (다)는 대도시인 부산입니다.

정답 찾기 ④ 부산은 김해보다 인구 규모가 큰 고차 중심지로, 다양한 중심지 기능을 갖고 있습니다.

오답 피하기 ① 촌락 지역인 산청은 도시인 김해보다 아파트 거주 가구 비율이 낮습니다. ② 김해는 산청보다 1차 산업 종사자 비율이 낮습니다. ③ 김해는 대도시인 부산보다 지역 내 통근·통학 인구 비율이 낮습니다. 부산의 위성 도시인 김해는 부산으로의 통근·통학 인구 비율이 높습니다. ⑤ 총인구는 부산(다)>김해(나)>산청(가) 순으로 많습니다.

02 시기별 도시 발달 특징 　　정답 ②

문제 분석 (가)는 1975년 대비 2018년에 인구 규모가 9배 이상 증가한 도시이고, (다)는 1975년 대비 2018년에 인구가 감소한 지역이며, (나)는 인구가 비교적 꾸준히 증가하고 있는 지역입니다. 지도에 표시된 A는 용인, B는 안동, C는 울산입니다.

정답 찾기 ② (가)는 1990년대 이후 인구가 폭발적으로 증가하였는데, 이는 서울의 교외화 현상과 신도시 건설로 인구의 사회적 증가가 많았던

용인(A)에 해당합니다. (다)는 1975년 이후 인구가 감소하고 있으므로 지방 중소 도시인 안동(B)입니다. (나)는 산업화가 진행된 1975~1995년 인구 증가가 컸으므로, 정부 주도의 공업화 정책 추진 과정에서 성장한 울산(C)입니다. 따라서 (가)는 A, (나)는 C, (다)는 B에 해당합니다.

03 중심지 이론 및 도시 체계 　　정답 ③

문제 분석 (가)는 아산, (나)는 부여, (다)는 대전입니다. 병원 수가 가장 많은 C는 대도시인 대전, 병원 수가 가장 적은 B는 촌락 지역인 부여, 나머지 A는 아산입니다. ⊙은 ⓒ보다 그 수가 적으므로 최소 요구치가 큰 고차 중심지인 종합 병원, ⓒ은 최소 요구치가 작은 저차 중심지인 의원입니다.

정답 찾기 ③ 아산(A)은 부여(B)보다 의료 기관 수가 많은 것으로 보아 정주 체계에서 상위 계층에 속합니다.

오답 피하기 ① 아산((가), A)은 부여((나), B)보다 병원 수가 많습니다. ② 대전(다)과 아산(가)은 행정 구역 면적은 비슷하지만, 대전이 아산보다 인구 규모가 크므로 인구 밀도가 높습니다. ④ 종합 병원(⊙)은 의원(ⓒ)보다 최소 요구치가 크므로 1일 평균 방문 환자 수가 많습니다. ⑤ 대전에서 종합 병원(⊙)이 의원(ⓒ)보다 그 수가 적으므로 의료 기관 간 평균 거리가 멉니다.

04 권역별 도시 발달 특징 　　정답 ③

문제 분석 도시 수가 가장 많은 (다)는 수도권, (다) 다음으로 인구 규모 100만 명 이상 도시 수가 많은 (가)는 영남권입니다. (나)는 (라)보다 도시 수가 적으므로 호남권, 나머지 (라)는 충청권입니다.

정답 찾기 ㄴ. 지역 내 총생산은 대체로 인구 규모에 비례하므로, 인구 규모가 큰 수도권(다)이 영남권(가)보다 지역 내 총생산이 많습니다. ㄷ. 도시 수가 가장 많은 수도권은 충청권보다 도시 거주 인구 비율이 높습니다.

오답 피하기 ㄱ. 영남권(가)의 100만 명 이상의 도시는 총 4개로 부산, 대구, 울산, 창원인데, 창원은 광역시가 아닙니다. ㄹ. (가)는 영남권, (나)는 호남권, (다)는 수도권, (라)는 충청권입니다.

05 도심과 주변(외곽) 지역의 특징 　　정답 ①

문제 분석 (가)는 법정동 수 대비 행정동 수가 많으므로 상주인구가 많은 주변(외곽) 지역에 위치한 구(區)이고, 법정동 수가 많은 (나)는 도심에 위치한 구(區)입니다.

정답 찾기 ㄱ. 주거 기능이 밀집한 주변(외곽) 지역에 위치한 (가)는 상업·업무 기능이 밀집한 도심에 위치한 (나)보다 초등학교 학급 수가 많습니다. ㄴ. 주변(외곽) 지역에 위치한 (가)는 도심에 위치한 (나)보다 거주자의 평균 통근 거리가 멉니다.

오답 피하기 ㄷ. 도심에 위치한 (나)는 주변(외곽) 지역에 위치한 (가)보다 출근 시간대 순유입 인구가 많아, 주간 인구 지수가 높습니다. ㄹ. 주변(외곽) 지역에 위치한 (가)는 도심에 위치한 (나)보다 최근 연간 전입 인구 규모가 커 행정동 수가 증가했습니다. 도심에 있는 (나)는 인구 공동화 현상으로 최근 전출 인구 규모가 컸을 것입니다.

06 도시 내부 지역의 특징   정답 ⑤

문제 분석 지도에 표시된 지역은 노원구, 종로구, 금천구, 강남구입니다. (가)는 아파트 수가 가장 적고 서비스업 전력 판매량이 상대적으로 많으므로 도심에 위치한 종로구입니다. (나), (라)는 아파트 수가 많은데, 서비스업 전력 판매량이 가장 많은 (라)는 부도심이 있는 강남구, (나)는 주거 기능이 밀집한 노원구입니다. 제조업의 전력 판매량이 가장 많은 (다)는 금천구입니다.

정답 찾기 ⑤ 종로구와 노원구는 한강을 기준으로 북쪽에 위치합니다.

오답 피하기 ① 도심에 위치한 종로구는 주변(외곽) 지역에 위치한 노원구보다 도로 혼잡 정도가 커서 차량의 평균 운행 속도가 느립니다. ② 주변(외곽) 지역에 위치한 노원구는 부도심이 있는 강남구보다 상업 용지의 평균 지가가 낮습니다. ③ 금천구는 종로구보다 제조업 사업체당 종사자 수가 많습니다. 상대적으로 지가가 저렴한 주변(외곽) 지역에 위치한 제조업 사업체는 도심보다 상대적으로 규모가 크므로 사업체당 종사자 수가 많습니다. ④ 강남구는 종로구보다 시가지화된 시기가 늦습니다.

07 서울의 도시 내부 구조   정답 ②

문제 분석 (가)는 상주인구가 가장 많으므로 주거 기능이 밀집한 주변(외곽) 지역에 위치한 강서구입니다. (다)는 (나)보다 상주인구가 적고 통근·통학 유출 인구 대비 통근·통학 유입 인구가 많으므로 도심에 위치한 중구, 나머지 (나)는 금천구입니다.

정답 찾기 ② 금천구(나)는 디지털 산업 단지를 비롯한 도시형 지식 산업 센터 등이 발달해 있어 중구(다)보다 제조업체 수가 많습니다.

오답 피하기 ① 상주인구에 대한 주간 인구의 비율인 주간 인구 지수는 통근·통학 유출 인구 대비 통근·통학 유입 인구가 많은 금천구(나)가 강서구(가)보다 높습니다. ③ 금천구(나)는 도심에 있는 중구(다)보다 시가지 형성 시기가 늦습니다. 도심은 시가지 형성 시기가 가장 이릅니다. ④ 대형 마트 수는 상주인구가 많은 강서구(가)가 중구(다)보다 많습니다. ⑤ 거주자의 평균 통근 거리는 도심에 있는 중구(다)가 주변(외곽) 지역에 위치한 금천구(나)보다 가깝습니다.

08 도심과 주변(외곽) 지역의 특징 비교   정답 ④

문제 분석 (가)는 통근 소요 시간이 15분 미만인 인구 비율이 높고, (나)는 60분 이상인 인구 비율이 높습니다. 따라서 (가)는 통근 거리가 상대적으로 짧은 도심에 위치한 구(區)이고, (나)는 주변(외곽) 지역에 위치한 구(區)입니다.

정답 찾기 ④ 주변(외곽) 지역에 위치한 (나)는 도심에 위치한 (가)보다 토지 이용 집약도가 낮고, 평균 지가가 낮으며, 주거 기능이 밀집해 아파트 수는 많습니다. 따라서 (가)와 비교한 (나) 지역의 상대적 특성은 그림의 D에 해당합니다.

09 대도시권의 변화   정답 ④

문제 분석 지도에 표시된 지역은 파주, 안산, 성남, 여주입니다. (가)는 서울의 공업 기능이 분산되면서 1980년대 이후 인구가 지속적으로 증가하고 있는 안산입니다. (나)는 수도권 2기 신도시 건설로 2000년대 이후 인구가 급증한 파주입니다. (다)는 수도권 1기 신도시 건설로 1990년대 인구가 급증한 성남이고, 인구가 정체한 (라)는 여주입니다.

정답 찾기 ㄱ. 제조업이 발달한 안산은 여주보다 외국인 근로자 수가 많아 거주 외국인 수가 많습니다. ㄴ. 출판 산업과 디스플레이 산업 등이 발달한 파주는 서울의 주거 기능을 주로 분담하는 성남보다 지역 내 제조업 종사자 비율이 높습니다. ㄷ. 주택 중 아파트 비율은 수도권 2기 신도시가 건설된 파주가 상대적으로 농업이 발달한 여주보다 높습니다.

오답 피하기 ㄹ. 안산에는 수도권 1기 신도시가 없습니다. 수도권 1기 신도시는 대부분 서울과 인접해 있는데, 중동(부천), 일산(고양), 산본(군포), 평촌(안양), 분당(성남)이 해당됩니다.

10 대도시권의 지역별 특징   정답 ③

문제 분석 지도에 표시된 지역은 고양, 가평, 화성입니다. 서울로의 통근·통학 인구 비율이 가장 높고 통근·통학 인구가 가장 많은 (다)는 고양입니다. (가)는 (나)보다 통근·통학 인구가 적으므로 인구 규모가 작은 가평, 제조업 발달로 지역 내로의 통근·통학 인구 비율이 높은 (나)는 화성입니다.

정답 찾기 ③ 제조업이 발달한 화성은 상대적으로 서비스업이 발달한 고양보다 청장년층 인구의 성비가 높습니다.

오답 피하기 ① 가평은 화성보다 지역 내로의 통근·통학 인구 비율이 높지만, 화성은 가평보다 통근·통학 인구가 10배 이상 많으므로 지역 내로의 통근·통학 인구가 많습니다. ② 도시 지역인 화성은 촌락 지역인 가평보다 주택 유형 중 아파트 비율이 높습니다. ④ 서울의 주거 기능 등을 분담하는 고양은 청장년층의 유입이 많았으므로 가평보다 중위 연령이 낮습니다. ⑤ 제조업이 발달한 화성이 고양보다 외국인 근로자 수가 많습니다.

11 권역별 도시 체계   정답 ③

문제 분석 전국 총인구 대비 비율이 가장 높고, 인구 규모 1위 도시의 인구가 권역에서 차지하는 비율이 가장 높은 (가)는 서울이 속한 수도권입니다. (나)는 전국 총인구 대비 비율이 수도권 다음으로 높고, 인구 규모 1위 도시의 인구 비율이 낮아졌으므로 교외화 현상이 나타나는 부산이 속한 영남권입니다. (다)는 (가), (나)보다 전국 총인구 대비 비율이 낮고 교외화 현상이 뚜렷하지 않은 것으로 보아 광주가 속한 호남권입니다.

정답 찾기 ㄴ. 지역 내 총생산은 대체로 인구 규모에 비례하므로, 수도권이 영남권보다 지역 내 총생산이 많습니다. ㄷ. 영남권의 인구 규모 1위 도시인 부산은 권역 내에서 차지하는 인구 비율이 낮아지고, 호남권의 인구 규모 1위 도시인 광주는 권역 내에서 차지하는 인구 비율이 높아졌습니다. 따라서 부산이 광주보다 거주지 교외화 현상이 뚜렷합니다.

오답 피하기 ㄱ. 수도권의 인구 규모 1위 도시는 서울입니다. 서울은 특별시입니다. ㄹ. 촌락 지역의 비율이 높은 호남권은 수도권보다 도시 거주 인구 비율이 낮습니다.

12 대도시권 근교 지역의 변화   정답 ①

문제 분석 지도에 표시된 지역은 대도시인 대구에 인접한 경산입니다.

정답 찾기 ① 2000년보다 2018년에 총인구가 증가하였으므로 인구 밀도는 높아졌고, 도시적 경관이 늘어나면서 시가지 면적은 확대되었습니다. 또한, 주민들의 직업 구성이 다양해졌으며, 채소 등 상품 작물에 대한 수요가 늘어나면서 경지 중 논 면적 비율은 줄어들었을 것입니다.

13 도시 재개발 방식　　　정답 ⑤

문제 분석 (가)는 철거 재개발, (나)는 수복 재개발에 해당합니다.

정답 찾기 ⑤ 수복 재개발은 기존 건물을 최대한 활용하므로 철거 재개발보다 자본 투입 규모가 작습니다.

오답 피하기 ①, ②, ③, ④ 수복 재개발은 철거 재개발보다 인구 증가율이 낮고, 건물의 평균 층수가 적으며, 기존 건물의 활용도가 높고, 원거주민의 정착 비율이 높습니다.

14 도시 계획, 도시 재개발, 지역 개발　　　정답 ③

정답 찾기 ㄴ. 기존 시설을 완전히 철거하고 새로운 시설물로 대체하는 철거 재개발은 기존 건물을 최대한 유지하는 수준에서 필요한 부분만 수리·개조하는 수복 재개발보다 재개발 사업 이후 상주인구 증가율이 높습니다. ㄷ. 거점 개발 방식은 주로 중앙 정부가 주도하는 하향식 개발 방식으로 추진되고, 균형 개발 방식은 주로 지방 자치 단체와 주민이 주도하는 상향식 개발 방식으로 추진됩니다.

오답 피하기 ㄱ. ⊙은 도시 계획, ⓒ은 도시 재개발입니다. ㄹ. 균형 개발 방식은 거점 개발 방식보다 경제적 형평성을 강조합니다.

15 우리나라의 국토 개발 과정　　　정답 ⑤

문제 분석 (가)는 수출 주도형 공업화와 사회 간접 자본 확충이 주로 추진되었으므로 제1차 국토 종합 개발 계획, (다)는 광역 개발 방식으로 추진되었으므로 제2차 국토 종합 개발 계획, (나)는 신산업 지대 조성과 수도권 집중 억제 정책 등이 추진되었으므로 제3차 국토 종합 개발 계획입니다. ⊙은 성장 거점 개발, ⓒ은 균형 개발입니다.

정답 찾기 ⑤ 혁신 도시는 수도권에 집중되어 있는 공공 기관을 지방으로 이전시켜 조성되는 미래형 도시로, 제4차 국토 종합 계획 추진 시기에 건설되었습니다.

오답 피하기 ① 우리나라의 국토 개발은 (가) → (다) → (나) 순으로 추진되었습니다. ② 성장 거점 개발 방식은 투자 효과가 큰 지역을 선정하여 집중 투자하는 방식입니다. ③ 균형 개발 방식은 성장 거점 개발 방식보다 경제적 형평성을 중시합니다. ④ 정부 주도의 수출 주도형 공업화 정책이 추진되면서 남동 임해 공업 지역이 형성되었습니다.

16 공간 및 환경 불평등　　　정답 ⑤

문제 분석 1인당 지역 내 총생산이 가장 많은 B는 울산, 전력 자립도가 높은 A는 충남입니다. 전력 자립도가 가장 낮은 D는 서울, 나머지 C는 경기입니다.

정답 찾기 ⑤ 교외화 현상이 뚜렷한 서울은 수도권의 인구가 유입되고 있는 충남보다 2010년 이후 인구의 사회적 감소가 많습니다.

오답 피하기 ① 시·도별 전력 자립도의 차이가 매우 크게 나타나므로 전력 생산과 소비가 공간적으로 불균등하게 이루어지고 있습니다. ② 충남은 경기보다 1인당 지역 내 총생산은 많지만 인구 규모가 작으므로 지역 내 총생산이 적습니다. ③ 울산은 서울보다 전력 자립도가 높으므로 전력 소비량 대비 전력 생산량이 많습니다. ④ 경기는 울산보다 인구 규모가 크므로 2차 산업 종사자 수가 많습니다. 한편, 대표적인 공업 도시인 울산은 경기보다 지역 내 2차 산업 종사자 수 비율이 높습니다.

01 대도시권과 촌락 지역의 특징 비교　　　정답 ⑤

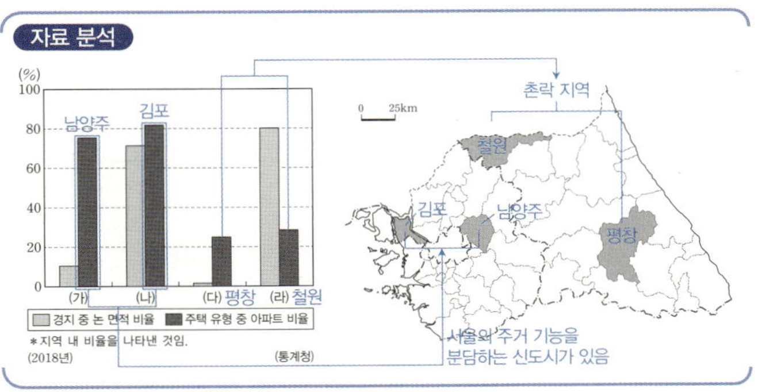

문제 분석 주택 유형 중 아파트 비율이 높은 (가)와 (나)는 김포, 남양주 중 하나인데, (가)는 경지 중 논 면적 비율이 낮은 남양주, 나머지 (나)는 김포입니다. 주택 유형 중 아파트 비율이 낮은 (다)와 (라)는 철원, 평창 중 하나인데, (라)는 용암 대지에서 벼농사가 활발해 경지 중 논 면적 비율이 높은 철원, 나머지 (다)는 평창입니다.

정답 찾기 ⑤ 평창에서는 과거 평탄면이 신생대 제3기 경동성 요곡 운동에 의한 지반 융기 이후에도 평탄면이 남아 있는 고위 평탄면을 볼 수 있고, 철원에서는 유동성이 큰 현무암질 용암의 열하(틈새) 분출로 형성된 용암 대지를 볼 수 있습니다.

오답 피하기 ① 남양주는 김포보다 한강 하구로부터의 거리가 멉니다. ② 서울의 주거 기능을 분담하는 김포는 평창보다 서울로의 통근·통학 인구 비율이 높습니다. ③ 평창은 남양주보다 청장년층 인구 비율이 낮으므로 총 부양비가 높습니다. ④ 평창은 강원도에 위치합니다.

02 권역별 도시 체계　　　정답 ②

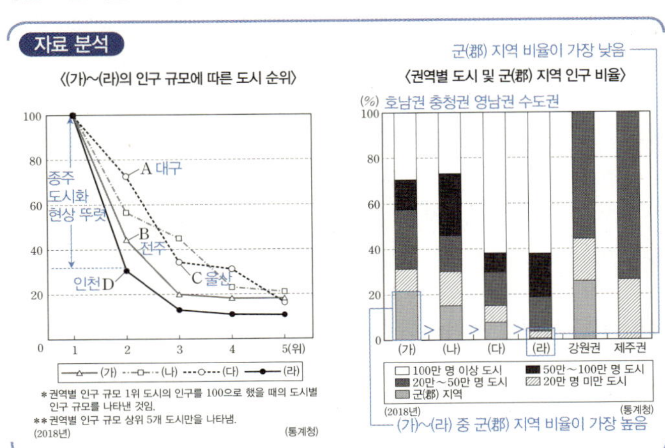

문제 분석 네 권역 중 (가)는 군(郡) 지역의 인구 비율이 가장 높으므로 호남권, (나)는 호남권 다음으로 군(郡) 지역의 인구 비율이 높으므로 충청권입니다. 군(郡) 지역의 인구 비율이 가장 낮은 (라)는 도시 거주 인구 비율이 가장 높은 수도권, 나머지 (다)는 영남권입니다. 영남권에서 부산 다음으로 인구 규모가 큰 A는 대구, 그다음으로 큰 C는 울산입니다. 호남권에서 광주 다음으로 인구 규모가 큰 B는 전주입니다. 수도권에서 서울 다음으로 인구 규모가 큰 D는 인천입니다.

정답 찾기 ② 충청권은 최근 고속 철도 개통 등으로 수도권과의 접근성이 향상되어 영남권보다 수도권으로부터의 인구 유입이 많습니다.

오답 피하기 ① 호남권은 영남권보다 총인구가 적습니다. ③ 대구는 울산보다 1인당 지역 내 총생산이 적습니다. ④ 전주는 광역시가 아닙니다. ⑤ 인구 규모 1위 도시의 인구가 2위 도시의 인구보다 2배 이상이 되는 종주 도시화 현상은 수도권이 영남권보다 뚜렷합니다.

03 서울, 대구의 도시 내부 구조 정답 ②

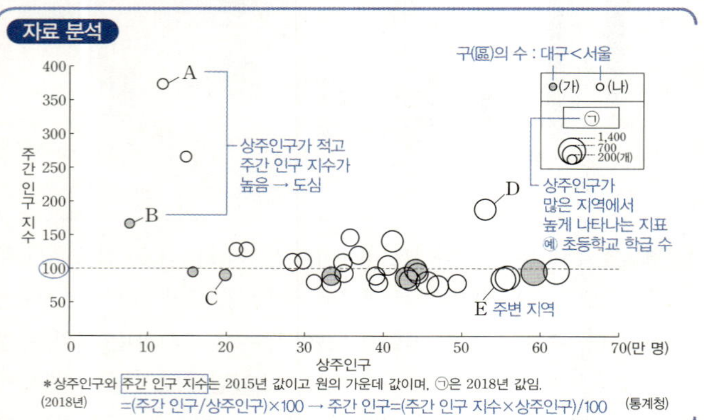

문제 분석 (가)는 (나)보다 구(區)의 수가 적으므로 인구 규모가 상대적으로 작은 대구, (나)는 인구 규모가 큰 서울입니다. 서울에서 주간 인구 지수가 가장 높은 A는 도심에 있는 중구이며, E는 상주인구에 대한 주간 인구의 비율인 주간 인구 지수가 100 미만이고 상주인구가 많은 구(실제로 노원구)입니다. D는 상주인구도 많고 주간 인구 지수 또한 높으므로 상업·업무 기능과 주거 기능이 함께 발달한 구(실제로 강남구)입니다. 대구에서 주간 인구 지수가 가장 높은 B는 도심에 있는 구(실제로 중구)이고, C는 주간 인구 지수가 낮은 구(실제로 남구)입니다.

정답 찾기 ② 대구는 서울보다 주간 인구 지수가 100 미만인 구가 많으므로 주간 인구 지수가 낮습니다.

오답 피하기 ① ㉠은 상주인구가 많은 구(區)에서 상대적으로 많으므로 상업·업무 기능이 밀집한 곳에 주로 있는 금융 기관 수는 아닙니다. 실제로 ㉠은 초등학교 학급 수입니다. ③ A는 B보다 상주인구가 많고 주간 인구 지수 또한 높으므로 주간 인구가 많습니다. ④ 서울의 도심에 있는 A가 주간 인구 지수가 낮은 대구의 C보다 백화점 수가 많습니다. ⑤ 주간 인구 지수가 100 미만이고 상주인구가 많은 주변(외곽) 지역에 위치한 E는 주간 인구 지수가 높은 D보다 상업 용지의 평균 지가가 낮습니다.

04 대도시권의 지역별 특징 정답 ④

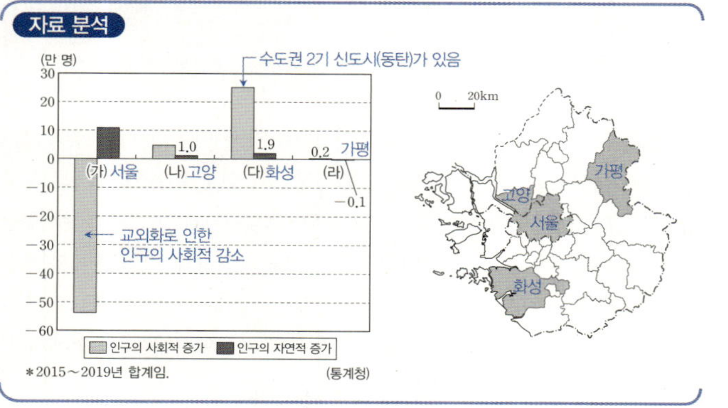

문제 분석 지도에 표시된 지역은 서울, 고양, 화성, 가평입니다. 청장년층 인구가 가장 많아 인구의 자연적 증가가 가장 많고, 교외화로 인구의 사회적 감소가 가장 많은 (가)는 서울입니다. (나)는 (다)보다 최근 인구의 사회적 증가가 적으므로 수도권 1기 신도시가 있는 고양이고, (다)는 수도권 2기 신도시가 있는 화성입니다. (라)는 인구의 자연적 감소가 나타나고 있으므로 수도권의 배후 농촌 지역에 해당하는 가평입니다.

정답 찾기 ㄱ. 서비스업이 발달한 서울은 제조업이 발달한 화성보다 청장년층 인구의 성비가 낮습니다. ㄴ. 서울의 주거 기능 등을 분담하는 고양은 가평보다 서울로의 통근·통학 인구 비율이 높습니다. ㄹ. 고양에는 수도권 1기 신도시인 일산, 화성에는 수도권 2기 신도시인 동탄이 있습니다.

오답 피하기 ㄷ. 화성은 촌락 지역인 가평보다 주택 중 아파트 비율이 높습니다.

 07강 자원의 특성과 농업 및 공업 변화

대표 기출 vs 고난도 기출

본문 p.57

순한맛 ④　　　　매운맛 ②

순한맛 수력, 풍력, 태양광의 특징　　　정답 ④

문제 분석 (가)는 제주에서 생산 비율이 매우 낮고, 한강 유역인 강원, 충북, 경기에서 생산 비율이 높으므로 수력입니다. 제주는 기반암의 영향으로 지표 근처에 물을 모아 놓기 어려워 수력 발전이 거의 이루어지지 않습니다. (나)는 일조량이 풍부한 전남, 전북, 경북 등 남부 지방에서 상대적으로 생산 비율이 높으므로 태양광입니다. (다)는 강원, 제주, 경북 등에서 상대적으로 생산 비율이 높으므로 풍력입니다.

정답 찾기 ㄴ. 태양광(나)은 일조량이 많은 지역에서 생산이 유리해 전남, 전북, 경북 등에서 생산량이 많습니다. ㄹ. 풍력(다)은 바람개비를 회전시켜 에너지를 생산하므로 태양광(나)보다 소음이 많이 발생합니다.

오답 피하기 ㄱ. 풍력(다)과 관련된 설명입니다. ㄷ. 수력(가)과 관련된 설명입니다.

매운맛 신·재생 에너지원별 생산 현황　　　정답 ②

①	② 함정	③	④	⑤
7%	74%	12%	3%	4%

눈으로 보는 해설

그래프는 지도에 표시된 네 지역의 신·재생 에너지 총 생산량과 생산 비율을 나타낸 것이다. (가)~(라) 지역에 대한 설명으로 옳은 것만을 〈보기〉에서 고른 것은?

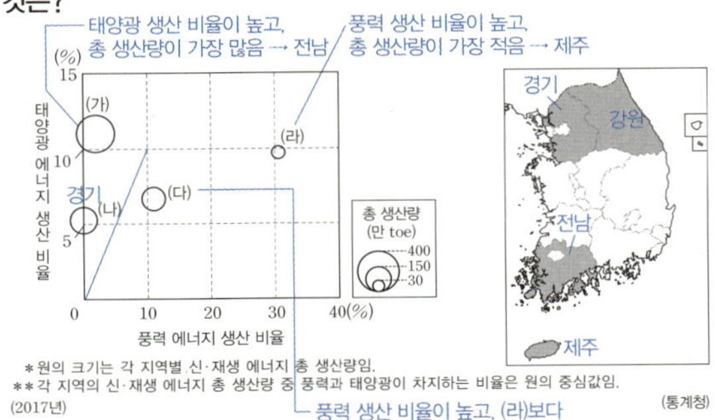

〈보기〉

ㄱ. (나)에서는 조력 발전이 이루어진다. (○)

ㄴ. (다)에는 원자력 발전소가 있다. 없다

ㄷ. (다)는 (나)보다 수력 발전에 의한 전력 생산량이 많다. (○)

ㄹ. (라)는 (가)보다 태양광 에너지 생산량이 많다. 적다
　　전남(가), 경북, 부산, 울산에만 있음

① ㄱ, ㄴ　　② ㄱ, ㄷ　　③ ㄴ, ㄷ　　④ ㄴ, ㄹ　　⑤ ㄷ, ㄹ

문제 분석 (가)는 신·재생 에너지 총 생산량이 가장 많고 태양광 에너지 생산 비율이 높으므로 전남입니다. (다), (라)는 풍력 에너지 생산 비율이 높은데, (다)가 (라)보다 신·재생 에너지 총 생산량이 많으므로 (다)는 강원, (라)는 제주이며, 나머지 (나)는 경기입니다.

정답 찾기 ㄱ. 조력 발전은 경기(나) 안산에서만 이루어지고 있습니다. ㄷ. 한강 중·상류에 위치한 강원(다)은 상대적으로 낙차 확보에 유리하여 경기(나)보다 수력 발전에 의한 전력 생산이 많습니다.

오답 피하기 ㄴ. 원자력 발전소는 제시된 지역 중 전남(영광)에만 있습니다. ㄹ. 제주(라)는 전남(가)보다 태양광 에너지 생산 비율이 낮고 신·재생 에너지 총 생산량 또한 적으므로, 태양광 에너지 생산량이 적습니다.

함정 피하기

정답으로 ③번을 골랐다면? (가)와 (나)를 헷갈렸을 수도 있다. (가)와 (나)는 그래프에서 풍력 에너지 생산 비율이 비슷하고, 태양광 에너지 생산 비율 차이 또한 5% 정도여서 크지 않다고 생각될 수 있다. 전국 대비가 아닌 지역 내 생산량 비율이기 때문이다. 이에 신·재생 에너지 총 생산량이 많은 (가)를 보고 단순히 인구와 산업 시설이 많은 경기로 착각했을 가능성이 높다. 2017년 기준 전국에서 신·재생 에너지 총 생산량이 가장 많은 지역은 태양광 에너지 생산량이 가장 많은 전남이며, 그 다음으로 경북, 충남이 많다는 점을 알아 두자.

실전 문제

본문 p.58~61

01 ②	02 ④	03 ⑤	04 ①	05 ④	06 ⑤
07 ④	08 ②	09 ③	10 ①	11 ②	12 ②
13 ⑤	14 ①	15 ②	16 ⑤		

01 광물 자원의 생산 특성　　　정답 ②

문제 분석 (가)는 생산 광산 수가 가장 적고, 전국 생산량 또한 가장 적으므로 철광석입니다. 전국 생산량이 가장 많은 (다)는 석회석이고, 나머지 (나)는 고령토입니다. A는 고생대 조선 누층군이 주로 분포하는 강원, 충북에서 생산 비율이 높으므로 석회석, B는 강원, 경남, 경북 등에서 생산 비율이 높으므로 고령토, 강원에서만 생산되는 C는 철광석입니다.

정답 찾기 ② 석회석(A, 다)은 고령토(B, 나)보다 전국 생산량이 많습니다.

오답 피하기 ① 철광석(가)은 금속 광물, 고령토(나)는 비금속 광물입니다. ③ 철광석(C)은 석회석(다)보다 가채 연수가 짧습니다. ④ 철광석(가)은 석회석(A)보다 수입량이 많습니다. ⑤ 석회석(다)이 시멘트 공업, 고령토(B)가 도자기 및 내화 벽돌의 원료로 주로 이용됩니다.

02 지역별 1차 에너지원별 공급 현황　　　정답 ④

문제 분석 지도에 표시된 지역은 경기, 충남, 경북, 전남입니다. (나), (다)에서만 공급되는 D는 원자력이고, 원자력의 공급량이 더 많은 (다)는 경북, (나)는 전남입니다. 전남에서 공급량이 많은 B는 석유입니다. (가)는 (라)보다 1차 에너지 총 공급량이 많으므로 충남, (라)는 경기이고, 충남에서 공급량이 많은 A는 석탄, 경기에서 공급량이 많은 C는 천연가스입니다.

정답 찾기 ④ 석유(B)는 원자력(D)보다 수송용 연료로 많이 이용됩니다.

오답 피하기 ① 충남(가)은 경기(라)보다 천연가스(C) 공급량이 적습니다. ② 전남(나)은 경북(다)보다 석유(B) 공급량이 많습니다. ③ 석탄(A)은 천연가스(C)보다 연소 시 대기 오염 물질 배출량이 많습니다. ⑤ 우리나라의 1차 에너지 총 소비량은 석유(B)>석탄(A)>천연가스(C)>원자력(D) 순으로 많습니다.

03 권역별 1차 에너지 공급 현황   정답 ⑤

문제 분석 (가), (라)에서만 공급되는 D는 원자력입니다. 따라서 (가)와 (라)는 영남권과 호남권 중 하나인데, (가)는 1차 에너지 총 공급량이 많으므로 영남권, (라)는 호남권입니다. 호남권에서 상대적으로 공급 비율이 높은 B는 석유이고, 그다음으로 많은 A는 석탄이며, 나머지 C는 천연가스입니다. (나)는 (다)보다 석탄의 공급 비율이 높으므로 충청권이고, 천연가스의 공급 비율이 상대적으로 높은 (다)는 수도권입니다. 석탄의 공급 비율이 높고 제주권 다음으로 1차 에너지 총 공급량이 적은 (마)는 강원권입니다.

정답 찾기 ⑤ 원자력(D)은 석탄(A)보다 상용화된 시기가 늦습니다.

오답 피하기 ① 영남권(가)은 수도권(다)보다 총인구가 적습니다. ② 석탄(A) 공급 비율은 강원권(마)이 충청권(나)보다 다소 높지만 1차 에너지 총 공급량은 충청권이 강원권보다 훨씬 많으므로, 충청권이 강원권보다 석탄 공급량이 많습니다. ③ 호남권(라)은 천연가스(C)보다 석탄(A)의 공급량이 많습니다. ④ 석유(B)는 천연가스(C)보다 발전 단가가 비싸 전력 생산에 적게 이용됩니다.

04 1차 에너지원별 주요 특성   정답 ①

문제 분석 (나)는 2015년 기준 부산과 경북에서만 공급되므로 원자력입니다.(울산에서는 원자력이 2016년부터 생산됩니다.) 정유 및 석유 화학 공업이 발달한 울산에서 공급 비율이 높은 (라)는 석유입니다. (다)는 (가)보다 제철 공업이 발달하거나 화력 발전소가 많은 경북, 경남에서 공급 비율이 높으므로 석탄입니다. (가)는 부산, 대구, 울산 등 대도시에서 공급 비율이 상대적으로 높으므로 천연가스입니다.

정답 찾기 ① 천연가스(가)는 주로 가정용·상업용 연료로 이용됩니다.

오답 피하기 ② 충청권에는 원자력(나) 발전소가 입지해 있지 않습니다. ③ 고생대 평안 누층군에 주로 매장되어 있는 석탄(다)은 국내의 강원, 전남 등에서 생산됩니다. ④ 2015년 기준 발전량이 가장 많은 1차 에너지는 석탄(다)입니다. ⑤ 화력 발전은 석탄(다), 석유(라), 천연가스(가) 등의 화석 에너지를 연료로 사용합니다.

05 에너지원별 발전 현황   정답 ④

문제 분석 2008년과 2018년에 발전량 비율이 가장 많은 (나)는 석탄, 발전량 비율이 가장 적은 (다)는 석유입니다. 2008년에 (가)는 (라)보다 발전량 비율이 높았는데, 2018년에는 (라)가 (가)보다 발전량 비율이 높습니다. 최근 탈원전 정책의 영향으로 원자력 발전소의 가동률이 낮아지고, 오염 물질 배출량이 비교적 적은 천연가스 발전소 건설이 증가하였습니다. 이에 2018년 전력 생산에 석탄 다음으로 많이 이용되는 (라)는 천연가스, (가)는 원자력입니다.

정답 찾기 ㄱ. 원자력(가)은 석유(다)보다 발전 설비 대비 발전량이 많습니다. ㄷ. 석탄(나), 석유(다), 천연가스(라)는 화력 발전의 연료로 이용됩니다. ㄹ. 그래프를 보면 2008~2018년 천연가스(라)는 발전량 비율이 증가하였지만 원자력(가)는 발전량 비율이 감소하였으므로, 발전량 증가율은 천연가스가 원자력보다 높습니다.

오답 피하기 ㄴ. 석탄(나)은 천연가스(라)보다 2018년에 가정용 연료로 적게 이용됩니다.

06 도(道)별 발전 현황   정답 ⑤

문제 분석 (가)는 발전량이 가장 적으므로 제주이고, 제주에서 발전량 비율이 가장 높은 C는 풍력, A는 태양광입니다. 태양광 발전량이 가장 많은 (라)는 전남입니다. (나)에서만 발전량이 나타나는 D는 조력이고, (나)는 시화호 조력 발전소가 있는 경기입니다. (다)는 강원이며, 강원에서 발전량이 많은 B는 수력입니다.

정답 찾기 ⑤ 풍력(C)은 주로 여름에 발전이 이루어지는 수력(B)보다 연간 발전량에서 겨울철 발전량이 차지하는 비율이 높습니다.

오답 피하기 ① 제주는 전남보다 풍력(C) 발전량이 많습니다. ② 경기는 강원보다 수력(B) 발전량이 적습니다. ③ 태양광(A)은 풍력(C)보다 발전 시 소음으로 인한 피해가 작습니다. ④ 수력(B)은 조력(D)보다 상용화된 시기가 이릅니다.

07 우리나라 농업·농촌의 변화 특징   정답 ④

문제 분석 우리나라 농업·농촌은 1978년 대비 2018년에 경지 면적과 작물 재배 면적 모두 감소하였고, 농가와 농가 인구 또한 줄어들었습니다.

정답 찾기 ④ 2018년은 1978년에 비해 경지 면적 대비 작물 재배 면적이 더 크게 감소하였으므로 경지 이용률은 낮아졌습니다. 농가의 감소보다 농가 인구의 감소가 더 컸으므로 농가당 인구는 줄어든 반면, 경지 면적의 감소보다 농가의 감소가 더 커 농가당 경지 면적은 넓어졌습니다. 따라서 1978년과 비교한 2018년의 우리나라 농업·농촌의 상대적 특성은 그림의 D에 해당합니다.

08 시·도별 농업 특징 및 농업 관련 지표   정답 ②

문제 분석 주요 농업 관련 지표의 시·도별 특성을 비교하는 문항입니다. 농업 지표 중 논, 밭, 벼 등과 관련된 것은 제주가 힌트가 됨을 알고 있으면 문항을 해결하는 데 도움이 됩니다. 제주는 기반암의 영향으로 논이 거의 없어 벼의 생산량이 적습니다.

정답 찾기 ② (가)는 시 지역과 경기, 제주에서 비율이 높으므로 겸업농가 비율입니다. 겸업농가는 농업 이외의 분야에서 소득을 올리는 농가를 말하는데, 대도시와 인접한 농촌일수록 대체로 겸업농가 비율이 높습니다. (나)는 충남, 전북, 전남, 경기 등 평야 지역에서 비율이 높고, 제주에서 비율이 낮으므로 벼 재배 면적 비율을 나타낸 것입니다. (다)는 제주, 강원, 충북, 경북 등에서 비율이 높으므로 밭 면적 비율입니다.

09 지역별 작물 재배 현황   정답 ③

문제 분석 지도에 표시된 지역은 경기, 강원, 전남, 경남입니다. 벼의 그루갈이 작물로 주로 재배되는 맥류는 남부 지방의 재배 면적 비율이 높으므로 (가)는 전남, (다)는 경남입니다. 전남은 벼, 맥류, 채소의 재배 면적 비율이 가장 높습니다. (나)와 (라)는 경기, 강원 중 하나인데, 채소의 재배 면적 비율이 상대적으로 높은 (라)는 강원이고, (나)는 경기입니다. 경기는 강원보다 벼 재배 면적 비율이 상대적으로 높습니다.

정답 찾기 ㄴ. 경남(다)은 강원(라)보다 시설 재배 면적이 넓습니다. 경남은 김해평야를 중심으로 시설 작물 재배가 넓게 이루어집니다. ㄷ. 강원(라)은 전남(가)보다 산지 비율이 높아 경지 면적 중 밭 비율이 높습니다.

오답 피하기 ㄱ. 경기(나)는 전남(가)보다 농가당 경지 면적이 좁습니다. ㄹ. (가)~(라) 중 농가 수는 전남(가)이 가장 많습니다.

10 도(道)별 농업 특성 　　　정답 ①

문제 분석 지도에 표시된 지역은 강원, 충남, 경북, 제주입니다. 논 면적 비율이 가장 높은 (나)는 충남, 논이 거의 없는 (라)는 제주입니다. (가)와 (다)는 강원, 경북 중 하나인데, (다)는 (가)보다 농가 수 비율이 높으므로 경북, (가)는 강원입니다.

정답 찾기 ① 강원(가)은 충남(나)보다 해발 고도가 높은 고위 평탄면 지역에 주로 조성된 고랭지 농업 면적이 넓습니다.

오답 피하기 ② 충남(나)은 경북(다)보다 과실 생산량이 적습니다. ③ 경북(다)은 관광 산업이 발달한 제주(라)보다 겸업농가 비율이 낮습니다. ④ 제주(라)는 충남(나)보다 쌀 생산량이 적습니다. 제주는 기반암의 영향으로 벼농사가 거의 이루어지지 않습니다. ⑤ 충남(나)은 논 면적 비율이 높으므로 (가)~(라) 중 경지의 평균 경사도가 가장 낮습니다.

11 도(道)별 농업 특성 　　　정답 ②

문제 분석 농가 수가 가장 많은 A는 경북, 밭 면적 비율이 가장 높은 E는 제주입니다. D는 제주 다음으로 밭 면적 비율이 높은 강원입니다. C는 B보다 겸업농가 비율이 높으므로 경기이며, 나머지 B는 전남입니다.

정답 찾기 ② 전남(B)은 경기(C)보다 경지 면적이 넓고 농가 수도 많습니다. 평야가 넓지만 도시화율이 높고 시설 재배가 활발한 경기는 전남에 비해 경지 면적이 훨씬 좁은 반면, 전체 인구가 많아 농가 수의 차이는 경지 면적의 차이보다 작습니다. 따라서 전남은 경기보다 농가당 경지 면적이 넓습니다. 실제로 2018년 기준 전남은 농가당 경지 면적이 전북 다음으로 넓습니다.

오답 피하기 ① 경북(A)은 제주(E)보다 겸업농가 비율은 낮지만, 농가 수가 월등히 많으므로 겸업농가 수가 많습니다. ③ 경기(C)는 전남(B)보다 쌀 생산량이 적습니다. ④ 강원(D)은 경북(A)보다 경지 면적이 좁습니다. ⑤ 제주(E)는 강원(D)보다 지역 내 과수 재배 면적 비율이 높습니다.

12 우리나라의 공업 특색 　　　정답 ②

정답 찾기 ② 중화학 공업인 제철·자동차는 기술·지식 집약적 첨단 산업인 반도체·컴퓨터·신소재 산업보다 에너지 소비량이 많습니다.

오답 피하기 ① 1960년대에는 노동 집약적 경공업이 서울, 부산, 대구 등의 대도시를 중심으로 발달하였습니다. ③ 우리나라 공업은 수도권과 영남권을 중심으로 발달해 있어 지역적 편재가 심한데, 제조업 출하액은 영남권, 제조업 사업체 수와 종사자 수는 수도권이 가장 많습니다. ④ 공업의 이중 구조는 대기업과 중소기업 간의 발전 격차가 매우 큰 현상입니다. 우리나라는 대기업의 사업체 수 비율이 매우 낮으나 종사자 수 비율과 출하액 비율이 상대적으로 높은 공업의 이중 구조 현상이 나타납니다. ⑤ 가공 무역은 해외에서 원료를 수입하여 국내에서 제품을 생산한 뒤 이를 다시 수출하는 무역을 말하는데, 원료를 수입에 의존하므로 국제 원자재 가격 변동에 민감하게 영향을 받습니다.

13 권역별 제조업 현황 　　　정답 ⑤

정답 찾기 ⑤ (라)는 제조업 사업체 수와 종사자 수가 가장 많으므로 수도권입니다. 제조업 출하액이 가장 많고 수도권 다음으로 제조업 사업체 수와 종사자 수가 많은 (다)는 영남권입니다. (가)는 (나)보다 제조업 출하액이 적고, 제조업 사업체 수와 종사자 수가 적으므로 호남권, (나)는 충청권입니다.

14 지역별 공업 특색 　　　정답 ①

문제 분석 지도에 표시된 도시는 광주, 여수, 창원, 울산이고, (가)는 여수, (나)는 창원, (다)는 울산에 대한 설명입니다.

정답 찾기 ① 여수, 창원, 울산을 제외하고 남은 도시 A는 광주입니다. 광주는 자동차 및 트레일러 출하액 비율이 가장 높습니다.

오답 피하기 ②는 울산, ③은 광양, ④는 거제, ⑤는 여수의 공업 구조를 나타낸 것입니다.

15 지역별 공업 구조 　　　정답 ②

문제 분석 지도에 표시된 A는 경기, B는 경북, C는 전남입니다.

정답 찾기 ② (가)는 전자 부품·컴퓨터·영상·음향 및 통신 장비 제조업과 1차 금속 제조업의 출하액 비율이 높으므로 구미와 포항이 있는 경북(B)입니다. (나)는 전자 부품·컴퓨터·영상·음향 및 통신 장비 제조업의 출하액 비율이 높고 세 지역 중 총 출하액이 가장 많으므로 경기(A)입니다. (다)는 정유 및 석유 화학 공업과 관련된 화학 물질 및 화학 제품(의약품 제외) 제조업과 코크스·연탄 및 석유 정제품 제조업, 1차 금속 제조업의 출하액 비율이 높으므로 여수와 광양이 있는 전남(C)입니다.

16 주요 공업의 지역별 발달 특색 　　　정답 ⑤

문제 분석 (가)는 경기와 A, 특히 대구에서 출하액 비율이 높으므로 섬유 제품(의복 제외) 제조업입니다. (나)는 특정 지역의 출하액 비율이 매우 높으므로 조선 공업이 포함된 기타 운송 장비 제조업이고, C는 거제가 있는 경남, B는 울산입니다. 나머지 (다)는 1차 금속 제조업이고, 1차 금속 제조업의 출하액 비율이 높은 A는 경북입니다.

정답 찾기 ⑤ 1차 금속 제조업(다)에서 생산된 철강 제품은 기타 운송 장비 제조업(나)의 주요 재료로 이용됩니다.

오답 피하기 ① 울산(B)이 경북(A)보다 1인당 지역 내 총생산이 많습니다. ② 경북(A), 울산(B), 경남(C) 모두 영남권에 위치합니다. ③ 섬유 제품 제조업(가)과 관련된 설명입니다. ④ 섬유 제품 제조업(가)은 1차 금속 제조업(다)보다 2018년 제조업 출하액이 적습니다.

킬러 문항 완전 정복

본문 p.62~63

| 01 ⑤ | 02 ① | 03 ⑤ | 04 ⑤ |

01 주요 에너지원의 이용 및 수입 현황 　　　정답 ⑤

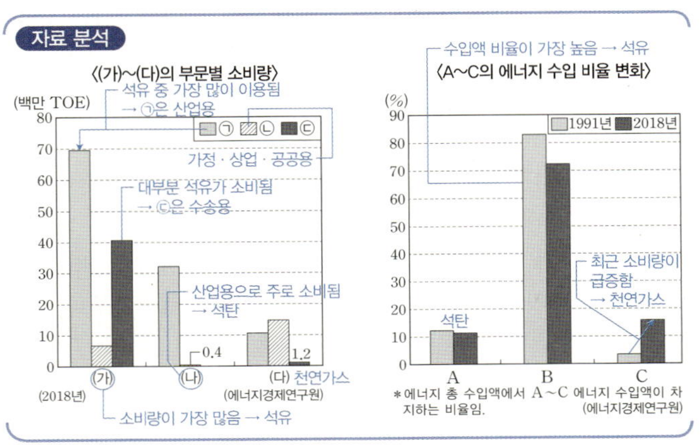

문제 분석 〈(가)~(다)의 부문별 소비량〉에서 (가)는 소비량이 가장 많으므로 석유이며, 석유 중 가장 많은 양이 쓰이는 ㉠은 산업용입니다. 에너지의 대부분이 산업용으로 이용되는 (나)는 석탄이며, 나머지 (다)는 천연가스입니다. 천연가스 중 가장 많이 이용되는 ㉡은 가정·상업·공공용이며, 나머지 ㉢은 수송용입니다. 수송 부문에서는 대부분 석유가 소비됩니다. 〈A~C의 에너지 수입 비율 변화〉에서 B는 수입액 비율이 가장 높으므로 수입량이 가장 많은 석유입니다. 1991~2018년에 C는 수입액 증가율이 높으므로 천연가스이며, 나머지 A는 석탄입니다. 천연가스는 냉동 액화 기술의 발달로 1990년대 이후 소비량이 급증하였습니다.

정답 찾기 ⑤ (가)와 B는 석유, (나)와 A는 석탄, (다)와 C는 천연가스입니다.

오답 피하기 ① 석탄(나)과 관련된 설명입니다. 석유는 신생대 제3기층의 배사 구조에 주로 매장되어 있습니다. ② 석탄((나). A)은 천연가스((다), C)보다 2018년에 에너지 수입 비율이 낮으므로, 에너지 수입액이 적습니다. ③ 천연가스(C, (다))는 수송용보다 산업용으로 많이 이용됩니다. ④ 석탄(A, (나))은 석유(B, (가))보다 가정·상업·공공용으로 적게 이용됩니다.

02 수력, 풍력, 태양광의 특징 정답 ①

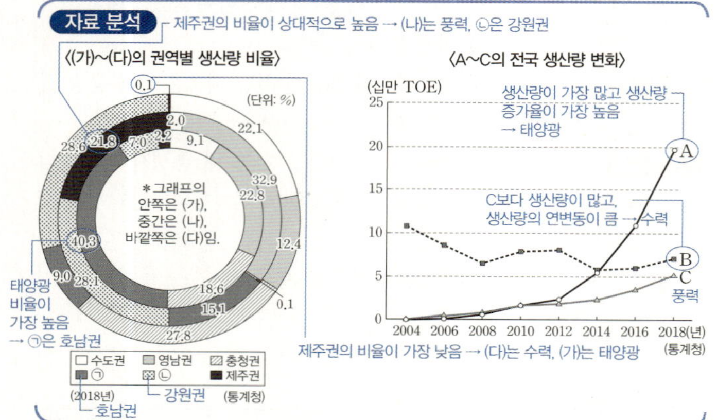

문제 분석 제주권의 생산 비율이 가장 낮은 (다)는 수력이고, 제주권의 생산 비율이 상대적으로 높은 (나)는 풍력입니다. 따라서 나머지 (가)는 태양광입니다. A는 2018년 기준 생산량이 가장 많으므로 태양광이고, 태양광 다음으로 생산량이 많고 생산량의 연변동이 큰 B는 수력, 나머지 C는 풍력입니다.

정답 찾기 ① 태양광의 생산 비율이 가장 높은 ㉠은 호남권이고, 풍력의 생산 비율이 가장 높은 ㉡은 강원권입니다.

오답 피하기 ② 태양광((가), A)은 수력((다), B)보다 2018년에 전국 생산량이 많습니다. ③ 풍력(나)은 태양광(가)보다 발전 시 소음으로 인한 피해가 큽니다. ④ 태양광(A, (가))은 영남권의 생산 비율이 22.8%, 수도권의 생산 비율이 9.1%로, 영남권이 수도권보다 생산량이 많습니다. ⑤ 2018년 강원권은 수력(B, (다))의 생산 비율이 28.6%, 풍력(C, (나))의 생산 비율이 28.1%이고, 수력(B)이 풍력(C)보다 전국 생산량이 많습니다. 따라서 강원권은 수력이 풍력보다 생산량이 많습니다.

03 지역별 농업 특색 및 농업 소비 구조의 변화 정답 ⑤

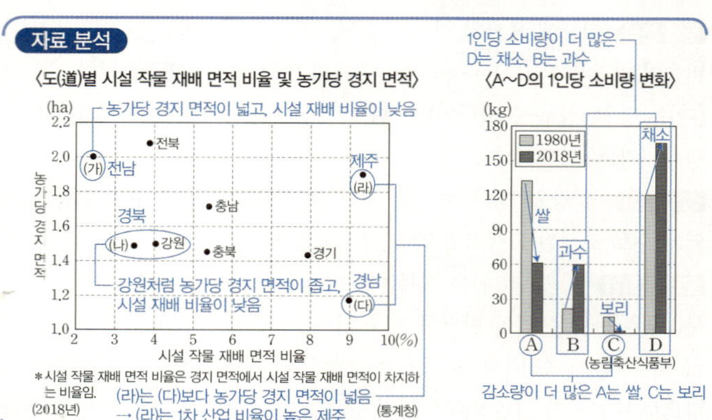

문제 분석 (가)는 농가당 경지 면적이 전북 다음으로 넓고 시설 작물 재배 면적 비율이 가장 낮으므로 벼농사가 발달한 전남입니다. (나)는 강원처럼 농가당 경지 면적이 비교적 좁고 시설 작물 재배 면적 비율이 낮으므로 산지 비율이 높고 전통 농업이 활발한 경북입니다. (다), (라)는 시설 작물 재배 면적 비율이 상대적으로 높은 경남과 제주 중 하나입니다. (라)는 (다)보다 농가당 경지 면적이 넓은 것으로 보아 1차 산업 비율이 상대적으로 높은 제주이며, (다)는 경남입니다. 〈1인당 소비량 변화〉에서 1980~2018년 1인당 소비량이 감소한 A와 C는 쌀과 보리, 1인당 소비량이 증가한 B와 D는 과수와 채소 중 하나입니다. 식생활이 변화하고 소득이 증대되면서 쌀, 보리 등 주곡 작물의 소비량은 감소하고, 과수, 채소 등 원예 작물의 소비량은 증가하였습니다. A는 1인당 소비량이 가장 크게 감소한 쌀, C는 1인당 소비량이 가장 적은 보리입니다. B는 D보다 1인당 소비량이 적으므로 과수, 나머지 D는 채소입니다.

정답 찾기 ⑤ 과수(B)는 벼의 그루갈이 작물로 재배되는 보리(C)보다 밭에서 재배되는 비율이 높습니다.

오답 피하기 ① 전남(가)은 경북(나)보다 쌀(A) 생산량이 많습니다. ② 경북(나)은 경남(다)보다 농가 수가 많습니다. 경북은 시·도 지역 중 농가 수가 가장 많습니다. ③ 관광 산업이 발달한 제주(라)는 전남(가)보다 지역 내 겸업농가 비율이 높습니다. ④ 쌀(A)은 채소(D)보다 재배 면적이 넓습니다.

04 지역별 공업 발달 특색 정답 ⑤

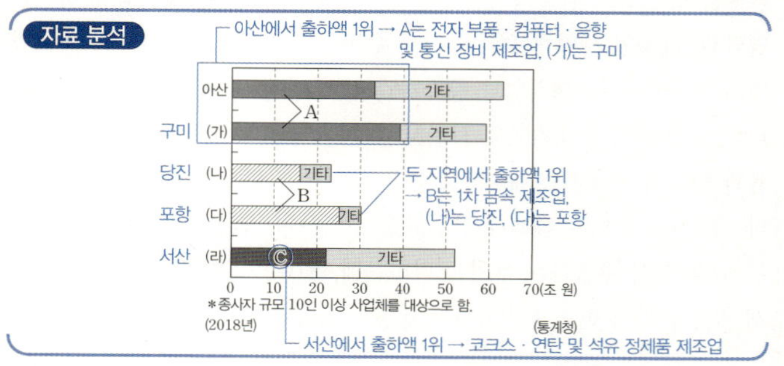

문제 분석 지도에 표시된 지역은 코크스·연탄 및 석유 정제품 제조업이 발달한 서산, 1차 금속 제조업이 발달한 당진, 포항, 전자 부품·컴퓨터·영상·음향 및 통신 장비 제조업이 발달한 아산, 구미입니다. (가)는 아산과 함께 A 공업이 발달하였으므로, A는 전자 부품·컴퓨터·영상·음향 및 통신 장비 제조업이고, (가)는 구미입니다. (나), (다), (라)는 서산, 당진, 포항 중 하나인데, 두 지역에서 공통적으로 출하액 1위 업종인

B는 1차 금속 제조업이고, 1차 금속 제조업 출하액이 더 많은 (다)는 포항, (나)는 당진입니다. 따라서 나머지 (라)는 서산이고, 서산에서 출하액 1위 업종인 C는 코크스·연탄 및 석유 정제품 제조업입니다.

[정답 찾기] ⑤ 경북 포항(다)은 남동 임해 공업 지역, 충남 서산(라)은 충청 공업 지역에 속합니다.

[오답 피하기] ① 1차 금속 제조업(B), 코크스·연탄 및 석유 정제품 제조업(C)과 관련된 설명입니다. ② 중화학 공업인 1차 금속 제조업(B)이 첨단 산업인 전자 부품·컴퓨터·영상·음향 및 통신 장비 제조업보다 최종 제품의 무게가 무겁습니다. ③ A~C 중 전국 출하액은 전자 부품·컴퓨터·영상·음향 및 통신 장비 제조업(A)이 가장 많습니다. ④ 서해안에 인접한 당진(나)이 영남 내륙에 위치한 구미(가)보다 원료 수입과 제품 수출에 유리합니다.

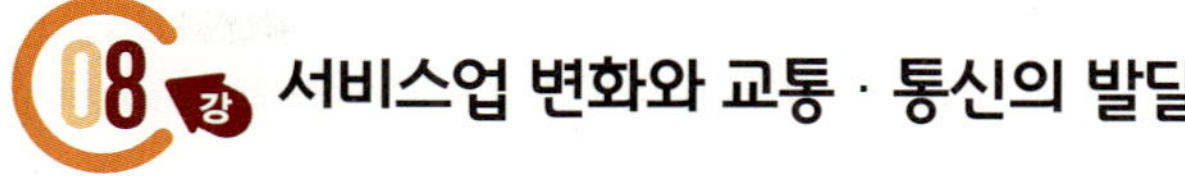

08강 서비스업 변화와 교통·통신의 발달

대표 기출 vs 고난도 기출   본문 p.66

순한맛 ⑤   매운맛 ②

순한맛 시·도별 산업 구조   정답 ⑤

[문제 분석] 〈지역 내 총생산 및 1인당 지역 내 총생산〉에서 (가)는 1인당 지역 내 총생산이 가장 많으므로 중화학 공업이 골고루 발달한 울산입니다. (다)는 지역 내 총생산이 가장 적은 것으로 보아 인구 규모가 가장 작은 제주이며, (라)는 지역 내 총생산이 경기 다음으로 많은 서울이고, 나머지 (나)는 전남입니다. 〈산업별 취업자 수 비율〉에서 A는 3차 산업 취업자 수 비율이 가장 높으므로 우리나라 최고차 도시인 서울이며, B는 2차 산업 취업자 수 비율이 가장 높으므로 공업 도시인 울산입니다. C는 1차 산업 취업자 수 비율이 가장 높은 것으로 보아 농업이 활발한 전남이며, 나머지 D는 제주입니다. 제주는 지리적 여건상 제조업 발달이 미약하여 2차 산업 취업자 수 비율이 가장 낮습니다.

[정답 찾기] ⑤ 서울(A)은 특별시, 울산(B)은 광역시, 전남(C)은 도(道)입니다.

[오답 피하기] ① 울산(가)과 관련된 설명입니다. ② 그래프를 보면 제주(다)는 전남(나)보다 1차 산업 취업자 수 비율이 낮고, 총 취업자 수 또한 인구 규모가 가장 작은 제주가 전남보다 적습니다. 따라서 1차 산업 취업자 수는 전남이 제주보다 많습니다. ③ 전남(나)은 1차 산업 취업자 수 비율이 가장 높은 C와 동일한 지역입니다. ④ 생산자 서비스업 사업체 수 비율은 최고차 중심지인 서울(A)이 울산(B)보다 높습니다.

매운맛 시·도별 산업 구조   정답 ②

🔒 함정

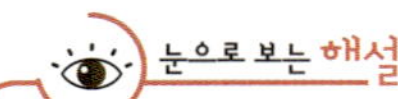

①	②	③	④	⑤
15%	59%	10%	8%	8%

👁 눈으로 보는 해설

그래프는 지도에 표시된 네 지역의 산업 구조와 취업자 수를 나타낸 것이다. (가)~(라) 지역에 대한 설명으로 옳은 것은?

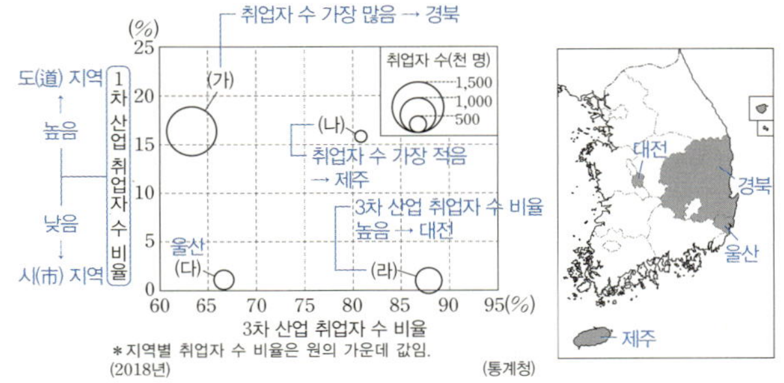

① (가)는 (라)보다 제조업 출하액이 ~~적다~~. 많다

② (나)는 (가)보다 지역 내 총 발전량 중 화력 발전이 차지하는 비율이 높다.

③ (나)는 (다)보다 1인당 지역 내 총생산이 ~~많다~~. 적다

④ (다)는 광역시, (라)는 ~~도(道)~~이다.
광역시

⑤ (가)~(라) 중 전문 서비스업체 수는 ~~(나)~~가 가장 많다.
(라)

문제 분석 지도에 표시된 지역은 대전, 경북, 울산, 제주입니다. (가)는 네 지역 중 취업자 수가 가장 많고, 1차 산업 취업자 수 비율이 높으므로 경북입니다. (나)는 취업자 수가 가장 적고 3차 산업 취업자 수 비율이 상대적으로 높은 것으로 보아 관광 산업이 발달한 제주입니다. (다)와 (라)는 1차 산업 취업자 수 비율이 낮으므로 광역시인 대전과 울산 중 하나인데, (라)는 (다)보다 3차 산업 취업자 수 비율이 높으므로 대전이며, (다)는 울산입니다.

정답 찾기 ② 원자력 발전소가 입지한 경북(가)은 발전량에서 원자력이 차지하는 비율이 높으며, 제주(나)는 전력 생산이 대부분 화력과 신·재생 에너지를 통해 이루어집니다. 따라서 제주(나)는 경북(가)보다 지역 내 총 발전량에서 화력 발전이 차지하는 비율이 높습니다.

오답 피하기 ① 전자 조립, 제철 공업 등이 발달한 경북(가)은 대전(라)보다 제조업 출하액이 많습니다. ③ 제주(나)는 울산(다)보다 1인당 지역 내 총생산이 적습니다. 중화학 공업이 골고루 발달한 울산은 우리나라 시·도 중 1인당 지역 내 총생산이 가장 많은 지역입니다. ④ 울산(다)과 대전(라) 모두 광역시입니다. ⑤ (가)~(라) 중 전문 서비스업체 수는 대전(라)이 가장 많습니다.

> 🔒 **함정 피하기**
>
> (가)~(라) 지역을 구분하지 못했다면? 시·도별 산업 구조 특색에 대한 학습이 충분히 이루어지지 못한 것이다. 시(市) 지역(울산, 대전)은 도(道) 지역(경북, 제주)에 비해 대체로 1차 산업 취업자 수 비율이 낮음을 알아야 한다. 또한 제주는 2차 산업 취업자 수 비율이 매우 낮아 상대적으로 3차 산업 취업자 수 비율이 높고, 울산은 2차 산업 취업자 수 비율이 매우 높아 상대적으로 3차 산업 취업자 수 비율이 낮은 곳임을 알아야 한다. 이밖에 지역별 전력 생산 구조(원자력 발전소가 입지한 경북과 화력과 신·재생 에너지를 통해 대부분의 전력을 생산하는 제주) 등의 지역별 주요 특성도 기억해 두자.

실전 문제

본문 p.67~69

01	02	03	04	05	06
②	①	②	①	⑤	①
07	08	09	10	11	12
①	①	②	②	④	④

01 오프라인과 온라인 유통 구조   정답 ②

문제 분석 (가)는 상품이 도매상과 소매상을 거쳐 소비자에게 전달되는 오프라인 유통 구조입니다. (나)는 전자 상거래 사이트와 같은 정보 통신 네트워크를 통해 전자 상거래가 이루어지는 온라인 유통 구조입니다.

정답 찾기 ② 오프라인 유통 구조(가)에 비해 온라인 유통 구조(나)는 택배업 성장에 끼친 영향이 크고, 판매자와 소비자와의 대면 접촉 빈도가 낮으며, 상거래의 공간적 제약이 작습니다. 따라서 (가)와 비교한 (나) 상거래 방식의 상대적 특성은 그림의 B에 해당합니다.

02 주요 소매 업태별 특징   정답 ①

문제 분석 (가)는 1일 평균 영업 시간이 10시간 미만인 사업체 수 비율이 가장 높으므로 백화점이며, 14시간 이상인 사업체 수 비율이 가장 높은 (다)는 편의점입니다. 나머지 (나)는 대형 마트입니다. 편의점 중 상당수는 24시간 영업합니다.

정답 찾기 ① 백화점(가)은 편의점(다)보다 판매하는 상품의 종류가 다양합니다.

오답 피하기 ② 백화점(가)이 대형 마트(나)보다 고가 제품의 판매 비율

이 높습니다. ③ 대형 마트(나)는 편의점(다)보다 사업체당 매출액 규모가 큽니다. ④ 편의점(다)은 백화점(가)보다 최소 요구치가 작으므로 사업체당 1일 이용자 수가 적습니다. ⑤ 전국 사업체 수는 편의점(다)>대형 마트(나)>백화점(가) 순으로 많습니다.

03 주요 소매 업태별 특징   정답 ②

문제 분석 (가)와 (나)는 사업체 수가 (다), (라)보다 적으므로 백화점과 대형 마트 중 하나입니다. 그중 매출액이 더 많은 (나)는 대형 마트이고, 사업체 수가 가장 적은 (가)는 백화점입니다. (라)는 사업체 수가 가장 많으므로 편의점이며, 나머지 (다)는 무점포 소매업입니다. 무점포 소매업은 편의점보다 사업체 수가 적고 매출액이 많습니다.

정답 찾기 ② 자가용 승용차 이용 고객의 비율은 상품을 대량으로 구매하는 대형 마트(나)가 편의점(라)보다 높습니다.

오답 피하기 ① 백화점(가)은 대형 마트(나)보다 최초 등장 시기가 이릅니다. ③ 전자 상거래를 주로 이용하는 무점포 소매업(다)은 편의점(라)보다 구매 활동의 시·공간적 제약이 작습니다. ④ 편의점(라)은 백화점(가)보다 최소 요구치가 작습니다. ⑤ 편의점(라)은 대형 마트(나)보다 종사자 수 대비 매출액 규모가 작으므로 종사자당 매출액이 적습니다.

04 편의점과 대형 마트의 특징   정답 ①

문제 분석 (가)는 일상생활에 필요한 기본적인 생필품을 가까이에서 손쉽게 살 수 있는 소매 업태이므로 편의점입니다. (나)는 넓은 주차 공간을 갖추고 다양한 상품을 대량으로 공급하고 있으므로 대형 마트입니다.

정답 찾기 ① 대형 마트(나)는 편의점(가)보다 상점 수가 적고 최소 요구치가 크므로 상점 간 평균 거리가 멀며, 1인당 평균 구매액이 많습니다. 따라서 편의점(가)과 비교한 대형 마트(나)의 상대적 특성은 그림의 A에 해당합니다.

05 생산자 서비스업과 소비자 서비스업   정답 ⑤

문제 분석 (가)는 (나)보다 특정 지역의 매출액 집중도가 낮으므로 소비자 서비스업인 소매업(자동차 제외)이고, 특정 지역의 매출액 집중도가 높은 (나)는 생산자 서비스업인 전문 서비스업입니다. A는 생산자 서비스업인 전문 서비스업의 매출액 집중도가 높으므로 서울이며, B는 소비자 서비스업인 소매업(자동차 제외)의 매출액 비율이 서울 다음으로 높으므로 경기입니다.

정답 찾기 ⑤ 생산자 서비스업인 전문 서비스업(나)은 소매업(자동차 제외)(가)보다 지식 집약적인 성격이 강합니다.

오답 피하기 ① 서울은 경기로부터의 통근·통학 유입 인구가 많으므로, 서울이 경기보다 상주인구에 대한 주간 인구의 비율인 주간 인구 지수가 높습니다. ② 전문 서비스업(나)은 서울의 매출액이 60%가 넘으므로 비수도권보다 수도권의 매출액이 많습니다. ③ 생산자 서비스업인 전문 서비스업(나)이 소비자 서비스업인 소매업(자동차 제외)(가)보다 사업체당 매출액이 많습니다. ④ 전국 사업체 수는 소매업(자동차 제외)(가)이 전문 서비스업(나)보다 많습니다.

06 시·도별 산업 구조   정답 ①

문제 분석 A는 3차 산업 취업자 수 비율이 가장 높으므로 서울이며, B는 2차 산업 취업자 수 비율이 가장 낮으므로 제주이고, E는 2차 산업 취업

자 수 비율이 가장 높으므로 울산입니다. C는 100%에서 2, 3차 산업 취업자 수 비율을 뺀 1차 산업 취업자 수 비율이 가장 높으므로 전남이며, 나머지 D는 경기입니다.

정답 찾기 ① 대도시인 서울은 제조업이 발달한 울산보다 유소년층 인구에 대한 노년층 인구의 비율인 노령화 지수가 높습니다.

오답 피하기 ② 관광 산업이 발달한 제주는 전남보다 지역 내 겸업농가 비율이 높습니다. ③ 논 면적 비율이 높은 전남은 대도시와 인접한 경기보다 경지 중 시설 작물 재배 면적 비율이 낮습니다. ④ 경기는 서울보다 제조업 출하액이 많습니다. ⑤ 울산은 경기보다 2차 산업 취업자 수 비율은 높지만, 경기가 울산보다 총 취업자 수가 월등히 많으므로 2차 산업 취업자 수는 경기가 울산보다 많습니다.

07 도(道)별 지역 내 총생산 정답 ①

문제 분석 지역 내 총생산은 대체로 인구 규모에 비례하며, 1인당 지역 내 총생산은 부가 가치가 높은 중화학 공업(제철, 석유 화학 등)이 발달한 지역에서 많습니다.

정답 찾기 ① (가)는 지역 내 총생산이 가장 많으므로 인구 규모가 가장 큰 경기이고, (다)는 지역 내 총생산이 가장 적으므로 인구 규모가 가장 작은 제주입니다. (나)와 (라)는 전북과 충남 중 하나인데, (나)는 (라)보다 1인당 지역 내 총생산이 적으므로 상대적으로 농업 비중이 높은 전북입니다. 나머지 (라)는 제철, 석유 화학, 자동차 등의 중화학 공업이 발달한 충남입니다. 따라서 (가)는 경기, (나)는 전북, (다)는 제주, (라)는 충남에 해당합니다.

08 지역별 산업 구조와 인구 이동 정답 ①

문제 분석 〈산업별 종사자 비율〉에서 A는 2차 산업 종사자 비율이 가장 높으므로 공업 도시인 울산이고, 울산 다음으로 2차 산업 종사자 비율이 높은 C는 인천이며, 나머지 B는 광주입니다. 〈인구 이동〉에서 (나)는 서울과의 인구 이동이 가장 많으므로 서울과 지리적으로 가까운 인천입니다. (가)는 (다)보다 상대적으로 인구 이동 규모가 크므로 광주이고, 나머지 (다)는 울산입니다. 울산은 광역시 중 인구가 가장 적으며, 서울로부터 멀리 떨어져 있으면서 부산과 인접해 세 지역 중 서울과의 인구 이동 규모가 가장 작습니다.

정답 찾기 ㄱ. A와 (다)는 울산이고, B와 (가)는 광주입니다. ㄴ. 인천(나)으로 전입한 인구는 광주(가)가 2,167명이고, 울산(다)이 1,249명입니다. 따라서 인천으로 전입한 인구는 광주가 울산보다 많습니다.

오답 피하기 ㄷ. 세 지역 중 서울과 지리적으로 가장 인접한 도시는 인천(나)입니다. ㄹ. 세 지역 중 인구 규모가 가장 큰 도시는 인천이지만, 3차 산업 비율은 광주(B)가 인천(C)보다 높습니다.

09 교통수단별 주요 특징 정답 ②

문제 분석 국내 화물 수송 분담률은 도로＞해운＞철도＞항공 순으로 높습니다. 따라서 국내 화물 수송 분담률이 가장 높은 (나)는 도로이며, 도로 다음으로 국내 화물 수송 분담률이 높은 (다)는 해운이고, 나머지 (가)는 철도입니다.

정답 찾기 ② A 구간에서 총운송비가 가장 저렴한 교통수단은 철도(가)입니다.

오답 피하기 ① 해운은 (다), 철도는 (가)에 해당합니다. ③ 기종점 비용은 도로(나)가 가장 저렴합니다. ④ 철도(가)는 도로(나)보다 국내 여객 수송에서 차지하는 비율이 낮습니다. 도로는 국내 여객 수송 분담률이 가장 높습니다. ⑤ 철도(가)가 해운(다)보다 정시성과 안전성이 우수합니다.

10 교통수단별 주요 특징 정답 ②

문제 분석 〈가족 여행 일정〉에서 (가)는 도로, (나)는 철도(지하철), (다)는 해운입니다. 〈거리에 따른 단위 거리당 운송비 변화〉에서 A는 거리가 증가함에 따라 운송비 감소율이 가장 낮은 도로이며, C는 운송비 감소율이 가장 높은 해운이고, 나머지 B는 철도(지하철)입니다.

정답 찾기 ② 여러 칸에 승객을 태우는 철도(지하철)(나)는 도로(A)보다 운행 1회당 평균 이용 승객 수가 많습니다.

오답 피하기 ① 장거리 대량 화물 수송에 유리한 교통수단은 단위 거리당 운송비 감소율이 높은 해운(다)입니다. ③ 기종점 비용이 가장 저렴한 교통수단은 도로(가)입니다. ④ 철도(지하철)(B)는 해운(C)보다 국내 화물 수송 분담률이 낮습니다. ⑤ 바다 위를 운항하는 해운(C)는 철도(지하철)(나)보다 운행 시 기상 조건의 영향을 크게 받습니다.

11 교통수단별 국내 여객 수송 분담률 정답 ④

문제 분석 국내 여객 수송 분담률이 가장 높은 (마)는 도로입니다. (라)는 '인' 기준 국내 여객 수송 분담률이 도로 다음으로 높으므로 지하철입니다. (다)는 '인·km' 기준 국내 여객 수송 분담률이 상대적으로 높으므로 철도입니다. (가)는 (나)보다 '인·km' 기준 국내 여객 수송 분담률이 높으므로 항공이며, (나)는 해운입니다. 수송 인원에 거리를 곱하여 수송 분담률을 산출하면 중·장거리 수송에 많이 이용되는 철도(지하철 제외), 항공 등의 비율이 수송 인원만 고려하였을 때보다 높아집니다.

정답 찾기 ④ 지하철(라)은 도로(마)보다 정시성과 안전성이 우수합니다.

오답 피하기 ① 항공(가)은 해운(나)보다 평균 수송 속도가 빠릅니다. ② 해운(나)은 도로(마)보다 문전 연결성이 낮습니다. ③ 철도(다)는 지하철(라)보다 '인·km' 기준 국내 여객 수송 분담률이 높으므로, 이용객의 1회당 평균 이동 거리가 멉니다. ⑤ 도로(마)는 항공(가)보다 국제 여객 수송 분담률이 낮습니다. 우리나라는 국제 여객 수송에 항공과 해운만 이용됩니다.

12 교통·통신의 발달과 공간 변화 정답 ④

정답 찾기 ④ 교통·통신의 발달로 인해 기업의 관리 기능을 담당하는 본사는 대도시에, 생산 기능을 담당하는 공장은 지방에 입지하는 공간적 분업 현상이 나타났습니다.

오답 피하기 ① 교통·통신의 발달로 일상생활의 시·공간적 제약이 완화되면서 재택 근무, 화상 회의 등이 확대되고 있습니다. ② 교통이 편리한 지역은 산업과 인구가 집중되면서 대도시로 성장하기도 합니다. 대표적인 지역으로 대전이 있는데, 대전은 경부선과 호남선이 지나 철도 교통의 결절지로 성장하였습니다. ③ 물리적 점포 없이 소비자에게 상품을 판매하는 무점포 상점이 증가함에 따라, 도시 외곽 지역에 물류 단지와 복합 화물 터미널 등이 들어서게 되었습니다. ⑤ 급격한 정보화로 인해 개인 정보 유출, 지역 및 계층 간 격차 심화 등의 문제가 나타나기도 합니다.

킬러 문항 완전 정복

본문 p.70~71

01 ②　　**02** ③　　**03** ④　　**04** ①

01 주요 소매 업태의 분포와 특징　　정답 ②

자료 분석

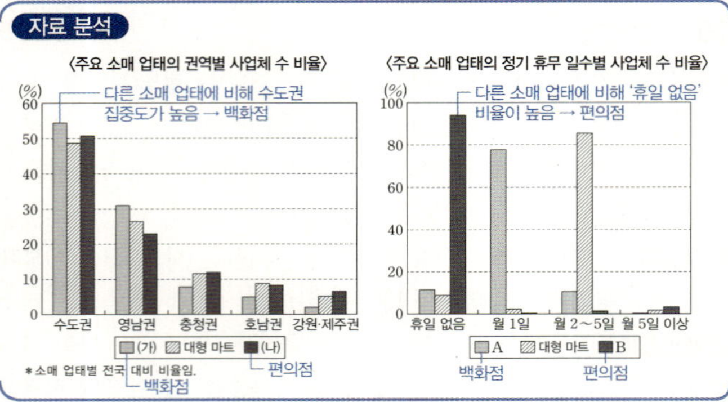

문제 분석 (가)와 A는 백화점, (나)와 B는 편의점입니다. 최소 요구치가 큰 백화점은 인구가 많고 접근성이 좋은 대도시 도심에 주로 입지하여 다른 소매 업태에 비해 수도권 집중도가 높습니다. 한편, 일상생활용품을 대체로 24시간 판매하는 편의점은 다른 소매 업태에 비해 휴일이 없는 사업체의 비율이 높습니다.

정답 찾기 ② 편의점(나)은 백화점(가)보다 수도권의 사업체 수 비율은 낮지만 총 사업체 수가 많으므로, 수도권의 사업체 수는 편의점이 백화점보다 많습니다.

오답 피하기 ① 백화점(가)은 편의점(나)보다 월평균 휴무 일수가 많습니다. ③ 백화점(A)은 편의점(B)보다 고가 제품의 판매 비율이 높습니다. ④ 편의점(B)은 백화점(A)보다 상점 이용객의 평균 이동 거리가 가깝습니다. ⑤ 전국 매출액은 편의점이 백화점보다 많습니다.

02 권역별 전력량과 산업 구조　　정답 ③

자료 분석

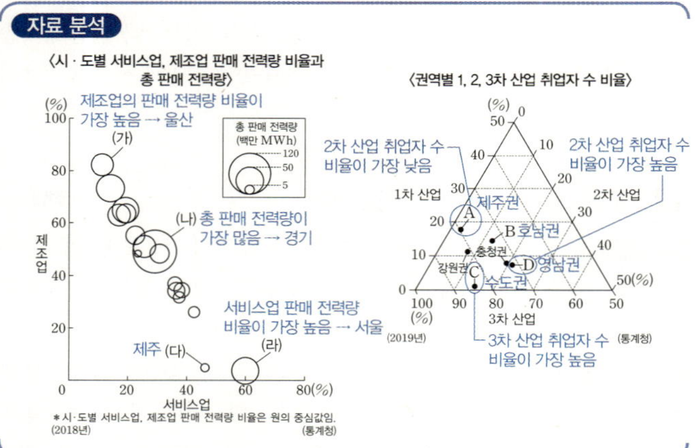

문제 분석 〈시·도별 서비스업, 제조업 판매 전력량 비율과 총 판매 전력량〉에서 제조업의 판매 전력량 비율이 가장 높은 (가)는 공업 도시인 울산이며, 총 판매 전력량이 가장 많은 (나)는 인구와 산업이 집중된 수도권의 경기입니다. (가)~(라) 중 총 판매 전력량이 가장 적은 (다)는 인구가 세종 다음으로 가장 적은 제주이고, 서비스업 판매 전력량 비율이 가장 높은 (라)는 최고차 도시인 서울입니다. 〈권역별 1, 2, 3차 산업 취업

자 수 비율〉에서 A는 2차 산업 취업자 수 비율이 가장 낮으므로 제주권이고, D는 2차 산업 취업자 수 비율이 가장 높으므로 대규모 공업 단지가 많은 영남권입니다. C는 1차 산업 취업자 수 비율이 가장 낮고 3차 산업 취업자 수 비율이 가장 높으므로 수도권이며, 나머지 B는 호남권입니다.

정답 찾기 ③ 울산(가)은 영남권(D), 경기(나)는 수도권(C)에 속합니다.

오답 피하기 ① 울산(가)은 서울(라)보다 총인구가 적습니다. ② 경기(나)는 제주(다)보다 도시 면적이 넓고 농가 수가 많으므로 농가당 경지 면적이 좁습니다. ④ 제주권(A)은 호남권(B)보다 경지 중 밭 면적 비율이 높습니다. 제주는 절리가 많은 기반암의 특성상 논 조성이 어려워 경지의 대부분을 밭이 차지합니다. ⑤ 영남권(D)은 수도권(C)보다 지역 내 총생산이 적습니다. 우리나라에서 지역 내 총생산은 인구가 가장 많은 수도권이 가장 많습니다.

03 생산자 및 소비자 서비스업의 권역별 분포　　정답 ④

자료 분석

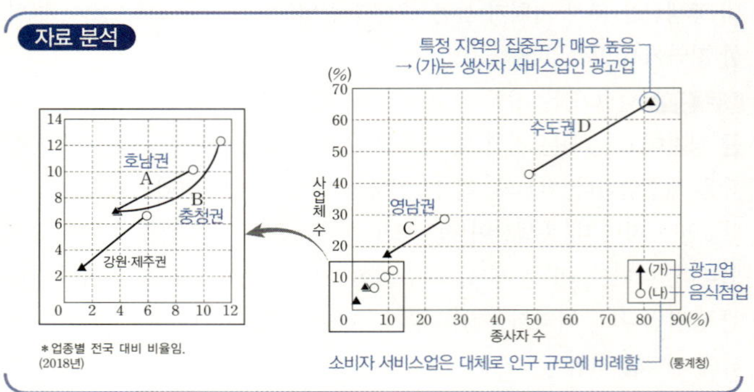

문제 분석 (가)는 특정 지역의 집중도가 매우 높으므로 기업의 생산 활동을 지원하는 생산자 서비스업인 광고업이고, (나)는 대체로 인구 규모에 비례하여 분포하는 소비자 서비스업인 음식점업입니다. 음식점업의 사업체 수가 가장 적은 A는 인구 규모가 작은 호남권이며, 그다음으로 적은 B는 충청권입니다. D는 생산자 서비스업인 광고업의 사업체 수가 가장 많은 수도권이고, 나머지 C는 영남권입니다.

정답 찾기 ④ 넓은 평야와 서·남해안을 토대로 농·어업이 활발한 호남권(A)은 충청권(B)보다 지역 내 1차 산업 취업자 수 비율이 높습니다.

오답 피하기 ① 광고업의 사업체당 종사자 수는 수도권(D)이 영남권(C)보다 사업체 수 대비 종사자 수 비율이 높으므로 많습니다. ② 생산자 서비스업인 광고업(가)은 음식점업(나)보다 사업체당 매출액이 많습니다. ③ 음식점업(나)은 광고업(가)보다 전국 사업체 수가 많습니다. ⑤ 인구가 많은 수도권(D)은 영남권(C)보다 서비스업 사업체 수가 많습니다.

04 교통수단별 주요 특징　　정답 ①

자료 분석

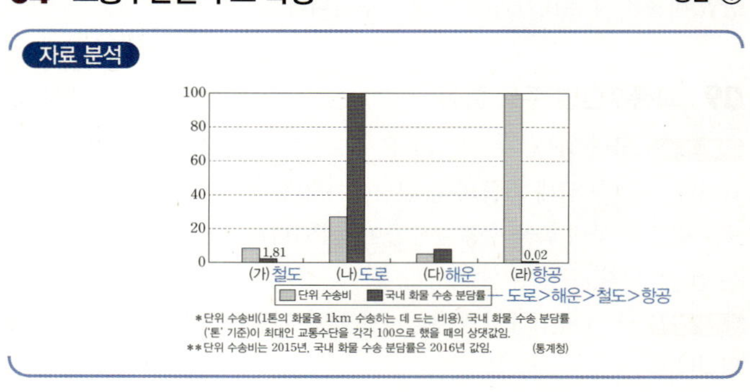

문제 분석 국내 화물 수송 분담률은 도로>해운>철도>항공 순으로 높습니다. 따라서 그래프의 (가)는 철도, (나)는 도로, (다)는 해운, (라)는 항공입니다.

정답 찾기 ① 시간표에 따라 레일 위를 운행하는 철도(가)는 도로(나)보다 정시성과 안전성이 우수합니다.

오답 피하기 ② 도로(나)는 해운(다)보다 기종점 비용이 저렴합니다. ③ 바다 위를 운항하는 해운(다)는 철도(가)보다 운행 시 기상 조건의 영향을 크게 받습니다. ④ 항공(라)은 철도(다)보다 평균 운행 속도가 빠릅니다. ⑤ '인·km' 기준 국내 여객 수송 분담률은 도로(나)>철도(가)>항공(라)>해운(다) 순으로 높습니다.

09강 인구 변화와 다문화 공간

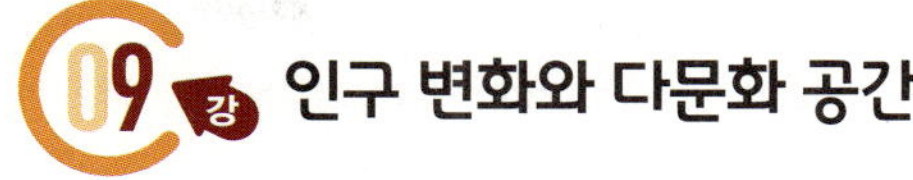

순한맛 도시와 촌락의 인구 특성 정답 ①

문제 분석 지도에 표시된 지역은 부산, 부산의 위성 도시인 김해, 그리고 촌락 지역인 창녕입니다. 그래프에서 유소년층 인구 비율이 가장 높은 (가)는 부산의 교외화로 인해 청장년층 인구의 전입이 많은 김해입니다. (다)는 노년층 인구 비율이 가장 높으므로 촌락의 특성이 나타나는 창녕입니다. 나머지 (나)는 부산입니다.

정답 찾기 ① 부산의 위성 도시인 김해는 대도시인 부산보다 농가 인구 비율이 높습니다.

오답 피하기 ② 김해는 창녕보다 유소년층 인구 비율과 노년층 인구 비율을 더한 값이 작으므로 총 부양비가 낮습니다. 총 부양비는 청장년층 인구에 대한 유소년층과 노년층 인구의 비율로, 유소년층과 노년층 인구의 비율이 높을수록 높습니다. ③ 대도시인 부산은 김해보다 총인구가 많습니다. ④ 창녕은 부산보다 유소년층 인구 비율 대비 노년층 인구 비율이 높으므로 노령화 지수가 높습니다. ⑤ 부산으로 통근·통학하는 인구 비율은 부산 근교에 위치해 부산의 주거 기능 등을 분담하는 김해가 창녕보다 높습니다.

매운맛 도시와 촌락의 인구 특성 정답 ④

①	②	③ 함정	④	⑤
5%	4%	11%	76%	4%

눈으로 보는 해설

그래프는 지도에 표시된 네 지역의 인구 특성을 나타낸 것이다. (가)~(라) 지역에 대한 설명으로 옳은 것은?

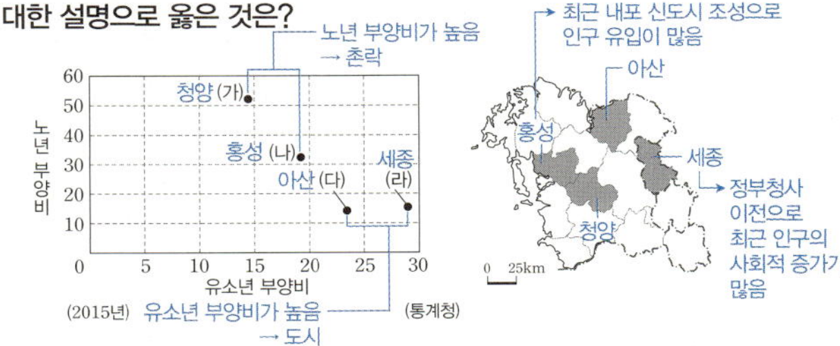

① (가)는 (나)보다 총인구가 많다. 적다

② (가)는 (라)보다 서비스업 종사자 수가 많다. 적다

③ (나)는 (다)보다 청장년층 인구 비율이 높다. 낮다

④ (다)는 (나)보다 외국인 근로자 수가 많다.

⑤ (라)는 (다)보다 제조업 종사자 수가 많다. 적다

문제 분석 지도에 표시된 지역은 아산, 세종, 홍성, 청양입니다. 그래프에서 노년 부양비가 높은 (가)와 (나)는 촌락적 특성이 강한 홍성과 청양 중 하나인데, (나)는 (가)보다 노년 부양비가 낮으므로 내포 신도시가 조성된 홍성입니다. 따라서 노년 부양비가 가장 높은 (가)는 청양입니다.

유소년 부양비가 높은 (다)와 (라)는 도시인 아산과 세종 중 하나인데, (라)는 (다)보다 유소년 부양비가 높으므로 최근 인구의 사회적 증가가 더 많은 세종이며, 나머지 (다)는 아산입니다. 세종은 정부청사 이전에 따른 젊은 공무원 등의 청장년층 인구 유입이 활발하며, 출산 및 육아 여건이 비교적 좋은 직업 특성상 상당수가 어린 자녀들을 동반해 유소년층 인구 비율이 특히 높습니다.

정답 찾기 ④ 수도권으로부터 제조업 이전이 활발한 아산이 홍성보다 총인구가 많고 외국인 근로자 수 또한 많습니다.

오답 피하기 ① 청양과 홍성은 모두 군(郡) 지역이지만, 최근 내포 신도시 조성으로 인구 유입이 많은 홍성이 청양보다 총인구가 많습니다. ② 행정 중심 복합 도시인 세종이 청양보다 서비스업 종사자 수가 많습니다. ③ 청장년층 인구 비율은 노년 부양비와 유소년 부양비를 합한 총 부양비를 통해 알 수 있습니다. 총 부양비는 청장년층 인구에 대한 유소년층과 노년층 인구 비율이므로, 총 부양비가 높을수록 청장년층 인구 비율은 낮습니다. 따라서 청장년층 인구 비율은 홍성보다 총 부양비가 낮은 아산이 높습니다. ⑤ 세종은 자동차, 전자 산업 등이 발달한 아산보다 제조업 종사자 수가 적습니다.

> 🔒 **함정 피하기**
>
> (가)가 청양임을 파악하지 못했다면? 홍성에 내포 신도시가 조성되었다는 것을 인구 구조에 적용하지 못했을 가능성이 높다. 인구의 사회적 증가가 많은 지역일수록 청장년층 인구 비율이 높고, 도시 지역이 촌락 지역보다 대체로 청장년층 인구 비율이 높다. 또한 혁신 도시가 조성되거나 도청이 이전한 곳 또한 상대적으로 청장년층 인구 비율이 증가하여 인구 구조에 변화가 나타나고 있음을 알고 있어야 한다.

실전 문제

본문 p.75~77

01 ⑤	02 ④	03 ④	04 ④	05 ②	06 ④
07 ②	08 ③	09 ③	10 ①	11 ②	12 ④

01 시·도별 인구 변화   정답 ⑤

문제 분석 지도에 표시된 지역은 서울, 경기, 전남입니다. 그래프의 (가)는 자연 증가율과 순 이동률 모두 양(+)의 값이므로 인구의 사회적 증가가 많고, 청장년층 인구 비율이 높아 자연 증가율 또한 높은 경기입니다. (나)는 1995년 이후 교외화의 영향으로 순 이동률이 음(−)의 값이지만, 자연 증가율은 양(+)의 값인 서울입니다. (다)는 2005년과 2016년에 순 이동률과 자연 증가율이 모두 음(−)의 값이므로 인구 감소가 나타나는 전남입니다.

정답 찾기 ㄷ. 2005년에 순 이동률이 음(−)의 값인 서울(나)과 전남(다)에서 순 전출이 나타납니다. ㄹ. 2016년에 출생자 수에 비해 사망자 수가 많은 시·도는 자연 증가율이 음(−)의 값인 전남(다)입니다. 자연 증가율이 양(+)의 값인 서울과 경기는 모두 출생자 수가 사망자 수보다 많은 시·도입니다.

오답 피하기 ㄱ. 경기(가)는 수도권에 위치하지만, 전남(다)은 호남권에 위치합니다. ㄴ. 1995년에 인구가 증가한 시·도는 경기(가)입니다. 서울과 전남의 경우 자연 증가율과 순 이동률의 합이 음(−)의 값으로, 인구 감소가 나타나고 있습니다.

02 시·군별 인구 변화   정답 ④

문제 분석 지도에 표시된 지역은 촌락 지역인 영양, 대도시인 대구, 부산의 위성 도시인 양산입니다. 그래프에서 (가)는 청장년층 인구가 가장 많아 인구의 자연적 증가가 가장 많고, 교외화로 인구의 사회적 감소가 나타나고 있는 대구입니다. (나)는 인구가 자연적·사회적으로 모두 감소하고 있으므로 촌락 지역인 영양입니다. (다)는 부산의 주거 기능 등을 분담하면서 인구의 사회적 증가가 많은 양산입니다.

정답 찾기 ④ 촌락 지역인 영양은 부산으로의 통근·통학 인구 비율이 높은 양산보다 다른 시·군·구로의 통근·통학률이 낮습니다.

오답 피하기 ① 대도시인 대구는 촌락 지역인 영양보다 지역 내 1차 산업 종사자 비율이 낮습니다. ② 광역시인 대구는 양산보다 총인구가 많습니다. ③ 촌락 지역인 영양은 도시인 대구보다 유소년층 인구에 대한 노년층 인구의 비율인 노령화 지수가 높습니다. ⑤ 인구의 사회적 유입이 많은 양산은 촌락인 영양보다 주택 유형 중 아파트 비율이 높습니다.

03 우리나라의 인구 변화   정답 ④

문제 분석 (가)는 인구 증가율이 높은 시기이고, (나)는 출생 성비가 높은 시기이며, (다)는 인구 증가율이 낮아 저출산 문제가 나타난 시기에 해당합니다.

정답 찾기 ㄴ. 성비는 여성 100명에 대한 남성의 수입니다. (나) 시기에는 출생 성비가 110이 넘었는데, 이는 남아 선호 사상과 관련 있습니다. ㄹ. 중위 연령은 총인구를 나이순으로 줄 세웠을 때 중간에 있는 사람의 나이를 의미합니다. (다) 시기는 (가) 시기보다 인구 증가율이 낮으므로 노년층 인구 비율이 높아져 중위 연령이 높습니다.

오답 피하기 ㄱ. 인구 증가율이 높은 (가) 시기에는 출산 억제 정책이 추진되었습니다. ㄷ. (가) 시기는 (다) 시기보다 인구 증가율이 높으므로 출생률이 높아 유소년층 인구 비율이 높습니다. 따라서 유소년 부양비는 (가) 시기가 (다) 시기보다 높습니다.

04 권역 간 인구 이동   정답 ④

문제 분석 (가)는 다른 권역과의 인구 이동 규모가 가장 크므로 수도권입니다. 인구 이동 규모는 대체로 인구 규모가 클수록 크게 나타납니다. 다른 권역 간 인구 이동에서 모두 전입 인구가 전출 인구보다 많은 (라)는 최근 인구의 사회적 증가가 많은 충청권입니다. (나)는 (다)보다 인구 이동 규모가 작으므로 호남권, 나머지 (다)는 영남권입니다.

정답 찾기 ④ 영남권(다)에 속하는 광역시는 부산, 대구, 울산 총 세 곳이며, 충청권(라)에 속하는 광역시는 대전 한 곳입니다. 따라서 영남권이 충청권보다 지역 내 광역시 수가 많습니다.

오답 피하기 ① 영남권(다)은 전출 인구가 전입 인구보다 많으므로 인구의 사회적 감소가 나타나고 있습니다. ② 수도권(가)은 호남권(나)으로의 인구 이동이 43만 명, 충청권(라)으로의 인구 이동이 77만 명입니다. 따라서 수도권은 호남권보다 충청권으로의 인구 이동이 많습니다. ③ 수도권(가)은 호남권(나)보다 인구 순유입이 많으므로 인구의 사회적 증가가 많습니다. ⑤ 충청권(라)은 영남권(다)보다 수도권(가)으로부터의 제조업 기능 이전이 활발합니다.

05 권역별 인구 순이동 변화   정답 ②

문제 분석 (가)는 인구 순이동에서 양(+)의 값이 가장 크므로 인구와 기능이 집중된 수도권입니다. (다)는 최근 들어 인구 순이동이 양(+)의 값으로 나타나는 것으로 보아 수도권으로부터 인구와 제조업 이전이 활발한 충청권입니다. (나)는 (라)보다 1979년 인구 순유출이 적었던 것으로 보아 영남권이며, 1979년과 1989년에 인구 순유출이 가장 많았던 (라)는 호남권입니다. 호남권은 이촌 향도 현상이 활발하게 나타났던 1970~1980년대에 인구 순유출이 가장 많았습니다.

정답 찾기 ㄱ. 인구 규모가 큰 수도권은 영남권보다 지역 내 총생산이 많습니다. ㄷ. 충청권은 최근 호남권으로부터의 인구 유입보다 수도권으로부터의 인구 유입이 많습니다.

오답 피하기 ㄴ. 영남권은 호남권보다 총인구가 많고 도시 거주 인구 비율 또한 높으므로 도시에 거주하는 인구가 많습니다. ㄹ. (가)는 수도권, (나)는 영남권, (다)는 충청권, (라)는 호남권입니다.

06 지역별 인구 특성   정답 ④

문제 분석 지도에 표시된 지역은 원주, 천안, 안동입니다. 그래프에서 총인구가 가장 많고 총 부양비가 가장 낮은 (가)는 천안이며, 총인구가 가장 적은 (다)는 안동이고, 나머지 (나)는 원주입니다.

정답 찾기 ④ 원주에는 기업 도시와 혁신 도시가 있으며, 안동에는 경북 도청이 있습니다.

오답 피하기 ① 총 부양비에서 노년 부양비를 빼면 유소년 부양비를 구할 수 있습니다. 천안과 원주는 유소년 부양비가 거의 같지만, 천안이 원주보다 인구 규모가 크므로 유소년층 인구는 천안이 원주보다 많습니다. ② 노령화 지수는 유소년층 인구에 대한 노년층 인구의 비율입니다. 원주는 안동보다 유소년 부양비 대비 노년 부양비가 낮으므로 노령화 지수가 낮습니다. ③ 천안은 충청권, 원주는 강원권에 있습니다. ⑤ 청장년층 인구 비율은 총 부양비를 통해 알 수 있습니다. 총 부양비는 청장년층 인구에 대한 유소년층과 노년층 인구의 비율로, 청장년층 인구 비율과 반비례 관계입니다. 따라서 총 부양비가 가장 낮은 천안이 청장년층 인구 비율이 가장 높고, 총 부양비가 가장 높은 안동이 청장년층 인구 비율이 가장 낮습니다.

07 시·도별 인구 구조   정답 ②

문제 분석 (가)는 노년층 인구 비율이 가장 높으므로 촌락 인구 비율이 높은 전남이고, (나)는 도(道) 지역 중 노년층 인구 비율이 가장 낮으므로 경기입니다. (라)는 유소년층 인구 비율이 가장 높으므로 인구의 사회적 증가가 많은 세종이며, 제조업 발달로 청장년층 인구 비율이 높은 (다)는 울산입니다.

정답 찾기 ② 총 부양비는 청장년층 인구에 대한 유소년층과 노년층 인구의 비율입니다. 전남은 경기보다 노년층 인구 비율과 유소년층 인구 비율을 합한 값이 크므로 총 부양비가 높습니다.

오답 피하기 ① 전남은 유소년층 인구 비율보다 노년층 인구 비율이 높으므로 노령화 지수가 100보다 큽니다. ③ 경기는 서울의 교외화로 인해 2000년대 이후 울산보다 인구의 사회적 증가가 많습니다. ④ 울산은 2012년 행정 중심 복합 도시로 출범한 세종보다 시로 승격한 시기가 이릅니다. ⑤ 경기는 수도권, 세종은 충청권에 위치합니다.

08 시·도별 인구 구조   정답 ③

문제 분석 지도에 표시된 A는 서울, B는 세종, C는 전남, D는 울산입니다. 그래프에서 중위 연령이 가장 낮은 (나)는 정부청사 이전에 따른 청장년층 인구의 전입이 활발한 세종입니다. 중위 연령이 가장 높은 (라)는 노년층 인구 비율이 높은 전남입니다. (가)는 (다)보다 청장년층 인구 성비가 낮으므로 서비스업이 발달한 서울이며, 나머지 (다)는 중화학 공업이 발달한 울산입니다.

정답 찾기 ③ 최고차 중심 도시인 서울(가)은 세종(나)보다 중심지 기능이 다양합니다.

오답 피하기 ① 세종(나)과 관련된 설명입니다. ② 울산(다)과 관련된 설명입니다. ④ 울산(다)은 전남(라)보다 지역 내 1차 산업 종사자 비율이 낮습니다. ⑤ (가)와 A는 서울, (나)와 B는 세종, (다)와 D는 울산, (라)와 C는 전남입니다.

09 권역별 인구 변화   정답 ③

문제 분석 인구의 자연적 증가는 대체로 인구 규모가 큰 권역일수록 많으며, 인구의 사회적 증가는 최근 수도권으로부터 인구 유입이 많은 충청권과 각종 기능이 집중되어 있는 수도권이 많습니다.

정답 찾기 ③ (가)와 (나)는 모두 인구가 사회적으로 감소하고 있지만 (가)는 인구의 자연적 증가가, (나)는 인구의 자연적 감소가 나타납니다. 따라서 (가)는 상대적으로 인구가 많은 영남권이며, (나)는 호남권입니다. (다)와 (라)는 모두 인구가 사회적으로 증가하고 있지만, (다)는 (라)보다 인구의 자연적 증가 규모가 큽니다. 따라서 (다)는 청장년층 인구가 많은 수도권, (라)는 충청권입니다.

10 인구 지표의 분포   정답 ①

정답 찾기 ① (가)는 군사 분계선과 인접하여 군부대가 많은 연천과 포천, 그리고 서울의 제조업 기능을 분담하는 시흥, 안성, 화성 등에서 상대적으로 높게 나타나는 지표이므로 '성비'입니다. (나)는 제조업이 발달한 안산, 수원, 시흥, 화성 등에서 높게 나타나는 지표이므로 '외국인 수'입니다. 제조업이 발달한 지역은 일자리를 쉽게 구할 수 있어 외국인 근로자가 많이 거주합니다. 경기도의 경우 제조업은 황해와 인접한 지역인 서울의 남서부 지역에 주로 발달하였습니다.

11 주요 시·도 지역의 외국인 현황   정답 ②

문제 분석 (가)는 외국인 수가 가장 많은 것으로 보아, 인구가 가장 많고 제조업이 발달해 외국인 근로자가 많은 경기입니다. (나)는 경기 다음으로 외국인 수가 많고, 외국인 성비가 다른 지역에 비해 낮으므로 서비스업이 발달한 서울입니다. (다)는 (라)보다 외국인 성비가 높으므로 제조업이 발달한 경남이며, 외국인 수가 가장 적은 (라)는 전남입니다.

정답 찾기 ㄱ. 인구 규모가 큰 경기는 경남보다 지역 내 총생산이 많습니다. ㄷ. 경기는 서울의 교외화로 신도시가 많이 건설되면서 최근 전남보다 서울로부터의 인구 유입이 많습니다.

오답 피하기 ㄴ. 전남은 경기보다 촌락에 거주하는 인구 비율이 높고 총인구 또한 적으므로 도시에 거주하는 인구가 적습니다. ㄹ. 경기(가)와 서울(나)은 수도권, 경남(다)은 영남권, 전남(라)은 호남권에 속합니다.

12 충청 지방의 시·도별 인구 특성   정답 ④

문제 분석 (가)는 유소년 부양비가 가장 높고 총인구가 가장 적으므로 세종입니다. (나)는 총 부양비(유소년 부양비+노년 부양비)가 가장 낮은 것으로 보아 청장년층 인구 비율이 높은 대도시인 대전입니다. (다)와 (라)는 충남과 충북 중 하나인데, (다)는 (라)보다 총인구가 적으므로 충북입니다. 나머지 (라)는 충남입니다.

정답 찾기 ④ 대전(나)은 충북(다)보다 유소년 부양비와 노년 부양비의 합인 총 부양비가 낮으므로 청장년층 인구 비율이 높습니다.

오답 피하기 ① 총 부양비는 유소년 부양비와 노년 부양비를 합한 값으로 충북(다)보다 충남(라)이 높습니다. ② 노령화 지수는 유소년층 인구에 대한 노년층 인구의 비율로, 유소년 부양비 대비 노년 부양비가 가장 낮은 세종(가)이 가장 낮습니다. ③ 세종은 대전보다 유소년 부양비가 높지만, 총인구는 대전이 세종보다 훨씬 많습니다. 따라서 대전(나)이 세종(가)보다 유소년층 인구가 많습니다. ⑤ 평야가 넓게 발달한 충남(라)은 산지가 많은 충북(다)보다 지역 내 논 면적 비율이 높습니다. 충북은 충남보다 지역 내 밭 면적 비율이 높습니다.

킬러 문항 완전 정복

본문 p.78~79

01 ⑤   **02** ④   **03** ②   **04** ⑤

01 지역별 인구 특성   정답 ⑤

자료 분석

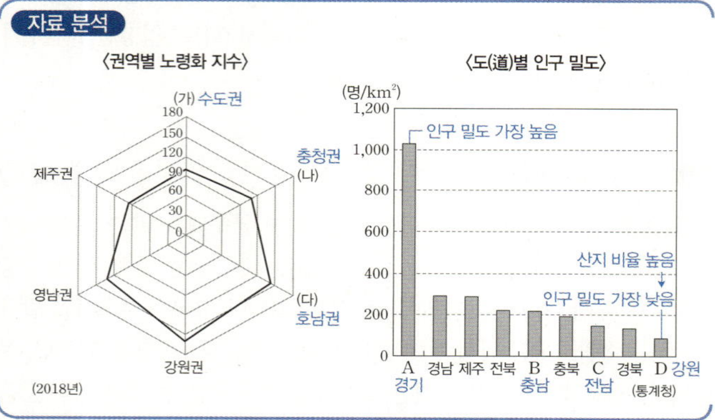

문제 분석 〈권역별 노령화 지수〉에서 (가)는 세 권역 중 노령화 지수가 가장 낮으므로 일자리가 많아 청장년층 인구 비율이 높은 수도권입니다. (다)는 (나)보다 노령화 지수가 높으므로 촌락의 비율이 높은 호남권이고, 나머지 (나)는 충청권입니다. 〈도(道)별 인구 밀도〉에서 A는 도(道) 지역 중 인구 밀도가 가장 높으므로 경기이며, 인구 밀도가 가장 낮은 D는 산지의 비율이 높은 강원입니다. B와 C는 충남과 전남 중 하나인데, B는 C보다 인구 밀도가 높으므로 상대적으로 인구가 많고 면적이 좁은 충남이며, 나머지 C는 전남입니다.

정답 찾기 ⑤ 경기(A)는 수도권(가)에, 충남(B)은 충청권(나)에, 전남(C)은 호남권(다)에 위치합니다.

오답 피하기 ① 호남권은 노령화 지수가 100보다 크므로 노년층 인구가 유소년층 인구보다 많습니다. ② 수도권은 충청권보다 청장년층 인구 비율이 높습니다. ③ 경기는 충남보다 도시 인구가 많습니다. ④ 평야가 넓게 발달한 충남은 산지 비율이 높은 강원보다 경지 중 밭 면적 비율이 낮습니다.

02 주요 시·군의 인구 구조   정답 ④

자료 분석

문제 분석 지도에 표시된 지역은 촌락 지역인 철원과 구례, 도시 지역인 천안과 거제입니다. 그래프에서 (가)와 (다)는 (나)와 (라)보다 총 부양비가 높으므로 청장년층 인구 비율이 낮은 촌락 지역 중 하나입니다. 그 중 (가)는 (다)보다 청장년층 인구 성비가 높으므로 군사 분계선에 위치해 군부대가 많은 철원이고, (다)는 여성 노년층의 비율이 높은 구례입니다. (나)와 (라)는 도시 지역 중 하나인데, (라)는 (나)보다 청장년층 인구 성비가 높으므로 조선 공업이 발달해 남성 노동력의 수요가 많은 거제이고, 나머지 (나)는 천안입니다.

정답 찾기 ④ 거제(라)는 대규모 조선소가 위치해 있어 청장년층 인구 성비가 높게 나타납니다.

오답 피하기 ① 구례(다)와 관련된 설명입니다. ② 철원(가)과 관련된 설명입니다. ③ 천안(나)과 관련된 설명입니다. ⑤ 구례는 천안보다 청장년층 인구 성비는 높지만 총인구 성비는 낮습니다. 이는 구례가 여성의 비율이 높은 노년층 인구 비율이 상대적으로 높게 나타나기 때문으로, 구례는 천안보다 노년층 인구의 성비가 낮습니다.

03 도(道)별 인구 및 주요 특성   정답 ②

자료 분석

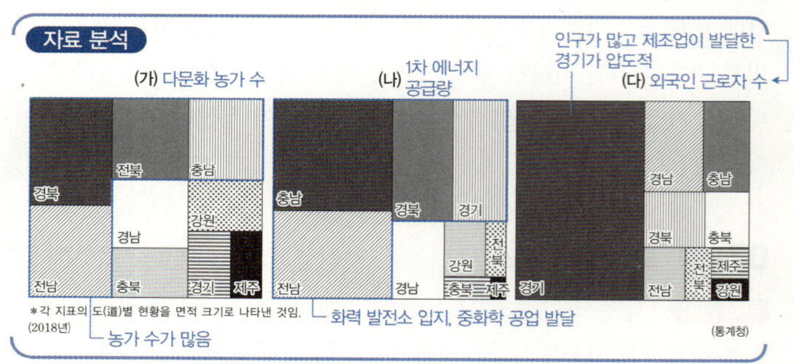

문제 분석 (가)는 농가 수가 많은 경북, 전남에서 높게 나타나고, (다)는 총인구가 많은 경기에서 압도적으로 높게 나타납니다. 나머지 (나)는 제시된 지표 중 충남, 전남에서 높은 지표가 무엇인지 고려합니다.

정답 찾기 ② (가)는 농가 수가 많은 경북, 전남, 전북, 충남 순으로 면적이 넓으므로 다문화 가구 수입니다. (나)는 화력 발전소가 입지하거나 정유 및 석유 화학 공업 등 에너지를 많이 소비하는 중화학 공업이 발달한 충남, 전남, 경북, 경기, 경남의 면적이 넓으므로 1차 에너지 공급량입니다. 제조업 발달이 상대적으로 미약한 제주, 충북, 전북 등의 면적은 좁습니다. (다)는 인구 규모가 크고 제조업이 발달한 경기의 면적이 압도적으로 높으며, 그밖에 대규모 산업 단지가 위치한 경남, 충남 등의 면적이 넓으므로 외국인 근로자 수입니다.

04 충청·호남 지방 주요 지역의 인구 증감   정답 ⑤

자료 분석

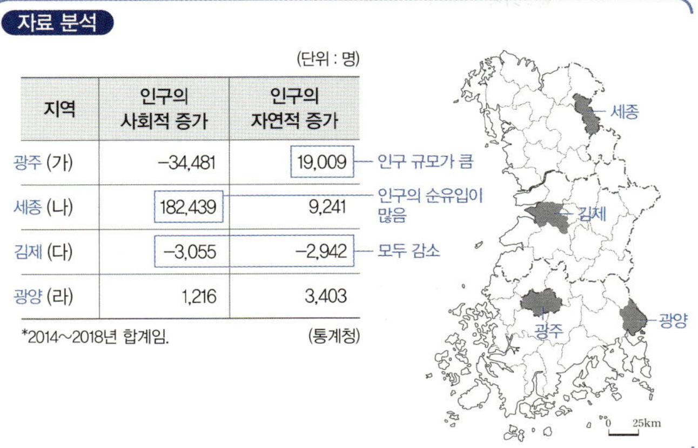

(단위 : 명)

지역	인구의 사회적 증가	인구의 자연적 증가	
광주 (가)	−34,481	19,009	인구 규모가 큼
세종 (나)	182,439	9,241	인구의 순유입이 많음
김제 (다)	−3,055	−2,942	모두 감소
광양 (라)	1,216	3,403	

*2014~2018년 합계임.   (통계청)

문제 분석 지도에 표시된 지역은 세종, 김제, 광주, 광양입니다. (가)는 인구의 자연적 증가가 가장 많고, 인구의 사회적 감소가 나타나고 있으므로 광주입니다. 광역시인 광주는 네 지역 중 인구 규모가 가장 크고, 교외화로 인해 순유출 인구가 많습니다. (나)는 인구의 사회적 증가가 가장 많은 것으로 보아, 행정 중심 복합 도시 출범으로 인구의 순유입이 많은 세종입니다. 세종은 정부청사 이전에 따른 청장년층 중심의 전입 인구가 많습니다. (다)는 인구가 사회적·자연적으로 모두 감소하고 있으므로 촌락의 성격이 강한 김제이며, 나머지 (라)는 공업 도시인 광양입니다. 제철 공업이 발달한 광양은 인구가 사회적·자연적으로 모두 증가하고 있습니다.

정답 찾기 ⑤ 제철 공업이 발달한 광양(라)은 행정 서비스업이 발달한 세종(나)보다 제조업 출하액이 많습니다.

오답 피하기 ① 김제(다)와 관련된 설명입니다. ② 광주(가)에 대한 설명입니다. ③ 세종(나)과 관련된 설명입니다. ④ 광주(가)는 세종(나)보다 유소년 부양비가 낮습니다. 청장년층 인구의 유입이 많은 세종은 시·도 지역 중 유소년 부양비가 가장 높습니다.

10강 우리나라의 지역 이해

대표 기출 vs 고난도 기출   본문 p.83

순한맛 ③   매운맛 ⑤

순한맛 영남 지방의 지역별 특색   정답 ③

문제 분석 지도의 A는 안동, B는 김천, C는 경주, D는 창녕, E는 진주, F는 김해입니다.

정답 찾기 ③ 1일 차는 세계 문화유산 역사 유적 지구(경주 역사 유적 지구)와 전통 역사 마을(양동 마을)을 함께 답사할 수 있는 지역이므로 경주(C)입니다. 2일 차는 람사르 협약에 등록된 습지가 있는 곳이므로 우포늪이 있는 창녕(D)입니다. 3일 차는 남강 유등 축제가 개최되고 혁신 도시가 있는 곳이므로 진주(E)입니다. 따라서 답사 일정에 해당하는 지역은 1일 차 경주(C) → 2일 차 창녕(D) → 3일 차 진주(E)입니다.

매운맛 수도권, 강원권, 충청권의 특색   정답 ⑤

함정

①	②	③	④	⑤
20%	8%	5%	13%	54%

눈으로 보는 해설

다음 자료는 온라인 학습 장면의 일부이다. 답글 ㉠~㉤ 중에서 옳은 내용을 고른 것은?

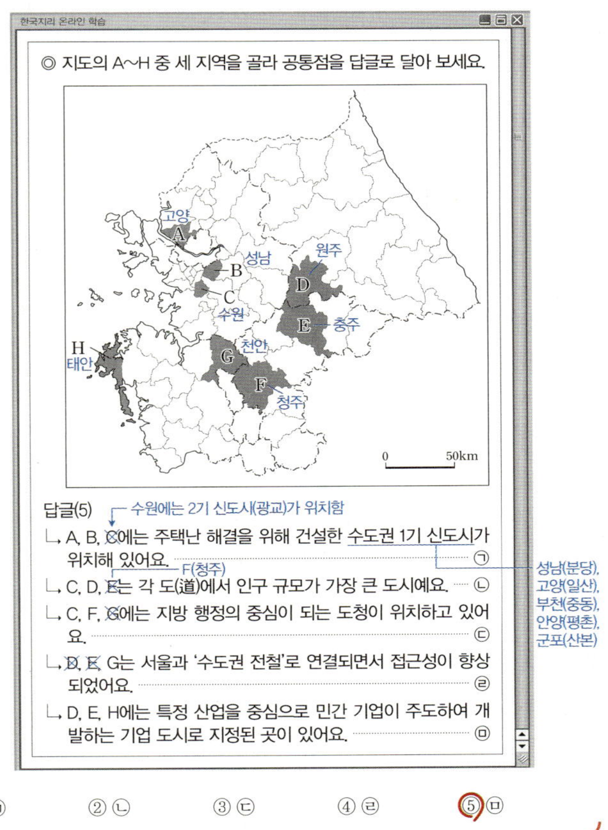

① ㉠   ② ㉡   ③ ㉢   ④ ㉣   ⑤ ㉤

문제 분석 지도의 A는 고양, B는 성남, C는 수원, D는 원주, E는 충주, F는 청주, G는 천안, H는 태안입니다.

정답 찾기 ⑤ 민간 기업이 주도하여 개발하는 도시를 기업 도시라고 하는데, 원주(D), 충주(E), 태안(H) 모두 기업 도시가 있습니다.

오답 피하기 ① 고양(A)에는 일산, 성남(B)에는 분당과 같은 수도권 1기 신도시가 있지만, 수원(C)에는 수도권 1기 신도시가 없고 2기 신도시인 광교 신도시가 있습니다. ② 경기도에서 인구 규모가 가장 큰 도시는 수원(C), 강원도에서 인구 규모가 가장 큰 도시는 원주(D)입니다. 반면, 충청북도에서 인구 규모가 가장 큰 도시는 충주(E)가 아닌 청주(F)입니다. 참고로 충남은 천안, 전북은 전주, 전남은 여수, 경북은 포항, 경남은 창원의 인구가 가장 많습니다. ③ 수원(C)에는 경기도청, 청주(F)에는 충청북도청이 있습니다. 충청남도청은 홍성·예산의 내포 신도시에 있습니다. ④ 원주(D), 충주(E)는 서울과 '수도권 전철'로 연결되어 있지 않고, 천안(G)은 '수도권 전철'로 서울과 연결되어 있습니다.

> **함정 피하기**
>
> ①번을 정답으로 골랐다면? 수도권의 신도시가 어디에 있는지 몰랐거나, 수원의 광교 신도시를 1기 신도시로 착각하였을 것이다. 1990년대에 추진된 수도권 1기 신도시는 서울과 인접한 성남(분당), 고양(일산), 부천(중동), 안양(평촌), 군포(산본) 5개 지역에 위치한다. 2000년대에 추진된 수도권 2기 신도시는 교통망 확충에 따라 대체로 1기 신도시에 비해 서울로부터 멀리 떨어져 있으며, 김포(한강), 화성(동탄), 평택(고덕), 수원(광교), 성남(판교), 파주(운정) 등 10개 지역에 지정되었다.

실전 문제

본문 p.84~87

01 ①	02 ⑤	03 ⑤	04 ②	05 ④	06 ④
07 ①	08 ④	09 ④	10 ①	11 ②	12 ②
13 ⑤	14 ②	15 ⑤	16 ⑤		

01 북한의 주요 개방 지역　　　　정답 ①

문제 분석 지도의 A는 신의주 특별 행정구, B는 나선 경제특구, C는 개성 공업 지구, D는 금강산 관광 지구입니다. (가)는 나선 경제특구(B), (나)는 금강산 관광 지구(D), (다)는 개성 공업 지구(C)에 대한 설명입니다. 따라서 (가)~(다)에서 설명하는 지역을 지도의 A~D에서 찾아 지우면 신의주 특별 행정구(A)가 남게 됩니다.

정답 찾기 ① 신의주 특별 행정구는 홍콩식 경제 개발을 추진하기 위해 2002년에 지정된 독립적 개방 지역입니다. 최근 중국과 압록강 하구의 황금평을 개발하기로 하였지만 2011년 이후 중단되었습니다.

오답 피하기 ② 관북 지방의 중화학 공업 중심지로는 일제 강점기부터 풍부한 자원을 바탕으로 공업 도시로 성장한 함흥, 청진 등이 있습니다. ③ 개성과 관련된 설명입니다. ④ 평양과 관련된 설명입니다. ⑤ 금강산 관광 지구와 관련된 설명입니다.

02 북한의 지역별 기후 특색　　　　정답 ⑤

문제 분석 지도의 지역은 청진, 희천, 평양, 장전입니다. '기온의 연교차 차이'는 기온의 연교차가 큰 곳일수록 큰데, 기온의 연교차가 가장 큰 (가)는 희천, 그다음으로 큰 (나)는 평양입니다. (라)는 '연 강수량 차이'가 가장 크므로 연 강수량이 네 지역 중 가장 많은 장전, (다)는 청진입니다.

정답 찾기 ⑤ 평양(나)은 관서 지방, 청진(다)은 관북 지방에 위치합니다. 관서 지방과 관북 지방은 철령관을 기준으로 지역을 구분한 전통적인 지역 구분으로, 함경도 안변군과 강원도 회양군 사이에 있는 철령관을 기준으로 그 북쪽을 관북, 서쪽을 관서, 동쪽을 관동 지방으로 구분하였습니다.

오답 피하기 ① 희천(가)은 청진(다)보다 저위도에 위치합니다. ② 평양(나)은 장전(라)보다 고위도 내륙에 위치하므로 최한월 평균 기온이 낮습니다. ③ 청진(다)은 희천(가)보다 여름 강수 집중률이 낮습니다. ④ 장전(라)은 청진(다)보다 저위도에 위치하므로 연평균 기온이 높습니다.

03 남북한의 농업 특색　　　　정답 ⑤

문제 분석 (나)는 A의 생산량만 특징적으로 많으므로 남한이고, A는 쌀입니다. 따라서 (가)는 북한이고, 북한에서 상대적으로 생산량이 많은 B는 옥수수입니다.

정답 찾기 ㄷ. 북한(가)은 산업 구조가 고도화된 남한(나)보다 1차 산업 종사자 비율이 높습니다. ㄹ. 남한(나)은 북한(가)보다 식량 작물 중 쌀(A) 생산량 비율이 높습니다.

오답 피하기 ㄱ. 쌀(A)은 주로 논에서 재배됩니다. ㄴ. 옥수수(B)는 남한보다 북한의 자급률이 높습니다.

04 남북한의 에너지 소비 구조　　　　정답 ②

문제 분석 (가)는 ㉢, ㉣의 공급 비율이 없고 ㉠, ㉤, ㉥만 공급되므로 북한이며, 북한에서 공급 비율이 가장 높은 ㉥은 석탄, 그다음으로 높은 ㉠은 수력, ㉤은 석유입니다. 석유의 공급 비율이 가장 높은 (나)는 남한이며, 석유, 석탄 다음으로 공급 비율이 높은 ㉣은 천연가스, 나머지 ㉢은 원자력입니다. A는 B보다 1차 에너지 총 공급량이 적으므로 북한, B는 남한입니다.

정답 찾기 ② 남한은 북한보다 석탄 공급 비율은 낮지만, 1차 에너지 총 공급량이 월등히 많으므로 석탄 소비량이 많습니다.

오답 피하기 ① 북한은 남한보다 1차 에너지 총 공급량이 적습니다. ③ 북한은 남한보다 수력(㉠) 공급 비율이 높습니다. ④ 재생 가능 에너지인 수력(㉠)은 화석 연료인 석탄(㉥)보다 고갈 가능성이 낮습니다. ⑤ 화력 발전의 연료로 이용되는 것은 석탄(㉥), 석유(㉤), 천연가스(㉣)입니다.

05 수도권의 시·도별 특성　　　　정답 ④

문제 분석 총 종사자 수가 가장 적은 (나)는 인천입니다. (가)는 (다)보다 2차 산업 종사자 비율이 높으므로 경기, (다)는 3차 산업 종사자 비율이 상대적으로 높으므로 서울입니다. A는 서울의 사업체 수 상댓값이 가장 높으므로 전문 서비스업입니다. B, C 중 서울의 사업체 수 상댓값이 상대적으로 높은 C는 첨단 산업인 전자 부품·컴퓨터·영상·음향 및 통신 장비 제조업, 나머지 B는 자동차 및 트레일러 제조업입니다.

정답 찾기 ④ 자동차 및 트레일러 제조업의 종사자 수는 울산, 대구, 부산 등이 있는 영남권이 수도권보다 많습니다.

오답 피하기 ① 총 종사자 수가 수도권 시·도 중 가장 적은 (나)는 인천입니다. ② 경기(가)는 서울(다)보다 인구가 많습니다. ③ 전문 서비스업은 기업의 생산 활동을 지원하는 생산자 서비스업에 포함됩니다. ⑤ 자동차 및 트레일러 제조업은 전자 부품·컴퓨터·영상·음향 및 통신 장비 제조업보다 최종 제품의 무게가 무겁고 부피가 큽니다.

06 수도권의 지역별 특색 정답 ④

문제 분석 지도에 표시된 지역은 가평, 김포, 화성입니다. 주택 유형 중 아파트 비율이 가장 낮은 (다)는 촌락의 성격이 강한 가평입니다. (나)는 (가)보다 성비가 높으므로 제조업이 발달하여 청장년층의 남성 인구 비율이 높은 화성, (가)는 김포입니다.

정답 찾기 ④ 촌락의 성격이 강한 가평(다)은 김포(가)보다 전체 가구 중 농가 비율이 높습니다.

오답 피하기 ① 김포(가)에는 수도권 2기 신도시가 있습니다. ② 김포(가)는 화성(나)보다 제조업 출하액이 적습니다. ③ 화성(나)은 서울의 주거 기능을 주로 분담하는 김포(가)보다 서울로의 통근·통학 인구 비율이 낮습니다. ⑤ 가평(다)은 최근 수도권 2기 신도시 등이 건설되고 있는 화성(나)보다 거주 기간 5년 미만 가구 비율이 낮습니다.

07 수도권의 시·도별 산업 발달 및 인구 변화 정답 ①

문제 분석 수도권은 지식과 정보가 집중되어 있고 고급 인력이 풍부해 지식 기반 산업의 중심지로 성장하였습니다. 그중 서울은 연구 개발·업무 관리 등 지식 기반 서비스업이 발달하였고, 인천·경기는 정보 통신 기기와 반도체 등 지식 기반 제조업이 발달하였습니다.

정답 찾기 ① (가)는 사업 서비스업 부가 가치액이 가장 많은 곳이므로 서울, (다)는 전기 전자 및 정밀 기기 제조업 부가 가치액이 가장 많은 곳이므로 경기, 나머지 (나)는 인천입니다. 인구 순유입이 가장 많은 C는 서울의 교외화로 인구 유입이 많은 경기, 인구 순유출이 가장 많은 A는 서울, 나머지 B는 인천입니다. 따라서 (가)는 A, (나)는 B, (다)는 C에 해당합니다.

08 강원 지방의 지역별 특징 정답 ④

문제 분석 지도의 A는 철원, B는 춘천, C는 원주, D는 강릉, E는 태백입니다.

정답 찾기 ④ '강원도'라는 도명은 강릉(D)과 원주(C)의 앞 글자를 따서 지은 것입니다.

오답 피하기 ①, ② 원주(C)와 관련된 설명입니다. ③ 태백(E)과 관련된 설명입니다. ⑤ 용암 대지에서 벼농사가 활발한 철원(A)이 산지의 비율이 높아 밭농사가 활발한 태백(E)보다 경지의 평균 경사도가 낮습니다.

09 충청 지방의 시·도별 인구 특성 정답 ④

문제 분석 총인구가 가장 적고 0~14세 인구 비율이 가장 높은 (나)는 인구의 사회적 증가가 많은 세종이고, (가)는 0~14세 인구가 64세 이상 인구보다 많으므로 광역시인 대전입니다. (다)는 (라)보다 총인구가 적으므로 충북, (라)는 충남입니다.

정답 찾기 ㄱ. 세종(나)은 행정 중심 복합 도시입니다. ㄴ. 광역시인 대전(가)은 충북(다)과 인구수 차이는 크지 않지만 면적이 훨씬 작으므로 인구 밀도가 높습니다. ㄹ. 충북(다) 충주에는 지식 기반형 기업 도시가 있고, 충남(라) 태안에는 관광 레저형 기업 도시가 있습니다.

오답 피하기 ㄷ. 충북(다)은 제조업이 발달한 서산, 당진, 아산, 천안 등이 있는 충남(라)보다 제조업 출하액이 적습니다.

10 충청 지방의 지역별 특징 정답 ①

문제 분석 지도에 표시된 지역은 당진, 제천, 세종, 부여입니다. (나)와 (라)는 거주 기간 3년 미만 가구 비율이 낮으므로 제천, 부여 중 하나인데, 경지 중 논 면적 비율이 높은 (라)는 금강 하류에 위치한 부여, (나)는 산지의 비율이 높은 제천입니다. (가)와 (다)는 세종, 당진 중 하나인데, 거주 기간 3년 미만 가구 비율이 높은 (가)는 세종, 경지 중 논 면적 비율이 가장 높은 (다)는 간척 평야가 많은 당진입니다.

정답 찾기 ① 부여(라)에는 세계 문화유산에 등재된 백제 역사 유적 지구가 있습니다.

오답 피하기 ② 세종(가)은 제천(나)보다 중위 연령이 낮습니다. ③ 인구 순유입이 많은 세종(가)은 촌락의 성격이 강한 부여(라)보다 유소년 부양비가 높습니다. ④ 제천(나)은 제철 공업이 발달한 당진(다)보다 제조업 출하액이 적습니다. ⑤ 당진(다)은 세종(가)보다 쌀 생산량이 많습니다.

11 호남 지방의 지역별 특징 정답 ②

문제 분석 지도에 표시된 지역은 전주, 남원, 나주, 광양입니다. 총인구가 가장 많은 (다)는 전주, 청장년층 인구 성비가 높은 (라)는 중화학 공업이 발달한 광양입니다. (가)는 (나)보다 노령화 지수가 높으므로 남원, (나)는 나주입니다. 나주는 대도시인 광주와 인접해 있으며, 혁신 도시가 조성되면서 최근 인구의 사회적 증가가 많아 촌락 지역인 남원보다 노령화 지수가 낮습니다.

정답 찾기 ② 나주(나)에는 수도권에 집중되어 있는 공공 기관을 지방으로 이전시켜 조성하는 혁신 도시가 있습니다.

오답 피하기 ① 전주(다), 나주(나)와 관련된 설명입니다. ③ 남원(가)과 관련된 설명입니다. ④ 광양(라)은 유소년층 인구에 대한 노년층 인구의 비율인 노령화 지수가 100 미만이므로, 노년층 인구보다 유소년층 인구가 많습니다. ⑤ 광주로의 통근·통학 인구 비율은 광양(라)이 광주와 인접한 나주(나)보다 낮습니다.

12 호남 지방의 지역별 특색 정답 ②

문제 분석 호남 지방은 다양한 문화유산과 자연환경을 기반으로 관광 산업이 발달하였습니다. 지도의 A는 고창, B는 담양, C는 남원, D는 나주, E는 보성입니다.

정답 찾기 ② 자료에서 설명하는 지역은 '대나무를 가공해서 만든 죽세 공품', '대나무 축제', '슬로 시티', '소쇄원' 등을 통해 담양(B)임을 알 수 있습니다.

오답 피하기 ① 고창(A)에는 세계 문화유산에 등재된 고인돌 유적이 있고 청보리밭이 유명합니다. ③ 남원(C)은 춘향제와 판소리, 목기로 유명합니다. ④ 나주(D)는 혁신 도시가 위치하고 배 생산지로도 유명합니다. ⑤ 보성(E)은 지리적 표시제 제1호로 등록된 녹차가 유명합니다.

13 영남 지방의 도시 발달 정답 ⑤

문제 분석 지도의 A는 안동, B는 포항, C는 양산입니다. 영남 지방의 대도시인 부산, 대구는 1990년대 이후 교외화의 진행으로 인구의 사회적 감소가 나타났고, 이들 도시와 인접한 양산, 김해, 경산 등은 인구의 사회적 증가가 많았습니다.

정답 찾기 ⑤ (가)는 1985년 이후 인구 증가율이 가장 높으므로 부산의 주거 기능 등을 분담하는 양산(C)입니다. (나)는 1975~1995년의 인구 증가가 많았으므로 정부 주도의 공업화 정책 추진 과정에서 공업 도시로 성장한 포항(B)입니다. (다)는 1975년 이후 인구가 지속적으로 감소하고 있으므로 지방 중소 도시인 안동(A)입니다.

14 영남 지방의 도시별 공업 발달　　정답 ②

문제 분석 A는 구미에서 종사자 수 비율이 가장 높으므로 전자 부품·컴퓨터·영상·음향 및 통신 장비 제조업입니다. B는 대구와 창원에서 종사자 수 비율이 두 번째로 높게 나타나므로 자동차 및 트레일러 제조업입니다. C는 대구에서만 종사자 수 비율이 높게 나타나므로 섬유 제품(의복 제외) 제조업입니다. D는 조선이 발달한 거제에서 종사자 수 비율이 매우 높게 나타나므로 기타 운송 장비 제조업입니다.

정답 찾기 ㄱ. 자동차 및 트레일러 제조업(B)은 섬유 제품(의복 제외) 제조업(C)보다 사업체당 종사자 수가 많습니다. ㄷ. 조선 공업이 포함된 기타 운송 장비 제조업(D)은 대규모 조선소가 있는 영남권(울산, 거제)의 출하액 비율이 매우 높습니다. 따라서 기타 운송 장비 제조업(D)이 전자 부품·컴퓨터·영상·음향 및 통신 장비 제조업(A)보다 전국에서 영남권이 차지하는 출하액 비율이 높습니다. 한편, 첨단 산업인 전자 부품·컴퓨터·영상·음향 및 통신 장비 제조업은 수도권의 출하액 비율이 높습니다.

오답 피하기 ㄴ. 2000년대 이후에는 공업 구조의 고도화로 전자 부품·컴퓨터·영상·음향 및 통신 장비 제조업(A)이 섬유 제품(의복 제외) 제조업(C)보다 수출액이 많습니다. ㄹ. 기타 운송 장비 제조업(D)의 종사자 수는 영남권이 가장 많습니다.

15 우리나라 각 지역의 특징　　정답 ⑤

문제 분석 지도의 A는 춘천, B는 원주, C는 문경, D는 보령, E는 고창, F는 순천, G는 진주, H는 창녕, I는 안동, J는 울진입니다.

정답 찾기 ⑤ 과거 석탄 산지였던 문경(C)과 보령(D)에는 석탄 박물관이 입지하면서 관광 산업이 발달하고 있습니다.

오답 피하기 ① 원주(B)에는 기업 도시와 혁신 도시 모두 있지만, 진주(G)에는 혁신 도시만 있습니다. ② 울진(J)에는 원자력 발전소가 있지만, 고창(E)에는 원자력 발전소가 없습니다. ③ 순천(F)의 순천만·보성 벌교 갯벌은 람사르 협약에 등록되어 있지만, 안동(I)은 람사르 협약에 등록된 습지가 없습니다. ④ 춘천(A)과 창녕(H)에는 세계 문화유산에 등재된 문화재가 없습니다.

16 제주도의 특징　　정답 ⑤

정답 찾기 ⑤ 돌담과 새(띠)로 엮은 나지막한 지붕은 강한 바람에 적응하기 위한 시설입니다.

오답 피하기 ① 제주도의 독특한 자연환경은 화산 활동과 관련해 형성된 것이 많으며, 그중 한라산, 거문 오름 용암 동굴계, 성산 일출봉은 우리나라 최초로 세계 유산 중 자연유산에 등재되었습니다. ② 경사가 완만한 방패형 화산은 점성이 작은 현무암질 용암의 분출로 형성된 것입니다. ③ 백록담은 화구에 물이 고인 화구호입니다. ④ 전통 취락이 해안가를 중심으로 발달한 것은 용천대가 해안을 따라 분포하기 때문입니다.

킬러 문항 완전 정복

본문 p.88~89

01 ⑤　　02 ⑤　　03 ③　　04 ①

01 수도권과 강원 지방의 특징　　정답 ⑤

자료 분석

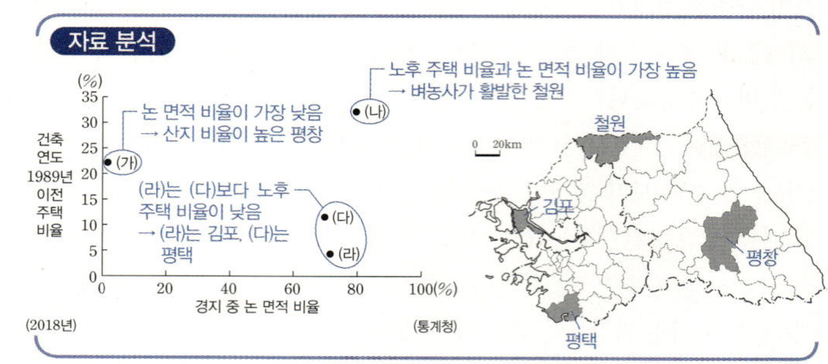

문제 분석 지도에 표시된 지역은 김포, 평택, 철원, 평창입니다. (가), (나)는 건축 연도 1989년 이전 주택 비율이 (다), (라)에 비해 높으므로 촌락 지역인 평창과 철원 중 하나인데, (가)는 경지 중 논 면적 비율이 매우 낮으므로 산지 비율이 높고 고랭지 농업이 발달한 평창이며, (나)는 경지 중 논 면적 비율이 높으므로 용암 대지에서 벼농사가 활발한 철원입니다. (다), (라)는 상대적으로 건축 연도 1989년 이전 주택 비율이 낮으므로 수도권에 위치한 김포와 평택 중 하나인데, (라)는 (다)보다 1989년 이전 주택 비율이 더 낮으므로 서울과 인접한 김포이며, 나머지 (다)는 평택입니다.

정답 찾기 ⑤ 서울로의 통근·통학 인구 비율은 수도권 2기 신도시가 있는 김포(라)가 제조업이 발달한 평택(다)보다 높습니다.

오답 피하기 ① 철원(나)과 관련된 설명입니다. ② 평창(가)과 관련된 설명입니다. ③ 평창(가)은 평택(다)보다 제조업 출하액이 적습니다. ④ 군사 분계선에 인접해 군 시설이 많은 철원(나)은 김포(라)보다 청장년층 인구의 성비가 높습니다.

02 영남 지방과 충청 지방의 시·도별 특징　　정답 ⑤

자료 분석

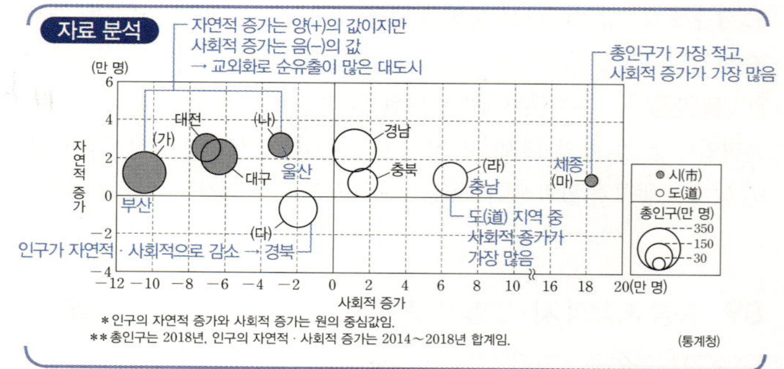

문제 분석 (마)는 인구의 사회적 증가가 가장 많고 총인구가 가장 적은 것으로 보아, 정부청사 이전과 함께 청장년층 인구의 유입이 많은 세종입니다. 시(市) 지역인 (가)와 (나)는 부산과 울산 중 하나인데, (가)는 (나)보다 총인구가 많으므로 부산이며, (나)는 울산입니다. 부산, 울산 등의 대도시는 청장년층 인구 비율이 높아 인구의 자연적 증가가 양(+)의 값이지만, 교외화로 인해 전출 인구가 많아 사회적 증가는 음(-)의 값입니다. 도(道) 지역인 (다)와 (라)는 충남과 경북 중 하나인데, (라)는 (다)보다 인구의 사회적 증가가 많은 충남이며, (다)는 인구가 자연적·사회적으로 감소하는 경북입니다.

정답 찾기 ⑤ 부산(가)과 울산(나)은 영남 지방, 세종(마)은 충청 지방에 속합니다.

오답 피하기 ① 충청 지방은 대전을 제외한 모든 시·도(세종, 충북, 충남)에서 인구의 사회적 증가가 나타난 반면, 영남 지방은 경남을 제외한 모든 시·도(부산, 대구, 울산, 경북)에서 인구의 사회적 감소가 나타납니다. 따라서 인구 순유출은 영남 지방이 충청 지방보다 많습니다. ② 세종(마)과 관련된 설명입니다. ③ 부산(가)과 관련된 설명입니다. ④ 수도권으로부터의 인구 유입은 수도권과 인접한 충남(라)이 경북(다)보다 많습니다.

은 경북 내륙에 위치한 안동(다)보다 2000년대 이후 인구의 사회적 증가가 많습니다. ④ 촌락 지역인 해남(라)은 인구 순유입이 많은 천안(나)보다 유소년층 인구에 대한 노년층 인구의 비율인 노령화 지수가 높습니다. ⑤ 강릉(가)은 영동 지방, 해남(라)은 호남 지방에 속합니다.

03 충청 지방과 경북의 특성   정답 ③

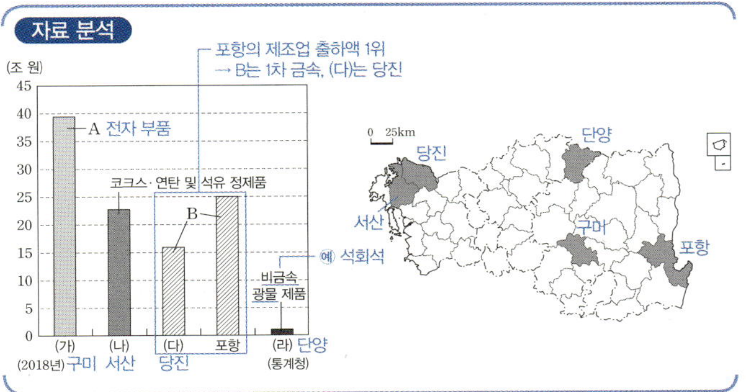

문제 분석 코크스·연탄 및 석유 정제품 제조업이 발달한 (나)는 서산입니다. 포항의 출하액 1위 업종인 B는 1차 금속 제조업이고, 1차 금속 제조업이 발달한 (다)는 당진입니다. 시멘트 공업이 포함된 비금속 광물 제품 제조업이 발달한 (라)는 단양입니다. 나머지 (가)는 구미이고, 구미에서 출하액 1위인 A는 전자 부품·컴퓨터·영상·음향 및 통신 장비 제조업입니다.

정답 찾기 ③ 구미(가)는 영남 내륙 공업 지역에 위치합니다.

오답 피하기 ① 전자 부품·컴퓨터·영상·음향 및 통신 장비 제조업(A)은 운송비에 비해 부가 가치가 큰 입지 자유형 공업입니다. ② 전자 부품·컴퓨터·영상·음향 및 통신 장비 제조업(A)은 포항, 광양, 당진 등에 발달한 1차 금속 제조업(B)보다 수도권의 출하액이 많습니다. ④ 단양(라)이 서산(나)보다 시멘트 생산량이 많습니다. ⑤ 구미(가)는 제1차 국토 종합 개발 계획 추진 과정에서 공업 도시로 성장하였지만, 당진(다)은 제3차 국토 종합 개발 계획과 관련 있습니다.

04 주요 지역의 자연·인문 환경적 특색   정답 ①

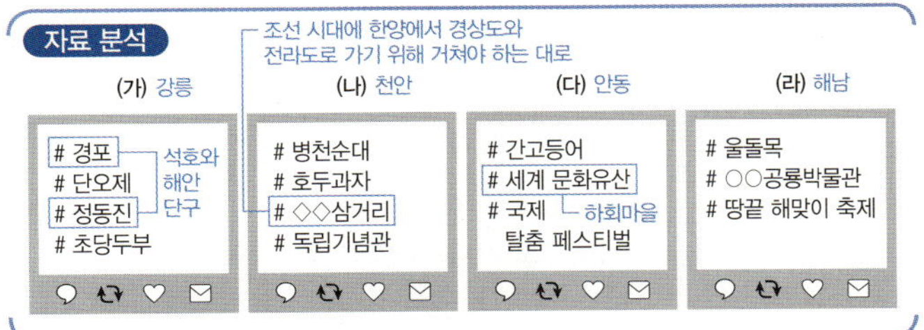

문제 분석 (가)는 강릉, (나)는 천안, (다)는 안동, (라)는 해남입니다.

정답 찾기 ① 안동(다)은 경상북도청 소재지입니다.

오답 피하기 ② 동해안에 있는 강릉(가)은 내륙에 있는 천안(나)보다 최한월 평균 기온이 높습니다. ③ 수도권 전철망과 연결되어 있는 천안(나)

3점 공략 모아보기

본문 p.90~94

01강	Q1 직선 기선, 경제적, 중간, 잠정 조치	Q2 ①
02강	Q3 랴오둥, 중국, 대보 화강암, 영남, 1차	Q4 ③
03강	Q5 칼데라호, 화구호, 기생 화산, 밭, 중앙 화구구, 현무암질, 벼	Q6 ⑤
04강	Q7 큼, 다우지, 소우지, 다설지	Q8 ①
05강	Q9 태풍, 호우, 호우, 태풍, 여름, 북상, 상승	Q10 ③
06강	Q11 공동화, 높음, 낮음, 가까움, 멂, 낮음, 높음	Q12 ③
07강	Q13 수송용, 천연가스, 경북, 전남, 태양광, 섬유 제품(의복 제외), 울산, 경기	Q14 ②
08강	Q15 편의점, 백화점, 편의점, 백화점, 경기, 울산, 전남, 울산, 제주, 서울	Q16 ②
09강	Q17 충청권, 호남권, 세종, 전남	Q18 ④
10강	Q19 석탄, 수력, 서울, 경기, 기업, 혁신, 광주, 기계	Q20 ⑤

Q2 자세한 해설은 p.02 매운맛 정답 ①

지도의 ㉠은 한·중 잠정 조치 수역이며, ㉡과 ㉢은 모두 한·일 중간 수역입니다. 우리나라와 중국, 일본은 각각 배타적 경제 수역으로 200해리를 설정할 경우 서로 배타적 경제 수역이 중첩되는 수역이 발생하여 국가 간 합의를 통해 한·중 잠정 조치 수역과 한·일 중간 수역을 설정하였습니다. 그래프에서 B는 세 국가 중 무역량이 가장 많은 중국이고 A, C는 한국과 일본 중 하나인데, 우리나라는 상대적으로 기술력이 앞선 일본과의 무역에서 적자를 내고 있으므로 A는 한국, C는 일본입니다. ㄱ. 한·중 잠정 조치 수역(㉠)은 한국(A)과 중국(B) 간의 어업 협정으로 설정된 수역입니다. ㄴ. 한·일 중간 수역(㉡)에서는 한국과 일본 양국이 어로 활동을 할 수 있습니다.

Q4 자세한 해설은 p.06 매운맛 정답 ③

표의 (가)는 조선 누층군, (나)는 대보 조산 운동, (다)는 요곡 운동입니다. 단면도에서 침식 분지의 산지를 이루는 A는 변성암 중 하나인 편마암이며, 침식 분지의 바닥을 이루는 B는 화강암입니다. ③ 편마암(A)은 변성암에 속하며, 변성암은 주로 시·원생대에 형성되었습니다. 화강암(B)은 중생대에 마그마 관입으로 형성되었습니다. 따라서 편마암(A)은 화강암(B)보다 형성 시기가 이릅니다.

Q6 자세한 해설은 p.10~11 매운맛 정답 ⑤

왼쪽 지도는 철원 용암 대지 일대를 나타낸 것이며, A는 용암 대지 주변 산지, B는 용암 대지입니다. 오른쪽 지도는 제주도 일대를 나타낸 것이며, C는 기생 화산, D는 순상 화산체의 일부입니다. ⑤ A는 열하 분출한 용암이 하곡을 메워 용암 대지를 형성하기 전부터 존재한 산지로, 시·원생대에 형성된 변성암이나 중생대의 화강암이 기반암을 이루고 있습니다. 용암 대지(B)는 신생대 제3기 말~제4기 초 화산 활동으로 형성된 현무암이 주요 기반암을 이룹니다. 따라서 A의 기반암은 B의 기반암보다 형성 시기가 이릅니다.

Q8 자세한 해설은 p.14~15 매운맛 정답 ①

(가)는 강원도의 도청 소재지로 '호반의 도시'로 불리는 춘천, (나)는 영동 지방과 영서 지방을 잇는 고개로 고랭지 농업이 발달한 대관령, (다)는 우리나라의 수위 도시인 서울, (라)는 칼데라 분지가 있고 전체적으로 이중 화산의 특징을 보이는 울릉도입니다. 그래프는 A~D 각 지역의 연 강수량과 기온의 연교차에서 강릉의 연 강수량과 기온의 연교차를 뺀 값을 나타낸 것으로, 기후 값이 '+'인 지역은 강릉보다 연 강수량이 많거나 기온의 연교차가 큰 것을 의미하며, 기후 값이 '−'인 지역은 강릉보다 연 강수량이 적거나 기온의 연교차가 작은 것을 의미합니다. 따라서 연 강수량은 B>강릉>C>D>A 순으로 많고, 기온의 연교차는 A>C>B>강릉>D 순으로 큽니다. ① 춘천(가)은 내륙에 위치하여 기온의 연교차가 가장 크므로 A입니다. 대관령(나)은 네 지역 중 연 강수량이 가장 많은 다우지이므로 B입니다. 서울(다)은 춘천 다음으로 기온의 연교차가 크므로 C입니다. 울릉도(라)는 바다의 영향으로 기온의 연교차가 가장 작으므로 D입니다.

Q10 자세한 해설은 p.18~19 매운맛 정답 ③

③ 병 : 계절 일수의 변화 폭은 그래프를 통해 시기별 일평균 기온이 5℃ 미만, 5℃ 이상~20℃ 미만, 20℃ 이상인 기간이 며칠인지 비교하여 알 수 있습니다. 다음 표는 1905~1914년과 2000~2009년의 계절 길이를 계산한 것입니다.

구분	봄	여름	가을	겨울
1905~1914년	83일	93일	65일	41+83=124일
2000~2009년	79일	124일	62일	30+70=100일

표에서 1905~1914년에 비해 2000~2009년에 봄은 4일, 가을은 3일, 겨울은 24일이 줄었으며, 여름만 31일 늘었습니다. 따라서 계절 일수의 변화 폭은 여름이 31일로 가장 큽니다.

Q12 자세한 해설은 p.22~23 매운맛 정답 ③

지도에 표시된 지역은 도심에 있는 종로구, 주변(외곽) 지역에 있는 노원구, 부도심이 있는 영등포구입니다. 총 사업체 수가 가장 적고, 1990년에 비해 2015년 총인구가 증가한 (가)는 주거 기능이 밀집한 노원구입니다. (나), (다)는 상업·업무 기능의 밀집으로 총 사업체 수가 많은데, (다)가 (나)보다 1990년 대비 2015년 인구 감소율이 높으므로 (다)는 도심에 있는 종로구, (나)는 부도심이 있는 영등포구입니다. ㄷ. 영등포구(나)는 종로구(다)보다 상주인구가 많아, 일상생활용품을 대량으로 판매해 소비자 부근에 주로 입지하는 대형 마트 수가 많습니다. ㄹ. 상주인구는 주거 기능이 밀집해 있는 주변(외곽) 지역에 위치한 노원구(가)가 가장 많고, 도심에 위치한 종로구(다)가 가장 적습니다. 따라서 상주인구는 노원구(가)>영등포구(나)>종로구(다) 순으로 많습니다.

Q14 자세한 해설은 p.27 매운맛 정답 ②

(가)는 신·재생 에너지 총 생산량이 가장 많고 태양광 에너지 생산 비율이 높으므로 전남입니다. (다), (라)는 풍력 에너지 생산 비율이 높은데, (다)가 (라)보다 신·재생 에너지 생산량이 많으므로 (다)는 강원, (라)는

제주이며, 나머지 (나)는 경기입니다. ㄱ. 조력 발전은 경기(나) 안산에서만 이루어지고 있습니다. ㄷ. 한강 중·상류에 위치한 강원(다)은 상대적으로 낙차 확보에 유리하여 경기(나)보다 수력 발전에 의한 전력 생산이 많습니다.

Q16 자세한 해설은 p.31~32 매운맛   정답 ②

지도에 표시된 지역은 대전, 경북, 울산, 제주입니다. (가)는 네 지역 중 취업자 수가 가장 많고, 1차 산업 취업자 수 비율이 높으므로 경북입니다. (나)는 취업자 수가 가장 적고 3차 산업 취업자 수 비율이 상대적으로 높은 것으로 보아 관광 산업이 발달한 제주입니다. (다), (라)는 1차 산업 취업자 수 비율이 낮으므로 광역시인 대전과 울산 중 하나인데, (라)는 (다)보다 3차 산업 취업자 수 비율이 높으므로 대전, 나머지 (다)는 울산입니다. ② 원자력 발전소가 입지한 경북(가)은 발전량에서 원자력이 차지하는 비율이 높으며, 제주(나)는 전력 생산이 대부분 화력과 신·재생 에너지를 통해 이루어집니다. 따라서 제주(나)는 경북(가)보다 지역 내 총 발전량에서 화력 발전이 차지하는 비율이 높습니다.

Q18 자세한 해설은 p.35~36 매운맛   정답 ④

지도에 표시된 지역은 아산, 세종, 홍성, 청양입니다. 그래프에서 노년 부양비가 높은 (가)와 (나)는 촌락적 특성이 강한 홍성과 청양 중 하나인데, (나)는 (가)보다 노년 부양비가 낮으므로 내포 신도시가 조성된 홍성입니다. 따라서 노년 부양비가 가장 높은 (가)는 청양입니다. 유소년 부양비가 높은 (다)와 (라)는 도시인 아산과 세종 중 하나인데, (라)는 (다)보다 유소년 부양비가 높으므로 최근 인구의 사회적 증가가 더 많은 세종이며, 나머지 (다)는 아산입니다. 세종은 정부청사 이전에 따른 젊은 공무원 등의 청장년층 인구 유입이 활발하며, 출산 및 육아 여건이 비교적 좋은 직업 특성상 상당수가 어린 자녀들을 동반해 유소년층 인구 비율이 특히 높습니다. ④ 수도권으로부터 제조업 이전이 활발한 아산이 홍성보다 총인구가 많고 외국인 근로자 수 또한 많습니다.

Q20 자세한 해설은 p.39~40 매운맛   정답 ⑤

지도의 A는 고양, B는 성남, C는 수원, D는 원주, E는 충주, F는 청주, G는 천안, H는 태안입니다. ⑤ 민간 기업이 주도하여 개발하는 도시를 기업 도시라고 하는데, 원주(D), 충주(E), 태안(H) 모두 기업 도시가 있습니다.

MEMO

수능 영어, 15분 만에 가까워지는 법

15분 모의고사

절대평가 수능 영어
'15분 모의고사' 시리즈면 끝!

수능 독해 Beginner
수능 영어 입문을 위한
수능 독해 입문서

All Clear 유형
100% 신출문항으로
모든 유형 실전 대비

영어 빈출 주제
평가원 기출 분석을 통한
수능 빈출 주제 선별

Killer 유형
최고 오답률 문제 유형 선별
최상위권 맞춤 수능대비

'15분 모의고사' 이런 학생에게 딱!

✓ 곧잘 하던 내신 영어
모의고사는
당황스러운 학생

✓ 수능 영어
본격적으로
시작해보려는 학생

✓ 수능에
잘 나오는 주제로
훈련하고픈 학생

✓ 킬러 문제 때문에
1등급
불안한 학생

MEMO

MEMO

531
PROJECT